Paul Kevenhörster, Japan

Paul Kevenhörster

Japan

Außenpolitik im Aufbruch

Leske + Budrich, Opladen 1993

Deutsche Bibliothek — CIP Einheitsaufnahme

Kevenhörster, Paul:
Japan: Aussenpolitik im Aufbruch / Paul Kevenhörster. —
Opladen: Leske + Budrich, 1993

ISBN 3-8100-1127-4

Satz: Leske + Budrich, Opladen
Druck und Verarbeitung: Druck Partner Rübelmann, Hemsbach

Printed in Germany

Vorwort

Weltmacht Japan? Die wachsende globale Bedeutung des fernöstlichen Technologiestaates wirft die Frage nach den Perspektiven der japanischen Außenpolitik auf. Ob diese Politik die großen wirtschaftlichen und politischen Potentiale des Landes zielstrebig nutzt oder sich in innenpolitischen Krisen und außenpolitischen Anpassungsmanövern verzettelt — davon hängt die internationale Stellung Japans nach dem Ende des Ost-West-Konflikts ab. Die damit zusammenhängenden Fragen, die in Japan nach dem Golfkrieg eingehend erörtert werden, stehen im Mittelpunkt der folgenden Untersuchung.

Mein Dank gilt an erster Stelle der Deutschen Forschungsgemeinschaft, die dieses Forschungsprojekt gefördert und mir die entsprechenden Reise- und Sachmittel zur Verfügung gestellt hat. Den Projektmitarbeiterinnen und -mitarbeitern Beate Ando, Kathrin Haaf, Andreas Göbel und Kirsten de Guimet bin ich für die Auswertung von Dokumenten, Zeitschriften und Zeitungen zu großem Dank verpflichtet. Die Forschungsaufenthalte in Japan in den Jahren 1989 bis 1992, auf denen der folgende Bericht beruht, wurden außerdem durch eine Einladung des United Nations Center for Regional Development (UNCRD) in Nagoya als Visiting Research Fellow im September und Oktober 1989, eine Gastprofessur an der Nihon University Tokyo mit Unterstützung der Japan Society for the Promotion of Science und des Deutschen Akademischen Austauschdienstes im September und Oktober 1990 und eine Reisebeihilfe der Westfälischen Wilhelms-Universität Münster ermöglicht, die das Forschungsvorhaben auch durch die Gewährung eines Forschungsfreisemesters unterstützt hat.

Gerade ein empirisches Forschungsprojekt setzt vielfältige Zugangsmöglichkeiten zu Informationsquellen der wichtigsten Akteure, die Einsichtnahme in unveröffentlichte Materialien und die Prüfung damit verbundener politischer Einschätzungen voraus. Ich bin daher denjenigen dankbar, die mir in Tokyo Zugänge zu Praktikern und Experten der japanischen Außenpolitik und damit die Durchführung von insgesamt 90 Leitfaden-Interviews und Informationsgesprächen ermöglicht haben: Gebhard Hielscher (Süddeutsche Zeitung), Gisela Kaempffe (Deutsche Botschaft), Georg Neumann (Deutscher

Akademischer Austauschdienst), Prof. Klaus Luhmer (Sophia-Universität), Dr. Markus Tidten (Konrad-Adenauer-Stiftung) und Rolf Hans (Friedrich-Ebert-Stiftung). Wichtige Einsichten in Funktionszusammenhänge der japanischen Außenpolitik verdanke ich insbesondere Diskussionen mit Prof. Dr. Joachim Glaubitz (Stiftung Wissenschaft und Politik), Prof. Takeshi Inoguchi (Universität Tokyo), Prof. Hiroaki Kobayashi (Nihon Universität Tokyo), Prof. Junichi Kyogoku (Präsident der Tokyo Woman's Christian University), Außenminister a. D. Saburo Okita, Prof. Seizaburo Satō (Direktor des International Institute for Global Peace, Tokyo), Botschafter a. D. Günter Diehl, Dr. Manfred Pohl (Institut für Asienkunde, Hamburg) und Uwe Schmitt (Frankfurter Allgemeine Zeitung, Tokyo). Die von Prof. Karl Kaiser und Prof. Hanns W. Maull geleitete Arbeitsgruppe zum Stand der europäisch-japanischen Beziehungen der Deutschen Gesellschaft für Auswärtige Politik hat mich darüberhinaus auf zentrale Aspekte der Politik Japans im Rahmen der Triade USA-Europa-Japan aufmerksam gemacht. Den konzeptionellen, politiktheoretischen Rahmen des Projekts habe ich eingehend mit meinen Kollegen in der Sektion Internationale Politik des Instituts für Politikwissenschaft der Westfälischen Wilhelms-Universität Münster erörtert: Prof. Dr. Jürgen Bellers, Prof. Dr. Reinhard Meyers, Prof. Dr. Dietrich Thränhardt und Prof. Dr. Wichard Woyke.

Bei der Materialbeschaffung waren die Mitarbeiterinnen und Mitarbeiter der Bibliotheken des Instituts für Asienkunde in Hamburg, des Instituts für Politikwissenschaft der Universität Münster, des International Houses in Tokyo, der East Asian Library der Columbia University in New York und der Parlamentsbibliothek in Tokyo behilflich. In diesem Zusammenhang bin ich für großzügige Unterstützung Norihiko Narita und Kazuto Yamaguchi vom Research and Legislative Reference Bureau der National Diet Library, Tokyo, ganz besonders dankbar. An der Endredaktion des Forschungsberichts haben Holger Dix, Sandra Düsing, Dirk van den Boom, Peter Wichmann und Stefan Zowislo mitgewirkt. Die Reinschrift des Typoskripts besorgten Christel Franek und Margarete Kemper mit Geduld und Sorgfalt. Ihnen und den zahlreichen Gesprächspartnern in Wissenschaft und Praxis, die mir ihren Rat bereitwillig zur Verfügung gestellt haben, gilt mein besonderer Dank. Das Urteil, ob ich mit ihrer Hilfe das angestrebte Ziel erreicht habe, bleibt den Lesern überlassen.

Münster, im Januar 1993 *Paul Kevenhörster*

Inhaltsverzeichnis

Abkürzungsverzeichnis

APEC	Asia Pacific Economic Cooperation
ASEAN	Association of South-East Asian Nations
BSP	Bruttosozialprodukt
CSFR	Tschecho-Slowakische Föderative Republik
DAC	Development Assistance Committee
DSP	Demokratisch-Sozialistische Partei
EG	Europäische Gemeinschaft
EPA	Economic Planning Agency
GATT	General Agreement on Tariffs and Trade
GUS	Gemeinschaft Unabhängiger Staaten
IMF	International Monetary Fund
JET	Japanisches Austausch- und Lehrprogramm
JETRO	Japan External Trade Organization
JICA	Japan International Cooperation Agency
JIS	Japan Industrial Standard
KPJ	Kommunistische Partei Japans
KSZA	Konferenz für Sicherheit und Zusammenarbeit in Asien
KSZE	Konferenz für Sicherheit und Zusammenarbeit in Europa
LDC	Less Developed Countries
LDP	Liberaldemokratische Partei
LLDC	Least Developed Countries
MIPRO	Manufactured Imports Promotion Organization
MITI	Ministry of International Trade and Industry
NATO	North Atlantic Treaty Organization
NGO	Nichtregierungsorganisationen
NIC	Newly Industrializing Countries
ODA	Official Development Assistance
OECD	Organization for Economic Cooperation and Development
OECF	Overseas Economic Cooperation Fund
PBEC	Pacific Basin Economic Council
PECC	Pacific Economic Cooperation Conference
PKO	Peace Keeping Operations (der UN)
SAARC	South Asian Association for Regional Cooperation
SDF	Self Defence Forces
SDPJ	Social Democratic Party of Japan
SII	Structural Impediments Initiative

START	Strategic Arms Reduction Talks
UN	United Nations
UNESCO	United Nations Educational Scientific and Cultural Organization
UNHCR	United Nations High Commissioner for Refugees
UNRWA	United Nations Relief and Works Agency for Palestinian Refugees
USAID	United States Agency for International Development

1. Japan in der internationalen Politik

Japan ist ein wirtschaftlicher Riese und ein politischer Zwerg. Seine Außenpolitik ist nicht sichtbar. Soweit sie sich überhaupt entwickelt, ist sie „yen-dimensional".[1] Reaktiv, pragmatisch und unbeweglich, erweckt sie den Eindruck eines innenpolitisch gefesselten Riesen. Strategisch ist Japan ein „Trittbrettfahrer" der internationalen Beziehungen und bleibt stets seiner alten Handlungsmaxime treu: hoher wirtschaftlicher Nutzen bei geringem außenpolitischem Engagement. So lassen sich die Vorbehalte gegenüber der Außenpolitik Japans zusammenfassen. Um so eindringlicher stellt sich die Frage, ob eine derartige Diskrepanz zwischen den Perspektiven und Potentialen tatsächlich besteht oder durch neue Ansätze überbrückt wird. Diese Frage fordert eine Analyse heraus, die Instrumente der Lehre von den internationalen Beziehungen und der vergleichenden Politikforschung auf die Außenpolitik Japans anwendet. Die folgende Studie stellt sich dieser Herausforderung und versucht zugleich, Perspektiven der künftigen Außenpolitik Japans aufzuzeigen.

Seit Anfang der 70er Jahre zeigt sich mehr und mehr, daß Japan seine in den beiden ersten Nachkriegsjahrzehnten eher passive außenpolitische Rolle aufgibt und eigenständige Initiativen größerer Tragweite ergreift: durch die personelle und finanzielle Unterstützung von Friedensbemühungen der Vereinten Nationen (Iran / Irak, Afghanistan), die Förderung der Friedensbemühungen in Kambodscha, einen eigenen Plan zur Bewältigung der internationalen Schuldenkrise und durch die Bekämpfung protektionistischer Maßnahmen der Industriestaaten gegenüber den Schwellenländern Asiens.[2] Nicht zuletzt diese Initiativen lassen vermuten, daß Japan künftig zwei eigenständige weltpolitische Aufgaben wahrnehmen wird: Maßnahmen internationaler Friedenssicherung durch eigene personelle und finanzielle Beiträge sowie eine Vermittlerrolle zwischen Industrie- und Schwellenländern. Die Notwendigkeit einer eigenständigen Außenpolitik ist in Japan spätestens seit dem Ende des Golfkriegs unstrittig. So stellt der frühere Außenminister *Watanabe* im Rückblick auf diesen Konflikt und Japans offensichtliche Orientierungsprobleme fest: „All the more, it has become important for Japan to exhibit its own philosophy to the international community and to take positive action to realize universal ideals."[3] Das „Außenpolitische Blaubuch 1991" kündigt sogar eine grundsätzliche Wende der japanischen Außenpolitik an.

Für Europa wie für die Vereinigten Staaten ist es daher vordringlich zu wissen, welche Zielvorstellungen und strategischen Überlegungen der japanischen Außenpolitik langfristig zugrundeliegen - und wie groß ihr außenpolitischer Handlungsspielraum sein wird.[4] Die geschwächte internationale Vormachtstellung der Vereinigten Staaten[5] und die stärkere Bereitschaft Japans zur Übernahme größerer außenpolitischer, entwicklungspolitischer und militärischer Lasten[6] weiten den außenpolitischen Aktionsradius Japans erheblich aus — unter der Voraussetzung, daß das politische System in der Lage sein wird, die politischen Wertvorstellungen von Wählern, Interessengruppen und Parteien mit der Artikulation und Durchsetzung außenpolitischer Ziele zu vereinbaren. Forderungen nach einem klaren Ausweis langfristiger außenpolitischer Zielvorstellungen finden in der politischen Elite Japans und in den japanischen Massenmedien zunehmenden Widerhall. Noch aber besteht ein unübersehbarer Widerspruch zwischen dem ökonomischen Potential der wirtschaftlichen Weltmacht und ihrem außenpolitischen Gestaltungsvermögen.

Japan steht wie Deutschland nach dem Ende des „Kalten Krieges" vor der Herausforderung, seine bisher vorwiegend reaktive Außenpolitik zu überprüfen und durch eine aktive Außenpolitik mit neuem Profil zu ersetzen. Die Außenpolitik beider Staaten war lange Zeit januskopfig: beharrend und innovativ, reaktiv und offensiv, in Bündnisstrukturen eingepaßt und doch eigenständig. Beide Staaten entdecken, daß „Scheckbuchdiplomatie" im Zeitalter der Entspannung, der Multipolarität und der Entstehung neuer Krisenherde in vielen Regionen der Welt nicht mehr ausreicht. Zugleich bieten sich Chancen einer neuen Partnerschaft im Rahmen der Triade USA — Europa — Japan. Diese Chancen wurden bisher weder von der deutschen noch von der japanischen Außenpolitik ausreichend genutzt. Die bisherige Reise- und Dollardiplomatie allein ist kein Wegweiser für die Zukunft. Eine engere Zusammenarbeit ist erforderlich. Dies zeigt auch die neue Diskussion um Japans und Deutschlands Mitgliedschaft im Sicherheitsrat der Vereinten Nationen.

Der japanischen Außenpolitik wird im allgemeinen ein großer Pragmatismus zugeschrieben, soweit eine über die Wahrnehmung außenwirtschaftlicher Interessen hinausgehende, eigenständige auswärtige Politik überhaupt anerkannt wird.[7] Diese Charakterisierung wird gelegentlich sogar mit Prinzipienlosigkeit gleichgesetzt, auch wenn im gleichen Zusammenhang eingeräumt wird, die Außenpolitik Japans lasse sich sehr wohl von konzeptionellen Überlegungen leiten.[8] Von allen Beobachtern wird allerdings eines übereinstimmend festgestellt: das zunehmende internationale Gewicht des fernöstlichen Industrie- und Technologiestaates. Für diese Bewertung sind folgende Trends verantwortlich:

1. Japans wachsende Stellung auf den internationalen Industrie- und Technologiemärkten,
2. der Ausbau des militärischen Potentials, dessen Gewicht nicht zuletzt wegen der Bezeichnung „Selbstverteidigungsstreitkräfte" international weit unterschätzt wird[9],
3. die rasche und erhebliche Ausweitung der Entwicklungshilfeleistungen sowie
4. die Bereitschaft zur Einnahme eigenständiger, vermittelnder Positionen in internationalen Streitfragen.

Gegenstand der folgenden Studie ist eine Konstellationsanalyse internationaler Politik, die auf methodisch differenzierten Teilanalysen (System-, Interessen-, Macht-, Perzeptions- und Normenanalyse) sowie deren Integration aufbaut und systematische Aussagen zu Perspektiven und Handlungspotentialen der japanischen Außenpolitik ermöglichen soll. Dabei kommt der Untersuchung der „Interdependenz-Empfindlichkeit" des Landes im trilateralen Kräftefeld Europa — USA — Japan besondere Bedeutung zu. Die Arbeit geht von der Annahme aus, daß die internationale Stellung Japans — und damit seine Rolle als künftige Weltmacht — von vier Faktoren abhängen: den langfristigen außenpolitischen Perspektiven, den außenpolitischen Handlungspotentialen, der gesellschaftlichen Akzeptanz der außenpolitischen Strategie und der Entwicklung des internationalen Umfeldes.

1.1 Außenpolitischer Handlungsspielraum

Auch im Vergleich zu den europäischen Industriegesellschaften hat Japan Instabilitäten des Weltwährungssystems, Rohstoffknappheit, weltweite Wachstumsprobleme und Inflationsschübe sowie Verschiebungen der internationalen Austauschrelation gut bewältigt.[10] Infolgedessen konnte der fernöstliche Industriestaat Verschiebungen der internationalen Arbeitsteilung trotz großer Abhängigkeit von Rohstoffimporten zu seinen Gunsten entscheiden. Der Aktionsradius seiner Außenwirtschaftspolitik wie seiner gesamten Außenpolitik wird erheblich dadurch erweitert, daß sich die japanischen multinationalen Unternehmen nahtlos in den Rahmen der staatlichen Wirtschafts- und Außenpolitik einfügen. Aufgrund dieser Asymmetrie zwischen dem internationalen Einfluß japanischer Großunternehmen einerseits und ihrer nationalen Einbindung andererseits braucht das politische System Japans im Bereich der Außenwirtschaftspolitik keine Autonomieeinbußen hinzunehmen, wie dies in anderen Industrieländern der Fall ist. Dieser Befund steht im Gegensatz zu einer Theorie der internationalen Beziehungen, die als Folge von Autonomiegewinnen multinationaler Unternehmen zwangsläufig Autonomieeinbußen der politischen Systeme behauptet.[11] Dabei ist zu berücksichtigen, daß aus theoretischer Sicht wirtschaftliche Variablen allenfalls als Bestimmungsfaktoren von „Macht“ und „Wohlstand“ erscheinen[12], Bestimmung und Begrenzung außenpolitischer Handlungsspielräume der Industriestaaten durch zunehmende Verflechtungen der Wirtschaftsstrukturen und zunehmende Interdependenzen der Wirtschaftspolitik aber andererseits nicht ausreichend beachtet werden.[13] Zu wenig ist bisher — auch im Falle Japans — berücksichtigt worden, daß Handlungsspielraum und Steuerungskapazität der Außenpolitik in erheblichem Umfang von den innenpolitischen Bedingungen und den politischen Vermittlungsstrukturen der staatlichen Außenwirtschaftspolitik abhängen.

Der Stand der politikwissenschaftlichen Forschung zu Fragen der japanischen Außenpolitik ist dadurch gekennzeichnet, daß inzwischen eine Reihe von Monographien zu historischen Grundlagen dieser Politik sowie zu Teilaspekten einzelner Politikfelder der internationalen Beziehungen vorliegen. Das gilt sowohl für die Entwicklungspolitik als auch für die Außenwirtschaftspolitik sowie die Verteidigungspolitik. Zur globalen Stellung Japans im internationalen System, zu Perspektiven seiner Außenpolitik und zu Bestimmungsfaktoren einzelner außenpolitischer Entscheidungen liegen mehrere Grundlagenuntersuchungen sowie Einzelfallstudien vor, deren Aussagen aber aufgrund der neueren innen- und außenpolitischen Entwicklung inzwischen teilweise überholt sind. Zudem sind diese Untersuchungsergebnisse durch eine Beschränkung auf Teilaspekte der internationalen Beziehungen gekennzeichnet.[14] Japans internationale Stellung wird aber künftig mehr als bisher dadurch bestimmt, daß die außenpolitischen Durchsetzungschancen von einem positiven *Verbund* der Teilpolitiken mit übergreifenden außenpolitischen Perspektiven abhängen. Dieser „positiven Koordination“ von Außenwirtschafts-, Entwicklungs- und Verteidigungspolitik, deren Erfordernis in der politikwissenschaftlichen Forschung zu wenig berücksichtigt wird, gilt unser besonderes Interesse.

In diesem Zusammenhang stellt sich auch die bislang zu wenig beachtete Frage, inwieweit sich durch neue außenpolitische Strategien Japans das Kräfteverhältnis USA — Japan — Europa ändert. Die europäische Dimension der Verschiebung der internationalen Kräfteverhältnisse ist im Hinblick auf die Perspektiven der japanischen Außenpolitik bislang noch nicht ausreichend untersucht worden. Dies ist zweifellos ein Versäumnis, denn derartige Studien hätten im Hinblick auf die Exporterfolge Japans und die Schaffung des Europäischen Binnenmarktes schon seit längerem nahegelegen.[15] Gerade vor diesem Hintergrund muß es darum gehen, im einzelnen zu bestimmen, welche Beiträge die außenpolitischen Teilpolitiken zur Verwirklichung der fünf vorrangigen Ziele der japanischen Außenpolitik — Wirtschaftlicher Wohlstand, Nationales Prestige, Innenpolitische Unterstützung, Friedensdiplomatie und Nationale Sicherheit — leisten[16], in welchem Umfang und unter welchen Voraussetzungen die Maßnahmen dieser Teilbereiche entweder zusammenwirken oder sich wechselseitig konterkarieren.

1.2 Die Lehre von den internationalen Beziehungen: ein notwendiger Perspektivenwechsel

Stellung und Einfluß von Staaten im internationalen System beruhen auf der Beeinflussung internationaler politischer und wirtschaftlicher Verflechtungen wie auf militärischen Machtpotentialen, auf ausbalancierten wie auf asymmetrischen Interdependenzen.[17] Japans internationale Stellung hängt daher zunächst von der Entwicklung seines Wirtschafts- und Militärpotentials sowie von den tragenden innenpolitischen Voraussetzungen ab. Trotz aller Bemühungen, die internationalen Beziehungen als ein Geflecht unterschiedlicher Interdependenzen zu verstehen und dadurch differenzierter als bisher zu untersuchen, bieten die Theorien der internationalen Beziehungen zwar eine Vielzahl einzelner Hypothesen, einstweilen aber noch keinen breiten, stimmigen und zugleich umfassenden Erklärungsrahmen.[18] Aus der Vielzahl von Anregungen und Bausteinen, die die Lehre von den internationalen Beziehungen bietet[19], sollen hier diejenigen aufgegriffen werden, die für eine Untersuchung der Perspektiven und Handlungsspielräume japanischer Außenpolitik am ehesten in Betracht kommen.[20] Internationale Politik ist als ein Netz interessenbedingter Aktionen zwischen Staaten zu verstehen, die in einem polyzentrisch strukturierten Interaktionssystem als geschlossene Aktionseinheiten auftreten. Deren außenpolitische Macht hängt von folgenden Determinanten ab:[21] der Quantität, Qualität, Reichweite und Verwundbarkeit der militärischen Instrumente; der ökonomisch-technologischen Produktivkraft, Verwundbarkeit, Reichweite und politischer Einsetzbarkeit ihrer Wirtschaftskraft; der inneren Kohärenz des politischen Systems in außenpolitischen Fragen; der internationalen Unterstützung und Glaubwürdigkeit der Außenpolitik und schließlich der Entwicklung indirekter internationaler Einflußstrategien sowie der Geschicklichkeit der Institutionen bei ihrer Umsetzung.[22] Diese Grundkategorien legen die Analyse folgender Aktionssysteme nahe:[23] eine *Systemanalyse* außenpolitischer Entscheidungsfindung im politischen System Japans, eine *Interessenanalyse* der Vorstellungen seiner politischen und wirtschaftlichen Führungskräfte, eine *Machtanalyse* seines internationalen Führungspotentials und Durchsetzungsvermögens, eine *Perzeptionsanalyse* der außenpolitischen Wahrnehmungen und Vorstellung von Führungskräften und Meinungsträgern; eine *Normenanalyse* ideologischer, ethischer und rechtlicher Maßstäbe als Antriebskräfte außenpolitischen Verhaltens.

Diese analytischen Schritte suchen dem Erfordernis Rechnung zu tragen, neben quantifizierbaren Machtfaktoren[24] auch „subjektive“ Kategorien, neben Macht-Instrumenten auch die Strategien des Macht-Managements und neben internationalen Konstellationen auch die innenpolitischen Handlungsbedingungen der Außenpolitik zu berücksichtigen. Damit wird zugleich dem „Methodensynkretismus“[25] alter und neuartiger Strategien Rechnung getragen, der den Umgang mit politischer Macht im internatonalen System des späten 20. Jahrhunderts kennzeichnet. Ausweitung und zunehmende Dichte ökonomischer Interdependenzen schaffen keine deterministischen Vorgaben für die Außenpolitik, sondern erhöhen die Komplexität internationaler Interdependenz und erschweren in zunehmendem Maße die Auswahl zwischen außenpolitischen Optionen.[26] Für das Grundverständnis der japanischen Außenpolitik ist dabei eine zweifache, übergreifende Orientierung der japanischen Entscheidungsträger maßgeblich: Einerseits wird eine Weltmachtrolle Japans angestrebt; zum anderen soll die Rohstoffbasis des Landes langfristig gesichert werden.

Eine Analyse außenpolitischer Perspektiven darf sich nicht allein auf Regierungsdokumente, Pressekommentare, Gutachten und wissenschaftliche Studien stützen. Dies gilt für Japan noch mehr als für andere Staaten: Offizielle Verlautbarungen dienen der Selbstdarstellung und sollen „das Gesicht wahren“ helfen. Die subjektiven Denkkategorien der außenpolitischen Entscheidungsträger sind dagegen nur schwer zu erfassen. Sie zu erschließen war das Ziel von neunzig Leitfaden-Interviews und Diskussionen mit Praktikern und Experten der japanischen Außenpolitik — Abgeordneten, Botschaftern, Ministerialbeamten, Journalisten, Professoren, Mitarbeitern von Instituten, Parteifunktionären und Regierungsberatern. Diese Interviews vermittelten Hintergrundinformationen zur „Innensicht“ und „Außensicht“ der Außenpolitik Japans: Von welchen Interessen und Zielen geht diese Politik aus, und wie wird sie von außen beurteilt? Die Antwort auf diese Fragen erfordert nicht nur die Auswertung von Einzelinformationen zu Teilbereichen dieser Politik, sondern ihre systematische Einordnung und Interpretation in Kategorien der Theorien der internationalen Beziehungen. Ziel der folgenden Untersuchung ist es, einen politikwissenschaftlichen Beitrag zum Verständnis der internationalen Rolle Japans zu leisten.

Die Lehre von den internationalen Beziehungen ist seit den siebziger Jahren stark von der Debatte zwischen *Realisten* und *Globalisten* geprägt gewesen.[27] Dabei geht es um den Vorrang einer eher staatenzentrischen Perspektive oder einer mehr durch politische und wirtschaftliche Interdependenzen geprägten internationalen Politik. Gegenüber den Realisten machen die Globalisten geltend, der Staat sei nicht mehr der dominante internationale Akteur. Innen- und Außenpolitik sind nicht mehr strikt voneinander zu trennen und zumindest die westlichen Industriegesellschaften in einem wirtschaftlich-gesellschaftlichen Prozeß immer stärker miteinander verflochten. Bei der Analyse der japaninischen Außenpolitik muß deshalb ermittelt werden, welchen internationalen

Einfluß ihre Akteure aus dem professionellen Umgang mit diesen Interdependenzen erwerben. Durch diese Fähigkeit wird das Handlungspotential der Außenpolitik aller Staaten immer mehr bestimmt, denn je mehr regionale und globale Konfliktlösungsmuster sich etablieren, um so mehr werden diese durch Entscheidungs- und Verhaltensroutinen ergänzt, die sich zu internationalen Regimen verdichten.[28] Mit anderen Worten: Innerhalb eines Problemfeldes werden Konflikte durch die Kooperation der beteiligten Akteure unter Beachtung von Regelungsmustern bewältigt. Dadurch wird zugleich der Vorrang nationaler wirtschaftlicher und politischer Ziele in Frage gestellt.

Der Perspektivenwechsel von einer staatenzentrierten zu einer interdependenzorientierten Betrachtungsweise hat sich in der Terminologie der japanischen Politikwissenschaft niedergeschlagen. An die Stelle des klassischen Begriffs der Außenpolitik (gaikōseisaku) tritt der Begriff „taigaiseisaku", der eine weniger hoheitliche, als vielmehr öffentliche, an weltumspannenden Partnerschaftsbeziehungen zu ausländischen Regierungen und internationalen Organisationen orientierte Außenpolitik zum Ausdruck bringt.[29]

Auf der Grundlage der „fundamentalen Richtlinien" ihrer auswärtigen Beziehungen strebt die japanische Außenpolitik konfliktfreie Außenbeziehungen zu ihrer internatonalen Umgebung an. Nach langen Phasen außenpolitischer Stagnation und sicherheitspolitischer Ratlosigkeit sind inzwischen — vor allem mit der Normalisierung der Beziehungen zu China — wichtige Grundlagen für eine *aktive* Außenpolitik geschaffen worden.[30] Das außenwirtschaftliche Gewicht und die noch offene Situation in einigen pazifischen Regionen verleihen der japanischen Außenpolitik an der Schnittstelle der Einflußsphären der Weltmächte eine *globale Wirkung*. Auch in Zukunft dürften jene Faktoren den außenpolitischen Handlungsspielraum Japans bestimmen, die schon in den vergangenen Jahrzehnten die Außen- und Sicherheitspolitik Japans geprägt haben: die Außenabhängigkeit des Landes in Rohstoff- und Energiefragen, die ausschließlich bilaterale Bündnisbeziehung zu den Vereinigten Staaten und die verfassungspolitische Begrenzung seines Militärpotentials. In diesen Rahmen strebt Japan vor allem eine Ausbau der *trilateralen Zusammenarbeit* zwischen den Vereinigten Staaten, Europa und Japan an.

1.3 Außenpolitische Ressourcen, Interessen und Handlungsstrategien

Das Herrschaftssystem eines Staates legt den Bedingungsrahmen seiner Außenpolitik fest. Auf diesen Tatbestand hat die Theorie der internationalen Beziehungen seit Montesquieu, Kant und Tocqueville mit Nachdruck hingewiesen.[31] Im demokratischen Verfassungsstaat wird die Außenpolitik in erheblichem Umfang durch gesellschaftliche Forderungen beeinflußt, die durch Medien, Unternehmen, Verbände und nicht zuletzt durch politische Parteien kanalisiert werden, denn das demokratische politische System ist zumindest mittel- und langfristig bei der Formulierung und Durchsetzung seiner Außenpolitik auf gesellschaftlichen Konsens angewiesen.

Aktionsradius, Richtung, Intensität und Reaktionsgeschwindigkeit der Außenpolitik hängen im demokratischen Staat nicht nur von der Organisation des politischen Systems, sondern auch von der Struktur der gesellschaftlichen Interessenvermittlung ab.[32] Außenpolitik ist dabei zu verstehen als „dasjenige Verhalten, mit dem die im souveränen Nationalstaat organisierte Gesellschaft ihre Interessen gegenüber der Umwelt wahrnimmt und durchsetzt."[33] Eine Analyse des außenpolitischen Entscheidungsprozesses hat sich daher auf das politische System und seine Vermittlungsstrukturen gesellschaftlicher Interessen zu konzentrieren. Der außenpolitische Entscheidungsprozeß und die ihn kennzeichnenden Handlungen werden dabei durch die äußeren Bedingungen (Internationales System, andere Kulturen) und die inneren Voraussetzungen (Bevölkerung, Umwelt, Kultur, Institutionen, Wertorientierungen) geformt.[34] Als Untersuchungsrahmen bietet sich dabei folgendes, der Theorie der internationalen Politik entlehnte, Modell außenpolitischer Entscheidungsprozesse an:[35]

Abb. 1: Außenpolitischer Entscheidungsprozeß

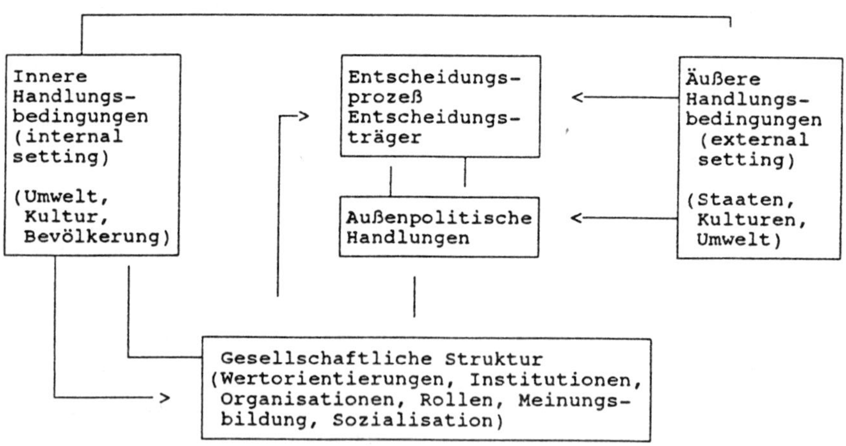

Dieser Untersuchungsrahmen wird durch neuere Entwicklungsprozesse internationaler Politik nahegelegt, insbesondere durch die Zunahme der Interaktion zwischen den gesellschaftlichen Umfeldern der politischen Systeme. Diese Interaktionsverdichtung als neues Charakteristikum internationaler Politik beschwört in Industrie- wie zunehmend auch in Entwicklungsländern die

Gefahr einer außenpolitischen Verselbständigung des gesellschaftlichen Umfeldes gegenüber dem politischen System herauf. Die Folge: Der außenpolitische Handlungsspielraum des politischen Systems wird eingeengt. Daher stellt sich die Frage, wie das politische System Japans außenpolitische Erwartungen und Interessen seines gesellschaftlichen Umfeldes verarbeitet und Steuerungskapazität durch Dialog und Kooperation mit diesem Umfeld sichert.

Der Untersuchung der außenpolitischen Interessen und Handlungsmaximen von Unternehmen und Verbänden kommt somit ein hoher Stellenwert zu. Das gleiche gilt für die Vermittlung internationaler Handlungszusammenhänge durch Medien. Es ist vor allem zu fragen, ob die außenpolitischen Garantien von *Sicherheit* und *Wohlstand* als maßgebliche normative Grundlagen der japanischen Außenpolitik auch durch *Kommunikationsnetze* und *Interessenprofile* des Umfeldes des politischen Systems gestützt werden und inwieweit Zielkonflikte und Interessenkollisionen bestehen. Japans Außenpolitik ist daher in den Gesamtzusammenhang internationaler Politik einzuordnen. Dabei ist das außenpolitische Kommunikations- und Entscheidungsverhalten des politischen Systems (Parteien, Parlament, Bürokratie), der Unternehmen und der Verbände, der nichtstaatlichen Organisationen und der Medien zu untersuchen.[36] Japan ist — so lautet die Ausgangshypothese — ein autonomer, souveräner Nationalstaat.

Im Hinblick auf die Analyse der Strategie der japanischen Außenpolitik sind die aus der Vielzahl möglicher Untersuchungskonzepte auszuwählenden Theorieansätze danach zu beurteilen, inwieweit sie in der Lage sind, empirisch gehaltvolle Erklärungen internationaler Strukturen anzubieten, Prozesse der internationalen Beziehungen zu analysieren und die Datenvielfalt entsprechend zu ordnen. Forschung und Politik können dadurch neue Orientierungsmöglichkeiten erhalten.[37]

Da ein einzelnes Konzept der Theorie der internationalen Beziehungen für die Analyse eines einzelnen Akteurs (z. B. Nationalstaat) fast immer zu kurz greift, ist eine Anwendung mehrerer Konzepte (wie z. B. Neorealismus, Interdependenztheorie) notwendig. Denn obwohl die interdependenzorientierte Sichtweise der Kritik an realistischen Auffassungen entsprungen ist, schließen sich beide Perspektiven nicht grundsätzlich aus, sondern können — etwa bei der Analyse der internationalen Machtstellung von Staaten — miteinander verbunden werden. Eine Kombination realistischer und interdependenztheoretischer Perspektiven macht es möglich, die Akteure internationaler Politik nicht nur territorial — als Verwaltungseinheiten des Flächenstaates —, sondern auch funktional — im Hinblick auf die Wahrnehmung von Aufgaben — zu bestimmen.[38]

Dieses Vorgehen erscheint auch wegen des Fehlens einer allgemein anerkannten Theorie der internationalen Beziehungen und der komplexen Verursachung außenpolitischer Probleme sinnvoll.[39] So ist es zunächst notwendig, Japan aufgrund seiner wirtschaftlichen, demographischen, technologischen und sonstigen Potentiale den Status einer regionalen Großmacht zuzuweisen. Daneben nimmt diese Großmacht aber zunehmend Funktionen im globalen Maßstab wahr, wie nicht zuletzt ihr europapolitisches und entwicklungspolitisches Engagement zeigen. Japan wird so zu einer regionalen Großmacht mit globalen Interessen.

Im Falle Japans wird ein integriertes Konzept der nationalen Wirtschaftsentwicklung seit langem unterstellt. Es liegt daher nahe, ein ähnliches Vorgehen in anderen, mit der Wirtschaftspolitik eng verknüpften Politikfeldern zu vermuten. Ohnehin erscheint die analytische Trennung von „Wirtschaft" und „Politik" zumindest im Falle Japans als ein an Europa und Amerika orientierter „Kunstgriff". Vielmehr läßt sich vom Beginn der Modernisierung bis zur Entwicklung Japans zur pazifischen Großmacht eine Kontinuitätslinie zeichnen, deren Logik darin gesehen werden kann, daß ein durchgängiges Konzept nationaler Größe und angestrebter Weltgeltung unter unterschiedlichen Bedingungen und mit ebenso unterschiedlichen Mitteln verfolgt wird. Das folgende Schaubild (Abb. 2) verdeutlicht den Zusammenhang zwischen außenpolitischen Ressourcen, Interessen und Handlungsstrategien, der die Außenpolitik Japans prägt. Diese Politik ist durch einen hohen Grad an Interdependenz gekennzeichnet.

Die Interdependenz-Empfindlichkeiten (sensitivity) äußern sich in der Geschwindigkeit, mit der Veränderungen in einem Land kostenintensive Folgen in einem anderen Land zeitigen, und zwar in politischer, sozialer und wirtschaftlicher Hinsicht. Interdependenz-Verletzbarkeit (vulnerability) ist demgegenüber nichts anderes als die Verfügbarkeit und die Kosten alternativer Lösungen. So ist die Interdependenz-Verletzbarkeit Japans aufgrund seiner Rohstoffabhängigkeit groß.

Die Interdependenz-Empfindlichkeit des Landes äußert sich etwa darin, daß Japan die Beziehungen zu seinen Hauptpartnerländern in Asien (China, ASEAN, NICs) dadurch am besten fördert, daß es seinen Markt für Produkte aus dieser Region stärker öffnet und dadurch die Exportorientierung dieser Länder unterstützt.[41] Hier zeigt sich, daß Interdependenz dann besteht, wenn ein Akteur seine außenpolitischen Ziele nicht ohne Mitwirkung eines anderen Akteurs verwirklichen kann. Da es sich hierbei also um eine „Zweibahnstraße" internationaler Beziehungen handelt, nimmt die Interdependenz zu, je geringer die Asymmetrie dieser Beziehungen wird.

Eine *Außenpolitik der Interdependenz* muß sich von drei Prinzipien leiten lassen:[42] der innenpolitischen Stabilität, der marktwirtschaftlichen Lenkung der Außenbeziehungen und einem Informations- und Anreizsystem für die privaten Akteure. Eine solche Politik wird daher auf Ausgeglichenheit und Behutsamkeit in der Beeinflussung des Marktverhaltens mehr bedacht sein als auf

Abb. 2: Außenpolitische Ressourcen, Interessen und Handlungsstrategien[40]

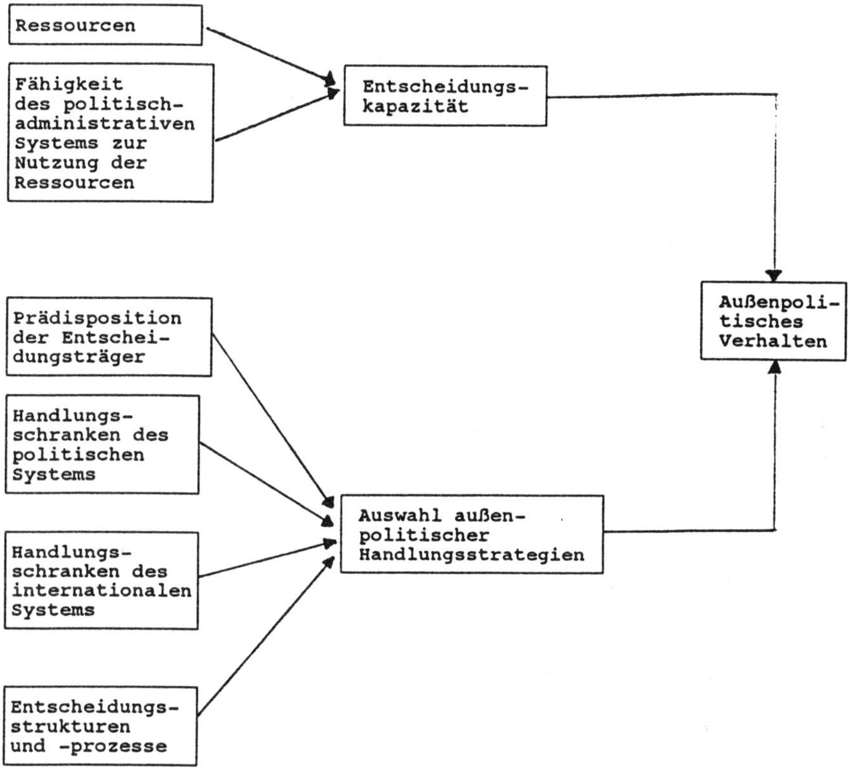

äußeren Druck. Strukturelle Grundlagen dieser Politik sind die Kooperation von Staat und Wirtschaft sowie ein tragfähiges innenpolitisches Fundament der Außenpolitik.

Gerade die jüngst einsetzende Diskussion um eine künftige Weltmachtrolle Japans verweist auf gewichtige innenpolitische Voraussetzungen einer Hegemonialmacht: insbesondere die Innovationsfähigkeit von Wirtschaft und Gesellschaft, die politische Verarbeitung des gesellschaftlichen Wandels sowie die breite und zugleich stabile innenpolitische Akzeptanz einer internationalen Führungsrolle. Selbst wenn dieser innenpolitische Konsens grundsätzlich gegeben wäre, könnte das japanische Regierungssystem ihn nur unter der Voraussetzung stabiler parlamentarischer Mehrheiten und leistungsfähiger politischer Institutionen dauerhaft nutzen.[43] Diese Prämisse verweist erneut auf den Zusammenhang zwischen innenpolitischer Handlungsfähigkeit und außenpolitischem Durchsetzungsvermögen.[44] Daher kommt es darauf an, die

Abb. 3: Hierarchie der Interdependenz

DEPENDENZ	-	einseitige Abhängigkeit von Akteuren
VERFLECHTUNG	-	keine Abhängigkeiten
INTERDEPENDENZ	-	wechselseitige Abhängigkeiten

Hohe Asymmetrien	----->	geringe Interdependenz
Ausgewogene, wechselseitige Abhängigkeiten	----->	hohe Interdependenz

internen Kräftekonstellationen zu untersuchen, die die Außenpolitik formen und tragen. Diese werden in Zeiten innenpolitischer Krisen, die die innen- *und* außenpolitische Handlungsfähigkeit Japans beeinträchtigen können, besonders sichtbar.[45] Die neuere innenpolitische Entwicklung wirft die Frage auf, welche Folgen sich durch diese neuen Belastungen des politisch-administrativen Systems (Korruption, politische Instabilität) sowie den damit einhergehenden politisch-kulturellen und sozialen Wandel für den Spielraum und die Dynamik der japanischen Außenpolitik ergeben.

Mit seiner dynamischen Außenwirtschafts- und Technologiepolitik[46] sowie dem starken Ausbau seiner Entwicklungs- und Verteidigungspolitik verfügt Japan über wichtige Voraussetzungen für eine weiterhin rasche Ausweitung seines außenpolitischen Aktionsradius‘ und einer zunehmenden Bedeutung im internationalen Kräftefeld. Gleichwohl ist die Außenpolitik als eigenständiges Politikfeld im Bewußtsein der politischen Akteure und der politischen Beobachter wenig entwickelt. So wird Japans Stellung im „pazifischen Zeitalter“ in der Regel nur außenwirtschaftspolitisch betrachtet.[47]

Diese außenwirtschaftlichen Betrachtungen beschränken sich folgerichtig darauf, im Rahmen einer arbeitsteiligen „Pax America-Nipponica“ Japan die Produktion hochwertiger High-Tech-Güter, den Vereinigten Staaten Dienstleistungen und Rohstoffexporte und den asiatischen Schwellenländern (NIC) die Herstellung reifer Industriegüter zuzuweisen. Weiterreichende Fragen werden demgegenüber ausgeblendet[48]:

○ Gibt es außenpolitische Konzepte und Denkmuster außerhalb der Außenwirtschaftspolitik, und wie sehen diese Vorstellungen aus?
○ Welchen Spielraum eröffnet die außenwirtschaftliche Stellung Japans der Entwicklung eigenständiger außenpolitischer Konzepte?
○ Wie gehen die relevanten innenpolitischen Entscheidungsträger und gesellschaftlichen Kräfte mit der wachsenden „Internationalisierung“ von Politik und Gesellschaft um? Kündigt sich eine „Nipponisierung“ als Konsequenz dieser Internationalisierung an?

Aufgabe der Lehre von den internationalen Beziehungen ist es, Paradigmen außenpolitischer Prioritätenkonflikte zu entwickeln. In Anlehnung an einen Definitionsvorschlag von *Haftendorn* soll von außenpolitischen Prioritätenkonflikten dann gesprochen werden, „... wenn das politische System angesichts internationaler Anforderungen und Widerstände nicht in der Lage ist, die als Ergebnis interner gesellschaftlicher Anforderungen festgelegten Ziele extern durchzusetzen oder angesichts entgegenstehender äußerer Anforderungen zumindest aufrechtzuerhalten.“[49] Außenpolitische Konflikte treten dann auf, wenn das politische System nicht zu einer entsprechenden Anpassungsleistung bereit ist. Die Größe seines Handlungsspielraums legt dabei seine Fähigkeit fest, auf andere politische Systeme einzuwirken und dadurch seine Zielvorstellungen international durchzusetzen. Dieser Zusammenhang zwischen Innen- und Außenpolitik legt es nahe, zunächst die außenpolitische Entscheidungskapazität durch eine Analyse der Ressourcenentwicklung und der Fähigkeit zu ihrer Nutzung durch das politische System zu prüfen (s. Abb. 2). Auf dieser Grundlage sind dann in einem weiteren Schritt Handlungsspielraum und Handlungsschranken der Außenpolitik zu bestimmen.

Anmerkungen

1 Vgl. J. W. M. *Chapman* / R. *Drifte* / I. T. M. *Gow*, Japan's Quest for Comprehensive Security. Defence-Diplomacy-Dependence, London 1983, S. 81.
2 Vgl. Susan *Chira*, Japan and the World: Applying Assertiveness Training to a Foreign Policy, in: The New York Times, 6. September 1988, S. 178. Eine aktive Außenpolitik hat der damalige Außenminister Masayoshi *Ohira* bereits im Jahre 1972 gefordert. Vgl. *Pacific Community*, vol. 3, Nr. 3, April 1972, S. 44.
3 Michio *Watanabe*, Vorwort, in: *Ministry of Foreign Affairs*, Japan, Diplomatic Bluebook 1991. Japan's Diplomatic Activities, Tokyo 1991.
4 Vgl. Ronald A. *Morse*, Japan's Drive to Pre-eminence, in: Foreign Policy, Nr. 69, Winter 1987-88, S. 3-21; siehe auch Frankfurter Allgemeine Zeitung, 5. Mai 1988, S. 5: „Tokyo will engere Beziehungen zu Europa“.
5 Vgl. hierzu insbesondere Paul *Kennedy*, The Rise and Fall of the Great Powers. Economic Change and Military Conflict from 1500 to 2000, London / Sydney 1988.
6 Vgl. *Ministry of Foreign Affairs*, Diplomatic Bluebook 1986, Tokyo 1986, S. 14-27.

7 Siehe hierzu James N. *Rosenau*, Theorizing Across Systems: Linkage Politics Revisited, in: Jonathan *Wilkenfeld* (Hrsg.), Conflict Behavior and Linkage Policies, New York 1973, S. 54 f.

8 Vgl. Hans-Dieter *Scheel*, Grundzüge und Tendenzen der japanischen Außenpolitik, in: Manfred *Pohl* (Hrsg.), Japan 1987 / 88. Politik und Wirtschaft, Hamburg 1988, S. 103.

9 Zu Grundlagen und Entwicklungstendenzen der japanischen Verteidigungspolitik siehe u.a.: Martin E. *Weinstein*, Japan's Postwar Defense Policy, 1947-1968, New York / London 1971; *Defense Agency*, Defense of Japan, Tokyo 1987; Tadae *Takubo* u.a., Japan's Defense Debate, Tokyo 1986; *Defense Agency*, Summary of Defense of Japan, Tokyo 1987.

10 Vgl. Michèle *Schmiegelow*, Japans Antwort auf Krise und Wandel in der Weltwirtschaft, Hamburg 1988.

11 Vgl. Robert O. *Keohane* / Joseph S. *Nye*, Power and Interdependence. World Politics in Transition, 2. Aufl., Boston / Toronto 1988.

12 Vgl. Klaus *Knorr*, Power and Wealth, Princeton 1973.

13 Vgl. Oran R. *Young*, The Actors in World Politics, in: James N. *Rosenau* / Vincent *Davis* / Maurice A. *East* (Hrsg.), The Analysis of International Politics, New York / London 1972, S. 125-144.

14 Vgl. H. J. *Krug*, Verteidigungskonzeption, in: Horst *Hammitzsch* (Hrsg.), Japan-Handbuch, Wiesbaden 1981, S. 2031-2035.

15 Vgl. Barry *Hillenbrand*, Europe vs. Japan, in: Time, 28. November 1988, S. 48 / 49.

16 Vgl. hierzu Dennis T. *Yasutomo*, The Manner of Giving: Strategic Aid and Japanese Foreign Policy, Lexington (Mass.) 1986, S. 112 f.

17 Vgl. Robert O. *Keohane* / Joseph S. *Nye*, a.a.O.. Die Autoren beziehen Interdependenz in den internationalen Beziehungen „... to situations characterized by reciprocal effects among countries or among actors in different countries“ (S. 8).

18 Vgl. Charles F. *Hermann* / Charles W. *Kegley*, Jr. / James *Rosenau* (Hrsg.), New Directions in the Study of Foreign Policy, Boston 1987; siehe hierzu auch die Besprechung dieses Buches durch James W. *Gould*, in: American Political Science Review, Vol. 82, Nr. 3, Sept. 1988, S. 1036 f.

19 Vgl. Reinhard *Meyers*, Weltmarkt oder Weltpolitik? Anmerkungen zur gegenwärtigen Befindlichkeit der bundesrepublikanischen Lehre von den Internationalen Beziehungen, in: Neue Politische Literatur, Jg. 31 / 2, 1986, S. 187-211; K.J. *Holst*, The Dividing Discipline. Hegemony and Diversity in International Theory, 2. Aufl., Boston 1987, S. 1-14, 131-149.

20 Vgl. Klaus *Knorr* / Sidney *Verba* (Hrsg.), The International System. Theoretical Essays, 5. Aufl., Princeton (N.J.) 1969, in diesem Band insbesondere die Beiträge von Morton A. *Kaplan*, Problems of Theory Building and Theory Confirmation in International Politics, S. 6-24, und J. David *Singer*, The Level of Analysis Problem in International Relations, S. 77-92.

21 Vgl. Gottfried-Karl *Kindermann*, Vorwort, in: *ders.* (Hrsg.), Grundelemente der Weltpolitik. Eine Einführung, 2. Aufl., München 1981, S. 18; Hans-Peter *Schwarz*, Der Faktor Macht im heutigen Staatensystem, in: Karl *Kaiser* / Hans-Peter *Schwarz*, Weltpolitik. Strukturen — Akteure — Perspektiven, Bonn 1987, 2. Aufl., S. 53, 58.

22 Vgl. Gottfried-Karl *Kindermann*, Internationale Politik in Theorie, Analyse und Praxis, in: *ders.* (Hrsg.), a.a.O., S. 35, 37, 83 ff.

23 Vgl. *ders.*, Internationale Politik, a.a.O., S. 96-99; siehe Charles F. *Hermann* / Maurice A. *East*, Introduction, in: Maurice A. *East* / Stephen A. *Salmore* / Charles F. *Hermann*, Why Nations Act. Theoretical Perspectives for Comparative Foreign Policy Studies, Beverly Hills / London 1978, S. 22 f.

24 Vgl. Wayne H. *Ferris*, The Power Capabilities of Nation-States. International Conflict and War, Lexington (Mass.) / Toronto / London 1973; vgl. hierzu auch Brian *Barry* (Hrsg.), Power and Political Theory. Some European Perspectives, London u.a. 1976, passim.

25 Hans-Peter *Schwarz*, Der Faktor Macht im heutigen Staatensystem, a.a.O., S. 72.

26 Vgl. hierzu auch Charles W. *Kegley*, Jr. / Eugene R. *Wittkopf*, World Politics. Trend and Transformation, New York 1981, S. 141 ff.; Gavin *Boyd* / Gerald W. *Hopple* (Hrsg.), Political Change and Foreign Policies, London 1987.

27 Vgl. Reinhard *Meyers*, Grundbegriffe, Strukturen und theoretische Perspektiven der Internationalen Beziehungen, in: Bundeszentrale für politische Bildung (Hrsg.): Grundwissen Politik, Schriftenreihe Bd. 302, Bonn 1991, S. 223, 233.

28 Vgl. Robert O. *Keohane* / Joseph S. *Nye*, Power and Interdependence, a.a.O., S. 18 ff; Mark W. *Zacher*, Mutual Interests and International Regimes, in: Journal of International Affairs, Vol. 44, No. 1, 1990, S. 139-157.

29 Vgl. Hideo *Satō, Taigaiseisaku, gendaiseiji gakusōsho, Tōkyōo daigaku shuppankai, (Außenpolitik, Moderne Politikwissenschaftliche Veröffentlichungen), Bd. 20, Tokyo 1989, S. 5.; vgl. hierzu auch: Werner J. Feld*, American Foreign Policy, New York 1984, S. 2 f.

30 Vgl. Robert A. *Scalapino*, Perspectives on Modern Japanese Foreign Policy, in: *ders.* (Hrsg.), The Foreign Policy of Modern Japan, Berkeley / Los Angeles / London 1977, S. 407; Joachim *Glaubitz*, Zur Außen- und Sicherheitspolitik Japans, in: Aus Politik und Zeitgeschichte, B 19 / 88, 6. Mai 1988, S. 33.

31 Vgl. Ernst-Otto *Czempiel*, Machtpolitik, in: Klaus *von Beyme* u.a. (Hrsg.), Politikwissenschaft. Eine Grundlegung, Bd. III: Außenpolitik und Internationale Politik, Stuttgart 1987, S. 100 ff.

32 Vgl. ders., a.a.O.

33 Reimund *Seidelmann*, Außenpolitik, in: Andreas *Boeck* (Hrsg.), Internationale Beziehungen, München 1984, S. 54.

34 Vgl. Richard C. *Snyder* / H. W. *Bruck* / Burton *Sapin*, Entscheidungsanalyse und internationale Beziehungen, in: Helga *Haftendorn* (Hrsg.), Theorie der Internationalen Politik. Gegenstand und Methoden der internationalen Beziehungen, Hamburg 1975, S. 228; vgl. auch: James N. *Rosenau*, The Scientific Study of Foreign Policy, New York / London 1971, S. 257 ff.

35 Nach Helga *Haftendorn* (Hrsg.), Theorie der internationalen Politik. Gegenstand und Methoden der internationalen Beziehungen, Hamburg 1975, S. 228; siehe hierzu auch: James N. *Rosenau*, The Scientific Study of Foreign Policy, New York / London 1971, S. 257 ff.

36 Vgl. Ernst-Otto *Czempiel*, Internationale Politik, a.a.O., S. 22 f.

37 Vgl. Helga *Haftendorn*, Theorie der internationalen Beziehungen, in: Wichard *Woyke* (Hrsg.), Handwörterbuch Internationale Politik, 3. Aufl., Opladen 1986, S. 457-464; *dies.*, Bemühungen um eine Theorie internationaler Beziehungen. Eine Theorie der Internationalen Politik, a.a.O., S. 9-36.

38 Vgl. Reinhard *Meyers*, De rotae reinventione opusculus, Münster 1990 (Manuskript). Zur Kritik des Neorealismus und zu Perspektiven seiner konzeptionellen Weiterentwicklung siehe: Patrick *James*, Neorealism as a Research Enterprise: Toward Elaborated Structural Realism, in: Standford University-Hoover Institution, International Studies Program, International Working Papers Series I-91-16, Stanford November 1991.

39 Vgl. Daniel *Frei* / Dieter *Ruloff*, Handbuch der weltpolitischen Analyse. Methoden für Praxis, Beratung und Forschung, Diessenhofen 1984, S. 30.

40 Nach Maurice A. *East*, National Attributes and Foreign Policy, in: Maurice A. *East* / Stephen A. *Salmore* / Charles F. *Hermann* (Hrsg.), Why Nations Act, a.a.O., S. 133.

41 So lautet die Forderung des Japan Forum on International Relations unter Saburō Okita. Vgl. Saburō *Okita*, Approaching the 21st Century, a.a.O., S. III.

42 Vgl. Takashi *Inoguchi*, Politics of Interdependence, in: Government and Opposition, Vol. 25, Nr. 4, 1990, S. 433.

43 Vgl. Nigel *Holloway*, Problems of plenty, in: Far Eastern Economic Review, 10. März 1988, S. 64-69; Paul *Kevenhörster*, Wirtschaft und Politik in Japan. Interessengruppen, politische Meinungsbildung und wirtschaftspolitische Entscheidungen, Wiesbaden 1973, S. 190 ff.

44 Vgl. Dennis T. *Yasutomo*, The Manner of Giving: Strategic Aid and Japanese Foreign Policy, a.a.O., siehe hierzu auch die Besprechung dieses Buches durch Peter *Cheng*, in: American Political Science Review, Vol. 82, Nr. 4, Dez. 1988, S. 1434.

45 Vgl. Peter *Odrich*, Japans Regierung fast handlungsunfähig. Auslandsreisen und Konferenzen abgesagt. Der Recruit-Cosmos-Skandal, in: Frankfurter Allgemeine Zeitung, 5. April 1989, S. 6; Helmut *Becker*, Elite mit schmutzigen Händen, in: Die Zeit, 16. Dezember 1988, S. 23.

46 Vgl. Battle for the Future, in: *Time*, 16. Januar 1989, S. 28/29.

47 Vgl. hierzu insbesondere Takeshi *Aoki*, Taiheiyō no seiki to Nihon (Japan und das pazifische Zeitalter), Tōkyō 1985, S. 191 — 236.

48 Vgl. Takashi *Oka*, Igel oder Elefant? Japan tut sich schwer mit seiner Weltrolle, in: Die Zeit, 23. Dezember 1988, S. 37; Peter *Odrich*, Hat Japan doch gesiegt?, in: Frankfurter Allgemeine Zeitung, 10. Januar 1989, S. 10.

49 Helga *Haftendorn*, Außenpolitische Prioritäten und Handlungsspielraum. Ein Paradigma zur Analyse der Außenpolitik der Bundesrepublik Deutschland in: Politische Vierteljahresschrift, 30. Jhg., Heft 1, 1989, S. 32.

2. Außenpolitische Entscheidungskapazität

Die außenpolitische Entscheidungsfähigkeit eines Staates hängt von zwei Determinanten ab: der Entwicklung seiner Machtressourcen, die Umfang und Durchsetzungskraft der außenpolitischen Handlungspotentiale festlegt, und der Fähigkeit zum zielgerichteten Einsatz der Ressourcen durch das politisch-administrative System. Nur im Zusammenhang vermögen beide Bestimmungsfaktoren Auskunft darüber zu geben, wie entscheidungsfähig und durchsetzungsstark sich ein Staat in außenpolitischen Fragen erweist. Ob er diese Fähigkeiten in seinem internationalen Umfeld auch tatsächlich durchsetzen *kann* und *will*, ist dagegen eine andere Frage.

2.1 Die Entwicklung der Ressourcen: Japan und seine außenpolitischen Handlungspotentiale

Im Verlauf der Entwicklung des Nationalstaates sind immer wieder Versuche unternommen worden, die Macht dieses Staates zu berechnen.[1] Die Messung nationalstaatlicher Macht setzt die Identifizierung der Machtgrundlagen voraus. Hierzu zählen seit *Hobbes*, *Friedrich dem Großen* und *Clausewitz* an erster Stelle wirtschaftliche Kraft und militärische Stärke. Bei derartigen Versuchen der Einschätzung und Berechnung nationalstaatlicher Macht hat sich bald herausgestellt, daß Macht sowohl Besitz- als auch Relationsgröße ist. Der Machtbegriff ist zunächst zu operationalisieren. Fünf Dimensionen lassen sich dabei unterscheiden[2] : 1. Machtgrundlagen (Worauf beruht Macht?), 2. Machtmittel (Mit welchen Mitteln werden Machtressourcen mobilisiert und politisch eingesetzt?), 3. Machtbereich (In welchem Aktionsfeld kann ein bestimmtes politisches Interesse gegenüber anderen durchgesetzt werden?), 4. Machtfülle (Welches Maß an Machtmitteln muß eingesetzt werden, um andere in bestimmten Bereichen zu bestimmten Handlungen zu veranlassen?) und 5. Machtwirkung (Über eine wie große Zahl von Individuen übt ein Machtträger Macht aus? Kann der Machtträger seine Machtinstrumente global oder regional zur Geltung bringen?).[3]

2.1.1 Machtpotentiale

Die außenpolitischen Handlungspotentiale eines Staates hängen vorrangig von der Entwicklung jener Ressourcen ab, die seine Machtstellung im internationalen System begründen. Vormals wurden hierzu vor allem — wenn nicht ausschließlich — Wirtschaftskraft und Militärpotential gerechnet. Im Zeitalter anhaltender Entspannung und rascher technologischer Fortschritte aber tun wir gut daran, den Rahmen dieser Ressourcen zugleich breiter und differenzierter abzustecken. Wichtige außenpolitische Ressourcen sind dabei immer mehr der Entwicklungsstand des Humankapitals, das technisch-wissenschaftliche Wissen, der technologische Leistungsstand, die volkswirtschaftliche Leistungskraft sowie Stabilität und internationale Geltung der Währung.[4]

So wird auch im Bereich der internationalen Beziehungen die aus Machtverhältnissen resultierende Wirkung zum entscheidenden Machtmerkmal. Macht ist somit auch in diesem Politikfeld in Anlehnung an die klassische Definition Max *Webers* die Fähigkeit eines Machtträgers, andere Institutionen, Gruppen und Personen durch den Einsatz materieller und immaterieller Ressourcen zu einem gewünschten Verhalten zu veranlassen.[5] Wer die größten Machtressourcen besitzt und über die wirksamsten Machtmittel verfügt, kann diese nicht ohne weiteres auch nach seinen Vorstellungen einsetzen. Von einer bestimmten Schwelle der Entwicklung von Machtressourcen und Machtmitteln an wird man vielmehr — der Logik des wirtschaftswissenschaftlichen Ertragsgesetzes entsprechend — vermuten dürfen, daß der Einsatz zusätzlicher Machtmittel zur Gestaltung der internationalen Beziehungen eine abnehmende Wirkung zeitigen wird. Gerade Entwicklung und Niedergang totalitärer und autoritärer Systeme im 20. Jahrhundert zeigen anschaulich, daß mächtige Staaten mit begrenzter interner Lernfähigkeit nicht mehr ausreichend auf externe Warnsignale reagieren und schließlich über kein intelligentes Steuerungssystem mehr verfügen, um sich zügig und wirksam auf neue Anforderungen der internationalen Umwelt einzustellen.[6]

Wirtschaftliche und militärische Stärke verkörpern daher allein noch nicht politische Macht, sondern immaterielle Faktoren und politische Umsetzungsmöglichkeiten besitzen eine große Bedeutung für die Entfaltung nationalstaatlicher Macht in internationalen Beziehungen.[7] So wird die nationalstaatliche Macht bestimmt durch Zustandsgrößen, Vergangenheitserfahrungen und Umsetzungspotentiale. Zu letzteren gehört auch die Reputation eines Staates, von der seine internationalen Durchsetzungschancen ebenfalls abhängen. Die Dynamik internationaler Beziehungen hat sich in den letzten Jahrzehnten immer mehr von militärischen auf wirtschaftliche und soziale Trends verlagert, und diese Verschiebung kommt in der Gegenwart Japan und Deutschland zugute.[8] Beide Länder sind Prototypen des modernen Handelsstaates[9], dessen Gewicht auf engen Kooperationsnetzen bei der Verfolgung internationaler Ziele, dem Aufbau internationaler Kooperationsstrukturen beruht. Japan muß — wie auch Deutschland — verstärkt seine Ziele und Interessen im Rahmen von Integrationsprozessen und zunehmender internationaler Interdependenz definieren und durch engere Kooperationsformen wahrzunehmen versuchen.[10]

Dieses hohe Maß an Interdependenz erfordert tiefgreifende Anpassungsprozesse innerhalb des Handelsstaates: Je „merkantilistischer" die Außenwirtschaftspolitik dieser Staaten (hohe Konsumgüterpreise als Folge der internationalen Abschottung des Inlandsmarktes und hohe Außenhandelsüberschüsse sind typische Kennzeichen dieser Politik), um so mehr verstoßen sie gegen die Interessen ihrer eigenen Gesellschaftsmitglieder und damit gegen das Prinzip „vertikaler Interdependenz" von Staat und Gesellschaft. Diese Außenwirtschaftspolitik geht — wie das Beispiel Japan zeigt — vor allem zu Lasten der eigenen Konsumenten. Dabei ist zu beachten, daß die Regierung zwar die Rahmenbedingungen setzt, nicht aber über die wirtschaftlichen Ressourcen allein verfügt. Die wirtschaftlichen Austauschbeziehungen einer Vielzahl von Akteuren wie auch die politischen und kulturellen, unterliegen den Gesetzen der Interdependenz. Internationale Machtverschiebungen sind allerdings insoweit zu erwarten, als Japan und Deutschland den Erfordernissen der Interdependenz aufgrund ihrer Nachkriegsentwicklung stärker Rechnung zu tragen gewohnt sind als etwa die Vereinigten Staaten.

In diesem Netzwerk „komplexer Interdependenz"[11] kommt es für die Staaten darauf an, Kosten und Nutzen ihrer Außen- und Außenwirtschaftspolitik gleichmäßig zu verteilen, einen verbindlichen internationalen Sicherheitsrahmen zu schaffen, ein ausreichendes Maß an Bedürfnisbefriedigung zu gewährleisten und notwendige Modernisierungsprozesse sozial abzufedern. Das hohe Maß an Verflechtung, an „vertikaler Interdependenz" zwischen Staat und Gesellschaft, macht in den demokratischen Verfassungsstaaten politische Legitimität verstärkt von den Leistungen der Wirtschaftspolitik abhängig.

So liegt es nicht im Interesse der japanischen Außenpolitik, eine nur regionale Identität als pazifische Macht anzustreben. Durch seine enge strategische Bindung an die Vereinigten Staaten und seine weltweite wirtschaftliche Präsenz ist Japan bereits der erste globale Handelsstaat geworden.[12] Aber obwohl Japan eine „Internationalisierung" seiner Politik nachdrücklich anstrebt, wie insbesondere seine Entwicklungspolitik und zunehmend auch seine Kulturpolitik zeigen, ist es von einer Außenpolitik globaler Verantwortung doch noch ein gutes Stück entfernt.

2.1.2 Politisch-ökonomische Denkschulen

Die hohe wirtschaftliche und technologische Dynamik, die den japanischen Handelsstaat kennzeichnen, erweitern das Handlungspotential der Außenpolitik beträchtlich. Dabei ist die Erklärung dieser Dynamik durchaus kontrovers;

die ökonomisch-politischen Denkschulen, die sich bei dem Versuch der Deutung des japanischen „Wirtschaftswunders" herausgebildet haben, lassen sich in drei Gruppen aufteilen: die „Projektionisten", die „Sozioökonomen" und die Vertreter des „Entwicklungsstaates".[13]

Die „*Projektionisten*" (*Kahn*, *Vogel* u. a.) verdanken ihre Einstufung der Kritik, sie würden westliche Normen und Konzepte auf Japan anwenden. Das gilt etwa für die Nutzung der Keynesianischen Wirtschaftstheorie zur Erklärung des japanischen Wirtschaftswunders. Demgegenüber greift die *sozioökonomische Schule* zur Erklärung der japanischen Wirtschafts- und Gesellschaftsentwicklung auf die Analyse gesellschaftlicher Normen und Wertorientierungen sowie sozialen Rollenverhaltens und historischer Traditionen zurück und schreckt dabei auch vor weitgehenden Verallgemeinerungen („Nationalcharakter") nicht zurück. Das institutionelle Arrangement und die politischen Rahmenbedingungen rücken dabei zu schnell aus dem Blickfeld. Das Modell des „*Entwicklungsstaates*" orientiert sich demgegenüber an alten Vorstellungen vom Handelsstaat europäischen Ursprungs, die sich am ehesten auf „Spätentwickler" der Industriegeschichte wie Japan und Deutschland anwenden lassen. In diesem Ansatz kommt im Unterschied zu den Prototypen der reinen Zentralverwaltungs- und Marktwirtschaft dem Staat eine zentrale Entwicklungsfunktion zu. Dabei kann ideengeschichtlich auf Friedrich *List* zurückgegriffen werden. Entscheidendes Merkmal des Entwicklungsstaates ist eine prononcierte Industrie- und Technologiepolitik.[14] Diese konnte sich unter den politisch-institutionellen Bedingungen (parlamentarische Mehrheitsverhältnisse, Heterogenität der Opposition) in Japan voll entfalten. In der Gegenwart ist Japan ein „Reservewährungsland", gekennzeichnet durch ein hochentwickeltes Ausbildungssystem, leistungsfähige Managementmethoden und eine erfolgreiche Technologieentwicklung und Technologiepolitik.[15]

Seit geraumer Zeit bemüht sich Japan mit Nachdruck und Erfolg um den Aufbau von Industrien der neuen Schlüsseltechnologien. Denn Stahl und Energie stellen seit langem keine „Formeln der Macht" mehr dar.[16] Im internationalen Kräftefeld der Triade USA — Japan — Europa werden sich Erfolge beim Aufbau der neuen Schlüsseltechnologien Informationstechnik, Biotechnik, Werkstoff-, Energie- und Raumfahrttechnik als ausschlaggebend erweisen.[17] Das Gewicht der ökonomischen und technologischen Handlungspotentiale ist für die Außenpolitik Japans nicht zu unterschätzen. Seine pazifischen Nachbarn behaupten ohnehin seit langem, der fernöstliche Technologiestaat betreibe alte Weltmachtträume mit neuen, friedlichen, ökonomischen Mitteln. Diese Kontinuitätslinie reicht von der Modernisierung von Wirtschaft und Gesellschaft über nationale Entwicklung, Wiederaufbau und Wirtschaftsförderung bis zur Außenwirtschaftspolitik und Entwicklungspolitik mit der Funktion der Markterschließung und Einflußsicherung.

Angesichts einer hohen Anpassungsleistung des politischen Systems hat Japan bisher auf internationale Forderungen (insbesondere der Vereinigten Staaten) nach einer stärkeren Übernahme von Verteidigungslasten durch eindeutige Prioritätsentscheidungen tiefgreifende außenpolitische Prioritätenkonflikte nicht nur vermeiden, sondern auch seinen außenpolitischen Handlungsspielraum sichern können:[18] Die Außenwirtschaftspolitik wird durch die Entwicklungspolitik gestützt, und diese wiederum ergänzt verteidigungspolitische Leistungen. Die Außenpolitik Japans ist eine Funktion der Entscheidungskapazität des politisch-administrativen Systems und seiner Auswahl außenpolitischer Handlungsstrategien und damit auch eine Funktion der folgenden unabhängigen Variablen: der Ressourcen, der Fähigkeit des politisch-administrativen Systems zu ihrer Nutzung, der Prädisposition der Entscheidungsträger, der Handlungsschranken des politischen Systems sowie des internationalen Systems und schließlich der außenpolitischen Entscheidungsstrukturen und -prozesse. Diese Faktorengruppen wirken sich über das außenpolitische Verhalten der japanischen Regierung auf das internationale Kräftefeld aus: Ressourcen und die politische Fähigkeit ihrer Nutzung („Entscheidungskapazität") stellen das Potential regionaler oder globaler Machtausübung dar; die Auswahl außenpolitischer Handlungsstrategien entscheidet wiederum darüber, wie wirksam eine regionale oder globale Rolle wahrgenommen wird.

Das Szenario ist klar vor Augen: Wachsen die Ressourcen eines Staates stärker als die anderer vergleichbarer Staaten und hält die Fähigkeit des politisch-administrativen Systems zu seiner Nutzung mit diesem Wachstum Schritt, so wird das internationale Durchsetzungspotential dieses Landes zunehmen. Dies ist um so mehr zu erwarten, wenn die Auswahl außenpolitischer Handlungsstrategien von einem Staat konzentrierter und systematischer durchgeführt wird als von einem anderen. Bieten Ressourcen und die Fähigkeit ihrer systematischen Nutzung das Potential einer Weltmachtrolle, so hängt die Wahrnehmung dieser Rolle von der Auswahl geeigneter außenpolitischer Strategien und ihrer Umsetzung ab.

Gerade Aufbau und Ausweitung des internationalen Einflußbereichs Japans deuten daraufhin, daß die herkömmliche Fixierung auf materielle Input-Faktoren der Dynamik der internationalen Beziehungen nicht gerecht wird. Auch immaterielle Faktoren (Verfassungskonsens, politische Stabilität, Wirtschaftsordnung, wirtschaftliche Stabilität, Betriebsverfassung) und Entwicklungsindikatoren (Schulbildung, Arbeitsmotivation, Arbeitsleistung etc.) sind in die Betrachtung einzubeziehen.

2.1.3 Innenpolitische Grundlagen außenpolitischer Strategien

Zwischem außenpolitischem Handlungsvermögen und der innenpolitischen Kräftekonstellation besteht ein enger Zusammenhang, der in einer Zeit wachsender Anforderungen an die Außenpolitik deutlicher wird.

Japans Außenpolitik ist in der Vergangenheit selten durch eigenständige Initiativen oder klare Stellungnahmen zu internationalen Streitfragen gekennzeichnet gewesen. Aber die aktuellen Veränderungen des internationalen Systems legen es Japan nahe, eine stärkere internationale Rolle anzustreben; denn das Gewicht der Faktoren wandelt sich, die über den internationalen Einfluß von Staaten entscheiden. Je mehr die internationalen Beziehungen durch wirtschaftliche Faktoren und je weniger sie durch militärische Faktoren bestimmt werden, desto leichter wird es für die Staaten, bei zunehmender wirtschaftlicher Interdependenz ihre nationalen Interessen einschließlich ihrer Sicherheitsinteressen durch Außenhandel und Diplomatie und nicht durch den Ausbau ihres Militärpotentials auszuüben.[19] Diesen fundamentalen Wandel des internationalen Systems hat Japan als erstes Land begriffen und daraus in seiner Nachkriegspolitik die Konsequenzen gezogen: Wirtschafts- und Technologiepolitik sind vorrangig, die Sicherheitspolitik nachrangig.

Japans Finanzstärke hat die der Vereinigten Staaten weit hinter sich gelassen: Während die USA die größte Schuldnernation der Welt geworden sind, ist Japan der größte Finanzier der Welt und Gläubiger eines Drittels der amerikanischen Staatsschulden.[20] Die größten acht Banken der Welt und 16 der 25 international führenden Kreditinstitute sind japanische Banken. Wenn japanische Investoren — wie 1987 — vorübergehend keine amerikanischen Anleihen mehr kaufen, bricht der amerikanische Kapitalmarkt zusammen. Inzwischen ist Japan nicht nur führende *Finanzmacht* geworden, sondern auch die erste *Industriemacht* der Welt und außerdem auf dem besten Wege, auch die erste *Technologiemacht* zu werden.[21] Das hohe Niveau der technischen Entwicklung, der hohe Standard von Ausbildung und Training sowie die hohe Qualität des Humankapitals sind zuverlässige Antriebskräfte dieser Dynamik.[22] Nach den Analysen des europäischen Management Forum in Genf ist Japan daher seit mehr als 15 Jahren hinsichtlich seiner industriellen Leistungsfähigkeit, seiner innovativen Zukunftsorientierung sowie seiner Weltmarktorientierung *die* international führende Wirtschaftsnation.[23]

Gegenwärtig scheint die japanische Wirtschaft allerdings vom Expansionskurs der früheren Jahre abzuweichen und eine schwierige Anpassungsphase im Rahmen eines zyklischen Anpassungsprozesses zu durchlaufen, der durch einen Rückgang der Aktienkurse, der nach dem vorrangegangenen Boom überzogenen Immobilienpreise („Bubble Economy") und der Konsumgüternachfrage gekennzeichnet ist.[24] Auf diese Krise hat die Regierung mit einem konjunkturpolitischen Maßnahmepaket im Umfang von umgerechnet etwa 120 Mrd. DM reagiert, das eine erhebliche Ausweitung öffentlicher Investitionen (vor allem öffentlicher Bauvorhaben) und Steuer- und Krediterleichterungen für Investitionen der Wirtschaft vorsieht.[25]

Einige Probleme der japanischen Wirtschaftsstruktur können sich jedoch trotz dieser Gegensteuerung als dauerhaft erweisen: Die Preise der japanischen Konsumgüterindustrie sind im Inland um etwa 50 % höher als im Ausland. Die Einkommenskluft zwischen den neuen Reichen und den neuen Armen weitet sich aus. Die Zahlen der Nichtseßhaften, verarmten Alten, der nicht sozial abgesicherten Tagesarbeiter, Kriminalität und Vandalismus nehmen zu. So hat die japanische Gesellschaft den dynamischsten Technologiestaat der Welt aufgebaut, beginnt aber zugleich, den Preis für diese Vorherrschaft zu zahlen.[26] Das ist die widersprüchliche Ausgangslage einer neuen außenpolitischen Standortbestimmung, die vor der Aufgabe steht, diese Widersprüche zu einer stimmigen Außenpolitik zu verarbeiten.

2.2 Die Nutzung der Ressourcen: das politisch-administrative System

Die internen Organisationsprozesse des Staates als außenpolitischer Akteur sind arbeitsteilig spezialisiert: Sie beruhen auf der Anwendung von Beurteilungsmaßstäben für Mitgliederrekrutierung, Rollenzuweisung, Rollenbeziehungen und Spezialisierungen in vertikaler und horizontaler Hinsicht. Entscheidungsautorität und Kontrollmöglichkeiten schließen eine ungleiche Verteilung der Macht, ferner Über- und Unterordnungsbeziehungen, die Motivierung zur Machtausübung und eine pyramidenähnliche Machtstruktur ein.[27] Sowenig dieser umfassende Ansatz auch bisher bei der empirischen Analyse von außenpolitischen Entscheidungsprozessen angewendet worden ist, so unentbehrlich ist er für eine Politikwissenschaft, die nicht nur die institutionellen Rahmenbedingungen, sondern auch den Gehalt außenpolitischer Entscheidungen untersuchen und erklären will.[28] Diese Perspektive erfordert eine Skizze der innenpolitischen Strukturbedingungen außenpolitischer Entscheidungen in Japan.

2.2.1 Die Akteure

Die innenpolitische Basis der japanischen Außenpolitik wird seit jeher durch eine Interessenallianz der Liberaldemokratischen Partei (LDP), der Bürokratie, der Industrieunternehmen, Banken und Wirtschaftsverbände geformt. Diese Allianz ist inzwischen nicht mehr so tragfähig und durchsetzungsstark wie zuvor: Seit zwei Jahrzehnten haben die Oppositionsparteien die politische Kontrolle der Großstädte übernommen; Umweltschutzprobleme und Verbraucherfragen nehmen inzwischen einen höheren Stellenwert ein, und auch die Gerichte schalten sich in einem Umfang in politische Streitfragen ein, wie es in früheren Jahrzehnten unvorstellbar gewesen wäre.[29] Durch den Zusammenschluß zum Gewerkschaftsbund *Rengō* hat sich auch das politische Durchsetzungsvermögen der Gewerkschaften verbessert. Die politischen, gesellschaftlichen und ökologischen Kosten der Politik wirtschaftlichen Wachstums müssen zudem von der die Außenwirtschaftspolitik tragenden Interessenallianz mehr berücksichtigt werden als jemals zuvor. Die neue Parlamentsmehrheit der Oppositionsparteien im Oberhaus setzt die Liberaldemokraten dabei zunehmend unter Druck. Auf der Suche nach neuen Koalitionsmustern muß die Regierungspartei auch die politische und gesellschaftliche Akzeptanz ihrer Politik erweitern. Der starke politische Wettbewerb um die neuen Mittelschichten stärkt die Durchsetzbarkeit von Verbraucherinteressen.

Internationale Entspannung und wirtschaftliche Zusammenarbeit veranlassen Japan dazu, seine vormals neomerkantilistische Außenwirtschaftspolitik zu überprüfen. Zugleich wächst der innenpolitische Druck auf eine verbraucher- und arbeitnehmerfreundlichere Wirtschafts- und Sozialpolitik. Die politische Konsequenz dieser Zangenbewegung wird der weitere Abbau von bürokratischen Handelshemmnissen sein. Die wechselseitige internationale Abhängigkeit der Industrie- und Entwicklungsländer gewinnt immer mehr an Bedeutung. So kündigt sich zwar keine „Generalüberholung" der japanischen Außenwirtschaftspolitik an, wohl aber eine *Kurskorrektur in kleinen Schritten*. Die Rohstoff- und Exportabhängigkeit der japanischen Wirtschaft werden die japanische Regierung auch künftig zu einem eher behutsamen Vorgehen in außenpolitischen Fragen, möglichst im Schulterschluß mit ihren trilateralen Partnern, den Vereinigten Staaten und Europa, veranlassen. Die zugleich schwächer und komplizierter werdende innenpolitische Basis dieser Politik wird die Regierung zwingen, der innenpolitischen Akzeptanz ihrer Außenpolitik mehr Aufmerksamkeit zu schenken. Mit anderen Worten: *Der innenpolitische Handlungsspielraum der japanischen Außenpolitik wird enger.* Wie sehr Innen- und Außenpolitik miteinander verflochten sind, zeigen im übrigen die Diskussionen um Agrarimporte aus den USA, um die militärtechnologische Zusammenarbeit mit den Vereinigten Staaten (FSX-Kampfflugzeug), um japanische Investitionen im Nahen Osten und um den Import von Tropenhölzern und Elfenbein.

Gleichwohl ist das Selbstverständnis der außenpolitischen Akteure zunehmend von einem hohen Grad an Interdependenz mit anderen Akteuren internationaler Politik und immer weniger von der Bedeutung historischer Besonderheiten geprägt.[30] Die Tradition der außenpolitischen Entscheidungsfindung ist dadurch gekennzeichnet, daß sich der Premierminister seit der Einrichtung des Kabinettsystems im Jahre 1885 als „primus inter pares" in der Regierung versteht, daß er aber im Rahmen der Nachkriegsverfassung allein aufgrund des Erneuerungs- und Entlassungsrechts eine herausgebobene Stellung einnimmt und das frühere Machtvakuum („freier Zwischenraum") durch seine Führungskompetenz ausfüllt. Diese Führungsstruktur ist auch als „Großkanzlersystem" (daisaisho shugi) bezeichnet worden. Die tatsächlichen Führungsstrukturen sind allerdings durch die Erwartung der Medien und der Führungsgruppen innerhalb der Regierungspartei geprägt, der Premierminister möge nur zurückhaltend von diesen Kompetenzen Gebrauch machen. Die starken Kompetenzen werden dadurch vor allem in personalpolitischen Fragen erheblich eingeengt.

Das starke Gewicht der Regierungspartei hat den Eindruck einer vom Premierminister geführten Außenpolitik begünstigt, der sich zur Durchsetzung seiner Politik des Außenministeriums bedient — so *Yoshida* beim Friedensvertrag von San Francisco und *Fukuda* bei der Umsetzung der Manila-Doktrin. Für dieses Bild einer premiergeführten Außenpolitik spricht zwar die Tatsache, daß die Regierungschefs wiederholt außenpolitische Initiativen trotz einer erkennbaren Zurückhaltung des Außenministeriums ergriffen haben — so etwa Premierminister *Satō* mit dem Ziel der Rückgabe Okinawas durch die Vereinigten Staaten, doch das auf Kontinuität und Diskretion bedachte Außenministerium hat solche Initiativen nicht ermutigt.[31] Andererseits erschwert die hohe Fluktuation japanischer Premierminister und Minister den Aufbau dauerhafter persönlicher Netzwerke als wichtiges Instrument auswärtiger Politik erheblich. Der Zusammenhang zwischen Durchsetzungsschwächen der Außenpolitik und Funktionsschwächen der Innenpolitik wird hier besonders deutlich.

Das Schwergewicht der Außenpolitik hat sich mit dem Übergang vom Militär- zum Handelsstaat auf außenwirtschaftliche Fragen verlagert. Da in vielen außenwirtschaftspolitischen Fragen die Kompetenzen mehrerer Ressorts tangiert werden, kommt der Koordinationsfunktion des Gaimushō (Außenministerium) erhöhte Bedeutung zu. Der Apparat des Außenministeriums ist jedoch zu dieser Koordination immer weniger imstande. Diese auch konzeptionelle Steuerungslücke wird inzwischen in vielfach unterschätztem Umfang vom Ausschuß für politische Angelegenheiten der LDP ausgefüllt. Dieses in 17 Unterausschüsse gegliederte Gremium hat sich zu einer wichtigen außenpolitischen Vorentscheidungsinstanz der Regierung entwickelt.

2.2.2 Erklärungsmuster zur politischen Machtstruktur

Die Bedeutung des politisch-administrativen Systems für die außenpolitische Entscheidungsfindung legt die Frage nach dem Muster der innenpolitischen Machtstrukturen nahe. Die wichtigsten Erklärungsmuster lassen sich dabei zu folgenden Ansätzen zusammenfassen:[32]

1. Das Modell der „*Herrschaft der staatlichen Bürokratie*“ betont das politische Gewicht des Verwaltungsapparats, das noch gestärkt wird durch die Schwäche von Parlament und Opposition sowie das Vertrauen der Bevölkerung in die politische Neutralität der Verwaltung.[33] In diesen Rahmen lassen sich auch die Untersuchungen zur führenden Rolle der Industrie- und Forschungsbürokratie einfügen.

2. Das Modell der *„dreigliedrigen Machtelite“* betrachtet die drei eng miteinander verflochtenen Führungsgruppen von Politik, Bürokratie und Wirtschaft als die wesentlichen Akteure im politischen Entscheidungsprozeß. Dieser Ansatz führt politische Entscheidungen im wesentlichen auf wirtschaftliche Macht zurück. Die Homogenität dieser Machtelite wird jedoch im allgemeinen überschätzt; die Interdependenzen zwischen den durchaus heterogenen Teilgruppen werden kaum untersucht.
3. Das *pluralistische Modell* sieht den politischen Entscheidungsprozeß durch eine Pluralität von Akteuren geprägt. Die verschiedenen Organisationen seien durch unterschiedliche Auffassungen und Interessen gekennzeichnet. Innerhalb der Bereiche Politik, Wirtschaft und Gesellschaft gebe es autonome Machtstrukturen. Parteien und Parlament seien durchaus gewichtige Institutionen.
4. Das *Neokorporatismus-Modell* sieht die politischen und wirtschaftlichen Steuerungserfordernisse des Staates durch die direkte Einbindung der Wirtschafts- und Sozialorganisationen in den politischen Entscheidungsprozeß im vorparlamentarischen Bereich gewährleistet. Aufgrund der politisch schwachen Gewerkschaftsbewegung und der strukturellen Schwäche und politischen Heterogenität der parlamentarischen Opposition handelt es sich hierbei allerdings um einen „corporatism without labor.“[34] Die Beratungsausschüsse bei der Regierung sind Instrumente der institutionellen Interessenvermittlung und damit dieses asymmetrischen Neokorporatismus.

Für eine Einordnung der japanischen Außenpolitik erscheint eine Synthese des pluralistischen Ansatzes und des Neokorporatismus-Modells sinnvoll. Dagegen sind die ersten beiden Modelle zu grob und durch die tatsächliche Entwicklung des politisch-administrativen Systems überholt. Das gilt insbesondere für die „Herrschaft der staatlichen Bürokratie“. Das strenge Auswahlverfahren, dem sich die künftigen Ministerialbeamten unterwerfen, das Selbstverständnis der Ministerialbürokratie als einer „meritokratischen Elite“, der hohe Anteil der Juristen und das Übergewicht der Generalisten (jimukan) gegenüber den Spezialisten (gikan) haben zwar oft den Eindruck vermittelt, die japanische Ministerialbürokratie zähle zu den mächtigsten Regierungsapparaten unter den demokratischen Industriestaaten.[35] Seit Mitte der 70er Jahre hat jedoch der Parteiapparat der Liberaldemokratischen Partei Japans Beratungskapazität und Fachwissen erheblich erweitert und neben der Ministerialbürokratie eine Führungsposition in der Politikformulierung übernommen. Die Politikimplementation ist demgegenüber ausschließlich Sache der Verwaltung. Die außenpolitische Entscheidungsfindung und ihre Umsetzung finden zunehmend im Rahmen pluraler Strukturen statt.

2.2.3 Außenpolitische Denkschulen

Aufgrund der wachsenden Bedeutung der Parteigremien (vor allem des außenpolitischen Ausschusses) und des Parteiapparates der Liberaldemokratischen Partei für den außenpolitischen Entscheidungsprozeß scheint sich auch in diesem Politikfeld ein Trend durchzusetzen, der mit dem Kürzel „*tōkō kantei*" (Vorrang der Partei — Unterordnung der Bürokratie) umschrieben wird.[36] Auch hier sind seit längerem immer tiefere und immer häufigere Interventionen der Partei und ihrer führenden außenpolitischen Experten zu beobachten. Dadurch wird auch das außenpolitische Handlungsfeld unter dem Einfluß der Experten der Partei und innerparlamentarischer Interessengruppen (zoku) stärker als früher politisiert. Zugleich aber werden politische Führung und Koordination unterschiedlicher Politikfelder im Lichte übergreifender außenpolitischer Ziele erheblich erschwert.

Die japanischen Interpretationen dieser Ziele lassen sich zu vier Denkschulen zusammenfassen:[37] der realistischen, merkantilistischen, progressiven und neonationalistischen Schule. Die *realistische* Schule will die japanische Außenpolitik in der politischen, wirtschaftlichen und strategischen Partnerschaft mit den Vereinigten Staaten verankert sehen und hält einen Ausbau der japanischen Wirtschaftshilfe und Verteidigungsleistungen in Abstimmung mit den USA für geboten. Demgegenüber hält die *merkantilistische* Schule die militärische Sicherheitsgarantie der USA für gegeben und fordert eine „allseitige" Außenpolitik, die sich allein an den japanischen Interessen orientiert und globale, humanitäre Maßstäbe nur so weit berücksichtigt, wie unbedingt erforderlich ist, um internationale Kritik an Japan zu unterbinden.

Die den Oppositionsparteien verbundene *progressive* Denkschule befürwortet aus einer idealistischen Perspektive eine vollständige Demilitarisierung Japans, eine weitgehende wirtschaftliche Integration des Landes in die Weltwirtschaft und den Abbau des Nationalstaats. Dagegen wendet sich die *neonationalistische* Schule, die Japans nationale Interessen zum ausschließlichen Gradmesser seiner Außenpolitik macht und eine starke konventionelle und atomare japanische Streitmacht anstrebt. Es ist damit zu rechnen, daß *Realisten* und *Merkantilisten* auch in den 90er Jahren den außenpolitischen Ton angeben werden. Mit zunehmender Einbindung Japans in internationale Netzwerke wird die *realistische Denkschule* in der außenpolitischen Elite — bei Praktikern wie Wissenschaftlern — künftig noch mehr an Bedeutung zunehmen.

2.2.4 Außenpolitisches Understatement und innenpolitischer Konsens

Zielrichtung und Perspektive der japanischen Außenpolitik sind in der Nachkriegszeit bis in die Gegenwart hinein nach dem bedeutendsten Premierminister dieser Epoche gelegentlich als *„Yoshida-Doktrin“* bezeichnet worden.[38] Der Kern dieser Doktrin läßt sich in drei Punkten zusammenfassen:

1. Vorrangiges Ziel der japanischen Politik ist der wirtschaftliche Wiederaufbau im Rahmen einer engen Zusammenarbeit mit den USA.
2. Auf der Grundlage eines kleinen Militärpotentials soll Japan die Beteiligung an internationalen strategischen Auseinandersetzungen meiden.
3. Durch Truppenstationierungen der USA sichert Japan seine eigene militärische Sicherheit.

Diese Doktrin ist von zahlreichen führenden japanischen Politikern vertreten worden (*„Yoshida-Schule“*), so insbesondere von Shigeru *Yoshidas* Nachfolgern Hayato *Ikeda* und Eisaku *Sato*. Sie sollte es Japan ermöglichen, die militärische Niederlage im Zweiten Weltkrieg in einen diplomatischen Sieg durch geschickten Einsatz internationaler Handlungsspielräume umzuwandeln. Als innerparteiliche Gegner der Yoshida-Doktrin erstrebten demgegenüber die „Revisionisten“ *Hatoyama*, *Kishi*, *Miki* und *Kono* eine „gaullistische“ Politik außenpolitischer Gleichberechtigung und verteidigungspolitischer Eigenständigkeit.[39] Auch in den neueren Grundsatzdiskussionen innerhalb der LDP lebt diese alte Richtungsdebatte immer wieder auf.

Die Grundlagen der Yoshida-Doktrin — außenpolitisches Understatement und breiter innenpolitischer Konsens — wurden auch von *Yoshidas* Nachfolgern beachtet. Dies gilt etwa für die Formel von der „ausschließlich defensiven Verteidigung“ (senshu bōei), das Konzept der „umfassenden Sicherheit“ (sōgō anzen hoshō) und schließlich die der Rohstoffsicherung dienende Vorstellung der „allseitigen, umfassenden Außenpolitik“ (zenhōi gaikō).[40] Innenpolitisch sicherten diese Formeln einen politischen Konsensus, dem pazifistische Gruppen ebenso zustimmen konnten wie nationalkonservative Strömungen.

Die Säulen dieser Übereinstimmung sind der Sicherheitsvertrag mit den Vereinigten Staaten und die politische Vorherrschaft der konservativen Machtelite (LDP, Bürokratie, Interessengruppen).[41] Das politische Programm dieser Führungsschicht war stets das einer „neomerkantilistischen Außenpolitik“. Entsprechend zurückhaltend sind zunächst alle Versuche gewesen, einen eigenen Militärapparat wiederaufzubauen. Zugleich setzt der innenpolitische Konsensus dem Aktionsspielraum der japanischen Außenpolitik zumindest kurz- und mittelfristig enge Grenzen. Dies gilt vor allem für die strategischen Dimensionen der Außenpolitik. Eine aktive außenpolitische Führung wird dadurch auch künftig eher erschwert als erleichtert.

Stets war die *Yoshida-Doktrin* Richtschnur außenpolitischer Zurückhaltung, bis die Premierminister *Suzuki* und *Nakasone* eine aktivere Außenpolitik einleiteten und Japans neue internationale Verantwortung betonten.[42] Dies wurde in *Nakasones* Formel von der strategischen Rolle Japans als eines „großen

Flugzeugträgers" (ōkina kōku bokan) besonders deutlich. Diese zugleich aktivere und realistischere Vision eröffnete der Verteidigungspolitik neue Perspektiven und schuf die Grundlage für eine eigenständigere Bestimmung seines internationalen Standorts.

Anmerkungen

1 Vgl. F. R. *Pfetsch*, Indikatorische Methoden, in: Jürgen *Bellers*/Wichard *Woyke* (Hrsg.), Analyse internationaler Beziehungen. Methoden-Instrumente-Darstellungen, Opladen 1989, S. 51 ff.
2 Vgl. Robert *Dahl*, The Concept of Power, in: Behavioral Science, vol. 2, 1957, S. 201-215.
3 Vgl. J. H. *Nagel*, The Descriptive Analysis of Power, New Haven 1975, S. 24.
4 Insoweit haben sich die Grundlagen der Weltmachtrolle von Staaten gegenüber den 50er, 60er und 70er Jahren, die durch die dominierende Bedeutung militärischer Machtmittel und hochentwickelter Waffensysteme gekennzeichnet waren, grundlegend gewandelt. Vgl. Gottfried-Karl *Kindermann*, Grundelemente der Weltpolitik, a.a.O., S. 65; für Japan vgl. Miyohei *Shinohara*, Japan as a World Economic Power, in: The Annals of the American Academy of Political and Social Sciences, vol. 513, January 1991, S. 12-24.
5 Vgl. Max *Weber*, Wirtschaft und Gesellschaft. 1. Halbband, 5. rev. Aufl., Tübingen 1976, S. 28 f.
6 Siehe hierzu Kap. 3.1.
7 Vgl. F. R. *Pfetsch*, a.a.O., S. 62.
8 Vgl. Hanns W. *Maull*, Germany and Japan: The New Civilian Powers, in: Foreign Affairs, vol. 69, No. 5, Winter 1990/91, S. 91-106.
9 Vgl. Richard *Rosecrance*, The Rise of the Trading State, New York 1986.
10 Vgl. Hanns W. *Maull*, a.a.O., S. 97.
11 Vgl. Robert O. *Keohane*/Joseph S. *Nye*, Power and Interdependence, 2. Aufl., Boston 1989.
12 Vgl. Hanns W. *Maull*, a.a.O., S. 105 f.
13 Vgl. David *Williams*, Beyond Political Economy: A Critique of Issues in Chalmers Johnson's MITI and the Japanese Miracle, Berliner Beiträge zur sozial- und wirtschaftswissenschaftlichen Japan-Forschung, Occasional Papers No. 35, 2. Aufl., Berlin 1985, S. 5 ff.
14 Vgl. hierzu auch: Can Japan make Einsteins too?, in: *The Economist*, 11. August 1990, S. 73-75.
15 Vgl. Bill *Emmott*, The Sun also Sets, New York 1989, S. 251 ff.
16 Vgl. Konrad, *Seitz*, Die japanisch-amerikanische Herausforderung. Deutschlands Hochtechnologie — Industrien kämpfen ums Überleben, Stuttgart/München/Landsberg 1990.
17 Vgl. Kenjirō *Ishikawa*, Blatant EC Protectionism, in: The Japan Times, 23.10.1990, S. 18.
18 Zum Zusammenhang zwischen außenpolitischen Prioritäten und Handlungsspielräumen siehe: Helga *Haftendorn*, Außenpolitische Prioritäten und Handlungsspielraum. a.a.O., S. 32-49.
19 Vgl. William R. *Nester*, The Foundation of Japanese Power: Continuities, Changes, Challenges, Basingstoke 1990, S. 4.

20 Vgl. *ders.*, a.a.O., S. 3.

21 Vgl. Konrad *Seitz*, Staat, Unternehmen und Gewerkschaften, Technik: Ein kreatives Dreieck?, in: Stiftung für Kommunikationsforschung, Wer klappt die Zukunft auf? Informationstechnik in Japan, USA und Europa, Bonn 1991, S. 11.

22 Vgl. *Asahi Shimbun*, 3. Juli 1991, S. 9: Sekai e no kōken o kyōchō (Stärkung des Beitrags für die Welt).

23 Vgl. Rüdiger *Machetzki*, Japan: Der „Marsch zum Gipfel", in: Manfred *Pohl* (Hrsg.), Japan 1990 / 91. Politik und Wirtschaft, Hamburg 1991, S. 267.

24 Vgl. *Economic Planning Agency*, The Government of Japan, Economic Survey of Japan (1991-1992), Seeking for a Perspective beyond the Adjustment Process, Tokyo, July 28, 1992.

25 Vgl. *Ministry of Foreign Affairs*, Package of Economic Measures, Tokyo, 28. August 1992.

26 Vgl. Saskia *Sassen*, Japan's Economy Turns Hollow, in: The New York Times, 11. April 1992, S. 25.

27 Vgl. Reinhard *Meyers*, Die Lehre von den Internationalen Beziehungen, a.a.O., S. 75

28 Vgl. Richard C. *Snyder* / H. W. *Bruck* / Burton *Kapin*, Decision Making as an Approach to the Study of International Politics, in: dies. (Hrsg.), Foreign Decision Making. An Approach to the Study of International Politics, Glencot (Kl.) 1962, S. 106 ff.; Ole *Holst* / Richard S. *Brody* / Robert C. *North*, International Relations as a Social Science: A Research Approach, in: International Social Science Journal, vol. 17, 1965, S. 445 ff.

29 Vgl. T.J. *Pempel*, Japanese Foreign Economic Policy: The Domestic Bases for International Behavior, in: Peter J. *Katzenstein* (Hrsg.), Between Power and Plenty. Foreign Economic Policies of Advanced Industrial States, Madison (Wisc.) 1977, S. 183 f.

30 Vgl. Makoto *Iokibe*, Nihon gaikō no ishikettei (Entscheidungsfindung in der japanischen Außenpolitik), in: Asuteion, Nr. 15, 1990, S. 34-48.

31 Vgl. Makoto *Iokibe*, a.a.O., S. 42 ff.

32 Vgl. Wolfgang *Seifert*, Wirtschaftsorganisationen und politische Macht: Formen, Institutionen, Gewichte, in: Ulrich *Menzel* (Hrsg.), Im Schatten des Siegers: Japan, Bd. 3: Ökonomie und Politik, Frankfurt a. M. 1988, S. 135-139.

33 Vgl. Kiyoaki *Tsuji*, Nihon kanryōsei no kenkyō (Forschung zur japanischen Bürokratie), Tōkyō 1952.

34 Vgl. T.J. *Pempel* / Keichi *Tsumekawa*, Corporatism without Labor? The Japanese Anomaly in: Philipp C. *Schmitter* / Gerhard *Lehmbruch* (Hrsg.), Trends toward Corporatist Intermediation, London 1979, S. 231-270.

35 Vgl. B.C. *Koh*, Japan's Administrative Elite, Berkeley 1989, S. 252-266.

36 Vgl. Leonard J. *Schoppa*, Zoku Power and LDP Power: A Case Study of the Zoku Role in Education Policy, in: Journal of Japanese Studies, vol. 17, Nr. 1, 1991, S. 79 ff.

37 Vgl. Kenneth B. *Pyle*, The Future of Japanese Nationality. An Essay in Contemporary History., in: Journal of Japanese Studies, vol. 8, No. 2, 1982, S. 242-261.

38 Vgl. Kenneth B. *Pyle*, Japan, the World, and the Twenty-first Century, in: The Political Economy of Japan, vol. 2, S. 453 f.

39 Vgl. Tetsuya *Kataoka*, The Price of a Constitution. The Origins of Japan's Postwar Politics, New York 1991, S. 5.

40 Vgl. Kenneth B. *Pyle*, a.a.O., S. 456.

41 Vgl. Donald C. *Hellmann*, Japanese Politics and Foreign Policy: Elitist Democracy Within an American Greenhouse, in: The Political Economy of Japan, vol. 2, S. 346.

42 Vgl. Kenneth B. *Pyle*, Changing Conceptions of Japan's Role, in: *Ellison*, Herbert J., Japan and the Pacific Quadrille. The Major Powers in East Asia, Boulder/London 1987, S. 187-223.

3. Die Auswahl außenpolitischer Strategien in einer sich verändernden Welt

Welche Strategien, Konzeptionen und Taktiken die außenpolitischen Entscheidungsträger auswählen, wird durch externe und interne Rahmenbedingungen beeinflußt: durch den Handlungsspielraum und die Handlungsschranken des internationalen wie des politischen Systems. Diese Bedingungen stellen den Rahmen dar, in dem sich die typischen Entscheidungsstrukturen und Entscheidungsprozesse herausbilden. In erster Linie wird der außenpolitische Aktionsspielraum der japanischen Regierung durch den Wandel des internationalen Systems festgelegt.

3.1 Das internationale System: äußerer Handlungsrahmen der Außenpolitik

Das internationale System legt die Bandbreite der außenpolitischen Strategien fest, die ein nationaler politischer Akteur international durchsetzen kann. Die Standortbestimmung der japanischen Außenpolitik muß somit im Rahmen einer Analyse jener aktueller Entwicklungstendenzen erfolgen, die das internationale System gegenwärtig prägen. Auf dieser Grundlage läßt sich die Frage beantworten, ob die japanische Außenpolitik über neue Optionen und über neue Durchsetzungschancen verfügt und inwieweit sie diese zu nutzen vermag.

Das internationale System, das sich in den Jahrzehnten nach dem Zweiten Weltkrieg herausgebildet hat, läßt sich durch folgende Charakteristika kennzeichnen:[1]

- Der *Nationalstaat* ist der dominierende Akteur internationaler Politik. Zugleich hat sich innerhalb der internationalen Staatenordnung eine Hierarchie herausgebildet, die im Wandel begriffen ist.
- Die *Zahl der Akteure* der internationalen Politik hat beträchtlich zugenommen — vor allem als Folge des Wachstums und der zunehmenden Ausbreitung internationaler Organisationen.[2] Diese — staatlichen wie nichtstaatlichen — Organisationen beeinflussen und steuern Politikfelder, die von den Nationalstaaten allein nicht mehr gestaltet werden können.

— Das internationale System wird durch eine anhaltende *Globalisierung der Politik* geprägt. Eine zunehmende internationale Verdichtung kennzeichnet Handel, Wirtschaft, Währung, Umwelt, Kultur und den gesamten Informations- und Mediensektor. Am Beispiel der wirtschaftlichen Verflechtung der Nationalstaaten läßt sich besonders eindringlich zeigen, wie ein immer engmaschigeres Netz internationaler und transnationaler Abhängigkeiten das herkömmliche wirtschaftspolitische Steuerungsvermögen des Nationalstaats einschränkt.
— Weitere dominierende Merkmale des internationalen Systems sind *Regionalisierung* und *Multipolarisierung*. Die Prozesse internationaler Politik sind nicht mehr eine Funktion des durch die Dominanz zweier Supermächte bestimmten Beziehungsgeflechts. Vielmehr veranlassen das größere Gewicht regionaler Zentren und deren wachsende Vielfalt die Großmächte zur Anpassung. EG, ASEAN, Islamische Konferenz, OAU und andere Organisationen dokumentieren die Regionalisierung des internationalen Systems.
— Der *Nord-Süd-Konflikt* prägt das internationale System mehr als noch vor wenigen Jahrzehnten. Die wirtschaftlichen und politischen Entwicklungschancen von Industrie- und Entwicklungsländern bleiben ungleich, die Verteilungskonflikte zwischen den Ländern des Nordens und denen des Südens verhärten sich, und entsprechend unterschiedlich entwickeln sich die internationalen Einflußpotentiale dieser Staaten.
— Der *Ost-West-Konflikt*, prägende Dimension des internationalen Systems seit dem 2. Weltkrieg, hat mit der demokratischen Revolution in Osteuropa *an Bedeutung verloren*. Diese Revolution löst den Kern des Systemkonflikts zwischen freiheitlich-pluralistischer Demokratie und totalitärem Sozialismus um so mehr auf, je weiter sie die Durchsetzung pluralistischer Demokratie in den vormals autoritären bzw. totalitären Gemeinwesen vorantreibt. Damit verschwinden zugleich auch die Konturen der sicherheitspolitischen, außenwirtschaftlichen und humanitären Dimension, die den Ost-West-Konflikt über Jahrzehnte geprägt haben.[3]
— Schließlich wandeln sich die *Parameter der Macht* im internationalen System auf dramatische Weise: In allen Industrienationen hat das Militär einen Bedeutungsverlust erfahren, der mit anhaltender internationaler Entspannung noch weiter zunehmen kann. Zudem hängt die Effektivität des Militärpotentials mehr und mehr vom Stand der technologischen Entwicklung ab. Neue Parameter der Machtstellung im internationalen System sind daher: technisch-wissenschaftliches Wissen, technologischer Leistungsstand, wirtschaftliche Leistungskraft, Stabilität und internationale Geltung der Währung und schließlich der Entwicklungsstand des Humankapitals.[4] Es gibt aber auch gegenläufige Tendenzen, ausgelöst durch die Aufrüstung vieler Entwicklungsländer und neue regionale Konflikte.

Merkmale einer hegemonialen Macht, d.h. einer *Weltmacht*[5], sind Grundlegung und Schutz einer Weltordnung, deren universalen Charakter die meisten Einzelstaaten ihre Existenz und ihre Interessen zuordnen können.[6] Die anderen Staaten lernen mit dieser Ordnung zu leben, auch wenn sie diese nicht ändern können.[7] Die Suprematie der dominierenden Weltmacht muß sich dabei nicht nur durch Indikatoren wie Bruttosozialprodukt, Militärausgaben, Auslandsinvestitionen, Kapital, technologische Standards und Energieverbrauch ausweisen; vielmehr müssen die anderen Akteure des internationalen Systems sie auch als dominierend wahrnehmen (Perzeption).

3.1.1 Die Triade — auf dem Weg zum „burden sharing"

Unser Verständnis von nationalstaatlicher Souveränität wird sich in einem mehr und mehr interdependenten Staatensystem zugunsten neuer regionaler Zusammenschlüsse und neuer Formen von Autonomie und Identität wandeln müssen. Diese Veränderung macht sich darin bemerkbar, daß das Verhältnis der USA zu Europa und Japan zunehmend durch eine gleichmäßigere Teilung internationaler Lasten („burden sharing") und gemeinsame Bestrebungen zur Umwandlung von Militärausgaben in Entwicklungshilfeleistungen gekennzeichnet ist. In diesem Rahmen wäre es unangemessen, von einem „Verfall" der amerikanischen Führungsmacht zu sprechen. In einem mehr und mehr interdependenten Staatensystem werden die USA neben Japan und Europa auch künftig eine Führungsposition einnehmen. Diese Perspektive setzt aber in den Vereinigten Staaten weitreichende innenpolitische Reformen, vor allem im Bildungs- und Beschäftigungssystem, und die Fähigkeit zur internen politisch-gesellschaftlichen Erneuerung voraus. Zudem zögern Japan und die Europäische Gemeinschaft, globale Verantwortung auch militärisch zu übernehmen. In einem interdependenten, polyzentrischen Staatensystem sind in einem überschaubaren Zeitraum globale Führungsaufgaben nur durch die Kooperation im Rahmen der Triade USA-Europa-Japan wahrzunehmen.

Nach den Gipfelkonferenzen der sieben führenden Industriestaaten (G 7) in Bonn (1978), in Versailles (1982) und in Venedig (1987) sind 31 Wirtschaftsexperten aus Politik, Verbänden, Banken und Wirtschaftsforschungsinstituten in der Bundesrepublik nach ihrer Einschätzung der Interessenlage und internationalen Einflußmöglichkeiten dieser Staaten befragt worden.[8] Die Ergebnisse dieser Experten-Umfrage sind eindeutig: Die ursprünglich durch die Vormachtstellung der USA geprägte Weltwirtschaftsordnung ist einem *trilateralen Kräfteverhältnis* der Vereinigten Staaten, Japans und der Bundesrepublik gewichen. Die USA kontrollieren ihre eigenen Wirtschaftsinteressen und diejenigen Japans deutlich weniger als in der zweiten Hälfte der siebziger Jahre; demgegenüber übt Japan inzwischen nach dem Urteil der Fachleute eine weitaus größere Kontrolle über die Wirtschaftsinteressen der führenden Industriestaaten aus, während auch die Bundesrepublik eine zwar nicht so starke, aber doch beträchtliche Steigerung ihres internationalen wirtschaftlichen Einflusses verzeichnen kann.

Japans Einfluß auf Fragen des internationalen Handels ist enorm gewachsen, die Machtunterschiede zwischen den „großen Drei" haben abgenommen; Japan und die Bundesrepublik Deutschland kontrollieren die Wirtschaftsinteressen der jeweils beiden anderen Länder stärker als jemals zuvor. Zugleich sind auch die *Interdependenzen*[9] zwischen den führenden drei Industriestaaten erheblich dichter geworden. Allein dieser Befund stützt die Forderung nach einer intensiveren Koordination zwischen den Regierungen und Notenbanken dieser Länder. Diese engere wirtschaftspolitische Abstimmung wird den verbindlichen Zielen wie den relevanten Politikparametern zu gelten haben. Die Erarbeitung eines festen, von allen akzeptierten wirtschaftspolitischen Regelsystems, ist vordringlich. Die wachsende Interdependenz erzwingt mehr Feinabstimmungen in der Außenhandels-, Wirtschafts-, Forschungs- und Technologiepolitik als zuvor.

Paul *Kennedys* Buch „The Rise and Fall of the Great Powers" hat, auf der Grundlage einer historischen Analyse der Weltpolitik in den letzten fünf Jahrhunderten, die These aufgestellt, die Vereinigten Staaten befänden sich in einer Phase „*imperialer Überdehnung*"; ihr wirtschaftlicher, militärischer und politischer Abstieg leite den Aufstieg Japans zu einer Supermacht ein.[10] Die bipolare Welt wandle sich in eine multipolare Welt mit den fünf Machtzentren USA, Sowjetunion, China, Europäische Gemeinschaft und Japan (*Pentarchie*).[11] Dieser Prozeß wird begründet mit dem Hinweis auf den Anteil dieser Mächte am Weltbruttosozialprodukt, die Expansionsraten industrieller Produktion und Forschung, die Haushalts- und Verschuldungssituation und die Entwicklung der Militärpotentiale. Zwischen der Verlagerung der wirtschaftlichen Gewichte und der Stellung im internationalen System bestehe eine kausale Beziehung. Entscheidend seien wirtschaftliche Potentiale und die Fähigkeit der Staaten zu ihrer zielgerichteten Umsetzung und Nutzung. Eine *unilineare* Verbindung zwischen Wirtschaftspotential und militärischer Macht wird aber bestritten.

Wenn ein zu großer Teil der wirtschaftlichen Ressourcen eines Staates militärischen Zwecken zufließt und damit produktiven Verwendungen im Bereich von Wirtschaft, Forschung und Entwicklung entzogen wird, ist der relative Abstieg einer Großmacht auf Dauer vorprogrammiert: Die von wirtschaftlichen und technologischen Veränderungen vorangetriebene Dynamik wirkt sich auf das politische System, die gesellschaftliche Struktur, auf die militärische Stärke und schließlich auch auf die Stellung des Staates im internationalen System aus.[12] Mit anderen Worten: Die überproportionale Verwendung der Ressourcen für militärische Zwecke gefährdet — zumindest auf lange Sicht — den Großmachtstatus. Dies ist erst recht dann zu erwarten, wenn die militärischen Aufwendungen nicht, wie im Falle der Vereinigten Staaten, bei sinkendem Anteil am Weltbruttosozialprodukt abgebaut werden. Die Folge ist die *„imperiale Überdehnung“* (military overstretch). Das Gefühl größerer Sicherheit und Stärke wird durch nachlassende Konkurrenzfähigkeit der Wirtschaft und wachsende staatliche Verschuldung teuer erkauft. Dies gilt gerade unter den Bedingungen starker Interdependenz internationaler Politik. Für das Verhältnis USA-Japan bedeutet dies, daß die nachlassende amerikanische Hegemonie Platz für eine gleichberechtigte, engere amerikanisch-japanische Partnerschaft schafft. Für diese These sprechen auch die hohe *Dynamik* und *Innovationsfähigkeit* von Wirtschaft und Gesellschaft in Japan.

Die Ursachen der „imperialen Überdehnung“ der amerikanischen Weltmachtrolle sind inzwischen unübersehbar:[13] Automobil-, Rüstungs- und Bauindustrie befinden sich in einer tiefgreifenden Krise; Sozialbehörden, Krankenfürsorge und Flugsicherung stehen vor dem Kollaps, und das Haushaltsdefizit der Vereinigten Staaten, durch das militärische Engagement im Golfkrieg gewaltig vergrößert, droht in diesem Jahrzehnt auf 400 Milliarden Dollar zu klettern. Wenn nach Meinungsumfragen nur ein Bruchteil der Amerikaner ihrem Land den Rang einer führenden Wirtschaftsmacht zubilligen, so auch aus Gründen schwerwiegender interner, gesellschaftlicher Krisensymptome: 37 Millionen Amerikaner leben ohne Krankenversicherung; nahezu ein Viertel aller Kinder lebt unterhalb der Armutsgrenze; die Absolventen der Elementarschulen können vielfach weder lesen noch schreiben. Immer mehr entsprechen Außenhandel und Sozialstruktur der USA derjenigen von Schwellenländern: Der Unterschied zwischen Reich und Arm nimmt zu. Die Kreditfinanzierung des modernen Militärapparats hat die öffentlichen Finanzen zerrüttet. Der militärische Wettbewerb mit der früheren Sowjetunion ist in *beiden* Ländern zu Lasten der industriellen Leistungsfähigkeit gegangen. Folglich geben die Vereinigten Staaten für zivile Forschung und Entwicklung seit Jahren pro Kopf der Bevölkerung weniger aus als Japan und Europa. Fazit: Die amerikanische Wirtschaftsstruktur bietet schlechte Voraussetzungen für die Internationalisierung des Wettbewerbs.

Allerdings stellen die Vereinigten Staaten auf absehbare Zeit die einzige Macht dar, die militärische Aktionen der Friedenssicherung im *Weltmaßstab* durchführen kann. Demgegenüber bleibt der internationale strategische Aktionsspielraum der beiden anderen wirtschaftlichen Großmächte — Japans und Europas — aus historischen, verfassungsrechtlichen und innenpolitischen Gründen eingeengt.[14] Im globalen Maßstab sind nur die USA ein Eckpfeiler des militärischen Machtdreiecks (USA-GUS-China) *und* des globalen ökonomischen Machtdreiecks (USA-Europa-Japan), die das internationale System immer mehr prägen.[15] Diese Vormachtstellung mag sich zwar aufgrund nachhaltiger Defizite der amerikanischen Wirtschafts- und Gesellschaftsstruktur abschwächen[16], wird aber dennoch die internationale Politik zumindest bis zum Ausgang dieses Jahrhunderts bestimmen. Japan wird andererseits sein internationales Gewicht aufgrund der hohen Dynamik seiner Wirtschaft trotz erkennbarer Abschwächungstendenzen (s. Abb. 4) auch weiterhin steigern.

Die Auffassung vom Wandel des internationalen Systems zu einer Triade USA-Japan-Europa ist nicht unumstritten. Nach Ansicht der Anhänger der These einer unipolaren Welt haben sich drei gängige Auffassungen über die Entwicklung des internationalen Systems als falsch erwiesen[17] : die Annahme eines multipolaren Trends zu neuen internationalen Machtzentren (Europa, Japan, China); die Vorstellung eines stabilen innenpolitischen Konsensus' in den USA mit den Grundzügen der eigenen Außenpolitik; und schließlich die Erwartung abnehmender Kriegsgefahr im Zeitalter der Entspannung nach dem Ende des Ost-West-Konflikts.

Abb. 4: Das Wirtschaftswachstum in den OECD-Ländern (Zuwachsraten des Bruttosozialprodukts)[18]

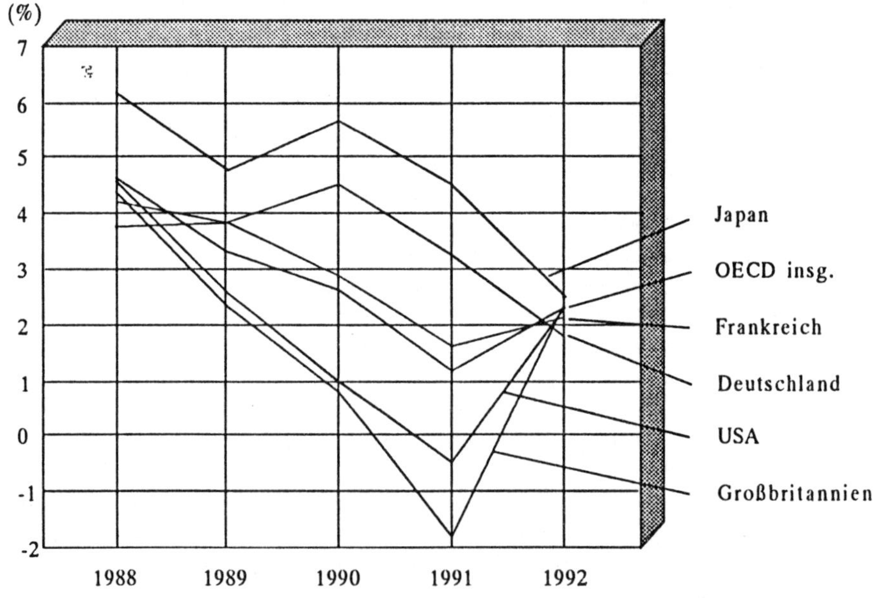

Nach dem Golfkrieg scheinen sich demgegenüber nach Auffassung der Vertreter dieser These zunächst folgende Entwicklungstrends zu behaupten: der Trend zu einer unipolaren Welt mit den USA als einziger Weltmacht; die Renaissance der alten Auseinandersetzung um „Isolationismus" oder „Internationalismus" in den Vereinigten Staaten; und schließlich die anhaltende Aufrüstung vieler Staaten in der Dritten Welt. Wirtschaftliche Macht ist demnach eine notwendige, aber keineswegs hinreichende Bedingung einer außenpolitischen Weltmachtrolle — wie die Orientierungsschwierigkeiten Japans und Deutschlands im Golf-Konflikt gezeigt haben. Derzeit verfügen lediglich die Vereinigten Staaten über die militärischen, wirtschaftlichen und diplomatischen Ressourcen einer Weltmacht.

Dieser These stehen jedoch einige gegenläufige Entwicklungstrends gegenüber: Immer mehr zeigt sich eine wachsende Diskrepanz zwischen dem geopolitischen Aktionsradius der USA und ihren internen Ressourcen. Zudem verringert die Entwicklung der Waffentechnologie — und ihre zunehmende Verbreitung — die frühere militärische Distanz zwischen den alten Großmächten und den neuen Regionalmächten. Künftig wird die internationale Ordnung militärisch auch durch vormals bedeutungslose Regionalmächte herausgefordert werden können. So sehr sich das Bild einer unipolaren Welt unter dem Eindruck des Golfkrieges auch aufdrängen mag — es ist ein statisches Bild, das sich bei dynamischer Betrachtung grundlegend wandelt.[19] Denn entscheidendes Merkmal der Supermächte ist ihre Unverletzbarkeit („invulnerability"). Während die USA nach verschiedenen Kriterien, nicht zuletzt aufgrund ihrer Verfügung über Atomwaffen, unangreifbar sind, einen internationalen Führungsanspruch erheben und zu Aktionen globaler Reichweite in der Lage sind, treffen die letzten beiden Voraussetzungen *nicht mehr* auf die GUS und *noch nicht* auf Europa und Japan zu. Zwar bleiben die Vereinigten Staaten die führende Militärmacht der Welt. Aber auf Dauer beruht ihr Weltmachtstatus auf drei Voraussetzungen[20]: 1. militärischer Macht, 2. wirtschaftlicher Macht und technologischer Führungsstärke bzw. Wettbewerbsfähigkeit und 3. dem sozialen Zusammenhalt und innenpolitischen Konsensus für außenpolitische Ziele. Während die erste Voraussetzung der amerikanischen Weltmachtrolle nach wie vor gegeben ist, läßt die innenpolitische Diskussion um Amerikas Außenpolitik die dritte Bedingung fragwürdig werden, während die zweite Voraussetzung aufgrund der hohen Verschuldung und der nachlassenden wirtschaftlich-technologischen Innovationsfähigkeit immer weniger gegeben ist.

3.1.2 Eine multipolare Weltordnung

Die Konsequenz dieser Entwicklungslinien ist bei dynamischer Betrachtung ein langfristiger Trend zu einer *multipolaren Weltordnung*: Die GUS wird bei Fortdauer der gegenwärtigen Verfallstendenzen ein deutlich geringeres Gewicht einnehmen, die USA auch bei konsequenter Durchsetzung einer wirtschaftspolitischen Konsolidierung sich mit einer reduzierten Bedeutung zufrieden geben müssen und Japan wie Europa — unter der Bedingung einer Fortsetzung der Integrationspolitik — eine stärkere Stellung erringen. Diese multipolare Welt ist durch die Vormachtstellung von Großmächten gekennzeichnet, die außenpolitisch durchaus verwundbar sind. Japan ist außenhandespolitisch leicht verletzbar und hat — wie die Europäische Gemeinschaft — bisher keine konsistente, globale Außenpolitik entwickelt. Die Weltordnung der Zukunft ist zudem durch eine geschlossenere Front der führenden Industriestaaten im Norden und einen aggressiveren Süden geprägt: Der Wettbewerb der Mächte nimmt zu — und damit die zentrifugalen Tendenzen der internationalen Politik.

Der Rückgang der amerikanischen Hegemonie in Asien und die wachsende Vormachtstellung Japans in Südostasien werden zudem weitreichende Auswirkungen auf das internationale System zeitigen.[21] Die Wirkungen dieses Wandels werden erst sichtbar, nachdem sich die Machtgrundlagen verschoben haben. In der Geschichte des internationalen Systems sind ferner friedliche Übergänge zwischen Machtstrukturen mit unterschiedlicher Dominanz eher die Ausnahme als die Regel. Die wirtschaftliche Führungsposition in Asien ist bereits jetzt von den USA auf Japan übergegangen, aber weltweit werden beide Staaten über einen längeren Zeitraum wirtschaftlich führende Mächte bleiben. Kooperative Strukturen sind im Rahmen dieser Führungsverhältnisse — wenngleich sicherlich wünschenswert — indessen nur schwer vorstellbar.[22]

Fassen wir zusammen: Das internationale System, geprägt durch eine internationale Politik von zunehmender Dichte und Interdependenz, wird künftig stärker durch regionale und nationale Interessen bestimmt. Neben militärischen Machtmitteln erhalten technologische, kulturelle und politische Ressourcen stärkeres Gewicht. In dem sich neu herausbildenden Netzwerk internationaler Politik bilden die Zentren der Triade USA-Japan-Europa die neuen Schwerpunkte.[23] Dabei wird das internationale Gewicht dieser Zentren nicht nur von der Entwicklung ihrer Ressourcen, sondern auch von ihrer politischen Entscheidungskapazität bestimmt. Dies zeigt sich deutlich bei den Versuchen der japanischen Regierung, eine Außenpolitik zu formulieren, die dem Wandel des internationalen Systems Rechnung trägt.

3.1.3 Die Stellung Japans in der multipolaren Welt

Wie wird Japans Stellung im internationalen System von den Entscheidungsträgern eingeordnet? Die Standortbestimmung der internationalen Stellung Japans durch die eigene Regierung dokumentiert ein gewachsenes Selbstbewußtsein, gepaart mit einer zunehmenden Bereitschaft zur Übernahme internationaler Verantwortung bei außenpolitischen Aufgaben im globalen Maßstab. Das japanische Außenministerium stützt sich dabei auf folgende Bewertung aktueller Entwicklungstendenzen des internationalen Systems[24]:

— Der engere Dialog zwischen den Vereinigten Staaten und der GUS ist entscheidende Grundlage einer dauerhaften *Entspannung* der internationalen Beziehungen. Diese Entspannungstendenzen haben inzwischen auch die sino-russischen Beziehungen erfaßt.

— Die internationale Wirtschaftsordnung ist ebenfalls durch neue Entwicklungstendenzen geprägt, die den Trend zu einer multipolaren Weltordnung verstärken und sich in einer Gewichtsverlagerung innerhalb der großen internationalen Organisationen widerspiegeln.[25] Dieser Trend zur *Multipolarität* der internationalen Beziehungen erfordert auch aus der Sicht der japanischen Regierung stärkere Bemühungen um die wirtschaftspolitische Koordination zwischen den führenden Industrienationen. Der Aufstieg Japans und die Renaissance Europas verstärken die multipolaren Entwicklungstendenzen internationaler Politik.
— Als *pazifische Großmacht* weist Japan auf das wachsende wirtschaftliche und politische Gewicht der asiatisch-pazifischen Region hin. Die Anrainerstaaten des Pazifik erstellen derzeit einschließlich der USA und Japans fast 40 Prozent des Bruttosozialprodukts der Welt. Allein die asiatischen Schwellenländer erzielen wirtschaftliche Wachstumraten von durchschnittlich ca. 10 Prozent.

Wie sind diese außenpolitischen Grundsatzaussagen einzuordnen? Die militärische Statur Japans ist inzwischen beachtlich.[26] Aufgrund kräftiger Erhöhungen des Militärhaushalts in den letzten Jahren wendet Japan unter allen Industriestaaten den dritthöchsten Beitrag für den Verteidigungshaushalt auf.[27] Die quantitative Stärke der Armee (245 000 Mann, 44 000 Reservisten) mag noch nicht eindrucksvoll erscheinen; mindestens ebenso wichtig ist aber die Tatsache, daß Japan inzwischen über das Know-how zum Bau hochkomplizierter Waffensysteme verfügt und daß die Vereinigten Staaten in Teilbereichen der auch militärisch nutzbaren Mikroelektronik am japanischen Technologietransfer interessiert sind. Im Rahmen einer Strategie „stabiler Asymmetrie" stimmt Japan seine sicherheitspolitischen Interessen in Asien eng mit den Vereinigten Staaten ab und sucht die der Volksrepublik China zu berücksichtigen. Umfassend (comprehensive) ist diese Sicherheitspolitik insofern, als die außenwirtschaftlichen Beziehungen es diesen Staaten aufgrund ihrer wachsenden Abhängigkeit von japanischem Kapital und japanischer Technologie immer weniger möglich machen, Druck auf Japan auszuüben.[28]

Im Jahr des dreißigjährigen Bestehens des Sicherheitsvertrages mit den Vereinigten Staaten sieht der Verteidigungsplan (Jikibō) der japanischen Regierung für den Fünfjahreszeitraum bis 1995 eine kräftige Steigerung (25 Prozent) der Verteidigungsausgaben vor, obwohl die Grundlagen der bisherigen Verteidigungsplanung fragwürdig geworden sind. In einer Phase anhaltender Entspannung ist die japanische Regierung aber unsicher, ob sie ihre bisherige Aufrüstungspolitik fortschreiben kann.[29] Inzwischen lassen die Vereinigten Staaten wie die unmittelbaren pazifischen Nachbarn ein stärkeres Interesse erkennen, den Ausbau der japanischen Militärmacht zu bremsen und diese wirksamer in ein neugeordnetes Bündnis gleichberechtigter Partner zu integrieren.

Die strategische Leistungsfähigkeit des japanischen Militärpotentials ist ohnehin zweifelhaft.

Hat Japan noch in den ersten Nachkriegsjahrzehnten seine Außenpolitik weithin zu einer Funktion seiner Außenwirtschaftspolitik gemacht, so sucht die zweitgrößte Industrienation der Welt ihre politischen Interessen und ihren außenpolitischen Standort nunmehr eigenständiger zu definieren.[30] Dieser höhere Stellenwert der Außenpolitik hat sich bereits in der Amtszeit des früheren Premierministers Yasuhiro *Nakasone* (1982-1987) als Streben nach internationalen Mitspracherechten bemerkbar gemacht. Ein Ausdruck dieser *Neuorientierung* war die Zustimmung zum Grundsatz der Unteilbarkeit der Sicherheit des Westens in Williamsburg im Jahre 1983.[31] Hier zeigte sich das Bestreben der japanischen Außenpolitik, die bisherige Fixierung auf die Vereinigten Staaten zu überwinden und durch die Anlehnung an die NATO im allgemeinen sowie die Bundesrepublik Deutschland im besonderen neue Orientierungen zu gewinnen.[32] Im Zeitalter der Entspannung fürchtet Japan die Gefahr außenpolitischer Isolation und plädiert für sicherheitspolitische Absprachen unter den sieben führenden Industrienationen. Ebenso will die japanische Regierung künftig enger mit dem nordatlantischen Bündnis zusammenarbeiten. Im Juni 1990 hat eine japanische Delegation erstmals an einem NATO-Seminar teilgenommen.[33]

Während außenpolitische und strategische Fragen in den ersten Nachkriegsjahrzehnten einen niedrigen Stellenwert in der japanischen Politik eingenommen haben, tragen die Hegemoniekrise der Vereinigten Staaten sowie Umstrukturierungen der internationalen Arbeitsteilung, insbesondere aber die eigenen Wachstums- und Technologieerfolge Japans dazu bei, das innen- und außenpolitische Selbstbewußtsein zu stärken und die Bereitschaft zur Übernahme internationaler Verantwortung zu wecken. Vor diesem Hintergrund entwickelt sich die interne Diskussion um Japans künftige Rolle in der Welt. Die Einsicht in die Notwendigkeit der Übernahme größerer internationaler Verantwortung ist inzwischen unbestritten.[34]

Eine Würdigung der japanischen Außenpolitik muß die für das politische System Japans kennzeichnende Überzeugung von der geschichtlichen Kontinuität des Staates *und* der Außenpolitik berücksichtigen.[35] Im Schrifttum wird die japanische Außenpolitik seit Beginn der Meiji-Ära im Jahre 1868 durch ein kontinuierliches Streben nach Unabhängigkeit und Sicherung des eigenen Handlungsspielraums gekennzeichnet. Allein diese Einordnung der eigenen außenpolitischen Entscheidungen in einen historischen Zusammenhang fördert eine konzeptionelle Orientierung der Entscheidungsträger über ein lediglich pragmatisches Vorgehen hinaus.

Seine vormals defensive außenpolitische Rolle gibt Japan zugunsten eines breiteren und aktiveren internationalen Engagements auf.[36] Diese schrittweise Kursänderung, in der sich das größere Gewicht der wirtschaftlichen, entwicklungspolitischen und militärischen Ressourcen Japans niederschlägt, spiegelt sich in der zunehmenden Einbindung Tokyos in die Netzwerke internationaler diplomatischer Aktivitäten und in seiner aktiveren Rolle bei der Schlichtung internationaler Streitfragen wider. Konkrete Beispiele: die Mitwirkung an der Überwachung demokratischer Wahlen in Nicaragua und Namibia wie bei der Kontrolle des Waffenstillstandsabkommens zwischen Irak und Iran.

3.1.4 Eine „UN-orientierte Außenpolitik"

Nachdem Japan das Schwergewicht seiner Außenpolitik traditionell auf die Pflege bilateraler Beziehungen gelegt hat, wird inzwischen mit dem Engagement in den Vereinten Nationen eine globalere Ausrichtung der Außenpolitik eingeleitet — zunächst durch den Beitritt zur UNESCO im Jahre 1951 und danach durch die volle Mitgliedschaft in den UN (seit 1956) sowie in der OECD.[37] Die „UN-orientierte Außenpolitik" (Kokuren chūshin shugi) ist eines der drei klassischen Prinzipien der japanischen Außenpolitik; die beiden anderen sind die Zusammenarbeit mit den Staaten der freien Welt und Japans Selbstverständnis als Mitglied der asiatischen Staatengemeinschaft. Daß diese Prinzipien nicht immer vereinbar sind, liegt auf der Hand.

Die aktive UN-Politik Japans schlägt sich in der Tatsache nieder, daß Japan (12,5 %) nach den USA (25 %) der zweitstärkste Beitragszahler unter den Mitgliedstaaten der Vereinten Nationen geworden ist. Dennoch hat sich die Regierung damit schwer getan, eine konsistente UN-Politik zu formulieren. Nachdem sich Japan in seinem Abstimmungsverhalten früher sehr stark an den Vereinigten Staaten ausgerichtet hatte, hat sich der Anteil seines mit den USA übereinstimmenden Abstimmungsverhaltens in den vergangenen drei Jahrzehnten stetig verringert. Gleichwohl orientiert sich Japan in den UN nach wie vor grundsätzlich an den westlichen Industriestaaten insgesamt und versucht zugleich, bei allen Asien betreffenden Fragen zu vermitteln. Seinen traditionellen Widerstand gegenüber einer Beteiligung an den Friedensstreitkräften der Vereinten Nationen beginnt es — auch unter dem Einfluß des Golfkriegs — zu überdenken. Schwerpunkte seiner Mitarbeit in den Vereinten Nationen sind vor allem eine Ausweitung der Entwicklungshilfeleistungen an die Länder der Dritten Welt und die Verbesserung der Effizienz der Vereinten Nationen in organisatorischer und finanzieller Hinsicht. Die Reichweite dieser Mitarbeit wird aber zugleich durch Japans traditionelle Vorbehalte gegenüber kollektiven Sicherheitssystemen stark beeinträchtigt.

Das internationale Durchsetzungsvermögen der japanischen Außenpolitik wird ferner durch eine fundamentale Erfahrung internationaler Politik eingeschränkt: Je mehr ein Land auf eine Versorgung (Rohstoffe, Energie etc.) von außen angewiesen ist, um so schwieriger werden Formulierung und Durchsetzung einer eigenständigen Außenpolitik. Es steht in der Pflicht, mit den Ländern, aus denen Rohstoffe importiert werden, freundschaftliche Beziehungen zu pflegen. Die Begriffe „Außenpolitik der immer gleichen Distanz" (Dōkyorigaikō) und „allseitige, umfassende Außenpolitik" (Zenhōigaikō) spiegeln diese Perspektive wider.[38] Diese Politik richtet sich insbesondere auf den Nahen Osten, aus dem Japan fast 100 Prozent seiner Rohölimporte bezieht.

Bietet die Rohstofforientierung *eine* Richtungsbestimmung der japanischen Außenpolitik, so ist die im Begriff „Awase-Außenpolitik" zum Ausdruck kommende, traditionelle Anlehnung an die Supermächte ein zweiter, gewichtiger Bestimmungsfaktor.[39] Perspektivisch wurden diese externen Determinanten der Außenpolitik seit dem Ende der 70er Jahre zum Begriff der „umfassenden Sicherheitspolitik" (sōgō anzen hoshō seisaku — comprehensive security) gebündelt. Diese Formel dient als Chiffre einer auf Wirtschaftsprobleme zentrierten Außenpolitik, die eine aktivere internationale Rolle lange Zeit zu vermeiden suchte.[40]

Ein weiterer Hemmschuh einer aktiven Außenpolitik im Rahmen der Triade kommt hinzu: Konzipierung und Implementierung der Außenpolitik sind durch noch stärkere interne Friktionen gekennzeichnet als in anderen Industriestaaten. So konnte Premierminister *Nakasone* sein internationales Versprechen, den japanischen Markt stärker zu öffnen, nicht einlösen, weil sich die Ministerialbürokratie verweigerte.[41] Andererseits gibt es aber auch Fälle, in denen sich der Regierungschef gegen das Außenministerium durchsetzt: *Kishi* bei der Revision des Sicherheitsvertrages mit den Vereinigten Staaten, *Satō* bei der Rückgabe Okinawas und *Tanaka* bei der Wiederaufnahme diplomatischer Beziehungen zu China. In außenpolitischen Fragen wird die Führungskompetenz des Premiers aber durch das Außenministerium, das MITI, das Landwirtschafts- und das Finanzministerium stark eingeschränkt, vor allem auch durch die öffentliche Meinung und deren Rückwirkungen auf die Willensbildung innerhalb der Liberaldemokratischen Partei.

3.1.5 Japan und die USA — von der asymmetrischen zur wechselseitigen Partnerschaft

Stets hat sich die japanische Außenpolitik der Nachkriegszeit eng an die USA angelehnt — so sehr, daß das japanische Außenministerium von seinen Kritikern auch als „japanische Unterabteilung des amerikanischen Außenministeriums" (Beikokumushō no Nihon shibu) oder „Kasumigaseki-Abteilung des amerikanischen Außenministeriums" (Kokumushō Kasumigaseki-bekkan) bezeichnet wird.[42] Dennoch beginnt sich ein Wandel im Verhältnis zu den Vereinigten Staaten abzuzeichnen, der auf der geschwächten Führungsrolle der USA und dem eigenen, neuen Selbstbewußtsein beruht.

Je stärker die japanische Perzeption des Verlustes der Hegemonie der Vereinigten Staaten, um so eher wird Japan seine eigenen außenpolitischen Interessen neu definieren müssen: Aus einer asymmetrischen wird eine wechselseitige Partnerschaft. Je mehr die amerikanische Regierung außerdem von ihrem japanischem Partner einen stärkeren Beitrag zur Lastenteilung verlangt, und je mehr Japan diesen Forderungen auch tatsächlich entspricht, um so weniger glaubwürdig stellt sich das amerikanische Führungsvermögen in japanischen Augen dar. Dies gilt erst recht, wenn — wie seit kurzem zu beobachten — Handels- und Verteidigungsfragen miteinander verknüpft werden.[43]

Diese gewandelte Beurteilung der amerikanischen Führungsrolle durch die japanische Regierung hat sich bereits im Jahre 1980 in dem Bericht einer Beratergruppe des Premierministers Masayoshi *Ohira* angekündigt[44]:

„In considering Japan's security, the most fundamental change that took place in the international situation in the 1970s is that the clear US superiority, in both military and economic dimensions, came to an end."

Vor diesem Hintergrund wird seit Beginn der 80er Jahre die Wirkung des amerikanischen Schutzschildes von japanischen Politikern zunehmend in Zweifel gezogen: Das Ende der „Pax Americana" zeichnet sich ab. Stattdessen hat die Ära der „Friedenssicherung durch Lastenteilung" begonnen. In der Folgezeit hat sich diese Perzeption der geschwächten amerikanischen Führungsposition und der dadurch veränderten Sicherheitssituation in Asien nicht nur in den Berichten von Kommissionen sowie den Stellungnahmen einzelner Politiker und Publizisten, sondern auch in den offiziellen Stellungnahmen — etwa den „Diplomatischen Blaubüchern" — niedergeschlagen. Diese Beurteilung wird von einer größeren Bereitschaft der japanischen Regierung und der japanischen Öffentlichkeit zur aktiveren Übernahme globaler Aufgaben flankiert — ein Einstellungswandel, der sich einerseits in der hohen Dynamik der japanischen Entwicklungspolitik und zum anderen in einer offensiveren auswärtigen Kulturpolitik niederschlägt. Dies belegen etwa der Ausbau der Japan Foundation, die Finanzierung eines neuen Hilfsfonds der UNESCO für die Erhaltung von Weltkulturgütern, die Ausweitung des Japanischen Austausch- und Lehrprogramms (JET) und die Vereinbarung besonderer Austauschprojekte zwischen Europa und Japan.

Auf der anderen Seite wachsen in Japan die Zweifel, ob die Vereinigten Staaten ihre militärische Präsenz und ihre strategischen Sicherheitsgarantien in der asiatisch-pazifischen Region angesichts anhaltender Haushaltsdefizite und wachsender Verschuldung aufrechterhalten können. Der Bündnispartner Japan erhält auch dadurch größeres Gewicht. Auf die damit verbundenen Herausforderungen scheint sich die japanische Regierung — wenn auch nur zögernd — außen- *und* haushaltspolitisch einzustellen. Entwicklungs- und Verteidigungshaushalt werden überdurchschnittlich erhöht: der Entwicklungsetat aber durchschnittlich stärker als der Verteidigungshaushalt.

Seit langem sind zunehmende Belastungen der amerikanisch-japanischen Beziehungen in unterschiedlichen Feldern vorausgesagt worden.[45] Zugleich aber sind die Vereinigten Staaten Japans wichtigster Partner geblieben — und werden es in einer überschaubaren Zukunft auch weiterhin sein. Die ebenfalls seit langem von außenpolitischen Experten in den USA geforderte partnerschaftliche Gestaltung dieser Beziehungen aber stößt in der amerikanischen Regierung nach wie vor auf Vorbehalte, die ihre Wurzel mehr im innenpolitischen Kalkül als in außenpolitischen Langfristerwägungen finden.

Inzwischen schlägt sich der Perzeptionswandel der USA in Japan auch in extremeren Stellungnahmen nieder. Einen Tiefpunkt der japanisch-amerikanischen Beziehungen stellt in diesem Zusammenhang die vom rechtskonservativen LDP-Abgeordneten Shintarō *Ishihara* und von SONY-Vorstand Akio *Morita* veröffentlichte Streitschrift „The Japan that Can Say No"[46] dar, in der unverblümt technologie- und handelspolitische Sanktionen Japans gegenüber den USA erwogen werden. Die Einschätzung Japans als eines Partners der Vereinigten Staaten ist dadurch in der amerikanischen Öffentlichkeit stark in Mitleidenschaft gezogen worden. In den Worten David *Halberstams* kommt dieses Grundsatzdilemma der Perzeption der neuen internationalen Stellung Japans durch die Vereinigten Staaten klar zum Ausdruck: „Der japanische Erfolg hat keine konservativen oder liberalen Eltern, sondern nationale und kulturelle. Und genauso schwierig, wie dies zu artikulieren, ist es, die wirtschaftliche Erosion in Amerika und das Brüchigwerden ehemals eherner ideologischer Positionen zu erklären."[47]

Die amerikanisch-japanischen Beziehungen sind zudem durch einen anhaltenden Druck der Vereinigten Staaten auf den japanischen Partner gekennzeichnet, im Rahmen der Lastenteilung (burden sharing) einen größeren militärischen Beitrag zu erbringen und die Entwicklungshilfeleistungen noch weiter zu steigern.[48] Dadurch werden die außenpolitischen Strategien der beiden Länder weltweit, vor allem aber in Asien und im Pazifik, noch enger miteinander verflochten.[49] Während die USA die führende pazifische Militärmacht bleiben wollen, wünschen sie von Japan einen zusätzlichen militärischen Lastenbeitrag in Höhe von 1 Prozent des Bruttosozialprodukts — also nahezu eine Verdoppelung des japanischen Verteidigungsbeitrages oder eine weitere deutliche Ausweitung der staatlichen Entwicklungshilfe. Es ist damit zu rechnen, daß dieser amerikanische Druck anhält, zumal die USA ihr bisheriges Militärpotential in Höhe von 40-50 Milliarden Dollar pro Jahr angesichts ihrer Haushaltssituation wie ihrer anderweitigen, globalen Verpflichtungen kaum aufrechterhalten können. Mit dem Abschluß der Gespräche über die „Structural-Impediments-Initiative (SII)" im Jahre 1990 haben sich die amerikanisch-japanischen Beziehungen keineswegs entspannt. Fortbestehende Kritikpunkte des japanisch-amerikanischen Bilateralismus sind insbesondere der Zugang amerikanischer Unternehmen zu öffentlichen Ausschreibungen in Japan, die Liberalisierung des japanischen Finanzsystems, die Beschaffung von Computern durch öffentliche Stellen und langwierige Patentverfahren in Japan.[50]

Die anhaltenden Spannungen in den amerikanisch-japanischen Beziehungen machen somit deutlich, daß eine neue strategische Partnerschaft im Pazifik und in Asien geboten ist. Diese Neudefinition der amerikanischen und japanischen Sicherheitsinteressen könnte auf ähnlichen Grundlagen aufbauen wie die amerikanisch-europäische Sicherheitspartnerschaft im Rahmen der NATO. Allerdings würden Japans Nachbarn auf ein solches Sicherheitssystem anders reagieren als die der Bundesrepublik Deutschland im Rahmen des atlantischen Bündnisses. Kern einer neuen pazifischen Partnerschaft müßte die militärische Zusammenarbeit zwischen beiden Ländern bei Überwachung und Schutz der Seewege in einem größeren Umkreis um Japan sein.[51]

Diese Routen würden somit weit über den bisherigen Radius von 1000 Seemeilen hinausreichen und sich bis Singapur und Hawaii erstrecken. In erheblichem Umfang müßte Japan seine Marine durch Aufkauf von Flugzeugträgern, Minensuchbooten, U-Booten und Begleitschiffen erweitern. Entsprechend würde die 7. Flotte der amerikanischen Marine entlastet werden. Ein Teil der amerikanischen Pazifikflotte könnte mit einem Teil der japanischen Marine unter dem Dach eines integrierten militärischen Oberkommandos zusammengefaßt werden.

Die zurückhaltende Reaktion Japans auf die Ost-West-Entspannung belastet indessen die Beziehungen zu den Vereinigten Staaten. Inzwischen setzen die USA ihren Truppenabzug aus Japan fort. Die außenpolitischen Beziehungen Japans zu seinem wichtigsten Partner befinden sich derzeit in einem tiefgreifenden Wandel[52]: Erschienen die sicherheitspolitischen Grundlagen dieser Beziehungen bisher unantastbar, so hat die amerikanische Regierung in jüngster Zeit erstmals sicherheitspolitische und handelspolitische Fragen miteinander verknüpft und dadurch die langfristige Wahrung der japanischen Sicherheitsinteressen von einer Regelung der schwelenden handelspolitischen Streitfragen abhängig gemacht. Es ist nur zu verständlich, daß sich das japanische Außenministerium gegen dieses Junktim zur Wehr setzt und die außenpolitische Verknüpfung („linkage") der Sicherheits- und Handelsfragen ablehnt.

Diese Position der Vereinigten Staaten ist mittel- und langfristig um so schwerer durchzusetzen, je weiter die internationale Entspannung voranschreitet und mit der weiteren Durchsetzung demokratischer Regierungssysteme in vormals autoritären oder totalitären Staaten die Bedeutung der Militärpotentiale für den internationalen Rang von Staaten in der Tat abnehmen wird. Diese Herausforderung hat die japanische Regierung erkannt und ihr im Bereich der Entwicklungszusammenarbeit vor allem mit den asiatischen, inzwischen aber auch mit den afrikanischen Entwicklungsländern, durch eine starke Ausweitung der öffentlichen Entwicklungshilfeleistungen Rechnung getragen: Seit langem ist Japan einer der beiden größten Geber staatlicher Entwicklungshilfe und versieht zudem seine Hilfeleistungen in geringerem Umfang mit wirtschaftlichen und politischen Auflagen als andere Industriestaaten. Neben der Bundesrepublik Deutschland ist Japan nach den Vereinigten Staaten und vor Frankreich und Großbritannien zudem zweitstärkstes Mitglied des Internationalen Währungsfonds geworden.

In anderen Institutionen und Arbeitsfeldern internationaler Politik verhält sich Japan aber immer noch zurückhaltend und folgt weiterhin der Tradition außenpolitischen Understatements („low-profile-approach"). Gleichwohl wird Japan, solange sein außenpolitisches Handlungsvermögen nicht durch innenpolitische Handlungsunfähigkeit paralysiert wird, sein internationales Gewicht vergrößern und immer mehr zu einem eigenen, aktiven Beitrag bei der Lösung globaler Fragen aufgefordert werden. Dies gilt für die Ost-West- wie für die Nord-Süd-Zusammenarbeit.[53] Der Abbau militärischer Spannungen zwischen den Großmächten wird das internationale Gewicht der ökonomischen und technologischen Potentiale Japans weiter verstärken. Der pazifischen Großmacht kommen neue, globalere Aufgaben zu.[54] Die Richtung der japanischen Außenpolitik wird auch künftig wesentlich dadurch bestimmt, daß Japan einerseits dem asiatischen Kulturkreis angehört, sich aber zum anderen aufgrund seiner politischen und ökonomischen Strukturen den westlichen Industriestaaten zurechnet. Dieses Selbstverständnis verleiht der Dritte-Welt-Politik Japans — abweichend von den politischen, strategischen, historischen und humanitären Grundlagen der Entwicklungspolitik der westlichen Industrieländer — eine besondere Dynamik. Diese Dynamik legt aber auch die konzeptionellen Defizite der japanischen Außenpolitik bloß.

Der erhebliche Ausbau der Entwicklungshilfe[55] sowie die wirtschaftliche Hegemonie Japans in Asien und in der pazifischen Region verstärken den Druck auf eine neue Standortbestimmung der amerikanisch-japanischen Beziehungen. Aus der Sicht der amerikanischen Regierung stellen sich den Beziehungen zwischen Japan und den Vereinigten Staaten zwei Aufgaben: die Beseitigung des Ungleichgewichts in den Außenhandelsbeziehungen und die Verwirklichung einer „globalen Partnerschaft".[56] Die gemeinsame Hilfsaktion für die Philippinen, das internationale Schulden-Abkommen in Mexiko sowie die beiderseitigen Beiträge zum Aufbau der Europäischen Entwicklungsbank seien Schritte in die richtige, gemeinsame Richtung. Wenn die japanische Außenpolitik über den Rahmen bisheriger „Scheckbuch-Diplomatie" hinausgehen wolle, dann müsse sie ihre große Wirtschaftskraft in enger Abstimmung mit ihren Partnern wirksamer bei der Lösung internationaler Probleme einsetzen.

Eine gemeinsame Studie des International Institute for Global Peace in Tokyo und des Center for Strategic and International Studies in Washington unter der Federführung von Jimmy *Carter* und Yasuhiro *Nakasone* zu Perspektiven der amerikanisch-japanischen Zusammenarbeit schlägt eine engere Kooperation bei der Lösung regionaler Konflikte, dem Abbau von Spannungen im asiatisch-pazifischen Raume, der Liberalisierung des internationalen Handels sowie den Ausbau der staatlichen Entwicklungshilfeleistungen auf den Umfang von 0,7 % des Bruttosozialprodukts vor (die letzte Forderung wird aber bezeichnenderweise nur an die japanische Regierung gerichtet).[57] Zwischen den Regierungsmitgliedern, den Abgeordneten sowie den außen- und entwicklungspolitischen Amtsträgern beider Länder solle eine engere und intensivere Zusammenarbeit eingerichtet werden.

3.1.6 Japan und seine Nachbarn

Japans Außenpolitik wird künftig durch die politischen, wirtschaftlichen und strategischen Implikationen des *pazifischen Regionalismus* herausgefordert werden.[58] Hierzu tragen vier Faktoren bei: die nachlassende wirtschaftliche Stärke der USA, der Aufstieg der „vier kleinen Tiger" Korea, Taiwan, Hongkong und Singapur, die Zusammenarbeit der ASEAN-Staaten und schließlich die wichtigen Ressourcen von Australien und auch Mexiko. In diesem Rahmen weist die Wirtschaft der pazifischen Region die höchste Dynamik unter allen Weltregionen auf. Eine besondere Herausforderung bleibt für Japan indessen die schwer einzuschätzende Entwicklung auf der koreanischen Halbinsel und in der Volksrepublik China.

Japan und China: Die Furcht vor einer „Pax Nipponica"

Für die japanische Außenpolitik nimmt die Zusammenarbeit mit der *Volksrepublik China* seit jeher einen hohen Stellenwert ein. In der Vergangenheit sind die japanisch-chinesischen Beziehungen vorrangig durch drei Aspekte geprägt worden: die traditionelle Ambivalenz, die diese nachbarschaftlichen Beziehungen stets geprägt hat, die internen politischen Führungsverhältnisse in der Volksrepublik China sowie die Beziehungen Chinas zur Sowjetunion.[59] Sowohl gegenüber den Vereinigten Staaten als auch gegenüber China war die japanische Regierung stets um die Sicherung ihres Handlungsspielraums bemüht. In den außenpolitischen Entscheidungsgremien der Regierung wie der LDP konnten sich die eine engere Zusammenarbeit mit Peking befürwortenden „Tauben" nicht zuletzt aufgrund starker Außenhandelsinteressen der japanischen Exportindustrie mehr durchsetzen als die „Falken" der Taiwan-Lobby.[60] Gegenüber den USA hat die japanische China-Politik nach dem Krieg weniger formal als vielmehr substantiell durchaus ein gewisses Maß an Eigenständigkeit gewahrt.[61] Diese Strategie hat sich, nach anfänglicher enger Anlehnung der japanischen China-Politik an die USA in den ersten Nachkriegsjahren, später in einer Außenpolitik der *Äquidistanz* gegenüber den beiden chinesischen Regierungen niedergeschlagen.[62]

Die chinesische Einschätzung der japanischen Politik und Gesellschaft läßt folgende, ideologisch fundierten Tendenzen erkennen:[63] Immer wieder wird die Gefahr der Rückkehr zum Militarismus und zu einer aggressiven Außenpolitik Japans beschworen. Da Japan seine wirtschaftliche Vormachtstellung auf Dauer auch militärisch absichern werde, müsse China wachsam sein. Andererseits — und dies verdeutlicht die Ambivalenz des chinesischen Japanbildes — ist die wirtschaftliche Stärke Japans eine wichtige Voraussetzung der ökonomischen Modernisierungspolitik Chinas. In Fragen der wirtschaftlichen Modernisierung wird Japan von vielen Chinesen als Vorbild betrachtet. Die chinesische Regierung kritisiert in diesem Zusammenhang allerdings die Tatsache, daß Japan offensichtlich nicht bereit sei, China auf dem Gebiet des Technologietransfers zu helfen, sondern lediglich Fertigprodukte verkaufen möchte.[64] Immerhin haben die japanischen Direktinvestitionen in China 1991 mit 810 Millionen Dollar eine Rekordhöhe erreicht und sich gegenüber den Vorjahren fast verdoppelt, während der Umfang des chinesisch-japanischen Außenhandels nach einem leichten Rückgang im Vorjahre 1991 auf 22,8 Mrd. Dollar angewachsen ist.[65]

Die chinesische Regierung und die Medien des Landes rechnen damit, daß Japan sein Militärpotential qualitativ *und* quantitativ ausbauen wird.[66] Dies geschehe sowohl unter amerikanischem Einfluß als auch mit dem Ziel der Sicherung der ökonomischen und technologischen Einflußsphären. Die Reaktion der Volksrepublik China auf diese Einschätzung wird vom Erfolg der eigenen Modernisierungspolitik und der Stabilität der innenpolitischen Führungsstrukturen in China abhängen. Eine militär-strategische Zusammenarbeit zwischen den asiatischen Großmächten ist unter diesen Bedingungen nicht zu erwarten. Aber die wirtschaftliche Zusammenarbeit wird enger werden. Andererseits werden beide Staaten in zahlreichen Entwicklungsländern miteinander konkurrieren.[67]

Die japanischen China-Experten *Tanaka* und *Fujihashi* bewerten Chinas Kurs nach dem Tienanmen-Massaker als eine Politik der Stabilisierung der Vorherrschaft der Kommunistischen Partei Chinas, die in zunehmendem Umfang Widersprüche zwischen wirtschaftspolitischen Reformern und der fortdauernden Parteidiktatur, zwischen Konservativen und Reformern und damit instabile Führungsverhältnisse heraufbeschwöre.[68] In ihren Empfehlungen zur japanischen China-Politik warnen sie vor einer Politik der Isolierung und vor substantiellen Wirtschaftssanktionen gegenüber China. Statt dessen versprechen sie sich von einer stärkeren Integration Chinas in die internationale Politik größere Chancen für demokratische Reformen, weisen ihrem Land gegenüber den westlichen Industrienationen eine Führungsrolle in der Gestaltung der Beziehungen zu China zu und betonen die Notwendigkeit weiterer wirtschaftlicher Liberalisierung, der Beachtung der Menschenrechte, der Informations- und Meinungsfreiheit und einer umweltfreundlicheren Politik als entscheidende Voraussetzungen einer engeren Zusammenarbeit. Allerdings bleibt der Realitätsgehalt dieser Empfehlungen fragwürdig. Vielmehr zeigt die Geschichte der chinesischen Reformbewegung, daß die chinesische Politik die Machtfrage stets nach eigenen Maßstäben entscheidet.

In China mehren sich seit einigen Jahren die Befürchtungen vor einer neuen „Pax Nipponica", die sich aus dem Wandel Japans zu einer wirtschaftlichen Großmacht und schließlich auch zu einer politischen Großmacht im asiatisch-pazifischen Bereich ergebe.[69] Bis zum Ende dieses Jahrhunderts, so erwarten chinesische Experten, werde der japanische Einfluß den der Vereinigten Staaten in dieser Region übertreffen. Hier werde bereits die Süd-Nord-Zusammenarbeit unter japanischer Führung neu geordnet. Japans Politik der „Dritten Öffnung des Landes"[70] beruhe auf drei Strategien: 1. der Schaffung eines Technologiestaates, 2. der Generalabrechnung mit der Nachkriegspolitik und 3. dem Wandel von einer Wirtschaftsgroßmacht zu einer politischen Großmacht. Die internationale Machtverschiebung werde durch multipolare Tendenzen der internationalen Politik verstärkt. In diesen zunehmend kritischen Bewertungen kündigen sich neue Spannungen zwischen China und Japan an.

Demgegenüber will die japanische Regierung in drei Bereichen mit China künftig enger zusammenarbeiten: Rüstungskontrolle, Menschenrechte und Umweltschutz.[71] Konkrete Einzelschritte in diesen Kooperationsbereichen — wie etwa der an die Vereinten Nationen gerichteten und inzwischen verwirklichten japanischen Forderung nach Einrichtung eines internationalen Waffenhandelsregisters — finden aber nur eine geringe Resonanz auf chinesischer Seite. Dort scheint man mehr an japanischer Wirtschaftshilfe als an außenpolitischer Zusammenarbeit interessiert zu sein und sich vor allem der eigenen innenpolitischen Stabilisierung zu widmen als eine intensive japanisch-chinesische Zusammenarbeit als Voraussetzung regionaler Stabilität in Asien voranzutreiben.[72]

Nach dem Zerfall der Sowjetunion und der Desintegration der GUS erhalten die chinesisch-japanischen Beziehungen ein neues Gewicht.[73] In einer Phase des Umbruchs und neuer politischer, wirtschaftlicher und militärischer Gestaltungschancen im Fernen Osten kann es nicht im Interesse Japans liegen, China zu isolieren. Je mehr sich das internationale Gewicht Rußlands in Asien verringert, um so bedeutender werden die Beziehungen zwischen Japan und China. Trotz des hohen Stellenwertes, den beide Länder ihren bilateralen Beziehungen zumessen, ist eine *Großmachtrivalität* zwischen den asiatischen Nachbarn jedoch unverkennbar.[74] Wie Chinas Kritik an der japanischen PKO-Initiative und an der fehlenden Vergangenheitsbewältigung Japans zeigt, steht die Volksrepublik einer Vormachtstellung Japans in Asien ablehnend gegenüber. Die Diskussion um den 50. Jahrestag des japanischen Überfalls auf Pearl Harbour und die schließlich ausgebliebenen Gesten eines offiziellen Bekenntnisses japanischer Schuld haben die Aufmerksamkeit der pazifischen

Nachbarn erneut auf die weithin fehlende Vergangenheitsbewältigung in Japan gelenkt. Nicht ein unmißverständliches Schuldbekenntnis („Bekehrung des Gewissens" — ryōshin no kaishin), sondern eine politisch-historisch wenig verbindliche, „bedauernde Rückschau" (hansei) sind der kurzatmige Ausweg der japanischen Diplomatie aus diesem historischen Dilemma.[75] Wenn Japan aber eine starke internationale Rolle spielen will, kann es sich den drängenden Fragen der Vergangenheitsbewältigung auf Dauer nicht entziehen.[76]

Japan und die GUS: das Problem der Kurilen

Die Beziehungen zwischen Japan und der früheren *Sowjetunion* haben auf beiden Seiten nie einen hohen Stellenwert eingenommen.[77] Die Sowjetunion richtete den Schwerpunkt dieser Beziehungen stets vorrangig auf die Wirtschaftspolitik Japans aus und vermutete langfristige Startvorteile in Ostasien bei der Erweiterung des eigenen Einflußspielraums — eine Hoffnung, die sich angesichts der innenpolitischen Instabilität und der anhaltenden Wirtschaftskrise der GUS als trügerisch erweist. Japans Beziehungen zu den Industrie- wie Entwicklungsländern wurden bisher stets im marxistisch-leninistischen Sinne interpretiert. Die strategische Konstellation in Ostasien ist zudem dadurch gekennzeichnet, daß die sowjetische Marine ihre Position quantitativ *und* qualitativ ausgebaut hat. Der quantitative Ausbau wird von der japanischen Regierung gelegentlich leicht überschätzt, aber die Qualität der bisher sowjetischen Seestreitkräfte hat sich unstrittig gesteigert. Die sowjetische Einschätzung des japanischen Militärpotentials schien im großen und ganzen zutreffend zu sein, wobei die Fähigkeit (und Bereitschaft) der japanischen Selbstverteidigungsstreitkräfte zu offensiven Aktionen überschätzt und ihr defensiver Charakter zugleich unterschätzt wurden. Die Beziehungen zwischen Japan und den Vereinigten Staaten wurden von der Sowjetunion als dauerhaft beurteilt. Lange Zeit war eine klare, in sich stimmige Außenpolitik der Sowjetunion gegenüber Japan nicht zu erkennen, die sowjetische Regierung schien mit einer Fortdauer des Status quo in dieser Region zufrieden zu sein und ignorierte Japan konsequent.

Die japanische Perzeption der früheren sowjetischen Bedrohung war dadurch geprägt, daß die Sowjetunion nach den Erkenntnissen der japanischen Regierung seit Mitte der 70er Jahre ihr Militärpotential in Asien und im Pazifik kräftig aufgerüstet hat. So entfielen auf diese Region im Jahre 1982 ein Drittel aller sowjetischen strategischen Waffen, ein Viertel aller sowjetischen Seestreitkräfte (um die sowjetische Pazifikflotte gruppiert) und 360000 Mann Bodentruppen.[78] Unter diesen Voraussetzungen kann es nicht überraschen, daß die Politik Gorbatschows von der japanischen Regierung von Anfang an zurückhaltender bewertet worden ist als von den europäischen Regierungen.

Seit der Gorbatschow-Ära hat der globale wirtschaftliche Status Japans die Sowjetunion und auch die Russische Föderation offensichtlich zu einem Überdenken ihrer Position veranlaßt und eine Normalisierung ihrer Beziehungen zu Japan als vordringlich erscheinen lassen — die aber ohne eine Lösung der Kurilen-Frage nicht denkbar erscheint.[79] Auch in dieser Frage deutet sich in jüngster Zeit eine, wenn auch zaghafte, Bereitschaft der russischen Administration an, über neue Lösungsansätze nachzudenken.

Nachdem die Suche nach Kompromißlösungen in Japan lange Zeit tabuisiert worden war — wie etwa die heftige Ablehnung eines Vorschlags eines Beraters von Takeo *Miki* gezeigt hat, der lediglich die Rückgabe von Habomai und Shikotan sowie eine auf 25 Jahre angesetzte Vertagung der Entscheidung über die anderen beiden Inseln (Kunashiri, Etorofu) vorsah —[80], scheint inzwischen auch auf dieser Seite Bewegung in diese Frage zu kommen. Ohne wesentliche russische Zugeständnisse ist aber für die japanische Regierung ein wirklicher Neubeginn der bilateralen Beziehungen undenkbar. Für die russische Regierung wiederum könnten territoriale Zugeständnisse im Rahmen einer neuen sicherheitspolitischen Gesamtkonstellation in Ostasien — etwa durch Aufbau eines Systems kollektiver Sicherheit — eher denkbar sein. Eine Vereinbarung über Rüstungskontrolle und vertrauensbildende Maßnahmen in Ostasien (eine START-Vereinbarung, die Reduzierung der See- und Luftstreitkräfte auf seiten Rußlands und der USA sowie die Entmilitarisierung der Kurilen) wären wichtige Bausteine eines solchen Konzepts. Die Voraussetzungen für seine Verwirklichung aber erscheinen ungünstig.[81]

Über mögliche Lösungsansätze für die Kurilenfrage ist aus Anlaß des Besuchs des sowjetischen Präsidenten in Tokyo im Jahre 1991 eingehend spekuliert worden.[82] Einerseits haben japanische Regierungsbeamte im Vorfeld dieses Besuches behauptet, daß weder der amerikanisch-japanische Sicherheitsvertrag noch eine Reduzierung der Seestreitkräfte verhandelbar seien, da die Stärke der sowjetischen See- und Luftstreitkräfte die der in dieser Region stationierten amerikanischen und japanischen Streitkräfte insgesamt übertreffe und Truppenreduzierungen somit stets zu Lasten Japans gingen. Die Sowjetunion unterhielt auf der Kurilen-Insel Etorofu Kampfflugzeuge vom Typ MiG 23, denen Kampfflugzeuge der US Air Force vom Typ F16 auf Misawa in Nordost-Honshu gegenüber stehen. Allerdings hat die Sowjetunion auch keine Aufhebung des japanisch-amerikanischen Sicherheitsvertrages gefordert; die GUS scheint an der Beibehaltung dieses Vertrages durchaus interessiert zu sein.

Andererseits wird Rußland jedes Entgegenkommen in der Kurilen-Frage im Rahmen einer „Abrüstungsinitiative Asien“ mit der Ankündigung einseitiger Truppenreduzierung verbinden und damit seiner Forderung Nachdruck verleihen können, die Kurilen im Falle ihrer Übergabe an Japan zu entmilitarisieren. Der damit verbundene Druck auf die innenpolitische Diskussion und die Anhänger der Oppositionsparteien könnte beträchtlich sein — und damit auch der indirekte Einfluß einer solchen Taktik auf die Meinungsbildung innerhalb der LDP. Japanische Experten wie Hiroshi *Kimura* befürchteten eine zunehmende internationale Isolierung, falls sich Japan auf Dauer nicht verhandlungsbereit zeige.

Gorbatschow hatte bereits vor zwei Jahren mehrere Policy-Studien zur Lösung der Kurilen-Frage in Auftrag gegeben. Alle Lösungs-Szenarien gehen davon aus, daß *Shikotan* und *Habomai* in Kürze japanisches Staatsgebiet werden.[83] Die anderen beiden Inseln — *Kunashiri* und *Etorofu* — sollen entweder gemeinsame Wirtschaftszonen oder unter UN-Verwaltung gestellt werden. Die Aussichten auf einen tragfähigen Kompromiß sind günstiger als jemals zuvor, da Rußland japanische Wirtschaftshilfe dringend benötigt — auch wenn ein unmittelbarer Zusammenhang zwischen beiden Komplexen von der russischen Regierung, die den Eindruck des „Verkaufs von Territorien" vermeiden will, geleugnet wird.[84] Auffassungsunterschiede deuten sich auf japanischer Seite an zwischen den Mitgliedern der „Russischen Schule" des Außenministeriums, die an die Kurilenfrage eher zögerlich herangeht und die Verhandlungen nicht aus den Händen der Experten der Diplomatie geben will, und führenden Abgeordneten der liberaldemokratischen Unterhausfraktion, die die Territorialfrage mit den Perspektiven der Wirtschaftshilfe pragmatisch verbinden und sich auf diese Weise innen- und außenpolitisch profilieren wollen.

Während das sowjetische Schrifttum über die sowjetisch-japanischen Beziehungen die Rückgabe der Kurilen-Inseln von fester ideologischer Warte lange Zeit als „absolut" unmöglich bezeichnete, da alle Territorialfragen als Ergebnis des 2. Weltkrieges „gelöst" seien[85], hat in den letzten Jahren innerhalb des sowjetischen bzw. russischen Regierungsapparats ein Umdenken begonnen. Das gleiche gilt — mit Einschränkungen — auch für die japanische Regierungspartei. Obwohl es in der Kurilen-Frage Anzeichen einer Kompromißbereitschaft in der liberaldemokratischen Unterhausfraktion immer wieder gegeben hat, die auf eine Rückgabe von nur zwei der vier in Frage stehenden Inseln hinauslaufen, verhält sich der Regierungsapparat auch in dieser Frage zurückhaltend und scheint auf den hohen Kredit- und Investitionsbedarf Rußlands zu spekulieren.[86] Eine solche abwartende Taktik aber läuft Gefahr, als Pressionsmittel verstanden zu werden. Damit würde der Beginn einer „Besuchsdiplomatie" vereitelt werden, von der sich die japanische Regierung zahlreiche Neuansätze in ihren politischen und wirtschaftlichen Beziehungen zu Rußland verspricht. Diese Neuansätze würden zudem der Reputation Japans in der internationalen Staatengemeinschaft zugute kommen.

Durch die Beratungen anläßlich des Gorbatschow-Besuches im Juni 1991 ist eine erste Grundlage für weitere, intensive Verhandlungen geschaffen worden. Historische Lasten und psychologische Barrieren aber wirken weiter fort.[87] Im Unterschied zu den von den führenden LDP-Politikern gestalteten japanisch-amerikanischen Beziehungen betrachten die Beamten des Außenministeriums die japanisch-russischen Beziehungen immer noch als ihre eigene

Domäne. Diese „Bürokratisierung“ der japanischen Politik gegenüber Rußland fällt den Gaimushō-Beamten um so leichter, als die Abgeordneten über wenig Erfahrungen mit russischen Politikern verfügen. Weder Wirtschaft noch Medien drängen zudem die außenpolitischen Entscheidungsträger zu engeren Beziehungen mit Rußland.

Auch der Besuch Gorbatschows in Tokyo im Jahre 1991 hat keinen entscheidenden Durchbruch in den japanisch-russischen Beziehungen bewirkt. Gorbatschow verfügte in der entscheidenden Territorialfrage über keinen nennenswerten Verhandlungsspielraum. Entsprechend weigerte sich die japanische Regierung, substantielle Wirtschaftshilfe für die Sowjetunion in Aussicht zu stellen. Die wirkliche Normalisierung der Beziehungen blieb aus. Globalpolitische Überlegungen zur wirtschaftlichen Unterstützung des Reformkurses von Gorbatschow fanden demgegenüber in Japan wenig Gehör. Entsprechend zurückhaltend waren Kooperationsaussagen der japanischen Regierung: Sie blieben auf technische Hilfe und Unterstützung bei Management-Trainingsprogrammen beschränkt. Damit hängt die Verbesserung der japanisch-russischen Beziehungen von einem „neuen außenpolitischen Denken“ ab, dessen Konturen sich nach dem niedergeschlagenen Putsch und dem Zusammenbruch der Sowjetunion im Jahre 1991 abzuzeichnen beginnen.

Für den Fall einer Lösung der Territorialfrage hat die Unterhausfraktion der LDP bereits Überlegungen zu Kooperationsprojekten mit Rußland angestellt. Die deutsche Zusammenarbeit mit der Sowjetunion dient dabei als ein Orientierungspunkt. Bei der Forderung nach Rückgabe aller vier Inseln gibt es im übrigen einen „Schulterschluß“ mit der gesamten japanischen Öffentlichkeit. Das Außenministerium scheint indessen darauf zu warten, daß das „neue Denken“ der russischen Außenpolitik auch in Ostasien die Überreste des Stalinismus beseitigt.[88] Chancen einer engeren Zusammenarbeit mit Rußland werden insbesondere bei der Lösung des Kambodscha-Konflikts sowie der Verbesserung der russischen Beziehungen zu Südkorea gesehen. Ein größerer Kooperationsspielraum ergibt sich aus Sicht der Regierung jedoch erst *nach* einer Lösung der Kurilenfrage.

Fazit: Die Bemühungen um die Verbesserung der japanisch-russischen Beziehungen gestalten sich insgesamt weiterhin zähflüssig. Im März 1992 drängte der russische Außenminister die japanische Regierung, ihr Junktim zwischen der Rückgabe der Kurilen und einem Ausbau der Wirtschaftshilfe für Rußland aufzugeben und stattdessen die russischen Anstrengungen zur Reform der Wirtschaftsstruktur sofort tatkräftig zu unterstützen. Eine Rückgabe von zwei der vier Inseln wird in einem längeren Zeitraum in Aussicht gestellt. Die japanische Regierung beharrt demgegenüber auf einem Vertrag über die vollständige Rückgabe aller Inseln, zeigt sich aber kompromißbereit hinsichtlich der verfahrenstechnischen Modalitäten und des Zeitrahmens. Sie sagt zwar einen Ausbau der Wirtschaftshilfe zu, besteht im übrigen aber auf ihrem

Junktim.[89] Vor dem Weltwirtschaftsgipfel des Jahres 1992 hat sich der japanische Premierminister in Verhandlungen mit seinen russischen und französischen Kollegen für eine Lösung der Kurilen-Frage eingesetzt, aber nur allgemeine, hinhaltende Stellungnahmen erhalten.[90] Immerhin ist es der japanischen Regierung auf dem Münchener Gipfeltreffen der Regierungschefs der G7 gelungen, die Normalisierung der japanisch-russischen Beziehungen in der Schlußerklärung als gemeinsames Anliegen der Gipfelteilnehmer zu verankern.[91] Gleichwohl sind die russisch-japanischen Beratungen nach wie vor zählebig, und ein erfolgreicher Abschluß ist einstweilen nicht abzusehen.[92]

Die Beziehungen Japans zu Rußland bleiben somit zwiespältig: Einerseits bekundet der russische Präsident wiederholt sein Interesse an engeren Beziehungen zu Japan, auf der anderen Seite übergeht die russische Regierung bei dem Abschluß eines Fischereiabkommens mit Südkorea japanische Interessen und setzt sich über japanische Proteste hinweg.[93] Unter dem Druck der nationalistischen und altkommunistischen Kräfte, die im russischen Parlament über eine Mehrheit verfügen, erweist sich der Verhandlungsspielraum des russischen Präsidenten Jelzin in der Territorialfrage als ähnlich eng wie der seines sowjetischen Vorgängers Gorbatschow. Dem entspricht auf japanischer Seite — ganz in der Tradition dieser Beziehungen — ein „anhaltender Pessimismus"[94] mit dem Hinweis auf die ungelöste Kurilen-Frage und eine geringe Neigung zur Erarbeitung von Kompromißstrategien mit einer langfristigen Perspektive.[95] Bei der Vorbereitung des Weltwirtschaftsgipfels in Tokyo hat die japanische Regierung zwar im Frühjahr 1993 ihr Junktim zwischen der Rückgabe der Kurilen-Inseln und einer stärkeren wirtschaftlichen Unterstützung Rußlands zurückgestellt, sich an dem internationalen Hilfeaufkommen für Rußland in Höhe von 43,4 Mrd. Dollar beteiligt und weitere 1,82 Mrd. Dollar bilateraler Hilfe zugesagt. Es bleibt freilich abzuwarten, wie entschlossen diese Zusage umgesetzt wird. Ohne ein Entgegenkommen der russischen Regierung in der Kurilen-Frage dürfte die japanische Regierung wenig bereit sein, über die in Aussicht gestellte Hilfe auf Dauer hinauszugehen und Rußland zusätzliche bilaterale Hilfe in nennenswertem Umfang zu gewähren. Die erneute Verschiebung des für 1993 geplanten Japan-Besuchs Jelzins durch die russische Regierung unterstreicht, daß Japan und Rußland von einer Normalisierung ihrer Beziehungen noch weit entfernt sind.

Daher sollten einige Vorschläge bedacht werden, die das „Japan Forum on International Relations" bereits im Jahre 1991 als Antwort auf den Wandel in der Sowjetunion formuliert hat.[96] Hierzu zählen Verhandlungen über einen weiteren Abbau von GUS-Streitkräften in Fernost, japanische Management- und Marketinghilfe für russische Unternehmen, der Aufbau eines neuen Dialog-Forums aus erfahrenen russischen und japanischen Experten („Wisemen-Committee") und die Vereinbarung einer „Nordpazifischen Initiative für wirtschaftliche Entwicklung" für den Fernen Osten Rußlands, den Nordosten Chinas, den Nordosten Japans, Alaska und die Pazifik-Region Kanadas. Ein erster Schritt in diese Richtung wäre die Vereinbarung eines Programms wirtschaftlicher Zusammenarbeit zwischen Rußland und Japan.

Für Japan kommt es nunmehr darauf an, sich nicht zurückzuziehen, sondern das Verhältnis zu Rußland in kleinen Schritten nachhaltig zu verbessern — durch Angebote wirtschaftlicher Zusammenarbeit, die Entsendung von Fachkräften zur Unterstützung der anstehenden Umstellungen in Politik und Wirtschaft und eine Zusammenarbeit im Energie- und Rohstoffsektor. Die russisch-japanischen Beziehungen werden sich nur verbessern lassen, wenn die umstrittene Territorialfrage in einen breiteren Horizont von Verhandlungsthemen eingebettet wird und so auf Dauer komplexe Kooperationsmuster entwickelt werden, von denen beide Seite profitieren.[97] Die Verbesserung der Zusammenarbeit im wirtschaftlichen, technologischen und kulturellen Bereich ist notwendig, wenn Mißtrauen und Mißverständnisse aus vielen Jahrzehnten abgebaut werden sollen.

3.1.7 Japan als Hegemon in der pazifischen Region

Asien und der Pazifik sind die Schwerpunktregion der japanischen Außenpolitik. Die zunehmende weltwirtschaftliche Bedeutung schlägt sich in überdurchschnittlichen Zuwachsraten des Bruttosozialprodukts und des Außenhandels nieder. Ein Fünftel des gesamten Welthandels findet in dieser Region statt.[98] Dieses Potential sucht die japanische Regierung durch mehrere Kooperationsnetze zu nutzen. Eine der neueren Initiativen für die Vertiefung der Zusammenarbeit in der pazifischen Region stellt die Pacific Economic Cooperation Conference (PECC) dar, der neben Japan die USA, Australien, Kanada, Neuseeland, die sechs ASEAN-Länder, Südkorea, die Volksrepublik China, Taiwan und weitere Inselstaaten des Pazifik angehören.[99] Inzwischen haben sich auch Hongkong, Chile, Peru, Mexiko und Rußland dieser Konferenz angeschlossen.[100] Angesichts der politischen, wirtschaftlichen und sozialen Heterogenität des Teilnehmerkreises stellt sich aber die Frage, ob sich die internationale Zusammenarbeit in der Praxis nicht doch auf die Triade USA-Europa-Japan reduziert. Dies um so mehr, als die PECC sich noch im Anfangsstadium befindet und wenig strukturiert sowie kaum institutionalisiert ist. Hier gibt es zahlreiche, noch nicht ausgeschöpfte Chancen einer engeren Zusammenarbeit zwischen Japan und ASEAN, Europa und den USA, die von mehreren Voraussetzungen abhängt:[101]

- den Fortschritten der Uruguay-Runde des GATT bei der Liberalisierung des Welthandels und der entsprechenden Harmonisierung der Vorschriften,
- der Harmonisierung der Haushalts- und Wirtschaftspolitiken in den Bereichen Steuer, Handel, Industrie und Wettbewerb,
- der Koordination der Makropolitiken,

— der Wahrnehmung der gemeinsamen Verantwortung für weltwirtschaftliche Stabilität und wirtschaftliches Wachstum und
— der Etablierung von Verfahren der Konfliktregelung.

Diese Voraussetzungen werden bei anhaltendem Wirtschaftswachstum in der pazifischen Region noch wichtiger als zuvor für die Pazifik-Anrainer, aber auch für Europa.

Seit Anfang der 70er Jahre werden die Erwartungen an eine außenwirtschaftlich und strategisch offensivere Rolle der japanischen Außenpolitik in Asien offener artikuliert. Dabei ist frühzeitig auf zwei Rahmenbedingungen einer solchen Politik hingewiesen worden: die Einbindung in die Sicherheitspartnerschaft mit den Vereinigten Staaten und enge außenpolitische Konsultationen mit den asiatischen Nachbarn.[102] Unstrittig ist seit jeher die prinzipielle Forderung, das wirtschaftliche Potential des Landes für eine aktivere Außenpolitik vor allem in Asien und im Pazifik zu nutzen. So sehr dieses Postulat auch im ureigensten Interesse der japanischen Außenpolitik gelegen haben mag, so sind doch die Konturen dieser Politik stets unscharf geblieben. Dies ist darauf zurückzuführen, daß die japanische Politik grundsätzlich mehr situationsabhängig und weniger an Prinzipien ausgerichtet worden ist, teilweise aber auch darauf, daß der komplexe, konsensuale Charakter außenpolitischer Entscheidungsprozesse im Regierungsapparat einen konservativen, am Status quo orientierten Grundzug aufweist und dadurch auch ein entsprechendes, pragmatisches, auf Vermittlung angelegtes Verhalten im internationalen System nahelegt.[103]

In Ost- und Südostasien ist Japan *der* neue wirtschaftliche *Hegemon*. Seine Beziehungen zu den asiatischen Nachbarn sind asymmetrisch; denn die Länder Südostasiens hängen außenwirtschaftlich im Durchschnitt mit etwa 25 % ihres Außenhandelsvolumens von Japan ab.[104] Demgegenüber sind die Märkte Ost- und Südostasiens für Japans Außenhandel nicht von ausschlaggebender Bedeutung. Desgleichen ist Südostasien auch im Bereich der Direktinvestitionen und der Entwicklungshilfe auf Japan angewiesen. Je größer aber diese Abhängigkeit, um so größer auch die Verletzbarkeit gegenüber japanischem Druck. Andererseits ist Japans wirtschaftliche Dynamik — und damit auch sein außenpolitisches Durchsetzungsvermögen — sehr wohl von der fortdauernden wirtschaftlichen Prosperität und politischen Stabilität in Asien abhängig.

Die Führungsposition Japans in Südostasien äußert sich auch darin, daß zwischen Japan und ASEAN nur bedingt eine wechselseitige Abhängigkeit besteht.[105] Für die ASEAN-Region ist Japan mit einem Viertel des gesamten Außenhandelsvolumens größter Handelspartner, wichtigster Abnehmer von Rohstoffen und größter Lieferant von Investitions- und Konsumgütern. Der japanische Anteil am Außenhandel der ASEAN-Staaten ist etwa dreimal so hoch wie der entsprechende Anteil von ASEAN am japanischen Außenhandel. Mit anderen Worten: Die Handelsbeziehungen sind asymmetrisch; der *Dominanz* Japans steht die *Dependenz* von ASEAN gegenüber. Wie Außenhandel, Entwicklungshilfe und Direktinvestitionen miteinander verflochten sind und dadurch die Interdependenz der auswärtigen Beziehungen tendenziell verstärken, veranschaulicht das folgende Schaubild.[106]

Abb. 5: Interdependenz-Dreieck

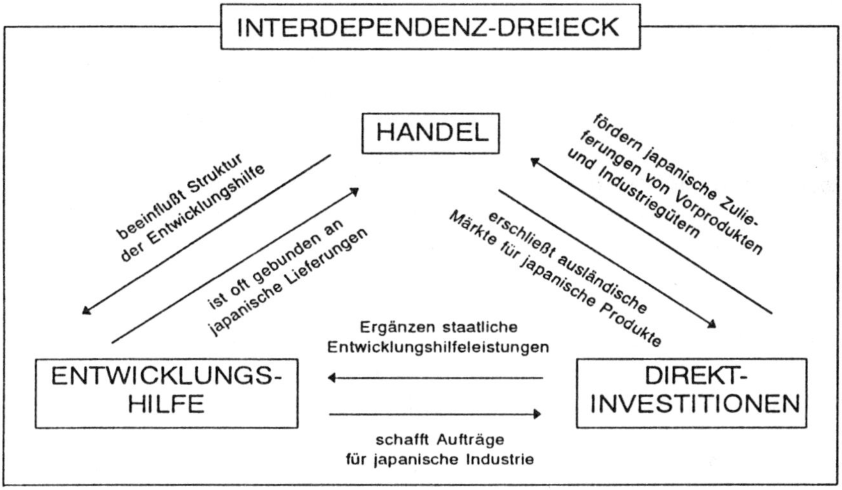

Am 6. / 7. November 1989 haben die zwölf Anrainerstaaten des Pazifik in Canberra auf Initiative der australischen Regierung die „Konferenz über asiatisch-pazifische wirtschaftliche Zusammenarbeit" (Asia Pacific Economic Cooperation — APEC) ins Leben gerufen und damit eine Einrichtung geschaffen, die einmal im Jahr zusammentritt und Handel, Investitionen, Entwicklungshilfe und Technologietransfer zwischen den Beteiligten besser zu koordinieren helfen soll. Auch wenn die Frage der Gründung einer späteren Freihandelszone noch offen ist, haben die Beteiligten mit der Schaffung dieser Konferenz doch eine naheliegende Konsequenz aus der wachsenden wirtschaftlichen und technologischen Verflechtung ihrer Länder gezogen und den Rahmen einer asiatisch-pazifischen Wirtschaftsgemeinschaft abgesteckt. Vorrangige Ziele dieser Gemeinschaft sind die Förderung von Wachstum und Entwicklung in der

Region und die Konzentration auf wirtschaftspolitische Kooperationsfelder gemeinsamen Interesses. Auf ihrer Konferenz im September 1992 haben die Außen- und Wirtschaftsminister der APEC zwar die Institutionalisierung ihres Bündnisses durch die Einsetzung eines gemeinsamen Sekretariats in Singapur vorangetrieben, konnten aber über die künftige Rolle ihres Bündnisses kein Einvernehmen erzielen.[107] Für Japan bietet APEC die Chance einer informellen Führungsrolle ohne größere institutionelle Zwänge, einer Verbesserung der wirtschaftlichen und politischen Beziehungen zu seinen Nachbarn und der Abmilderung amerikanischen Drucks.

Die Verbesserung der Beziehungen zu den asiatischen Nachbarländern erfordert indessen große Anstrengungen, wenn die historischen Hypotheken getilgt werden sollen.[108] So wird im Falle Koreas nicht nur eine engere wirtschaftliche Zusammenarbeit erforderlich sein, sondern auch die Überarbeitung japanischer Schulbücher, die Japans Kolonialpolitik in Korea stets beschönigt haben. Noch wichtiger ist die politische und gesellschaftliche Integration der koreanischen Minderheit in Japan.[109] Die Beziehungen zwischen Japan und Korea bleiben auch weiterhin kompliziert.[110] Sicherheitspolitisch ist Korea daran interessiert, daß Japan seine bisherige Verteidigungspolitik fortsetzt und sein Militärpotential nicht ausbaut. Angesichts der historischen Belastungen ist eine Beteiligung Koreas an einem gemeinsamen Verteidigungsbündnis nur schwer vorstellbar. Andererseits macht die japanische Regierung die Verbesserung der Beziehungen ihres Landes zu Nordkorea von Inspektionen der Waffensysteme, insbesondere des Potentials für die Herstellung atomarer Waffen, in Nordkorea abhängig. Südkorea wiederum besteht auf einer engen Anbindung der Verhandlungen zwischen Japan und Nordkorea an den innerkoreanischen Dialog. Wirtschaftlich wird Südkorea zudem immer mehr zu einem ernstzunehmenden Rivalen Japans auf den Außenhandelsmärkten.

3.1.8 Japan und Europa: eine neue Partnerschaft

Die Beziehungen zu *Europa* haben lange Zeit im Schatten der Beziehungen zu den Vereinigten Staaten und zu denen der Länder Asiens gestanden. In den 80er Jahren hat sich die Zusammenarbeit zwischen *Europa* und Japan aber über die Wirtschaftspolitik hinaus, wenn auch nur zaghaft, zu ersten Ansätzen außenpolitischer Kooperation entwickelt, die sich in besserer Abstimmung bei internationalen Konflikten (Iran / Pakistan) und in der Entwicklungszusammenarbeit mit der Türkei, Ägypten und Pakistan niedergeschlagen haben.[111] Sicherheitspolitisch wurden die Auswirkungen des Mittelstreckenabkommens (INF) auf die Sicherheitslage in Europa und im Fernen Osten erörtert. Aber die Agenda der nichtbearbeiteten Themen ist lang: die Probleme des Nahen Ostens, Afrikas, des Pazifik u.a.[112] Immerhin sind zwischen der japanischen

Regierung und verschiedenen europäischen Partnerländern seit den 80er Jahren regelmäßige Regierungskonferenzen auf Staatssekretärsebene eingerichtet worden: mit Frankreich im Jahre 1982, mit der Bundesrepublik Deutschland und mit Großbritannien 1983; seit diesen Jahren sollen sich auch die zuständigen Abteilungsleiter der Außenministerien regelmäßig zu bilateralen Konferenzen treffen. In diesem Zusammenhang sind auch die Konsultationen zwischen der EG-Kommission und der japanischen Regierung zu erwähnen.[113]

Das Augenmerk der japanischen Außenpolitik richtet sich indessen nur im bescheidenen Maße auf die Länder im östlichen Teil *Europas*. Die friedliche demokratische Umbruch in Mittel- und Osteuropa und die anhaltende Entspannung in den Ost-West-Beziehungen schaffen günstigere Voraussetzungen für eine engere Zusammenarbeit, auch wenn der Anteil dieser Region am gesamten japanischen Außenhandel bislang weniger als ein Prozent ausmacht. Die Hilfemaßnahmen für Osteuropa umfassen Nahrungsmittelhilfe für Polen, Projekthilfe in der Berufsbildung und im Umweltschutz für Ungarn und Polen, in diesen beiden Ländern ferner weitere Hilfen beim Aufbau von Stabilisierungsfonds, der Gewährung von Exportkrediten und Exportversicherungen und schließlich Unterstützung beim Aufbau der Europäischen Entwicklungsbank (European Bank for Reconstruction and Development).[114] Weitere mögliche Kooperationsfelder sind Fragen der Wirtschaftsordnung, Makroplanung, Anpassung der Industriestruktur und das Verkehrswesen. In erheblichem Umfang wird diese Zusammenarbeit von der Investitionsbereitschaft der japanischen Unternehmen abhängen. Diese aber scheint ebenso gering zu sein wie das außenpolitische Interesse der Regierung an dieser Region.

Die tatsächlichen Beziehungen Japans zu Mittel- und Osteuropa sind daher noch wenig intensiv.[115] Hier scheint die Politik nach einer Phase reger Besuchsdiplomatie eher abwartend. Zwar hat die japanische Regierung für einzelne ost- und südosteuropäische Länder zusätzliche Kredite und Stipendien in Aussicht gestellt, aber der tatsächliche Beitrag Japans zur Modernisierung der Volkswirtschaften in Osteuropa ist bisher gering. So wurden in der CSFR nur zwei von 470 Joint Ventures mit japanischen Unternehmen abgeschlossen. Öffentliche Entwicklungshilfe ist diesen Staaten von Japan bisher nicht zur Verfügung gestellt worden.

Die Beziehungen zu Westeuropa sind jedoch nach den demokratischen Revolutionen in Osteuropa und nach dem Ende des Ost-West-Konflikts umfassender und anspruchsvoller geworden.[116] Die japanische Regierung hat wiederholt ihr Interesse an einer Beteiligung an der KSZE geäußert — ein Wunsch, der von der französischen Regierung im Rahmen des Korbes Wirtschaft, Wissenschaft und Umwelt befürwortet worden ist. Mit Frankreich ist die Einsetzung eines Koordinationsgremiums der Entwicklungs- und Umweltpolitik vereinbart worden. Seit Jahren werden Versuche einer besseren deutsch-japanischen Zusammenarbeit in der Entwicklungspolitik unternommen. Zugleich muß jedoch festgestellt werden, daß Vorbehalte gegenüber einer aktiven Politikkoordination nach wie vor groß sind. So wartet beispielsweise die gemeinsame Erklärung der japanischen Regierung und der EG-Kommission aus dem Sommer 1991 immer noch auf ihre praktische Umsetzung.

Die starken japanischen Investitionen in Europa, die sich auf Großbritannien, Deutschland, die Niederlande und Luxemburg konzentrieren, sind in quantitativer und qualitativer Hinsicht Anzeichen einer ökonomischen „Kontinentalverschiebung". Hiergegen suchen sich einzelne Mitgliedstaaten der Europäischen Gemeinschaft durch neue protektionistische Barrieren abzuschotten, insbesondere durch die Beschränkung von Drittlandimporten. Die japanische Regierung und die EG-Kommission sind im Jahre 1991 übereingekommen, die noch geschlossenen Märkte für japanische Automobilimporte in einer Übergangsperiode schrittweise zu öffnen und vom 1. Januar 2000 an einen freien Binnenmarkt auch für diese Produkte zu garantieren.[117] Eine weitere Antwort wird in einer überzeugenden europäischen Industriepolitik liegen müssen, die ein investitions- und innovationsfreudiges Wirtschaftsklima, eine leistungsfähige Infrastruktur für Hochtechnologien und die Durchsetzung einheitlicher Normen zum Ziel haben muß.[118]

Wieweit werden diese Schwerpunkte der Außenpolitik von politischer Führung und Bevölkerung in gleicher Weise beurteilt? Hierzu soll eine kurze Skizze der öffentlichen Meinung zu außenpolitischen Fragen gezeichnet werden. Das gesamte Kräftefeld der japanischen Außenpolitik stellt sich in den Augen der Bevölkerung folgendermaßen dar:[119] Freundschaftliche Einschätzungen erfahren vor allen anderen die USA (73,6 %) und China (68,5 %), nur in geringem Grad dagegen die Sowjetunion bzw. Rußland (14 %). Immerhin jeder zweite bewertet Korea mit Sympathien. Zunehmend zeigen sich die Befragten der internationalen Rolle Japans bewußt. Japan solle vor allem zu einer gesunden Entwicklung der Weltwirtschaft, zur Förderung der Entwicklungschancen der Dritten Welt, zur Förderung des wissenschaftlichen, technologischen und kulturellen Austauschs, zur Verbesserung der Ost-West-Beziehungen und schließlich zur Beilegung regionaler Konflikte beitragen.

Die von den Außenhandelspartnern Japans immer wieder mit Nachdruck erhobene Forderung nach einer stärkeren Öffnung des japanischen Binnenmarktes wird von der Wählerschaft nur sehr zurückhaltend befürwortet.[120] Zur Überwindung der Außenhandelsfriktionen werden vor allem der Ausbau der internationalen Zusammenarbeit, die Stimulierung der Inlandsnachfrage, die Anpassung der Industriestruktur und die weitere Öffnung des japanischen Marktes unterstützt. Trotz des seit mehreren Jahren international führenden Volumens der japanischen Entwicklungshilfeleistungen wird ein weiterer Ausbau der Entwicklungshilfe von einer starken Minderheit bejaht, während eine knappe Mehrheit der Befragten das erreichte Volumen für ausreichend hält. Die Effektivität der japanischen Entwicklungshilfeleistungen wird überwiegend positiv eingeschätzt.

3.2 Das politische System: innerer Handlungsrahmen der Außenpolitik

Neben der Struktur des internationalen Systems bestimmen Handlungsspielraum und Handlungsschranken des politischen Systems Gehalt und Richtung außenpolitischer Entscheidungen. Dazu ist die Kenntnis der Determinanten des außenpolitischen Entscheidungsprozesses im politisch-administrativen System erforderlich.[121] Diesem *Entscheidungsansatz* liegt das einem Regelkreis ähnelnde Modell eines außenpolitischen Entscheidungsprozesses zugrunde. Die innere und die äußere Umgebung sowie die organisatorischen Rahmenbedingungen prägen Gehalt und Form der internationalen Politik durch Motive, Interessen, Perzeptionen und Interaktionen. Dabei geht der Entscheidungsansatz von der Annahme aus, daß die Interaktionen eines Staates durch Handlungsmuster geprägt werden, d. h. durch sich wiederholende Sequenzen von Aktionen und Reaktionen. Diese Aktionen und Reaktionen nehmen typische Formen an, und die aus ihnen resultierenden Beziehungen zwischen den außenpolitischen Akteuren werden im Rahmen eines Organisationskontextes institutionalisiert. Die internen Organisationsprozesse sind arbeitsteilig spezialisiert.[122] Diesen Kontext gilt es nun im einzelnen nachzuzeichnen.

3.2.1 Das neue Denken der außenpolitischen Elite

Die Richtlinien der auswärtigen Politik und ihre strategische wie taktische Umsetzung durch die Diplomatie hängen von den politischen Einstellungen und Handlungsmustern der Elite ab. Mit diesem Begriff werden heute Personengruppen bezeichnet, die eine hervorragende gesellschaftliche Position einnehmen und aufgrund ihrer Leistung (als *Leistungselite*) oder der von ihnen wahrgenommenen Symbolfunktionen (als *Wertelite*) starken Einfluß auf die Ziele der auswärtigen Politik und damit auf die Herrschaftsausübung (*Machtelite*) im Bereich der internationalen Beziehungen nehmen.[123] Diesen Funktionsträgern stehen häufig Gegeneliten in Gestalt oppositioneller wissenschaftlicher, wirtschaftlicher und militärischer Gruppen gegenüber. Die empirische Erforschung der Struktur außenpolitischer Eliten hat aufgezeigt, daß sich diese Führungsgruppen nicht durch ein geschlossenes Inneres und ein ebenso geschlossenes Außenverhalten kennzeichnen lassen (Billardballmodell), sondern eher durch ein *Spinnwebmodell*, das durch eine Vielzahl von Akteuren und einzelnen wie gruppenförmigen Beziehungen zwischen ihnen charakterisiert ist. Zu welchen Ergebnissen führt die Anwendung dieser Perspektive auf die außenpolitische Elite Japans?

Von Politikwissenschaftlern und Journalisten werden gelegentlich drei „Machtringe“ des japanischen Regierungssystems diagnostiziert, die den Machtkern des politisch-administrativen Systems umschließen: die Führung der Liberaldemokratischen Partei, das Parlament und die Bürokratie.[124] Andere bezeichnen die Geschäftswelt, die Bürokratie und die LDP als die entscheidenden Machtträger im politischen System Japans. Japanische Experten ordnen unter diesen Machtringen häufig der Ministerialbürokratie den größten Einfluß zu, weil LDP, Parlament und Geschäftswelt im allgemeinen dem von den Ministerien abgesteckten Kurs folgen. Zudem bestehen Regierungspartei, Verbände und Unternehmensführungen selbst teilweise aus früheren Ministerialbeamten. Die Frage bleibt jedoch, inwieweit diese von der Bürokratie geführte Tripelallianz aus Beamten, Politikern und Unternehmern auch die Außenpolitik bestimmt und inwieweit ihre Bedeutung für die politische Richtungsbestimmung in Japan auch nach einem Regierungswechsel fortbestehen würde, der komplizierte Koalitionsabsprachen einschließen könnte. Gerade dieser Zwang aber würde die Stellung der Ministerialbürokratie als eines Garanten politischer Kontinuität noch weiter festigen.

Das *bürokratische Modell* politischer Entscheidungsprozesse, entwickelt zur Erklärung des Prozesses der Politikformulierung in modernen Regierungssystemen, ist auch zur Erklärung der japanischen Außenwirtschafts- und Entwicklungspolitik durchaus geeignet: Institutionelle Loyalitäten und Eigeninteressen überwiegen, und sozioökonomische Interessen werden durch den stark fragmentierten Regierungsapparat in politische Optionen der einzelnen Ressorts und schließlich in politische Entscheidungen transformiert.[125] Demgegenüber ist die politische Reichweite des Parlaments weitgehend auf Mittel indirekter Einflußnahme begrenzt (Debatten, Anfragen etc.). Der Bereich der Entwicklungspolitik ist dabei der bislang am weitestgehenden erforschte Teilbereich der Außenpolitik und bestätigt dieses Bild: Politikformulierung findet nahezu ausschließlich im Regierungsapparat statt; dies begünstigt Routineentscheidungen und erschwert Innovationen. Auch wenn nicht eines der Ministerien allein entscheidet, finden die politischen Vorentscheidungen in den Ministerien und in Verhandlungen zwischen den beteiligten Ressorts statt.

Die politische Zurechnung von Entscheidungen wird in Japan dadurch erschwert, daß vier Ressorts für die Entwicklungszusammenarbeit zuständig sind (yon shōchōkyōgi taisei): Außenministerium, MITI, Finanzministerium und die Economic Planning Agency.[126] Die Federführung liegt beim Gaimushō, das außenpolitische Kriterien vorgibt, während das MITI außenwirtschaftliche und das Finanzministerium budgetäre Interessen vertritt. In den letzten Jahren hat die LDP stärkeres Interesse an der Entwicklungspolitik gezeigt. Die Faktionen ihrer Unterhausfraktion setzen sich gegenüber den Ressorts für einzelne Entwicklungsländer besonders ein (so die frühere *Nakasone*-Faktion für Ozeanien, die *Abe*-Faktion für Südkorea, Thailand und Burma und die frühere *Tanaka*-Faktion für China und Indonesien). Die drei Ministerien bleiben so in der Politikformulierung nicht autonom und müssen auf die mit den Ressorts verbundene politische Klientel Rücksicht nehmen.

Die Faktoren, die ihre Planung beeinflussen, sind weltweite Trends, außenpolitische Isolationsängste, Statusansprüche und regierungsinterne Durchsetzungstaktiken.[127]

Wichtigste Institution außenpolitischer Planung und Entscheidung im japanischen Regierungsapparat ist das *Außenministerium*, dessen Führungs- und Koordinationsfunktion allerdings nicht mehr so unumstritten ist wie in den ersten beiden Nachkriegsjahrzehnten.[128] Seine Mitarbeiterzahl ist im Vergleich zu den Außenministerien anderer Industriestaaten klein. Zudem wird es im Unterschied zu anderen Ressorts durch keine nennenswerten innenpolitischen Interessenallianzen gestützt. Seine Fachkompetenz und seine traditionelle Rolle als Moderator widerstreitender Interessen verleihen ihm gleichwohl eine außenpolitische Steuerungsfunktion, die freilich zumindest im Bereich der Außenwirtschaftspolitik durch das MITI begrenzt wird.

In der jüngsten Zeit ist das Gaimushō dazu übergegangen, in der Bevölkerung für seine Auffassung offensiv zu werben und „Japans Internationalisierung" (uchi naru kokusaika) innenpolitisch zu begründen. Durch diese landesweite Öffentlichkeitsarbeit seiner Diplomaten sucht das Ministerium das Verständnis für aktuelle Fragen zu wecken und den außenpolitischen Konsens zu festigen. Aufgrund seiner Analyse des Normalisierungsprozesses der Beziehungen zwischen Japan und China ist *Ochi* zu dem Ergebnis gekommen, daß die LDP die Außenpolitik der Regierung nicht in entscheidendem Maße beeinflusse.[129] Das außenpolitische Entscheidungszentrum liege in der Regierung, die sich als Garant außenpolitischer Stabilität erweise. Die Implementierung außenpolitischer Entscheidungen hänge aber von der Kooperation zwischen Politikern und Bürokraten ab.

Eine Inhaltsanalyse der außenpolitischen Grundsatzreden der japanischen Außenminister im Zeitraum von 1955 bis 1967 weist für diesen Zeitraum einen bemerkenswerten Wandel außenpolitischer Orientierungen nach:[130] Das außenpolitische Selbstbewußtsein der Entscheidungsträger hat im Laufe der Zeit zugenommen, und entsprechend ist die Bereitschaft zur Übernahme internationaler Aufgaben gewachsen. Im Unterschied zur Vorkriegszeit spielen expansionistische und militaristische Aussagen keine Rolle mehr, obwohl das außenpolitische Selbstverständnis der Regierung in diesem Zeitraum eher traditionell geblieben ist. Zugleich sind die außenpolitischen Grundsatzaussagen pragmatischer als zuvor, lassen aber zumindest in diesem Zeitraum klare Zielvorstellungen und eindeutige Standortbestimmungen vermissen.

Das neue politische Denken der politischen Elite spiegelt sich in mehreren Begriffen wider, die von Entscheidungsträgern und Medien seit dem Ende der 70er Jahre verstärkt verwendet werden:[131]

— Der Begriff „regionales Zeitalter" (chihō no jidai) soll das Erfordernis einer stärkeren Dezentralisierung des politischen und wirtschaftlichen Systems benennen.

— Die Auffassung von der „umfassenden Sicherheit" (sōgō anzen hoshō) soll den positiven Verbund der außenpolitischen Teilpolitiken Außenhandel, Verteidigung etc. zum Ausdruck bringen, um so Nahrungsmittelproduktion, Rohstoffversorgung, Export- und Sicherheitsinteressen miteinander zu verbinden. Ein Vorschlag für eine solche „umfassende Sicherheitspolitik" ist zuerst im Juli 1980 vom Forschungsinstitut für Frieden und Sicherheit unter seinem Präsidenten Masamichi *Inoki* vorgelegt worden mit dem Ziel, die japanische Regierung für jede Krise mit einem abgestimmten Maßnahmenbündel auszustatten.
— Der Begriff „iken gōhō ron" soll auf den Widerspruch hinweisen, daß die japanischen Selbstverteidigungsstreitkräfte zwar einerseits verfassungswidrig (iken), andererseits aber durch parlamentarische Entscheidungen legitimiert (gōhō) seien.

Seit langem ist die Diskrepanz zwischen dem Wirtschaftspotential und dem außenpolitischen Handlungsspielraum Japans kritisch beleuchtet worden.[132] Diese Diskrepanz schlägt sich auch in der Organisationsstruktur der Außenpolitik nieder. Die starke Stellung des *MITI* innerhalb der Regierung — und damit auch gegenüber dem Gaimushō — ist nicht nur auf die hinter diesem Ressort stehenden Verbände und Unternehmen zurückzuführen, sondern auch auf einen leistungsfähigen, durchsetzungsstarken Apparat und eine entsprechende Schulung seiner Beamten.[133] Viele der leitenden Beamten haben Aufgaben im Ausland, vor allem bei internationalen Organisationen (IMF, GATT, OECD), und in japanischen Botschaften wahrgenommen und stehen daher den neuen Herausforderungen der japanischen Außenwirtschafts-, Industrie- und Technologiepolitik aufgeschlossen gegenüber. Sie kennen den Handlungsrahmen der Außenpolitik und werden gelegentlich auch als „kosmopolitische Nationalisten" bezeichnet. Diese fachliche Kompetenz stärkt ihr internationales Durchsetzungsvermögen beträchtlich. Die Geschichte der Außenhandelsbeziehungen zu den Vereinigten Staaten dokumentiert Beharrungsvermögen *und* Durchsetzungsstärke einer auf die Wahrung des Schutzes japanischer Wirtschaftsinteressen bedachten Bürokratie.[134]

Die im Rahmen der 90 Elite-Interviews vom Verfasser befragten außenpolitischen Experten und Praktiker in Parlament, Ministerien, Medien, Beratungsinstituten und Hochschulen sprechen das stärkste Gewicht in der außenpolitischen Zielformulierung dem Außenministerium zu, gefolgt von der Liberaldemokratischen Partei und anderen Ministerien. Hier wiederum nehmen MITI und Finanzministerium vordere Rangplätze ein. Die außenpolitischen Ziele selbst erscheinen den Experten teilweise vage und lassen sich noch am ehesten folgendermaßen umreißen: Wahrung der eigenen Interessen, gute Beziehungen zu den Vereinigten Staaten und den asiatischen Nachbarländern und die Bereitschaft zur Übernahme internationaler Verantwortung. Die stärkere

Beteiligung an Friedenssicherungsmaßnahmen der UN, die engere Kooperation mit den USA, China und Rußland und der Aufbau eines umfassenden Netzes trilateraler Beziehungen zu den Vereinigten Staaten und zu Europa sind für Praktiker und Experten in gleicher Weise vorrangige Ziele der japanischen Außenpolitik. Werden vor allem die Beziehungen zu China und Rußland als verbesserungsbedürftig angesehen, so bleiben die Beziehungen zu den Vereinigten Staaten der tragende Pfeiler der japanischen Außenpolitik.

In den Handlungsfeldern der Außenpolitik werden folgende Aufgaben betont: in der *Außenwirtschaftspolitik* die Stärkung des Freihandelssystems, der Abbau von Handelsungleichgewichten und die Öffnung des eigenen Marktes; in der *Entwicklungspolitik* die Qualitätssteigerung und stärkere Bedürfnisorientierung der Programme und Projekte; in der *Verteidigungspolitik* die Ablehnung eines Ausbaus der Streitkräfte sowie die Befürwortung ihrer Beteiligung an UN-Missionen. Insgesamt soll Japan nach Auffassung der befragten Praktiker und Experten sein multilaterales Engagement — möglichst in enger Abstimmung mit seinen Nachbarn in Asien — ausbauen. Dies gilt institutionell vor allem für die weitere Mitarbeit in den Vereinten Nationen und sektoral vornehmlich für Technologie- und Entwicklungshilfepolitik. Hierzu müsse ein innenpolitischer Konsens geschaffen werden, der sich auf LDP, Kōmeitō und DSP stütze.

3.2.2 Regierung und Parlament: eine „doppelte Machtstruktur" in der Außenpolitik

Die außenpolitische Zielformulierung bleibt trotz des stärkeren Drängens der Liberaldemokratischen Partei auf eine frühzeitige Beteiligung an der Entscheidungsfindung über weite Strecken eine Domäne der Ministerialbürokratie.[135] Die Entscheidungsfähigkeit des Regierungsapparats wird aber in außenpolitischen Fragen dadurch geschwächt, daß die verschiedenen Regionalabteilungen des Außenministeriums offen miteinander konkurrieren und sich mehr als Anwälte der japanischen Beziehungen zu der von ihnen betreuten Region denn als Befürworter einer geschlossenen Außenpolitik verstehen.[136] Die informelle Vorrangstellung der Amerika-Abteilung ändert hieran nichts. Außenpolitik wird so eine Abfolge aufeinander nicht abgestimmter Erklärungen.

Außenpolitische Vorstöße — wie etwa die Neuanbahnung der Beziehungen zu Nordkorea[137] — sind häufig nur einem Teil der Führung des Außenministeriums bekannt. Die außenpolitische Verantwortung liegt zudem *nicht* so eindeutig beim Premierminister, wie gelegentlich behauptet wird.[138] Wirkliche politische Machtinhaber sind auch in diesem Politikfeld die Vorsitzenden der mächtigsten Faktionen der LDP und die Bürokratie. Die *politische* Verantwortung liegt mehr beim Generalsekretär der LDP als beim Regierungschef. Die Arena der Außenpolitik bietet somit das Bild einer „doppelten Machtstruktur" (kenryoku no nijū kōzō).[139] Mit anderen Worten: das außen*politische* Machtvakuum im Regierungsapparat wird zunehmend von der LDP-Spitze ausgefüllt.

Für die Meinungsbildung und Entscheidungsfindung der Regierungspartei in außenpolitischen Fragen ist der „Policy Affairs Research Council" (Seimuchōsakai, PARC) das wichtigste Gremium. Dieser Ausschuß arbeitet eng mit der Ministerialbürokratie zusammen, prüft Gesetzesvorhaben vor der parlamentarischen Beratung und nimmt dazu abschließend gegenüber dem „International Bureau" (Kokusaikyoku) der Partei Stellung.[140] Hier werden auch die außenpolitischen Grundsatzfragen mit Vertretern des Gaimushō, der Interessenverbände und der Faktionen beraten.

Inzwischen ist die außenpolitische Richtungsbestimmung durch das Außenministerium nicht mehr unumstritten. Regierungsinterne Studien weisen mit Nachdruck auf das veränderte Gewicht der Ressorts hin. So hat der „Außerordentliche Ausschuß für Verwaltungsreformen" (rinji gyōsei kaikaku suishin-shingikai) in einem neueren Bericht dem Außenministerium das Monopol der japanischen Außenpolitik (gaikō no ichigenka) abgesprochen und stattdessen eine Aufteilung der außenpolitischen Führungskompetenz auf mehrere Ressorts vorgeschlagen (gaikō no tagenka). In dieser Forderung schlägt sich nicht nur die Kritik an erheblichen Mängeln der Politik des Außenministeriums während der Golfkrise nieder, sondern auch der außenpolitische Bedeutungszuwachs des MITI, das zumindest im gesamten Bereich der Außenwirtschaftspolitik über vom Gaimushō unabhängige Kanäle der Informationssammlung (JETRO) verfügt.[141] Eigene ständige Reformbemühungen des Außenministeriums zur besseren Auswahl und Prüfung des Diplomatennachwuchses, zur Verstärkung der Kompetenzen des Kabinettssekretariats und zur besseren Koordination mit anderen Ressorts erscheinen vordringlich.

Demgegenüber sind die außenpolitischen Standortbestimmungen des Parlaments trotz aller Bekenntnisse zur Notwendigkeit einer aktiveren Außenpolitik Japans nur zaghaft. Der außen- und sicherheitspolitische Untersuchungsausschuß des Oberhauses hat sich nach Reisen in die frühere Sowjetunion, nach Schweden und Deutschland sowie nach Expertenanhörungen nur in sehr allgemeiner Form über außenpolitische Prioritäten und Schwerpunkte geäußert.[142] Als solche werden Maßnahmen des globalen Umweltschutzes, die Einführung von Umweltverträglichkeitsprüfungen durch die Gesetzgebung, der Ausbau der öffentlichen Entwicklungshilfe (ODA), eine Überprüfung der japanischen Verteidigungspolitik im Lichte der Ost-West-Entspannung, der Abschluß eines Friedensvertrages mit der Sowjetunion und der Abbau von Handelshemmnissen mit den USA bezeichnet.

Die Beurteilung der internationalen Politik durch die außenpolitischen Entscheidungsträger wird durch das „Forum for Policy Innovation" (Seisaku Kōsō Fōramu) maßgeblich beeinflußt, das im Januar 1990 einen Versuch unternommen hat, die künftige internationale Rolle Japans zu bestimmen.[143] Die Volkswirtschaften der Gegenwart lassen sich aus der Sicht des Forums in zwei Gruppen aufteilen: in die „liberalen Marktwirtschaften“[144] der industriellen Frühstarter und in die „Entwicklungsmarktwirtschaften“[145] der industriellen „Spätentwickler“. Die letzteren seien das strategische Modell, das es den Spätentwicklern möglich mache, zu den fortgeschrittenen Industrieländern durch starke staatliche Führung und Interventionen aufzuschließen. Zu den liberalen Marktwirtschaften werden die Wirtschaftssysteme Westeuropas und der Vereinigten Staaten gezählt, zur Gruppe der Entwicklungsmarktwirtschaften die Volkswirtschaften der Schwellenländer Asiens und der ASEAN-Staaten. Die osteuropäischen Staaten, so vermutet die Beratergruppe, werde sich auf Dauer der zweiten Gruppe anschließen.

Japans Zukunftperspektive wird darin gesehen, seine Wirtschaftsordnung in ein System liberaler Marktwirtschaft zu transformieren. Aufgrund seines hohen wirtschaftlichen Entwicklungsstandes sei Japan in der Lage, aus der Gruppe der Entwicklungsmarktwirtschaften in die der liberalen Marktwirtschaften überzuwechseln, weil dieses Wirtschaftssystem am ehesten den anspruchsvolleren und zugleich differenzierteren Wünschen der Konsumenten entsprechen könne. Wenn Japan Friktionen in seinen Außenhandelsbeziehungen überwinden und die Kluft zwischen der Entwicklung seines Bruttosozialprodukts und der Lebensqualität der Bevölkerung überbrücken wolle, dann müsse die staatliche Lenkung der Wirtschaft zugunsten des Prinzips der Konsumentensouveränität aufgegeben werden.

Im internationalen System soll Japan nach Vorstellungen des Berater-Gremiums die Rolle eines Vermittlers zwischen Staaten mit liberalen und Entwicklungsmarktwirtschaften wahrnehmen. Japan selbst könne diese Moderatorenrolle nur dann international glaubwürdig ausüben, wenn es seine eigenen Märkte stärker öffne. Nur so lasse sich eine dauerhafte Konfrontation zwischen den Staaten beider Wirtschaftssysteme vermeiden und die Gefahr einer Zunahme protektionistischer Abschottungen der Inlandsmärkte dieser Länder bannen. Diese Vorschläge des Beratergremiums setzen die Überwindung massiver innenpolitischer Widerstände — vor allem von Seiten der Landwirtschaftsverbände — gegen eine Liberalisierung des Reismarktes voraus.

Allerdings hat die Landwirtschaftslobby in den letzten beiden Jahrzehnten ohnehin Einbußen an Einfluß und Popularität hinnehmen müssen. Im Zuge der „Internationalisierung“ der japanischen Wirtschaft befürworten Gewerkschaften *und* Unternehmerverbände eine Liberalisierung der Importe, um die Lebenshaltungskosten zu senken, das Realeinkommen der Industriearbeiter zu steigern und neue Anreize für die industrielle Produktion zu schaffen. Eine weitere Abschirmung der heimischen Agrarproduktion steht im Widerspruch zu den außenpolitischen Verpflichtungen. Schließlich verringert der Trend zum Dienstleistungssektor das ökonomische *und* politische Gewicht der Landwirtschaft als Teil des primären Sektors. Inzwischen hat der interne und externe Druck so sehr zugenommen, daß die LDP erstmals eine Öffnung des japanischen Marktes für Reisimporte erwägt und damit ein politisches Tabu der Nachkriegszeit in Frage stellt.[146]

Die Economic Planning Agency (EPA) sieht eine größere Rolle Japans in der Weltwirtschaft.[147] Die durch den inländischen Konsum und die inländischen Investitionen vorangetriebene Wirtschaft wird gegenwärtig, in den ersten Jahren der Heisei-Ära, durch drei Entwicklungstendenzen gekennzeichnet: 1. höhere Standards der Industrieproduktion und der Lebensqualität, 2. fortschreitende Internationalisierung oder „Globalisierung" und 3. ein hohes Niveau von Wohlstand und Besitz. Auch nach Auffassung des Wirtschaftsplanungsamtes muß die Kluft zwischen der hohen Produktionskapazität und der zu niedrigen Lebensqualität[148] überwunden werden — durch Senkung der Arbeitsstundenzahl, Abbau von Preisdifferenzen zu ausländischen Konsumgütermärkten, die Förderung des Wohnungsbaus und mehr Investitionen in Sozialkapital. In diese Perspektive sollen sich künftige wirtschaftspolitische Entscheidungen einpassen.

3.2.3 Die politischen Parteien und ihre außenpolitischen Vorstellungen

Zwar fallen die außenpolitischen Überlegungen der Parteien gegenüber dem Durchsetzungsvermögen der Ministerien nicht stark ins Gewicht, erhalten aber bei unklaren Mehrheitsverhältnissen im Oberhaus sowie in der liberaldemokratischen Unterhausfraktion eine neue Bedeutung. Das gilt vor allem für die außenpolitischen Perspektiven der Demokratisch-Sozialistischen Partei und der Kōmeitō als potentieller Koalitionspartner der Liberaldemokraten. Daher seien die traditionellen außenpolitischen Vorstellungen der Parteien kurz vorgestellt:[149]

— Die *Liberaldemokratische Partei* (LDP, Jimintō) vertritt eine wirtschaftsorientierte Außenpolitik, eine enge Kooperation mit den westlichen Industrienationen, eine umfassende Sicherheitspolitik, die Verstärkung der Beziehungen zu den asiatischen Ländern und denen des pazifischen Raumes sowie Beiträge zu Sicherheit und Wohlstand in den Entwicklungsländern. Grundlage der Verteidigungspolitik ist der amerikanisch-japanische Sicherheitsvertrag. Die Militärausgaben sollen ein Prozent des Bruttosozialprodukts nicht überschreiten. Die LDP befürwortet die drei Prinzipien der Antinuklearisierung Japans (keine Herstellung, kein Besitz und keine Einführung atomarer Waffen).

— Die *Sozialistische Partei Japans* (Social Democratic Party of Japan, SDPJ, Shakaitō) hält einerseits am Ziel der Neutralität Japans, der Bündnisfreiheit des Landes und an ihrer Kritik der Verfassungswidrigkeit der Selbstverteidigungsstreitkräfte fest, hat aber andererseits in neuester Zeit die Existenz amerikanischer Streitkräfte in Japan anerkannt. Besonders bemängelt die Shakaitō die weitgehende Ausrichtung der japanischen Außenpolitik an den Vereinigten Staaten. Langfristig seien Umweltfragen und die Aufgaben der Entwicklungspolitik wichtiger als das von ihr abgelehnte PKO-Vorhaben und das allein an internationalen Wettbewerbs- und Reputationsmaßstäben ausgerichtete Streben der japanischen Regierung nach einem ständigen Sitz im Sicherheitsrat.[150] Eine stärkere Zusammenarbeit mit der Europäischen Gemeinschaft wird indessen auch befürwortet.

— Die *Kōmeitō* (Partei für eine saubere Regierung) fordert eine eigenständige Außenpolitik, die Unterstützung der Vereinten Nationen, das Verbot von Kernwaffen, die Einrichtung von kernwaffenfreien Zonen sowie eine selbständige Friedenspolitik Japans. Der Sicherheitsvertrag mit den Vereinigten Staaten und die Existenz der Selbstverteidigungskräfte werden von ihr nach anfänglichem Widerstand inzwischen grundsätzlich bejaht.

— Ebenso tritt die *Demokratisch-Sozialistische Partei* (DSP, Minshatō) für den Sicherheitsvertrag und die Notwendigkeit der Selbstverteidigungsstreitkräfte ein. Die wirtschaftliche Zusammenarbeit mit den USA und Europa sollen gefördert, der Beitrag zur Gewährleistung der Sicherheit in Asien verstärkt und die Abrüstung durch ausgewogene Schritte vorangetrieben werden. Die außenpolitische Übereinstimmung zwischen der LDP und der DSP ist weit vorangeschritten. So hat die DSP die Notwendigkeit der Selbstverteidigungsstreitkräfte seit langem bejaht, befürwortet den Sicherheitsvertrag mit den Vereinigten Staaten und setzt sich für einen eigenständigen japanischen PKO-Beitrag ein.[151]

— Die *Kommunistische Partei Japans* (KPJ, Kyōsantō) setzt sich für eine außenpolitische Neutralität Japans ein und lehnt den Sicherheitsvertrag sowie die Selbstverteidigungsstreitkräfte ab.

— Die *Shakai Minshu Rengō* (Sozialistischer Bürgerbund, Shaminren) lehnt den Sicherheitsvertrag ab, befürwortet die Neutralität Japans und setzt sich für eine kernwaffenfreie Zone in Japan und Korea ein. An die Stelle des Sicherheitsvertrages soll ein pazifischer Freundschaftsvertrag mit den USA treten; die Selbstverteidigungsstreitkräfte sollen zu einer reinen „Bewährungsarmee“ umgewandelt werden.

— *Rengō-Sangiin* (die Gruppe der Abgeordneten des Gewerkschaftsverbandes Rengō im Oberhaus) bemüht sich einerseits um eine Abstimmung mit den Vorstellungen von Shakaitō und DSP, tritt aber andererseits für einen pragmatischeren Oppositionskurs ein und erkennt die Existenz der Selbstverteidigungsstreitkräfte an.[152]

Der außenpolitische Aktionsspielraum der Parteien wird maßgeblich durch ihre Verflechtung mit den Interessenverbänden bestimmt. Die Intensität dieses

Einflusses ist allerdings eine offene Frage. Insgesamt scheint der Einfluß der Verbände auf die Parteien in den letzten Jahren etwas nachgelassen zu haben.[153] Das gilt aufgrund des rückläufigen Anteils der landwirtschaftlichen Bevölkerung etwa für den nationalen Bauernverband (zenkoku nōkyō chūeikai), aber auch für kleinere Verbände wie für den Tabakverband (hatabako seisan kumiai). Entscheidender als kollektiver Druck sind individuelle Beziehungen zu Politikern, insbesondere zu den Faktionsführern und den Koordinierungsausschüssen der Parteien (tōseichōkai). Am wirkungsvollsten ist immer noch die Einflußnahme über einzelne Ministerialbeamte mit der Aussicht auf berufliche Chancen nach deren Pensionierung (amakudari).

Das strategische Risiko der LDP, als Folge des wirtschaftlichen und gesellschaftlichen Wandels einen Teil ihrer bisherigen, landwirtschaftlichen Wähler zu verlieren, ist dabei gering: Der Übergang zu einer Wirtschaftsgesellschaft mit großem Tertiärsektor und starker Außenhandelsverflechtung ist unaufhaltsam — auch im Agrar- und Industriesektor.[154] Die Öffentlichkeit ist auf diesen Wandel durch die Diskussion über Themen wie „Informationsgesellschaft" und „Softnomics" (soft economics) gut vorbereitet. Insofern ist der durch innenpolitische Interessenkonstellationen begrenzte außenpolitische Handlungsspielraum der Liberaldemokraten größer als vielfach angenommen.

Andererseits ist die Regierungspartei, wie die Ankündigungen einer ihrer internen Oppositionsgruppen (der Hata-Fraktion) zeigen, von Spaltungstendenzen bedroht. Eine Abspaltung dieser oder anderer Gruppen würde jedenfalls die Unterhausmehrheit der LDP zunichtemachten und ihr außenpolitisches Handlungsvermögen deutlich verringern.

Auch aufgrund der Mehrheit der Oppositionsparteien im Oberhaus kommt dem außenpolitischen Konsens oder Dissens mit der Opposition wachsende Bedeutung für die parlamentarische Durchsetzbarkeit und damit Richtung wie Gehalt außenpolitischer Entscheidungen zu.[155] Unter der Führung von Takako Doi hat die Sozialistische Partei Japans als stärkste Oppositionspartei Ende der 80er Jahre ihren außenpolitischen Standort mehr zur politischen Mitte hin verlagert und die Notwendigkeit der Kontinuität außenpolitischer Beziehungen betont. Der Sicherheitsvertrag mit den Vereinigten Staaten wird nicht mehr durch die Androhung einer einseitigen Kündigung zur Disposition gestellt.[156] Bei weiterer Befürwortung der traditionellen Antinuklearpolitik der Shakaitō (Verbot der Herstellung, des Besitzes und der Einfuhr nuklearer Waffen) wird ein Ausbau der nichtmilitärischen Zusammenarbeit mit den USA befürwortet.[157] Diese „Doi-Vision" einer neuen sozialistischen Außenpolitik hält gleichwohl an der Vorstellung außenpolitischer Neutralität fest und soll eine gemeinsame Plattform der Oppositionsparteien ermöglichen — auch wenn erhebliche Meinungsunterschiede hinsichtlich der Selbstverteidigungsstreitkräfte, des Sicherheitsvertrages mit den USA und der Nuklearpolitik zwischen den Oppositionsparteien fortbestehen.[158]

Die Fähigkeit der Opposition zur Durchsetzung ihrer außenpolitischen Auffassung hängt von zwei Voraussetzungen ab: ihrer außenpolitischen Geschlossenheit und der Chance des Machtwechsels im japanischen Parteiensystem. Wiederholt ist nach tiefgreifenden innenpolitischen Affären — wie etwa dem Recruit-Skandal — das Ende der Vormachtstellung der LDP beschworen worden.[159] Aber diese beruht nicht zuletzt auf der Zersplitterung und Schwäche der Opposition. Der von den Massenmedien seit der 2. Hälfte der 70er Jahre häufiger verwendete Begriff „Hakuchū" soll die politischen Kräftekonstellation, wie sie durch LDP und Oppositionsparteien geprägt wird, als in etwa gleichgewichtig kennzeichnen.[160] Von einer solchen Gleichgewichtigkeit ist das Parteiensystem aber nach wie vor weit entfernt. Zudem haben außenpolitische Orientierungen lange Zeit nur eine geringe Rolle für das Wahlverhalten gespielt, und die Wählererwartungen haben die Außenpolitik der Regierung stets nur in geringem Umfang beeinflußt.[161] Einstweilen bleibt es ein dauerhaftes Merkmal des politischen Systems, daß ein Großteil seiner politischen Energien durch die Aufklärung und Bewältigung von Finanzskandalen absorbiert wird. Dabei ist es fast unerheblich, ob es sich um Börsenskandale, Bestechungen oder innerparteiliche Finanzskandale anderer Art handelt.[162]

3.3 Die außenpolitischen Entscheidungsträger vor neuen Herausforderungen

Wirtschaftliche und technologische Faktoren bekommen größeres Gewicht für das internationale Prestige von Staaten.[163] Dieser Trend wird das außenpolitische Gewicht Japans auf Dauer erheblich stärken. Schon jetzt überragt Japans Stellung auf den internationalen Finanzmärkten seinen traditionellen, politischen und militärischen Status bei weitem. Protektionistische Tendenzen im internationalen Handel gefährden jedoch die Grundlagen dieser Machtverschiebungen. Hinzu kommt die nur begrenzte Bereitschaft und Fähigkeit der politischen Elite des Landes, Konzeptionen einer eigenständigen Außenpolitik zu entwerfen. Es ist allerdings damit zu rechnen, daß in den kommenden Jahren der interne Druck von Medien, Verbänden und potentiellen Protestwählern sowie der externe Druck der anderen Industriestaaten und der Entwicklungsländer auf die politische Führung in internationalen Streitfragen zunehmen wird — und damit auch die Bereitschaft der Regierung zur Entwicklung eigenständiger außenpolitischer Vorstellungen.

Der frühere Außenminister und Vorsitzende des „Institute for Domestic and International Policy Studies" in Tokyo, *Saburō Okita*, hat in diesem Zusammenhang von „Japans ruhiger Stärke gesprochen."[164] Dem amerikanischen Präsidenten hat *Okita* den Rat gegeben, bei der Formulierung seiner Verteidigungs- und Wirtschaftspolitik Japans wachsende Rolle in der Welt nicht zu übersehen. Ein schweres Risiko gehe die Regierung der USA ein „... in not appreciating the quiet strength and indirect influence that Japan has acquired worldwide, largely as a result of its tremendous economic success."[165] Dieser internationale Bedeutungszuwachs werde belegt durch die international führende Rolle der japanischen Banken, den hohen wirtschaftlichen Wohlstand, die hohe Lebenserwartung und die anhaltend hohe wirtschaftliche Dynamik. Die veränderten Trends internationaler Politik und die starke Rohstoffabhängigkeit Japans ließen das Bild eines wirtschaftlich starken, militärisch schwachen und international passiven Landes entstehen.[166]

Allem Anschein nach wird die japanische Politik dieses Bild in den kommenden Jahren weiter korrigieren. Japan ist der größte bilaterale Geber öffentlicher Entwicklungshilfe und baut den Etat weiterhin zielstrebig aus. Wird der Anteil der Militärausgaben und der staatlichen Entwicklungshilfeleistungen am Bruttosozialprodukt zusammengerechnet, ergibt sich eine Quote, die derjenigen Kanadas in etwa entspricht.[167] Dennoch wird die hohe wirtschaftliche und technologische Leistungsfähigkeit Japans in naher Zukunft noch nicht in eine internationale Führungsrolle umgesetzt werden. Denn einerseits fehlt die Bereitschaft zu einer entsprechenden geistigen Führung, zum anderen wird Japan seinen Militärhaushalt nicht erheblich ausbauen wollen. Stattdessen wird Japan intern weiter auf die Dynamik von Wirtschaft und Technologie, extern auf Ansehenssteigerungen durch Entwicklungshilfe und die Förderung von Friedensinitiativen setzen.

3.3.1 Der Vorrang der „Wirtschaftsdiplomatie"

Seit dem Erscheinen des ersten „Diplomatischen Blaubuchs" („gaikō seisho") unter dem Titel „Zur Lage unserer Diplomatie" (Waga Gaikō no kinkyō) im Jahre 1957 bemüht sich Japan verstärkt um eine enge Zusammenarbeit mit seinen asiatischen Nachbarn und zugleich um eine internationale Sprecherrolle für die Anliegen Asiens in der internationalen Staatengemeinschaft. Kern dieser Politik in Asien war von Anfang an die „Wirtschaftsdiplomatie" (Keizai Gaikō).[168] Zwei Prinzipien bildeten die Grundlagen der japanischen Wirtschaftsdiplomatie: das Prinzip der „Trennung von Politik und Wirtschaft" und die wirtschaftliche Zusammenarbeit mit den Partnerländern, vor allem mit den Nachbarn in Asien und im Pazifik. Dieses Konzept macht es der japanischen Regierung seit Jahrzehnten möglich, den Außenhandel mit der Volksrepublik China sowohl gegenüber den USA als auch gegenüber den asiatischen Schwellenländern zu rechtfertigen und die Kontinuität der Beziehungen zwischen Tokyo und Peking zu wahren. Damit hat sich die japanische Regierung frühzeitig von Schwankungen der internationalen Einschätzung der Volksrepublik China abgesetzt und eine stabile sowie gegenüber den westlichen wie östlichen Partnern selbständige und selbstbewußte Asien-Politik behutsam, in einzelnen Schritten, entwickelt und umgesetzt.

Mit dem Hinweis auf die Rohstoffabhängigkeit des Landes und die darauf beruhende Bedeutung seiner Einbindung in den internationalen Handel haben die außenpolitischen Entscheidungsträger den Vorrang der japanischen Wirtschaftsdiplomatie seit Jahrzehnten hervorgehoben. Dieser hohe Rangplatz darf aber nicht vorschnell als Ausrichtung der gesamten Außenpolitik auf die japanischen Wirtschaftsinteressen mißverstanden werden. So haben die außenpolitischen Experten des Gaimushō und des Reichtages den engen Zusammenhang zwischen der Wirtschaftsdiplomatie und den Sicherheitsinteressen betont: „Moreover, in a broader sense, the economic issues are inseperable from the maintenance of security" — hat Morinosuke *Kajima*, der frühere Vorsitzende des Auswärtigen Ausschusses des Oberhauses, bereits vor mehr als zwei Jahrzehnten festgestellt und damit die strategische Interdependenz von Außenhandels- und Verteidigungspolitik unterstrichen.[169] In diesem Rahmen ist schon sehr früh auch der japanischen Entwicklungshilfe ein hoher Stellenwert für die Zukunft zugewiesen worden.

3.3.2 Die „Internationalisierung" der Außenpolitik

Die Formel der „Internationalisierung Japans" ist nicht mehr nur ein Diskussionsthema für Experten, sondern wird zunehmend auch zu einem Gradmesser für die Bewertung von Politikern und Parteien durch die Wählerschaft.[170] Präsenz und Bewertung der japanischen Außenpolitik im Ausland werden von den Medien kritisch verfolgt. Das außenpolitische Aktionsvermögen spielt aber auch aus Sicht der Wähler gegenwärtig eine größere Rolle für die Beurteilung der Parteien als zuvor. War die „Internationalisierung Japans" zunächst ein Thema der Medien gewesen, so setzt seit einiger Zeit auch eine Internationalisierung Japans „von unten" ein. Außenpolitische Streitfragen werden dadurch in Zukunft einen höheren Stellenwert im Meinungsbild der Wählerschaft einnehmen. Die Anforderungen an das außenpolitische Handlungsvermögen der politischen Führung wachsen. Mehr als zuvor muß die Regierung ihre Außenpolitik auch in Wahlkämpfen rechtfertigen.[171]

Außenpolitische Standortbestimmungen und Zielformulierungen durch die japanische Regierung zeigen derzeit einerseits ein aufgrund der Wirtschafts- und Technologieerfolge Japans gewachsenes Selbstbewußtsein, zum anderen aber auch eine zunehmende Bereitschaft zur Übernahme internationaler Verantwortung bei der Wahrnehmung außenpolitischer Aufgaben im globalen Maßstab. Diese außenpolitische Standortbestimmung verpflichtet Japan zur Wahrnehmung größerer Aufgaben in der internationalen Politik. Nach Auffassung des japanischen Außenministeriums stellen sich die Ziele der Außenpolitik Japans in den 90er Jahren folgendermaßen dar[172]:

— Nach dem Ende des Kalten Krieges soll Japan größere Beiträge zur Bewältigung regionaler Konflikte und danach zum wirtschaftlichen Wiederaufbau dieser Länder leisten. Verstärkte Bemühungen sind insbesondere erforderlich für den Abbau außenwirtschaftlicher Ungleichgewichte, die Öffnung von Außenhandelsmärkten, die Förderung von Auslandsinvestitionen und die Schuldenerleichterung. Die japanische Regierung fühlt sich den gleichen Werten verpflichtet wie bisher, bekennt sich aber in einer Zeit tiefgreifenden Wandels der internationalen Politik zu einer *stärkeren Verantwortung* für die Sicherung des Friedens und die Förderung wirtschaftlicher Prosperität. Diese größere außenpolitische Verantwortung[173] erfordert aber auch zugleich innenpolitische Reformen, um die internen wirtschaftlichen, sozialen und politischen Rahmenbedingungen der neuen internationalen Rolle anzupassen.

— Eine vorrangige Aufgabe sieht die japanische Regierung darin, Koordination und Kooperation zwischen den Industriestaaten zu verbessern. Zwar werden die japanisch-amerikanischen Beziehungen nach wie vor als „Eckpfeiler" der japanischen Außenpolitik bezeichnet, zugleich aber werden beide Staaten zur *Überwindung des Bilateralismus* und — insbesondere in Zusammenarbeit mit den europäischen Staaten — zur weltweiten Zusammenarbeit bei der Lösung internationaler Konflikte aufgerufen. In diesem Zusammenhang muß sich Japan darauf einstellen, mit einer wachsenden Bandbreite immer diffizilerer Streitfragen konfrontiert zu werden.

— Zwei außenpolitische Ziele stellt die japanische Regierung in den Vordergrund: Japans wirtschaftliche und militärische *Sicherheit* (im Sinne einer umfassenden Sicherheitspolitik) und die Förderung der *Weltwirtschaft*. Das erste Ziel erfordert drei Maßnahmenbündel: stabilitätsfördernde Maßnahmen, die sicherheitspolitische Abstimmung mit den Vereinigten Staaten und die Sicherung einer ausreichenden Verteidigungskapazität. Das zweite vorrangige Ziel der Außenpolitik zielt auf Sicherung und Ausbau des freien Außenhandels und die Unterstützung der ihn tragenden Institutionen (GATT / Uruguay-Runde). Diese übergreifenden Ziele seiner Außenpolitik will die japanische Regierung durch die Initiative zur Förderung internationaler Zusammenarbeit (International Cooperation Initiative) aus dem Jahre 1988, die starke Erhöhung seiner öffentlichen Entwicklungshilfeleistungen, die Förderung des internationalen Kulturaustauschs und die beabsichtigte, stärkere Beachtung des internationalen Umweltschutzes umsetzen.

— Nach dem Golfkrieg stellen sich der japanischen Regierung vier Aufgaben höchster Priorität:[174] 1. Die Unterstützung weltweiter Maßnahmen der Friedenssicherung durch wirksamere Rüstungsbeschränkungen und Kontrollen des Waffenhandels, 2. der Schutz der Menschenrechte und die Förderung demokratischer Herrschaftsformen, 3. ein stärkeres globales Engagement in Fragen des Umweltschutzes, der Flüchtlingshilfe, des Katastrophenschutzes und der Bekämpfung des Drogenhandels und 4. der Ausbau des internationalen Handels sowie der Entwicklungshilfe.

Diesem anspruchsvollen Zielrahmen einer ehrgeizigeren und aktiveren Außenpolitik wird jedoch der Auswärtige Dienst in seiner gegenwärtigen Verfassung nicht gerecht. Die japanische Regierung sieht die internationale Situation und damit auch die Herausforderungen an den auswärtigen Dienst zu Recht an einem Wendepunkt.[175] Um den gewachsenen globalen Anforderungen an die Außenpolitik entsprechen zu können, hat das Außenministerium daher im August 1992 eine Organisationsreform verabschiedet. Diese sieht die Einrichtung einer neuen Politischen Planungsabteilung (Overall Policy Bureau) vor, ferner eine Abteilung für außenpolitische Grundsatzfragen (General Affairs Division), ein Büro für Maßnahmen der internationalen Friedenssicherung (International Peace Cooperation Office), das für die PKO-Maßnahmen der Vereinten Nationen zuständig sein soll, und eine Abteilung für globale Fragen (wie z.B. internationaler Umweltschutz). Die politische Planungsabteilung soll sich aus vier Unterabteilungen für Grundsatzfragen, Planung, Sicherheitspolitik und UN-Politik zusammensetzen.[176] Damit strebt das Gaimushō eine Stärkung seiner Planungs- und Koordinationskompetenz an, die sich in der Vergangenheit in zentralen Fragen wie Japans Reaktion auf den Golfkonflikt als unzulänglich erwiesen hat.

Die neuen Richtwerte einer „Außenpolitik am Wendepunkt" sind bereits von Premierminister Noboru *Takeshita* in einer Grundsatzrede vor dem Parlament am 10. Februar 1989 und von Außenminister Sōsuke *Uno* am 10. Februar 1989 dargelegt worden.[177] Innen- und außenpolitisch sieht sich die japanische Regierung mit der Herausforderung konfrontiert, eine politische Rolle auszuüben, die dem gewachsenen Wohlstand entspricht. Das bedeutet zugleich eine größere internationale Verantwortung Japans unter Wahrung der Normen der japanischen „Friedensverfassung". Mit anderen Worten: Der Sicherheitvertrag mit den Vereinigten Staaten soll aufrechterhalten, zugleich aber sollen die japanischen Streitkräfte im Rahmen des mittelfristigen Verteidigungsprogramms in „maßvollem Umfang"[178] ausgebaut werden. Seit zwei Jahrzehnten sieht sich Japan selbst als „zumindest wirtschaftliche Supermacht" — mit wachsender Verantwortung für die Entwicklungsländer.[179] Durch Kulturpolitik, Informationspolitik und ökonomischen Auswirkungen seiner Investitionstätigkeit im Ausland übt Japan Macht im internationalen System indirekt, aber nachdrücklich aus. Das damit verbundene Machtbewußtsein kleidet sich in vielfältige Formeln. Eine ist die Formel der „Internationalisierung", die außen- und innenpolitisch als Chiffre für die Legitimierung einer ehrgeizigeren und offensiveren Außenpolitik verwendet wird.[180] Kultur- und Informationspolitik stützen dabei die Dynamik der Wirtschaftsexpansion. Vor diesem Hintergrund sind neue Strategien zu entwickeln und neue Optionen zu prüfen.

Anmerkungen

1 Vgl. Wichard *Woyke*, Das internationale System nach 1945, in: *Ders.* (Hrsg.), Netzwerk Weltpolitik. Großmächte, Mittelmächte und Regionen und ihre Außenpolitik nach dem Zweiten Weltkrieg, Opladen 1989, S. 9-50; *Ders.*, Stand und Perspektiven der Europäischen Integration, Münster 1990 (Manuskript), S. 8 f.; Charles *Kegley* / Eugene R. W. *Wittkopf* (Hrsg.), World Politics. Trends and Transformation, New York 1981; Wilfried *Loth*, Die Teilung der Welt, 7. Aufl., München 1989.

2 Vgl. hierzu auch: Christoph *Hüttig*, Die Analyse internationaler Regime. Forschungsprogrammatische „Sackgasse" oder Aufbruch zu neuen Ufern einer Theorie der Internationalen Beziehungen?, in: Neue Politische Literatur, Jg. 35, 1990, Heft 1, S. 32-49.

3 Vgl. Dieter *Senghaas*, Europa 2000. Ein Friedensplan, Frankfurt a.M. 1989, S. 98.

4 Vgl. Wichard *Woyke*, Stand und Entwicklungsperspektiven..., a.a.O., S. 9.

5 Nach *Kindermann* (Weltpolitik..., 1986, a.a.O., S. 124 f.) ist eine *Weltmacht* durch folgende Merkmale gekennzeichnet:
1. die autarke Produktion von qualitativen Waffensystemen, 2. die relative Stärke seines Militärpotentials, 3. die Möglichkeit eines *gleichzeitigen* politischen, ökonomischen und militärischen multiregionalen bzw. globalen Engagements und 4. die relative Überlegenheit seiner Machtmittel, die diesen Staat zum Führungszentrum des jeweiligen Bündnissystems macht. Bei Anlegen dieser Maßstäbe sind derzeit nur noch die USA eine Weltmacht, während Japan bei sämtlichen Kriterien ein *Potential* entwickelt, das eine globale Rolle ermöglicht, während Rußland vor allem bei den Kriterien 3. und 4. erhebliche Abstriche hinnehmen mußte. Vgl. hierzu u.a.: David *Halberstam*, Das 21. Jahrhundert. Japan und Europa. Die neuen Zentren der Macht, München 1991, S. 12 ff., 17 ff.; Robert O. *Keohane*, After Hegemony. Cooperation and Discord in the World Political Economy, Princeton N. J. 1984, S. 31 ff.; Paul F. *Horvitz*, CIA Study Warns That Japan Seeks Economic Domination, in: International Herald Tribune, 8.6.1991.

6 Vgl. Robert *Lox*, Production and Hegemony: Toward a Political Economy of World Order, in: Harold K. *Jacobsen* / Dusan *Sidjanski* (Hrsg.), The Emerging Industrial Economic Order, Beverly Hills (Cal.) 1982.

7 Vgl. Tsuneo *Akaha*, Japan's Security Policy After US Hegemony, in: Millennium, 1989, vol. 18, No. 3, S. 435.

8 Vgl. Bernhard *Herz* / Joachim *Starbatty*, Ende der Hegemonie, in: Wirtschaftswoche, Nr. 26, 23.6.1989, S. 74-76.

9 Vgl. hierzu auch: Robert O. *Keohane*, After Hegemony..., a.a.O., S. 46, 63 f.

10 Vgl. Paul *Kennedy*, a.a.O.; deutsche Ausgabe: Aufstieg und Fall der großen Mächte. Ökonomischer Wandel und militärischer Konflikt von 1500 bis 2000, Frankfurt a.M. 1989.

11 Vgl. *ders.*, Aufstieg und Fall der großen Mächte, a.a.O., S. 792.

12 Vgl. Paul *Kennedy*, a.a.O., S. 11-25, 649 f.

13 Vgl. „Irgendwas ist schiefgelaufen", in: *Der Spiegel*, 43 / 1990, S. 176 ff.

14 Vgl. Chris *Peterson*, Fear of militarism spreads, in: The Japan Times, 26. Oktober 1990, S. 3.

15 Vgl. Helmut *Schmidt*, Menschen und Mächte, Berlin 1990, S. 455. Diese Aussagen beziehen sich auf die frühere Sowjetunion.

16 Vgl. Joseph *Nye*, Bound to Lead, New York 1991.

17 Vgl. Charles *Krauthammer*, The Unipolar Moment in: Foreign Affairs, America and the World 1990 / 91, vol. 70, No. 1, 1991, S. 23-33.

18 *Japanese Government*. Economic Planning Agency, Economic Outlook Japan 1992, Tokyo 1992, S. 4 (berechnet auf der Grundlage von Wirtschaftsdaten der OECD und der EPA; die gestrichelte Linie beruht auf einer Regierungsprognose für das Haushaltsjahr 91 / 92). Für das Haushaltsjahr 1992 / 93 erwartet die Mehrheit der wirtschaftswissenschaftlichen Forschungsinstitute in Japan eine Zuwachsrate um 2,5 %. Vgl. *Japan Access*, vol. 3, No. 27, 20. Juli 1992, S. 4.

19 Vgl. hierzu William *Pfaff*, Redefining World Power in: Foreign Affairs, vol. 70, No. 1, 1991, S. 34-48.

20 Vgl. William *Pfaff*, a.a.O., S. 36 ff.

21 Vgl. Bruce *Russett*, U.S. Hegemony: Gone or Merely Diminished, and How Does It Matter, in: Takashi *Inoguchi* / Daniel J. *Okimoto* (Hrsg.), The Political Economy of Japan, Vol. 2, The Changing International Context, Stanford (Cal.) 1988, S. 105. vgl. im gleichen Band auch den Beitrag von Stephen D. *Krasner*, Japan and the United States: Prospects for Stability, S. 411 ff.

22 Vgl. Bruce *Russett*, a.a.O., S. 106.

23 Vgl. Reinhard *Büscher* / Jochen *Homann*, Japan und Deutschland. Die späten Sieger, Zürich / Osnabrück 1990, S. 153 ff.
Das Aufkommen eines „Pazifischen Zeitalters" ist bereits 1975 vom Economist und danach besonders nachdrücklich vom japanischen Wirtschaftsforschungsinstitut Nomura vorausgesagt worden. Vgl. Charles J. *McMillan*, The Japanese Industrial System, 2. Aufl., Berlin / New York 1989, S. 318 f.

24 Vgl. *Ministry of Foreign Affairs*, Japan, Diplomatic Bluebook 1989. Japan's Diplomatic Activities, Tokyo 1989, S. 1-9.

25 Vgl. Weltbank, Jahresbericht 1989, Washington D.C. 1989, S. 207 ff.

26 Vgl. *Defense Agency*, Summary of „Defense of Japan 1988", Tokyo 1989.

27 Vgl. Manfred *Pohl*, Umfassende Sicherheitspolitik. Japans Alternative zu rein militärischer Sicherheit, in: Japan aktuell, 15.4.1989, S. 4 / 5; Ron *Matthews* / Joanne *Bartlett*, Die wachsende Bedeutung Japans als Militärmacht, in: Europa-Archiv, Nr. 9., 1988; The International Institute for Strategic Studies, The Military Balance 1987-1988, London 1987, S. 160 f.

28 Vgl. hierzu auch: William J. *Holstein*, The Japanese Power Game. What It Means for America, New York / Toronto 1988, S. 304 f.

29 Vgl. Gebhard *Hielscher*, Der Sicherheitsvertrag schützt die Nachbarn, in: Süddeutsche Zeitung, 21. Juni 1990, S. 4.

30 Vgl. Masashi *Nishihara*, Japans Außen- und Sicherheitspolitik, in: Karl *Kaiser* / Hans-Peter *Schwarz* (Hrsg.), Weltpolitik. Strukturen — Akteure — Perspektiven, Bonn 1985, S. 413.

31 Vgl. Hans-Dieter *Scheel*, Grundzüge und Tendenzen der japanischen Außenpolitik, in: Manfred *Pohl* (Hrsg.), Japan. Politik und Wirtschaft, 86 / 87, Hamburg 1987, S. 131.

32 *Ministry of Foreign Affairs*, Diplomatic Bluebook 1986, Tokyo 1986, S. 117.

33 Vgl. *Frankfurter Allgemeine Zeitung*, 21. Juni 1990, S. 1.

34 Vgl. Ulrich *Menzel*, Japanische Außenpolitik und amerikanische Hegemoniekrise, in: Prokla Heft 66, 17. Jg., Nr. 1, 1987, S. 114; J. *Dower*, Empire and Aftermath. Yoshida Shigeru and Japanese Experience 1878-1954, Tokyo 1979; Japans gewachsene Bereitschaft zu größerem internationalen Engagement und zur stärkeren Mitwirkung in internationalen Organisationen läßt sich auch am Beispiel seiner Mitarbeit in der Asian Development Bank aufzeigen: Vgl. hierzu Dennis T. *Yasutomo*, Japan and the Asian Development Bank, New York 1983, S. 178 ff.

35 Vgl. Hans-Dieter *Scheel*, Grundzüge und Tendenzen der japanischen Außenpolitik, a.a.O., S. 103.
36 Vgl. Barry *Hillenbrand*, Diplomacy, Tokyo Style, in: Time, 23. April 1990, S. 21/22.
37 Vgl. Shizuo *Saitō*, The Evolution of Japan's United Nations Policy, in: Japan Review of International Affairs, Fall/Winter 1987, S. 186-206.
38 Vgl. Hideo *Satō*, Taigaiseisaku ..., a.a.O., S. 20.
39 Vgl. Masahide *Mushakōji*, Kokusaiseiji to Nihon 1967 (Japan und die internationale Politik), Tokyo 1967, S. 155-175. Die Beziehungen Japans zu den USA werden gelegentlich als Ausdruck einer familiären „*Oya-bun Ko-bun*" Eltern-Kind-Beziehung verstanden.
40 Vgl. Hideo *Satō*, Taigaiseisaku ..., a.a.O., S. 29.
41 Vgl. Hideo *Satō*, Taigaiseisaku ..., a.a.O., S. 40.
42 Vgl. *ders.*, a.a.O., S. 141.
43 Vgl. Tsuneo *Akaha*, a.a.O., S. 436.
44 Sōgōanzenhoshō Kenkyū Gurūpu, Sōgōanzenhoshō Senryaku (Strategie umfassender Sicherheit), Tōkyō 1980, S. 7, zit. nach Tsuneo *Akaha*, a.a.O., S. 439.
45 Vgl. William J. *Barnds*, The United States and Japan in Asian Affairs, in: *ders.* (Hrsg.), Japan and the United States. Challenges and Opportunities, New York 1979, S. 231-279.
46 Untertitel: The New U.S. — Japan Relations Card, Kobunsha. Kappa-Holmes, nicht autorisierte englische Übersetzung des japanischen Originals.
47 David *Halberstam*, Das 21. Jahrhundert, a.a.O., S. 136.
48 Vgl. Yasuhiro *Nakasone*, Beyond Kenbei and Japan Bashing, International Institute for Global Reace, IIGP Opinion Piece 200 E, Tokyo, Juni 1992.
49 Vgl. Tetsuya *Kataoka*/Ramon H. *Myers*, Defending an Economic Superpower: Reassing the U.S. — Japan Security Alliance, Boulder (Col.) 1989, S. 106ff.
50 Vgl. Hans-Dieter *Scheel*, Grundzüge und Tendenzen der japanischen Außenpolitik, in: Manfred Pohl (Hrsg.), Japan. Politik und Wirtschaft 1990/91, Hamburg 1991, S. 159.
51 Vgl. Tetsuya *Kataoka*/ Ramon *Myers*, a.a.O., S. 108.
52 Vgl. Fred *Hiatt*/Margaret *Shapiro*, Washington and Tokyo at Loggerheads: Is a Serious Break Imminent?, in: International Herald Tribune, 13.2.1990, S. 1/6.
53 Vgl. Dennis T. *Yasutomo*, The Manner of Giving, a.a.O., S. 120f.
54 Vgl. Charles *Smith*, Vision of a Relaxed Future, in: Far Eastern Economic Review, 21. Juni 1990, S. 37f.
55 Vgl. Ronald *Dore*, Japan and the Third World: Coincidence or divergence of interests, in: Robert *Cassen*/Richard *Jolly* u.a. (Hrsg.), Rich Country Interests and Third World Development, London 1982, S. 130; Hans-Dieter *Scheel*, a.a.O., S. 116.
56 Vgl. Remarks by Ambassador Michael H. *Armacost* to the Japan-America Society. New York, June 27, 1991 (American Embassy, Tokyo).
57 Vgl. Jimmy *Carter*/Yasuhiro *Nakasone*, Ensuring Allicance in a Unsure World. The U. S.-Japan Global Partnership in the 1990s, Tokyo, September 1991, S. 10.
58 Vgl. Rajaram *Panda*, Japan and the Pacific Community, in: K.V. *Kesavan* (Hrsg.), Contemporary Japanese Politics and Foreign Policy, London 1989, S. 232f.
59 Vgl. *Eto*, Shinkichi, Evolving Sino-Japanese Relations, in: Journal of International Affairs, vol. 37, 1983, S. 49-65.
60 Vgl. Makiko *Hamaguchi-Klenner*, The China Images of Japan's Conservatives. Analysis of Interviews and Statements by LDP Politicians, Hamburg 1981, S. 93ff.
61 Vgl. Wolf *Mendel*, Issues in Japan's China Policy, London 1978, S. 122ff. Zur Tradition der japanischen China-Politik siehe auch die bereits 1905 erschienene Studie von Seiji G. *Hishida*, The International Position of Japan as a Great Power, 2. Aufl., New York 1968.

62 Vgl. Wolf *Mendel*, (Issues in Japan's China Policy, a.a.O., S. 122 ff. Zur Tradition vgl. Hisashi *Ochi*, Der außenpolitische Entscheidungsprozeß Japans. Der zur Normalisierung der Beziehungen zwischen Japan und der Volksrepublik China führende politische Entscheidungsprozeß in Japan, München 1982, S. 224.

63 Vgl. Allen S. *Whiting*, China Eyes Japan, Berkeley 1989, S. 181 ff.

64 Interview des Verfassers mit dem stellvertretenden Direktor des Department of Foreign Affairs, State Planning Commission der Volksrepublik China, Hu Tongmae, am 1. Juni 1992 in Beijing.

65 Vgl. Sino-Japanese economic ties soaring, in: *The Nikkei Weekly*, 15. August 1992, S. 3.

66 Vgl. *ders.*, a.a.O., S. 192.

67 Zur Lage der japanisch-chinesischen Beziehungen nach der Niederschlagung der Reformbewegung im Juni 1989 siehe *Asahi Shimbun*, Innenpolitik geht vor Prinzipien. Japan mißt gegenüber der Sowjetunion und der VR China mit zweierlei Maß, 18. Juli 1990. Sigrun *Caspary*, Japan und China. Neue Aspekte einer alten Freundschaft, in: Japan-Magazin, September 1990, S. 22-25.

68 Vgl. Nobuaki *Tanaka* / Takuma *Fujihashi*, The Situation in China and Japan's Response, International Institute for Global Peace, IIGP Policy Paper, Tokyo, 14. Juli 1989, S. 1.

69 Vgl. Joachim *Glaubitz*, Außen- und Sicherheitspolitik Japans. Übersetzungen ausgewählter japanischer Texte, Ebenhausen 1988.

70 Die ersten beiden Öffnungen waren die Meiji-Restauration und der Zweite Weltkrieg.

71 Vgl. The Japan Times, 12. August 1991, S. 1.

72 Vgl. Jocelyn *Ford*, Praise and Uncertainty greet Kaifu's Policy Initiatives, in: The Japan Times, 14. August 1991, S. 1.

73 Vgl. The tribute after Tienanmen, in: The Economist, 17. August 1991, S. 21 / 22.

74 Vgl. Hans-Dieter *Scheel*, Grundzüge und Tendenzen der japanischen Außenpolitik, in: Manfred *Pohl*, Japan 1991 / 92, Politik und Wirtschaft (Hrsg.), Hamburg 1992, S. 145.

75 Vgl. Uwe *Schmitt*, Nur Bedauern oder auch Reue in Japan?, in: Frankfurter Allgemeine Zeitung, 10.12.1991, S. 12.

76 Vgl. Barry *Hillenbrand*, Coming to Terms with History, in: Time, 7. Oktober 1991, S. 28-36.

77 Vgl. Myles L. L. *Robertson*, Soviet Policy Towards Japan: An Analysis of Trends in the 1970s and 1980s, New York 1988, S. 185-191.

78 Vgl. Tsuneo *Akaha*, a.a.O., S. 442.

79 Vgl. Doris Ines *Günther*, Ist Gorbatschow reif für die Inseln? in: Japan aktuell, 12. April 1991, S. 6-9.

80 Vgl. Wolf *Mendel*, Stuck in a Mould: The Relationship Between Japan and the Soviet Union, in: Millennium, Vol. 18, No. 3, 1989, S. 467.

81 Die Auswirkungen der Reformen Gorbatschows auf die japanisch-sowjetischen Beziehungen werden in Japan eher skeptisch beurteilt. Vgl. Takashi *Satō* / Toshiaki *Momose* / David *Williams*, Gorbatschows Revolution und Japan, in: Japan-Magazin, Juli 1990, S. 9-13.

82 Vgl. Charles *Smith*, Bargaining Counters, in: Far Eastern Economic Review, 30. August 1990, S. 25-27.

83 Vgl. Charles *Smith*, ebd., S. 26.

84 In einem Interview mit Asahi Shimbun hat der Direktor des sowjetischen Amerika-Instituts, Georgi *Arbatov*, erklärt, die Frage der Wirtschaftshilfe müsse vor einer Diskussion der Kurilen-Frage gelöst werden. Vgl. Japan-USSR Relations Stalled By Bilateral, Domestic Issues, in: Asahi Evening News, 16.9.1989, S. 3.

85 Vgl. V. *Alexandrow* / V. *Arsenyev*, USSR-JAPAN: 30 Years Since the Restoration of Diplomatic Relations, in: Far Eastern Affairs, Moskau 1987, S. 43.

86 Vgl. Werner *Adam*, An den Kurilen scheiden sich die Geister, in: Frankfurter Allgemeine Zeitung, 28. Juli 1990, S. 10.

87 Vgl. Joachim *Glaubitz*, Der Japan-Besuch Gorbatschows, in: Asien, No. 40, Juli 1991, S. 11 f.

88 Vgl. *Gaimushō*, The Japan-Soviet Relations (Towards the Visit of Soviet President Gorbachev to Japan), Tokyo, December 1990.

89 Vgl. Kozyrev calls for change in linking of aid to isles, in: *The Japan Times*, 22. März 1992, S. 1.

90 Vgl. Hoppō ryōdo de shien yōsei (Bitte um Unterstützung in der Kurilen-Frage), in: *Asahi Shimbun*, 30. April 1992, S. 1; Ryōdo gutaiteki shinten nashi (Keine konkreten Fortschritte in der Kurilen-Frage), in: *Asahi Shimbun*, 4. Mai 1992, S. 1.

91 Vgl. *Presse- und Informationsamt der Bundesregierung*, Bulletin, Nr. 77, Bonn, 11. Juli 1992, S. 730: „Wir begrüßen Rußlands Bekenntnis zu einer Außenpolitik, die auf dem Grundsatz von Recht und Gerechtigkeit beruht. Wir glauben, daß dies eine Grundlage dafür darstellt, die russisch-japanischen Beziehungen durch die Lösung der Territorialfrage vollständig zu normalisieren."

92 Vgl. Hiroyuki *Kishino*, Striking a Balance between Economic Assistance and Territorial Claim, IIGP Policy Paper 88E, Tokyo, May 1992.

93 Vgl. Yeltsin tells Miyazawa he seeks closer relations, in: *Japan Times*, 29. Februar 1992, S. 1.

94 Gilbert *Rozman*, Japan's Response to the Gorbachev Era, 1985-1991. A Rising Superpower Viewes a Declining One, Princeton (N.J.) 1992, S. 270.

95 Vgl. Kenzo *Uchida*, The bold strategy of Yeltsin, in: The Japan Times, 18. September 1992, S. 20. Joachim *Glaubitz*, Fremde Nachbarn: Tokyo und Moskau. Ihre Beziehungen vom Beginn der 70er Jahre bis zum Ende der Sowjetunion, Baden-Baden 1992, S. 203-207.

96 Vgl. *The Japan Forum on International Relations*, The Policy Recommendations on „Japan's Response to the Changing Soviet Union", Tokyo, April 1991.

97 Vgl. Anne *Stuart*, 66 Ways to Settle Russia-Japan Dispute, in: Asahi Evening News, 20. September 1992, S. 2; Craig *Martin*, Realism can help both sides save face, in: The Japan Times, 20. September 1992, S. 17.

98 Vgl. *MITI*, White Paper on International Trade 1991, S. 85.

99 Vgl. *Japanisch-Deutsches Zentrum Berlin*, EC '92 and Pacific 21. Possibilities and Problems of Closer Cooperation — European and Pacific Viewpoints, Berlin 18.9.-20.9.1989, S. 6.

100 Hideo *Satō*, The Demise of the Cold-War Order: Regional Cooperation on the Rise, in: Japan Review of International Affairs, vol. 6, 1992, Special Issue, S. 16-33.

101 Vgl. *ebenda*, S. 40.

102 Vgl. Taketsugu *Tsurutani*, Japanese Policy and East Asian Security, New York 1981, S. 138, 158.

103 Vgl. *ders.*, ebd., S. 179 ff.

104 Vgl. William R. *Nester*, Japan's Growing Power over East Asia and the World Economy: Ends and Means, London 1990, S. 113, 230.

105 Vgl. Kirsten *Badke de Guimet*, Japans wirtschaftliche Beziehungen zu den ASEAN-Staaten — Handelsverflechtung, Direktinvestitionen und Entwicklungshilfe —, Münster 1991 (Magisterarbeit), S. 30.

106 *Dies.*, a.a.O., S. 82.

107 Vgl. Masanori *Kikuta*, A divided APEC gropes for a place in the world, in: The Japan Times, 16. September 1992, S. 17; Hideo *Sato*, The Demise of the Cold War Order, a.a.O., S. 32.

108 Vgl. Chae-Jin *Lee*, Japan Faces China. Political and Economic Relations in the Postwar Era, Baltimore / London 1976, S. 185 ff.; vgl. hierzu auch die Berichte des *Japan Center for International Exchange Tokyo*: Japan and Thailand, Historical Perspective and Future Directions, Tokyo 1987; Presence and Perceptions. The Underpinning of ASEAN-Japan Relations, Tokyo 1986.

109 Vgl. Chong-Sik *Lee*, Japan and Korea. The Political Dimension, Stanford (Cal.), 1985, S. 185; *Ministry of Foreign Affairs*, a.a.O., Tokyo 1991, S. 209.

110 Vgl. Brian *Bridges*, Japan and Korea: Closer Neighbours? in: Asian Affairs, vol. 23, II, Juni 1992, S. 153-160.

111 Vgl. Hanns W. *Maull*, European-Japanese Relations: Report on the Eighth Hakone Conference in Berlin, in: Japan Center for International Exchange (Hrsg.), Half Empty or Half Full? Europe and Japan and Their Cooperation in an Interdependent World, Tokyo 1987, S. 14.

112 William *Wallace* / John *Roper*, Western Europe and Japan: The Political Dimension, in: *Japan Center for International Exchange* (Hrsg.), Japan and Europe in an Interdependent World, Tokyo 1988, S. 3-15.

113 Vgl. Akihiko *Tanaka*, Trilateral Relations: Japan and Europe in the Western Alliance System, in: Japan and Europe in an Interdependend World, a.a.O., S. 16-31.

114 Vgl. Tōru *Kodaki*, Prospects for the Economics of Eastern Europe and Japanese Cooperation (IIGP Policy Paper, International Institute for Global Peace), Tokyo, June 1990, S. 12 ff.

115 Vgl. Hans-Dieter *Scheel*, a.a.O., S. 164.

116 Vgl. *ders.*, ebd., S. 166 f.

117 Vgl. Helmut *Becker*, Der Automobilmarkt wird nun geöffnet, in: Frankfurter Allgemeine Zeitung, 5.9.1991, S. 16.

118 Vgl. Ludolf *von Wartenberg*, Mut zur Industriepolitik ohne Subventionen, in: Frankfurter Allgemeine Zeitung, 29.8.1991, S. 13.

119 Vgl. *Prime Minister's Office*, Public Opinion Survey on Diplomacy, Foreign Press Center Japan, Tokyo April 1989, S. 1 ff., 5.

120 Vgl. *Prime Minister's Office*, Public Opinion Survey on Diplomacy, Foreign Press Center Japan, Tokyo Juli 1987, S. 7, 9 f., 12.

121 Vgl. James A. *Robinson*, Decision-Making: Political Aspects, in: International Encyclopedia of the Social Sciences, Bd. 4, New York 1968, S. 55-62. Herbert C. *Kelman* (Hrsg.) International Behavior, New York 1965; James C. *Charlesworth* (Hrsg.), Contemporary Political Analysis, New York 1967.

122 Vgl. Marian D. *Irish* / Frank *Irish*, US Foreign Policy, New York 1975, S. 1. Einen Überblick über das Instrumentarium der Außenpolitik und seine Spannbreite gibt: K. J. *Holsti*, International Politics. A Framework for Analysis, Englewood Cliffs (N.J.) 1983, 4. Aufl., Kap. 4-5. Vgl. ferner G. *Kade* / W. *Meißner*, Wissenschaft und Politik als kybernetisches System, in: Hans *Maier* / Klaus *Ritter* / Ulrich *Matz* (Hrsg.), Politik und Wissenschaft, München 1971, S. 275. K. M. *Schellhorn*, Entscheidungsprozeß- und Perzeptionsanalysen (phänomenologische Methode), in: Jürgen *Bellers* / Wichard *Woyke* (Hrsg.), Analyse internationaler Beziehungen. Methoden — Instrumente — Darstellungen, Opladen 1989, S. 139; *ders.*, Krisen-Entscheidung. Der geheime außenpolitische Entscheidungsprozeß zur Bombardierung Nord-Vietnams 1964 / 65, München 1974, S. 9.

123 Vgl. Gerhard W. *Wittkämper* / Jürgen *Bellers*, Eliten und internationale Politik, in: Wichard *Woyke* (Hrsg.), Handwörterbuch Internationale Politik, Opladen 1986, 3. Aufl., S. 105-111.

124 Vgl. Charles F. *Bingman*, Japanese Government Leadership and Management, New York 1989. Dieses Erklärungsmuster ist zuerst Anfang der 70er Jahre von Yung *Park* und Kōji *Kakizawa* entwickelt worden.

125 Vgl. Robert M. *Orr*, The Emergence of Japan's Foreign Aid Power, New York 1990, S. 7 ff.

126 Vgl. Robert M. *Orr*, a.a.O., S. 20.

127 Vgl. *ders.*, a.a.O., S. 146.

128 Vgl. Reinhard *Drifte*, Japan's Foreign Policy, London 1990, S. 21 ff.

129 Vgl. Hisashi *Ochi*, Der außenpolitische Entscheidungsprozeß Japans, a.a.O., S. 224 f.

130 Vgl. Kiyoko Kurusu *Nitz*, Perception, Attitudes and Images: A Study of Japanese Foreign Policy Behavior, Michigan State Unversity (Ph. D.), Ann Arbor (Mich.) 1973.

131 Vgl. *Currents*, a.a.O., S. 16, 26 f., 42 f.

132 Vgl. Hisahiko *Okazaki*, A Japanese View of Detente, Toronto-London 1974, S. 80.

133 Vgl. Chalmers *Johnson*, MITI and the Japanese Miracle. The Growth of Industrial Policy, 1925-1975, Stanford (Cal.) 1982, S. 281.

134 Vgl. *ders.*, a.a.O., S. 284 ff.

135 Vgl. hierzu Manfred *Pohl*, Spitzenbeamte: Japans „heimliche Herrscher"? in: Japaninfo, 26.2.1990, Nr. 2, S. 15-17. Trotz des Primats der Politik sind die Karrierebeamten „Japans unbestrittene Elite" (S. 15) und setzen die Tradition der Samurai-Beamten fort. „Bureaucrats are the policy and decision makers in this country...", stellt Motofuni *Asai* fest. Vgl. Motofuni *Asai*, Democracy, an Unintended Victim, in: Japan Quarterly, Vol. 37, Nr. 1, 1990, S. 7.

136 Vgl. Jon *Woronoff*, Politics. The Japanese Way, Tokyo 1986, S. 370.

137 Vgl. Keiji *Kobayashi*, Kanemaru hōchō e no michi wa pari de hajimatta (Der Besuch Kanemarus in Nordkorea begann in Paris), in: Aera, No. 51, 12, 1990, S. 25-26; vgl. auch: Reinhard *Drifte*, Japan und Nordkorea probieren die Annäherung, in: Japan aktuell, 15.2.1991, S. 6-8.

138 Vgl. Makoto *Iokibe*, a.a.O.

139 Vgl. Shigezo *Hayasaka*, Posto Kaifu wa kono futari (Nach Kaifu diese beiden), in: Asahi Gekkan, Vol. 3, No. 2, 1991, S. 48-54.

140 Vgl. Hans *Baerwald*, The Diet and Foreign Policy, in: Robert A. *Scalapino* (Hrsg.), The Foreign Policy of Modern Japan, Berkeley 1977, S. 39 f.; Hitoki *Den*, The Politics of Power: Top-Down Government, in: Tokyo Journal, vol. 5, Nr. 12, 1986, S. 11-12.

141 Vgl. Saburō *Yamauchi*, Gaimushō gaikō ni gyōkaku atsuryoku (Der Ausschuß für Verwaltungsreformen übt Druck auf das Außenministerium aus), in: Asahi Gekkan, September 1991, S. 96.

142 Vgl. Investigation Committee on Foreign Affairs and Comprehensive National Security, *House of Councillors*, Interim Report of Research on Foreign Affairs and Comprehensive National Security, Tokyo, June 1990, passim.

143 Forum For Policy Innovation (Seisaku kōsō fōramu), Towards Harmony of the New World System: Japan must transform itself to be an International Moderator, Policy Proposal No. 24, Tokyo, Januar 1990. Dem Forum gehören 19 Wissenschaftler und 17 Unternehmer an, u.a. die Professoren Yujiro *Hayami* (Aoyama-Gakuin Universität) und Shōichi *Royama* (Universität Osaka). Direktor ist Hajime *Hirota*.

144 „liberal market economies"

145 „development market economies"

146 Vgl. Clayton *Jones*, Japan Weighs Lifting Rice-Import Ban, in: The Christian Science Monitor, June 29-July 5 1990, S. 10 A; Charles *Smith*, Bending with the wind, in: Far Eastern Economic Review, 28.6.1990, S. 10.

147 Vgl. *Economic Planning Agency*, The Government of Japan, The Economic White Paper (Summary), August 8, 1989, Tokyo 1989.

148 Vgl. *ebenda*, S. 35: „... compared with our high level of nominal GNP, there is little feeling that we actually lead rich lives."

149 Vgl. Mineo *Miyawaki*, Gaikō Bōei (Außenpolitik, Verteidigungspolitik), in: Jurisuto sō gōtokushū. Nihon no seitō, No. 35, 1984, S. 190-195 (Sonderheft der Zeitschrift Jurisuto: „Die Parteien Japans").

150 Interview des Verfassers mit dem Unterhausabgeordneten Tadatoshii *Akiba* am 25. März 1992.

151 Interview des Verf. mit Yoshihiko *Seki*, früherem Oberhausabgeordneten der DSP, am 30. März 1992.

152 Vgl. Shu *Watanabe*, Rengo set for showdown with LDP, in: The Japan Times, 28. März 1992, S. 3.

153 Vgl. Michisada *Hirose*, Seitō to atsuryokudantai (Parteien und Interessenverbände), in: Jurisuto sōgotokushū. Nihon no seitō, No. 35, 1984, S. 52-56.

154 Vgl. Rüdiger *Machetzki*, a.a.O., S. 279.

155 In der Oberhauswahl 1992 erzielte die LDP zwar die Mehrheit der neu zu vergebenden Mandate, konnte damit aber die Mehrheitsverhältnisse in der zweiten Kammer insgesamt nicht umkehren. Der Wahlsieg der Liberaldemokraten hatte sich bereits vor Beginn des Wahlkampfes abgezeichnet, als das Kabinett Miyazawa bei Repräsentativumfragen eine wachsende Zustimmung verzeichnen konnte. Vgl. Miyazawa naikaku. Shiji 33 % ni jōshō (Regierung Miyazawa. Anstieg der Unterstützung auf 33 Prozent), in: *Asahi Shimbun*, 29. April 1992, S. 1.

156 Vgl. Doi Assures Armacost JSP Won't Scrap Security Pact, in: *Asahi Evening News*, 7.9.1989, S. 1.

157 Vgl. Doi Seeks Nonmilitary US Ties, in: *Mainichi Daily News*, 11.9.1989, S. 1.

158 Vgl. *Asahi News Service*, Opposition's Precarious Coalition, in: Asahi Evening News, 14.9.1989, S. 7. Zu einer kritischen Bewertung der politischen Strategie Takako *Dois* vgl. Masumi *Fukatsu*, Doi Takako Tackles the Obstacles to Power, in: Japan Quarterly, vol. 37, Nr. 1, 1990, S. 24-30.

159 Vgl. Richard *Samuels*, Japan in 1989. Changing Times, in: Asian Survey, vol., No. 1, Januar 1990, S. 46 ff.

160 Der der chinesischen Denktradition entlehnte Begriff soll die Gleichwertigkeit und Gleichgewichtigkeit des ältesten und zweitältesten Sohnes zum Ausdruck bringen. Die Balance zwischen konservativen und progressiven Stimmenanteilen wird von den japanischen Medien auch durch den Begriff „hokaku hakuchū" umschrieben. Vgl. hierzu *Japan Echo Inc. / Foreign Press Center Japan*, Currents. 100 Essential Expressions for Understanding Changing Japan, Tokyo 1988, S. 2.

161 Vgl. Jōji *Watanuki*, Politics in Postwar Japanese Society, Tokyo 1977, S. 159.

162 Vgl. *Asahi Shimbun*, 21.7.1991, S. 2: Shijō kanshi ni wa daisansha kikan o (Eine dritte Institution für die Marktüberwachung); *Asahi Shimbun*, 26.7.1991, S. 2: Kokkai wa sara ni shinsō kyūmei o (Parlament muß Tatsachen erneut gründlich untersuchen).

163 Vgl. Takashi *Inoguchi* / Daniel J. *Okimoto* (Hrsg.), The Political Economy of Japan, Vol. 2, The Changing International Contest, Stanford 1988; hier insbesondere die Bei-

träge von Shumpei *Kumon* / Akihiiko *Tanaka*, Koichi *Hamada* / Hugh T. *Patvick*, Yō ichi *Shinkai*, Daniel *Okimoto* und Peter J. *Katzenstein*.

164 Vgl. Saburō *Okita*, Japan's Quiet Strength, in: Foreign Policy, Nr. 75, 1989, S. 128-145

165 Ebenda, S. 128.

166 Vgl. Saburō *Okita*, a.a.O., S. 131.

167 Vgl. Saburō *Okita*, a.a.O., S. 133.

168 Vgl. M. Y. *Cho*, Grundzüge der japanischen Außenpolitik, in: Alfons *Lemper* (Hrsg.), Japan in der Weltwirtschaft: Die Beziehungen Japans zu den Weltregionen, Hamburg 1974, S. 51 ff.

169 Morinosuke *Kajima*, Modern Japan's Foreign Policy, Rutland (Vermont) / Tokyo 1969, S. 247.

170 Vgl. Markus *Tidten*, Japan nach den Unterhauswahlen — Rückkehr zur „Nagatacho-Logik", in: KAS-Auslandsinformationen, April 1990, S. 6.

171 Vgl. Kumiko *Makihara*, A Popular Guide to Diplomacy. Foreign Minister Nakayama takes his show on the road, in: Time, 15.1.1990, S. 7.

172 Vgl. *Ministry of Foreign Affairs*, Diplomatic Bluebook 1989, a.a.O., S. 9-18.

173 In den außenpolitischen „Blaubüchern" der Regierung wird die zunehmende außenpolitische Verantwortung des Landes aufgrund seiner führenden wirtschaftlichen Rolle durch die Formel „Sekai ni kōken suru Nihon" („Japan, das zur Welt beiträgt") umschrieben. Vgl. Makoto *Iokibe*, a.a.O., Kritiker machen mit großem Nachdruck geltend, Japan verfüge über keine politische Klasse, die seiner internationalen Verantwortung gerecht werde. Vgl. Hidejirō *Kotani*, Quality Considered Unnecessary in Japanese Politics, in: Business Japan, Mai 1990, S. 7: „,... Japan is unable to produce political leaders commensurate with its economic power."

174 Vgl. *Ministry of Foreign Affairs*, (Japan, Diplomatic Bluebook), Tokyo 1991, S. 31-35.

175 Vgl. *Diplomatic Bluebook* 1991, a.a.O., S. 355 ff.

176 Vgl. *Yomiuri Shimbun*, 27. August 1992, S. 3 (Daily Summary of Japanese Press, Tokyo, September 2, 1992, S. 6 / 7).

177 Vgl. Policy Speech by Prime Minister Noburu *Takeshita* to the 114th Session of the National Diet, Foreign Policy Speech by Minister for Foreign Affairs Sousuke *Uno* to the 114th Session of the National Diet, in: Diplomatic Bluebook 1989, S. 245-268.

178 „A moderate defense build-up", a.a.O., S. 248.

179 So *Asahi Shimbun* in einer Bestandsaufnahme der amerikanisch-japanischen Beziehungen zu Beginn der 70er Jahre: *Asahi Shimbun*, The Pacific Rivals. A Japanese View of Japanese-American Relations, New York / Tokyo 1972, S. 407; vgl. Robert E. *Bedeski*, The Fragile Entente. The 1978 Japan-China Peace Treaty in a Global Context, Boulder (Col.) 1983, S. 218.

180 Vgl. Reinhard *Drifte*, Manifestitationen japanischer Macht in der internationalen Politik, Jahrestagung der Vereinigung für sozialwissenschaftliche Japanforschung, Loccum, 6.-8. November 1992 (Manuskript).

4. Strategien und Optionen in außenpolitischen Handlungsfeldern

Perspektiven und Potentiale der japanischen Außenpolitik lassen sich nur durch eine Analyse der Optionen in wichtigen außenpolitischen Handlungsfeldern ermitteln. Dabei muß es darum gehen, die Zielkriterien und Instrumente dieser außenpolitischen Handlungsfelder — Außenwirtschaftspolitik, Entwicklungspolitik, Verteidigungspolitik — zu ermitteln und ihre Vereinbarkeit zu prüfen.

4.1 Außenwirtschaftspolitik

Im Wandel des internationalen Systems[1] spiegelt sich ein Trend wider, der sich mit dem Begriff des *„neuen Handelsstaates"*[2] einfangen läßt: Das internationale System der Gegenwart ist durch immer engere wirtschaftliche Interdependenz gekennzeichnet. Zunehmend behaupten und stärken die Staaten ihre internationale Stellung durch wirtschaftlichen Austausch mit anderen Staaten und weniger durch das Streben nach militärischer Hegemonie wie in der Vergangenheit.

4.1.1 Der „Handelsstaat"

Die wachsende Bedeutung des internationalen Handels für die Position von Nationalstaaten entfaltet eine Eigendynamik: Immer mehr Staaten befürworten grundsätzlich eine liberale Außenwirtschaftspolitik, suchen internationale Konflikte zu vermeiden und streben nach friedlichen Übereinkommen mit anderen Staaten.[3] Damit wird die Außenpolitik der Nationalstaaten keineswegs zur Funktion ihrer Außenwirtschaftspolitik; denn hierbei handelt es sich in den pluralistischen Demokratien der Gegenwart um Politikfelder mit einem hohen Grad an funktionaler Eigenständigkeit. Aber dennoch nimmt das Gewicht der Außenwirtschaftspolitik für die internationale Standortbestimmung zu. Dies schlägt sich auch darin nieder, daß in mehreren Handelsstaaten der Umfang der Entwicklungshilfeleistungen mit dem Volumen des Außenhandels zunimmt; dies gilt vor allem für die Außenbeziehungen mit rohstoffreichen Regionen. Schließlich führt die wachsende außenhandelspolitische Verflechtung zu einer Reduzierung außenpolitischer Konflikte. So müssen wir fragen: Worauf ist die Dynamik des japanischen Handelsstaates zurückzuführen?

Durch eine differenzierende Preispolitik, die die erreichbare Größendegression („economies of scale") ihrer Produktionskosten vorwegnimmt und dadurch den Dumping-Verdacht der Außenhandelspartner auf sich zieht, konnten die japanischen Exportunternehmen ihre internationale Wettbewerbsposition stetig ausbauen und die Exportrate erheblich erhöhen. Im Unterschied zu den anderen Industriestaaten nimmt Japan aber trotz seiner starken Außenhandelsverflechtung nicht voll am internationalen Warenaustausch teil: Im Vergleich zu diesen Ländern ist die Fertigwarenimportquote gering; der Import konzentriert sich auf Energieträger, Rohstoffe und Nahrungsmittel. Das komplizierte Verteilungssystem und — nach wie vor — nicht unerhebliche administrative Barrieren erschweren den Import hochwertiger Fertigwaren. Diese *neomerkantilistische Struktur* der japanischen Außenwirtschaftspolitik fordert eine politikwissenschaftliche Erklärung heraus.

Nach einer neueren These der vergleichenden Politikforschung neigen korporatistische Systeme eher zu einer protektionistischen Außenwirtschaftspolitik als kompetitiv organisierte politische Systeme.[4] Hieraus läßt sich für Japan die Folgerung ableiten, daß die Restbestände des Protektionismus — etwa im Bereich der Reisimporte — mehr und mehr ins Wanken geraten: Oppositionsparteien und Medien versuchen zunehmend, Einfluß auf die Außenwirtschaftspolitik der Regierung zu nehmen, deren Handlungsspielraum auch durch den Druck der Außenhandelspartner und des GATT eingeengt wird.

In der Tat vermögen die korporatistischen Strukturelemente des politischen Systems, insbesondere die enge Kooperation zwischen Ministerialbürokratie und Verbänden, den Neomerkantilismus der japanischen Wirtschaftspolitik durchaus zu erklären. In der Vergangenheit folgte diese Politik mit Maßnahmen der Exportförderung, der Subventionen und der Technologieförderung mehr neomerkantilistischen als neoklassischen Idealen.[5] Durch entschlossene Unterstützung strategischer Industrien und weniger fortgeschrittener, beschäftigungswirksamer Wirtschaftszweige suchte die regierende LDP eine weltwirtschaftliche Führungsrolle zu gewinnen und damit die eigene innenpolitische Machtbasis zu sichern. Auch wenn das MITI durch den Beitritt zur OECD seit den 60er Jahren eine Machteinbuße hinnehmen mußte, bleibt die japanische Außenwirtschaftspolitik trotz aller Marktöffnungsprogramme durchaus neomerkantilistisch: Offene Schranken werden durch subtilere ersetzt, um insbesondere Agrar- und Bauwirtschaft sowie das Distributionssystem vor ausländischer Konkurrenz zu schützen und dafür im Gegenzug die politische Unterstützung dieser Klientel zu erhalten.

Japans Stellung in der Weltwirtschaft wird in erster Linie durch die Größe des Bruttosozialprodukts, das Außenhandelsvolumen und durch die Handels- und Leistungsbilanz bestimmt. Das japanische Bruttosozialprodukt nimmt international hinter dem der USA den zweiten Rangplatz ein und macht etwa 14 Prozent des Bruttosozialprodukts aller in der OECD vertretenen Industrienationen aus.[6] Die japanische Ausfuhr ist allein in den Jahren von 1987 bis 1991 von 229,2 Mrd. US-Dollar auf 314,5 Mrd. US-Dollar angestiegen; der Handelsbilanzüberschuß hat im Jahre 1991 die neue Rekordhöhe von 77,8 Mrd. US-Dollar erreicht.[7]

Während die Leistungsbilanz noch im Jahre 1980 ein Defizit aufwies, hat sich vom darauf folgenden Jahr an der Leistungsbilanzüberschuß stetig erhöht — es zeigt sich eine Parallele zur Entwicklung der Leistungsbilanz der Bundesrepublik Deutschland in den letzten zehn Jahren, während sich die Leistungsbilanz der Vereinigten Staaten gegenläufig entwickelte.[8] Allein im Jahre 1986 hat sich der japanische Leistungsbilanzüberschuß um 37 US-Mrd. Dollar erhöht, während das entsprechende Defizit in der Handelsbilanz der Vereinigten Staaten um 25 Mrd. US-Dollar anstieg. Im Zeitraum von 1970 bis 1986 konnte Japan seinen Export in die Staaten der Europäischen Gemeinschaft um das 18-fache steigern, während sich seine Importe aus diesen Ländern im gleichen Zeitraum nur verachtfacht haben. Japans Bedeutung als Handelspartner der Europäischen Gemeinschaft wächst und ist mit einem Anteil von 18,8 % aller Importe aus Japan sowie mit 13,5 % aller Exporte nach Japan (1991) durchaus beachtlich.[9] Diese Anteile erhöhen sich aber in erheblichem Ausmaß: So haben sich die japanischen Exporte in die Staaten der Europäischen Gemeinschaft allein im Jahre 1988 um 58,5 % ausgeweitet und haben auch in den Jahren bis 1991 in der Regel Zuwachsraten von 11 % bis 20 % verzeichnet.[10]

Diese Ungleichgewichte veranschaulichen das große Durchsetzungspotential der japanischen Außenwirtschaftspolitik und verursachen zudem erhebliche internationale Spannungen. Sie zwingen ferner dazu, Japan als führenden Industriestaat stärker als bisher in die weltwirtschaftliche Verantwortung für Wachstum, Beschäftigung, Währungsstabilität und wirtschaftliche Zusammenarbeit zwischen Nord und Süd einzubinden, und veranlassen die japanische Regierung, eine aktivere weltwirtschaftliche Rolle zu übernehmen.

Die Ursachen der hohen japanischen Handels- und Leistungsbilanzüberschüsse sind vor allem auf die verbesserten Terms of Trade, die sinkenden Ölpreise und den starken Yen zurückzuführen.[11] Die bisher von der japanischen Regierung ergriffenen Anpassungsmaßnahmen — die Stimulierung der Binnennachfrage, die Förderung der Finanzreform, das Sonderkonjunkturprogramm, die Förderung des staatlichen Wohnungsbaus — haben dieses Ungleichgewicht noch nicht nennenswert verringern können.[12] Das gleiche gilt auch für weitere Maßnahmen außenhandelspolitischer und konjunkturpolitischer Gegensteuerung: die Expansion der Staatsausgaben durch Nachtragshaushalte, „freiwillige“ Exportbeschränkungen im Stahl- und Automobilbereich sowie Sondermaßnahmen für Importe aus den Vereinigten Staaten.

Trotz der — wenn auch begrenzten — außenhandelspolitischen Wirkung dieser Maßnahmen rechnet das Joint Economic Committee des amerikanischen Kongresses auch künftig mit einem anhaltenden Leistungsbilanzüberschuß Japans in Höhe von 70 Mrd. US-Dollar. Auch wenn die starke Erhöhung der staatlichen Entwicklungshilfe und die ebenfalls deutliche Steigerung der Verteidigungsausgaben der Ausweitung des Leistungsbilanzüberschusses entgegenwirken, stehen weiterreichende Reformen zur Erleichterung des Imports noch aus. In dieser Situation hat die japanische Regierung erkannt, daß ein außenwirtschaftliches Gleichgewicht nur durch ein Maßnahmenbündel zu erreichen ist: Anstrengungen zur Marktöffnung, Erleichterungen des Marktzugangs, die Verstetigung des wirtschaftlichen Wachstums, die Förderung von Direktinvestitionen im Ausland und eine umfassende Deregulierung des Distributionssystems. Mit anderen Worten: Die Übernahme weltwirtschaftlicher Verantwortung erzwingt Grundsatzkorrekturen der exportorientierten, merkantilistischen Wirtschaftspolitik.

Außenhandel und Auslandsinvestitionen, das bestätigt auch das japanische Beispiel, zeitigen eine Vielfalt von Wirkungen.[13] Wirtschaftliche Austauschbeziehungen zwischen Staaten statten diese nicht nur mit mehr Gütern aus („*Angebotseffekt*“), sondern haben auch einen „*Einflußeffekt*“.[14] Dieser zweite Effekt gründet sich auf die Tatsache, daß die wirtschaftlichen Austauschbeziehungen in Gewicht, Reichweite und Intensität nicht symmetrisch sind, so daß einzelne Staaten durch Kürzungen von Ex- und Importen wie Investitionen stärker als andere in Mitleidenschaft gezogen werden. Dadurch wird dem von diesen Beziehungen weniger abhängigen Staat ein Druckmittel in die Hand gegeben. Mit diesem Zusammenspiel von Angebots- und Einflußeffekt läßt sich die Außenwirtschaftspolitik der japanischen Regierung erklären. Denn von (japanischen) Auslandsinvestitionen abhängige Länder werden den Forderungen der Investoren eher entgegenkommen als hiervon weniger abhängige Staaten.

Der „*Einflußeffekt*“ von Außenhandel und Auslandsinvestitionen vermag die Wirkungen der Außen- und Entwicklungspolitik zu beleuchten, auch wenn das Motivgeflecht dieser Hilfeleistungen komplex ist. Denn Macht, Prestige und Einfluß sind wichtige Antriebskräfte dieser Politik im internationalen Maßstab. Außenpolitik und Wirtschaft sind inzwischen weniger leicht zu trennen als in den ersten Nachkriegsjahren, als Japans Außenpolitik auf dieser Trennung beharrte. Eine institutionelle Grundlage des „Einflußeffektes“ dürfte auch die bürokratische Vorprägung der gesamten Außenpolitik sein, so daß Kriterien des nationalen Einflusses und Prestiges zusätzliches Gewicht im außenpolitischen Entscheidungsprozeß erhalten.

Die Außenwirtschaftspolitik ist Instrument einer auf Macht- und Einflußmehrung ausgerichteten Außenpolitik. In Asien hat sich diese Kombination wirtschaftlicher und strategischer Überlegungen als ein Garant friedlicher Koexistenz zwischen unterschiedlichen politischen Systemen und damit als ein Katalysator politischer Stabilität erwiesen. In den Ländern dieser Region stattet der „*Angebotseffekt*" die Außenhandelspartner mit mehr Gütern aus und festigt dadurch ihre wirtschaftliche Stellung. Zugleich läßt sich aber — etwa im Falle der japanisch-chinesischen Beziehungen — ein großer „*Einflußeffekt*" feststellen, da China von japanischem Kapital und technischer Hilfe in erheblichem Umfang abhängig ist, auch wenn seine Außenhandelsbilanz mit Japan einen Überschuß aufweist.

Das Zusammenwirken beider Effekte macht eines deutlich: Nicht durch die Androhung von Gewalt, sondern durch systematische Nutzung der internationalen Interdependenz zu seinen Gunsten hat Japan seine internationale Stellung ausbauen können. Japans globale Interdependenz vermag somit einerseits seinen beträchtlichen internationalen Einfluß und zugleich sein eher reaktives, durch eine Kombination von Strategie, Pragmatismus und Zurückhaltung geprägtes außenpolitisches Verhalten zu erklären.[15]

Ein historischer Rückblick bestätigt diese Deutung. Der japanische Industrialisierungsprozeß ist stets von einer wachsenden Ausbreitung des Außenhandels und der imperialen Erschließung abhängiger Gebiete in Südostasien begleitet gewesen. Das rohstoffarme Japan war auf den Export angewiesen, um Devisen für Rohstoff- und Technologieimporte zu erwirtschaften.[16] Dabei wurde die Außenhandelsverflechtung Japans, beginnend mit den im Jahre 1867 abgeschlossenen Handelsverträgen, sowohl von den europäischen und amerikanischen Außenhandelspartnern als auch vom Staatsapparat vorangetrieben. Der Nationalstaat war Träger der Industrialisierung. Diese Politik der Außenhandelsöffnung wurde nach 1945 auf eine neue Grundlage gestellt.[17]

Die amerikanische Besatzungsmacht drängte auf eine Integration der japanischen Wirtschaft in die durch IWF, GATT und Weltbank getragene internationale Wirtschaftsordnung. Ferner verschärfte die Verlagerung des Schwergewichts der industriellen Fertigung auf Schwerindustrie und chemische Industrie die Rohstoffabhängigkeit des Landes. Zudem trugen auch die Reparationszahlungen Japans an die vormals besetzten Länder Südostasiens (u.a. durch Warenlieferungen) zur Exportförderung bei und erschlossen dadurch der japanischen Industrie neue Zukunftsmärkte. Später waren die Reparationszahlungen zugleich Ausgangspunkt und Antriebskraft der japanischen Entwicklungshilfe. Aufgrund seiner dualistischen Wirtschaftsstruktur und seiner wachsenden Einbindung in das Netz weltwirtschaftlicher Interdependenz ist sich Japan in den letzten Jahrzehnten seiner hohen Verwundbarkeit als rohstoffabhängiges Land (Interdependenz-Empfindlichkeit) bewußt geworden. Die Notwendigkeit, die wirtschaftlichen Versorgungsstrukturen zu diversifizieren, begünstigte den Übergang zur „Ressourcen-Diplomatie“[18]: Diplomatische Aktivitäten wurden dem Ziel untergeordnet, unabhängigere, d. h. weniger von der Politik einzelner Nationen oder ausländischen Kapitalinteressen abhängige Versorgungsstrukturen zu schaffen.

In Zeiten allgemeiner Bekenntnisse zu einem freien Welthandel und eines raschen wirtschaftlichen Wandels ist der Bilateralismus dennoch stark und mit ihm die Bereitschaft zur Aufrechterhaltung von Handelsbarrieren. Nichttarifären Handelsbeschränkungen werden 16,9 % der von Japan importierten Güter unterworfen. Im Vergleich zur Europäischen Gemeinschaft betreffen diese Schranken mehr Importe von Fertigwaren aus anderen Industrieländern als aus Entwicklungsländern. Außenhandelspolitisch verhält sich beispielsweise Deutschland gegenüber der Dritten Welt protektionistischer als Japan.[19] Japans Außenhandelsüberschüsse werden nach zeitweiligen Rückgängen Ende der 80er Jahre in den 90er Jahren wieder neue Höchstwerte erreichen.[20] Nach Schätzungen machen sie im Jahre 1992 95 Mrd. Dollar aus.[21] Als Ursachen dieser Entwicklung können die weiterhin hohe Sparneigung der japanischen Verbraucher, Preis- und Qualitätsvorsprünge auf den Exportmärkten sowie eine eher restriktive Haushaltspolitik angesehen werden, während die japanischen Auslandsinvestitionen nicht in gleichem Umfang gesteigert werden. Die stark unterschiedliche Zusammensetzung des japanischen Import- und Exportwarenkorbs zeigt, daß Japan im Unterschied zu anderen Industriestaaten keinen kompetitiven, sondern einen *komplementären Handel* treibt.[22] Diese Handelsstruktur und der hohe Handelsbilanzüberschuß sind typische Merkmale neomerkantilistischer Außenhandelspolitik. Durch diesen Handel und durch seine Direktinvestitionen hat Japan insbesondere die asiatisch-pazifische Region in eine an seinen Interessen ausgerichtete Arbeitsteilung gezwungen.

4.1.2 Entscheidungsstrukturen einer konzertierten Wirtschaftsordnung

Im Vergleich zur Außenwirtschaftspolitik anderer Industriestaaten, die durch den Vorrang der Geldwertstabilität (Bundesrepublik Deutschland), der Beschäftigungswirksamkeit (Frankreich) oder einer Politik der Verstaatlichung (Italien) gekennzeichnet waren, konnten die starke sektorale Ausrichtung und intensive administrative Regulierung lange Zeit als wichtigste Instrumente der japanischen Außenwirtschaftspolitik bezeichnet werden.[23] Umstrukturierungen von Schlüsselsektoren, indikative Planung, Exportförderung und der konzentrierte Einsatz staatlicher Investitionen spielten und spielen in dem administrativen Arsenal dieser Politik eine starke Rolle. Eine im Vergleich zu anderen Industrienationen stärker regional konzentrierte und zugleich stärker zentralisierte Wirtschaftsstruktur bildete die entscheidende Voraussetzung dieser neomerkantilistischen Wirtschaftspolitik.

Die Institutionen der japanischen Außenwirtschaftspolitik sollen kurz dargestellt werden. Dabei ist das Verhältnis Staat-Wirtschaft stets durch Konsens gekennzeichnet. Das japanische Wirtschaftssystem kann zwar nicht als „Zentralverwaltungswirtschaft" oder als „Planwirtschaft" eingestuft werden, wohl aber als *„konzertierte Wirtschaftsordnung"*, die den Staat die Ziele definieren und die Rahmenbedingungen für die unternehmerischen Entscheidungen wie für die Durchsetzung von Gruppeninteressen festsetzen läßt. An dem auf Abstimmung und Konsens ausgerichteten wirtschaftspolitischen Kommunikationsnetz sind mehrere Organisationen beteiligt.

Eine zentrale Bedeutung für den japanischen Außenhandel nehmen die großen *Handelshäuser* (Sōgō shōsha) ein, die die Abwicklung, Finanzierung und Versicherung von Import- und Exportgeschäften durchführen. Mit diesen Handelshäusern arbeiten die großen *Geschäftsbanken*, die über einen erheblichen Teil des industriellen Kapitals verfügen, eng zusammen; teilweise sind sie aus den Handelshäusern hervorgegangen. Allein neun große Handelshäuser wickeln etwas mehr als die Hälfte aller Ex- und Importe ab. In den ersten Nachkriegsjahrzehnten hat ein Rekonzentrationsprozeß eingesetzt, der es der japanischen Regierung möglich macht, starken Einfluß auf einen prinzipiell marktwirtschaftlich verfaßten Außenhandel zu nehmen. Nur so lassen sich Exportselbstbeschränkungsabkommen überhaupt durchsetzen. Der außenwirtschaftliche Einfluß der großen Handelshäuser wird freilich dadurch eingeengt, daß die japanischen Großunternehmen in der Nachkriegszeit eigene Handelsgesellschaften aufgebaut haben. Zudem wird die Exportfinanzierung zunehmend von den Banken übernommen. Schließlich fördert die Regierung den Export der Unternehmen direkt — durch Hilfen bei der Finanzierung, Kreditversicherung und der Unterhaltung eines Informationssystems.

Zentrale außenwirtschaftspolitische Institution der Regierung ist das Ministerium für Außenhandel und Industrie (MITI). Die rechtlichen Kompetenzen dieses Ministeriums sind gering, doch seine administrativen Empfehlungen wirken im allgemeinen wie rechtsverbindliche Vorgaben (administrative guidance). Das ist bei dem hohen, traditionellen Ansehen der Ministerialbürokratie nur möglich, weil das MITI bei seinen Planungen auf die Zustimmung der Wirtschaft bedacht ist und die Interessenlage von Unternehmen und Verbänden antizipiert. Immerhin ist das negative Sanktionspotential beachtlich, mit dem das Ministerium seinen „Empfehlungen" (gyōsei shidō), nicht zuletzt durch die Androhung subtiler Pressionen, Nachdruck verleihen kann. Diese Druckmittel umfassen beispielsweise die Streichung von Einfuhrlizenzen, Subventionskürzungen und die Stornierung günstiger Kreditzusagen durch halbstaatliche Banken.

Das MITI berät Großunternehmen, fördert Kooperationen und Fusionen, die nach Auffassung der Regierung im außenhandelspolitischen Interesse Japans liegen und ermöglicht Kartellbildungen mit dem Ziel, notwendige Umstrukturierungen zu erleichtern. Es hat auf der Grundlage einer langen historischen Tradition enge Konsultationsmechanismen zwischen Regierung, Banken und Industrie etabliert, die es ihm möglich machen, Rationalisierungen zu beschleunigen, Zukunftstechnologien zu fördern und Zukunftsindustrien zu subventionieren. Entsprechend organisiert das MITI Krisenkartelle, um Industriebranchen mit schlechten Entwicklungsaussichten vor ruinösem Wettbewerb im Zuge der notwendigen Umstrukturierung zu schützen. Aktuelle Ziele des MITI sind die Förderung der technologischen Entwicklung, des Umweltschutzes und einer planvollen Energiepolitik. Protektionistische Reaktionen der japanischen Außenhandelspartner sollen durch Selbstbeschränkungsabkommen zu Lasten der japanischen Exporteure unterbunden werden. Mit seinem Konzept einer geordneten Weltwirtschaft (orderly market) hat das MITI allerdings bei den Handelspartnern Japans wenig Anklang gefunden, da von einem solchen Entwurf eine weitere Aushöhlung des internationalen Wettbewerbs ausgehen kann.

Neben die in der früheren Zielhierarchie des MITI dominierenden Ziele Export und Wachstum sind nach der Neuordnung des Ministeriums im Jahre 1973, durch die eine entschiedenere weltwirtschaftliche Integration Japans in Gang gesetzt werden sollte, die Stärkung der Binnennachfrage, die forschungspolitische Unterstützung der Zukunftsindustrien und die Förderung ausländischer Direktinvestitionen in Japan getreten. Protektionistische Praktiken des Ministeriums sind dabei nach wie vor Gegenstand anhaltender Debatten im In- und Ausland.

Dem Ziel der Förderung der außenwirtschaftlichen Beziehungen bzw. des Exports dient die Agentur JETRO (Japan External Trade Organization), die die Ziele des MITI unterstützt. Dem Amt für Wirtschaftsplanung ist das „Büro des Handelsombudsmans" zugeordnet, das sich die Lösung von Importproblemen zur Aufgabe gesetzt hat und dabei die Tätigkeit der beteiligten Ministerien koordiniert. Erwähnenswert sind ferner die halbamtliche „Manufactured Imports Promotion Organization" (MIPRO), eine Informationsstelle für Produktionsstandards, der Ombudsman für Auslandsinvestitionen als Beschwerde- und Schiedsstelle (vom Unternehmerverband Keidanren getragen) sowie der das MITI beratende „Import-Export-Transaction Council". Das MITI wird in außenhandelspolitischen Fragen unterstützt durch den Außenhandelsrat, der in 13 Unterausschüsse gegliedert ist.

Von zentraler Bedeutung für die Außenwirtschaftspolitik ist das Finanzministerium (Okurashō). Dies gilt vor allem für die Haushalts-, Steuer- und Kreditpolitik. MITI und Finanzministerium befinden sich oft im Konflikt; die vom MITI der Exportindustrie in Aussicht gestellten Kredite und sonstigen Vergünstigungen müssen von diesem Ressort genehmigt werden, so insbesondere die vom Finanzministerium bereitgestellten Kredite der Export-Import-Bank. Hierbei handelt es sich in der Regel um Bestellerkredite und Kredite für Auslandsinvestitionen. In Grundsatzfragen der Außenwirtschaftspolitik stimmen die Ressorts der japanischen Regierung keineswegs überein. Dies gilt etwa für gezielte Importerleichterungen sowie die Finanzierung von Zusatzimporten, bei denen Finanz-, Außen- und Außenhandelsministerium häufig divergieren. Diese Meinungsunterschiede in Fragen eines liberalen Außenhandels spiegeln unterschiedliche Positionen der japanischen Unternehmen und ihrer Verbände wider.

In den 50er und 60er Jahren hat die Regierung die japanische Wirtschaft durch hohe Zölle und administrative Handelsbarrieren vor ausländischer Konkurrenz geschützt. Das protektionistische Instrumentarium war in diesen Jahrzehnten umfassend: Importzölle, Steuerpräferenzen, Devisenzuteilungen, Prüfverfahren, Devisenkontrollen etc. Der Import von Technologien wurde gefördert. Unter dem Einfluß der eigenen Wirtschaftserfolge sowie internationalen Drucks sind diese protektionistischen Barrieren nach und nach abgebaut worden. Inzwischen verfügt Japan im Zollbereich über einen der liberalsten Außenhandelsmärkte, und seine Unterstützungsmaßnahmen zugunsten des industriellen Sektors sind zumindest nicht umfassender und intensiver als in anderen Industriestaaten. Es bleiben jedoch Hindernisse für einen freien Handel:

- nichttarifäre Handelshemmnisse, insbesondere das undurchsichtige Importverfahren,
- das komplizierte Verteilernetz und die Zersplitterung des Groß- und Außenhandels,
- ein den Qualitäts- und vor allem Größenvorschriften anderer Industrieländer nicht entsprechendes Regelsystem für Produktion und Handel,
- ein System indirekter Lenkung auf Seiten des MITI, das Absprachen zwischen japanischen Unternehmungen fördert und den Zugang der Importeure erschwert und schließlich
- die staatliche Förderung der Forschung in Schlüsselindustrien.

Entscheidende Importbarrieren sind vielmehr strukturelle Handelshemmnisse: die großen Industriegruppen (*keiretsu*), deren wechselseitig verflochtene Unternehmen ausländische Unternehmen bei Auftragsvergabe und -annahme nicht leicht zum Zuge kommen lassen, das vielstufige, von außen nur schwer zugängliche Einzelhandelssystem, der extrem kostspielige Immobilienmarkt und die „geschlossene Gesellschaft Japans".[24] Zudem ist es der japanischen Regierung gelungen, ein Koordinationsnetz mit einheimischen Unternehmen und Verbänden aufzubauen, das ausländischen Mitbewerbern den Marktzugang erschwert. Vor diesem Hintergrund kann es nicht überraschen, daß das 1947 verabschiedete Antimonopolgesetz und die Tätigkeit der Fair Trade Commission weitgehend wirkungslos geblieben sind. Der Konzentrationsprozeß der japanischen Wirtschaft konnte von dieser Kommission nicht gebremst werden.[25]

Gegenwärtig setzt die japanische Regierung zahlreiche Hebel in Bewegung, um die Kritik des Auslandes an protektionistischen Handelspraktiken zu unterlaufen — vor allem durch aufwendige Lobby-Aktivitäten in den Vereinigten Staaten und in der Europäischen Gemeinschaft. Während sie so die Handelsgesetzgebung des amerikanischen Kongresses abschwächen will, versucht sie zugleich, die europäischen Staaten gegeneinander auszuspielen und dadurch den Druck der Anti-Dumping-Politik der Europäischen Kommission auf die japanische Regierung zu verringern. Dabei wird sie von den Repräsentanten der japanischen Verbände und Unternehmen unterstützt, die die Botschaften der Europäischen Staaten in Tokyo zu beeinflussen suchen, während die Brüsseler Büros japanischer Unternehmen den Kontakt zur Europäischen Kommission pflegen und deren Meinungsbildung durch Eingaben beeinflussen. Dabei werden sie durch Beratergremien aus früheren Beamten der EG unterstützt. Eine gezielte Öffentlichkeitsarbeit fördert diese Bemühungen. In den USA besteht bereits ein Verband der „Beauftragten für Regierungs- und Öffentlichkeitsangelegenheiten" japanischer Unternehmungen, der Einfluß auf Politiker, Beamte und Multiplikatoren nimmt. Das Instrumentarium der Einflußnahme reicht dabei von der Bereitstellung von Informationen bis zur Durchführung von Parties. Diese Instrumente ermöglichen nicht nur eine gezielte Einflußnahme auf außenhandelspolitische Entscheidungsträger und deren Berater in Politik und Verwaltung, sondern erleichtern auch die Übernahme neuer Technologien durch japanische Unternehmen. Während vor dem Krieg die großen Industrieverbände den Import westlicher Technologie betrieben haben, hat sich in der Nachkriegszeit das MITI zum wichtigsten Förderer des Technologieimports entwickelt.

Das Amt für Wirtschaftsplanung (Economic Planning Agency / EPA) der Regierung umreißt die gegenwärtige Wirtschaftslage und die verbindlichen Ziele der Wirtschaftspolitik folgendermaßen[26]: Die Inlandsnachfrage wächst und damit privater Verbrauch und private Investitionen; ebenso steigen Industrieproduktion und der Beschäftigungsgrad der Volkswirtschaft; der Arbeitsmarkt bleibt angespannt; der Zahlungsbilanzüberschuß wird nach und nach abgebaut. Zur Stimulierung der Inlandsnachfrage will die Regierung die Flexibilität ihres wirtschaftspolitischen Instrumentariums erhöhen und die Koordination der Wirtschaftspolitik zwischen den führenden Industrienationen verbessern. Vor dem Hintergrund eines „maßvollen" wirtschaftlichen Wachstums in den anderen Industrieländern, eines rückläufigen Wachstums in den USA, anhaltend hoher Arbeitslosigkeit in Europa, externer Ungleichgewichte und eines „hartnäckigen Protektionismus" (stubborn protectionism) wird das Bild einer dynamischen, flexiblen Wirtschaftspolitik gezeichnet, die folgende Ziele verfolgt:[27]

1. eine anhaltende Expansion der Wirtschaftsaktivität unter dem Einfluß der Inlandsnachfrage,

2. Ausbau und Liberalisierung des Außenhandels,
3. Förderung haushaltspolitischer und administrativer Reformen; insbesondere Abbau der Schuldenlastquote der öffentlichen Haushalte durch Überprüfung und Rationalisierung der Ausgaben,
4. Sicherung der Preisstabilität durch Abbau der Unterschiede des Preisniveaus zwischen In- und Ausland,
5. Strukturreformen zur Verbesserung der Lebensqualität wie z. B. kürzere Arbeitszeit und besserer Konsumentenschutz,
6. Förderung einer ausgewogeneren Entwicklung der japanischen Wirtschaft und Gesellschaft durch eine ausgewogenere Nutzung von Grund und Boden und neue wirtschaftliche und soziale Rahmensetzungen. Die technologische Entwicklung soll durch die Förderung wissenintensiver Industriezweige unterstützt werden. Eine Deregulierung der Wirtschaft wird befürwortet.

Wie verbindlich und realistisch diese Ziele auch immer sein mögen, so zeigen sie doch, daß die Regierung ihre Perspektiven im Lichte internationaler Entwicklungen und interner Kritik neu bestimmt.

Die japanische Außenwirtschaftspolitik wird im allgemeinen im Rahmen dreier unterschiedlicher Modelle interpretiert: 1. des Bildes der Japan AG, 2. des pluralistischen Ansatzes und 3. des bürokratischen Erklärungsmodells.[28] Derzeit ist unter diesen das „Modell bürokratischer Dominanz“ das am meisten geeignete, weil es am ehesten die zentrale Rolle des Staates in der Außenwirtschaftspolitik zu beleuchten vermag. Diese bürokratische Dominanz beruht auf einer Tripelallianz der Ministerialverwaltung, der Liberaldemokratischen Partei und der Interessengruppen. Die Intensität der Austauschbeziehungen zwischen diesen drei Bereichen entscheidet zugleich über den Grad an Politisierung der Bürokratie[29].

Am stärksten politisiert — und damit dem Zugriff der Liberaldemokratischen Partei sowie der jeweiligen Interessengruppen am meisten unterworfen — sind das Landwirtschafts- und das Bauministerium. Relativ stark politisiert sind an zweiter Stelle auch die Ministerien für Verkehr, Post und Telekommunikation, Gesundheit und Soziales sowie Verteidigung. In einem nennenswerten Umfang politisiert sind an dritter Stelle das Finanzministerium und das Ministerium für Selbstverwaltung. Am geringsten politisiert sind dagegen das MITI (mit Ausnahme der Small and Medium Enterprise Agency), das Außenministerium und die Economic Planning Agency. Maßstäbe der Politisierung sind hierbei einerseits die Verflechtungen zwischen der LDP und den Interessengruppen und zum anderen Häufigkeit und Intensität der offenen und informellen Interventionen von Abgeordneten der Regierungspartei in die Planungen der Ministerien.

Umgekehrt gilt daher: Je geringer die Politisierung des Ressorts, desto größer seine Widerstandsfähigkeit gegenüber derartigen Interventionen und desto größer seine Fähigkeit zu aktiver, eigenständiger Programmformulierung. Wegen der Interessenallianz zwischen Verbänden und LDP, der administrativen Arbeitsteilung und themenspezifischer Machtkonfigurationen in unterschiedlichen Politikfeldern nennt *Okimoto* dieses Muster „politische Abschottung und bereichsspezifische Segmentierung".[30] Diese Entscheidungsstrukturen erschweren Japans Integration in das internationale System erheblich.

Politische Abschottung und bereichsspezifische Segmentierung werden dadurch gestützt, daß die großen Wirtschaftssektoren ihre Interessen sowohl gegenüber der Bürokratie als auch gegenüber der LDP wahrnehmen. Dadurch wird die Außenöffnung umstrittener Sektoren wie etwa des Agrarbereichs mehr erschwert als erleichtert und die Außenwirtschaftspolitik selbst zum Feld ständiger politischer Interventionen.[31] Neben die Wirtschaftsbürokraten tritt der neue Typus des Sektorinteressen vertretenden Politikers. Dadurch gelingt es Großunternehmen wie Wirtschaftssektoren, die Rolle des *Staates im Staate* zu spielen.[32]

4.1.3 Globale Perspektiven: auf dem Weg zu stärkerem internationalen Engagement

Eine wesentliche Ressource der internationalen Durchsetzungsfähigkeit Japans ist seine wirtschaftliche und finanzielle Stärke. Diese beruht auf zwei unterschiedlichen, wenn auch miteinander verknüpften Entwicklungslinien: Japans Rolle als internationaler Kreditgeber und die wachsende internationale Dominanz des japanischen Bankensystems. Beide Entwicklungslinien begründen unterschiedliche Machtpotentiale[33]: Die Rolle als internationaler Kapitalgeber verleiht Japan „relative Macht" bei der Durchsetzung seiner Interessen gegenüber einzelnen Kreditnehmern; die Internationalisierung des japanischen Bankensystems verschafft ihm dagegen „strukturelle Macht" und beeinflußt die Spannweite der wirtschaftspolitischen Optionen anderer Länder. Im ersten Fall übt das Land Macht durch die (direkte) Konditionalität seiner Kreditzusagen aus, im zweiten Fall durch die eher indirekte Beeinflussung wirtschafts- und währungspolitischer Rahmenbedingungen der Partnerländer. Japanische Banken verfügen weltweit über ein Drittel aller Bankeinlagen.

Durch die Internationalisierung des Yen ist den japanischen Banken und Wertpapierhäusern eine starke, dominierende Rolle im internationalen Finanzwesen zugewachsen.[34] Als internationale Transaktions- und Anlagewährung hat der Yen inzwischen mit dem US-Dollar und der Deutschen Mark gleichgezogen. Auch wenn die europäischen Banken ihre Präsenz in Japan im Zuge der japanischen Kapitalmarktliberalisierung inzwischen erheblich ausgebaut haben, nimmt das ohnehin starke Gewicht der japanischen Banken auf den internationalen Kapitalmärkten weiter zu.[35]

Wie sehr die japanische Regierung ihr Instrumentarium außenwirtschaftspolitischer Einflußnahme im Zeitalter der Interdependenz ausgebaut und verfeinert hat, veranschaulicht das Netzwerk japanischer Einflußnahme in den USA: Die japanische Botschaft in Washington koordiniert 14 Konsulate, 7 Handelszentren, 18 Japan-Gesellschaften, 11 soziale und kulturelle Organisationen und Hunderte von Unternehmen. Die Botschaft verfügt über 80 Beamte, während das Außenhandels- und Industrieministerium in New York über eine große Niederlassung verfügt.[36] Allein in Washington sind mehr als 180 japanische Interessengruppen aktiv. Dieser breite außenwirtschaftliche Lobbyismus spiegelt die starke wirtschaftliche Verflechtung zwischen beiden Ländern wider.

In den letzten Jahrzehnten hat die Interdependenz zwischen den Volkswirtschaften der *USA* und Japans beträchtlich zugenommen. Konnte diese Interdependenz noch vor einem Jahrzehnt mit dem Hinweis auf die Rohstoffabhängigkeit Japans als asymmetrisch bezeichnet werden[37], so hat die zunehmende Abhängigkeit der Vereinigten Staaten von japanischer Technologie und japanischem Kapital die Asymmetrie nach und nach verringert, wenn nicht umgekehrt. Zudem hat die internationale Statur Japans aufgrund seiner Entwicklungshilfeleistungen und seines beachtlichen Technologiepotentials an Gewicht zugenommen und dadurch auch das Muster der Interdependenz mit den USA wie mit Europa verändert.

Strukturelle Ursachen der andauernden japanisch-amerikanischen Außenhandelskonflikte sind die unterschiedlichen makroökonomischen Rahmenbedingungen beider Länder (insbesondere die hohe Sparquote in Japan und die niedrige in den USA), die höhere Wettbewerbsfähigkeit der japanischen Unternehmen im Vergleich zu ihren amerikanischen Konkurrenten, bedingt durch überlegene Herstellungsverfahren und Managementmethoden, und die fehlende Reziprozität des Marktzugangs aufgrund nichttarifärer Handelsbarrieren in Japan.[38] Die außenwirtschaftlichen Dreiecksbeziehungen zwischen Japan, Südostasien und den USA sind zudem durch strukturelle Außenhandelsüberschüsse zwischen Japan und Südostasien sowie Südostasien und den USA gekennzeichnet. Unter diesen Bedingungen sind die japanisch-amerikanischen Beziehungen von diesen beiden Partnern allein nicht mehr steuerbar. Andererseits nimmt Japans Einfluß in Südostasien wirtschaftlich und politisch immer mehr zu. In diesen Tendenzen kommt zugleich eine zunehmende Regionalisierung der Weltwirtschaft zum Ausdruck. Um so notwendiger ist ein erfolgreicher Abschluß der Uruguay-Runde, die Anwendung der GATT-Regeln im internationalen Handel und die Vermeidung der Entstehung neuer Wirtschaftsblöcke mit protektionistischen Tendenzen.[39]

Die japanisch-amerikanischen Beziehungen werden auch derzeit vor allem durch den Außenhandel geprägt, während die Sicherheitskonstellation in Asien hierbei eine geringe Rolle spielt.[40] Der inzwischen reduzierte japanische Außenhandelsüberschuß wird von der amerikanischen Regierung immer noch als zu groß empfunden. Die inneramerikanische Bewertung dieses Defizits hat freilich hysterische Züge, wenn man bedenkt, daß der Export der USA nach Japan in den letzten Jahren größer geworden ist als der nach Deutschland, Frankreich und Italien zusammengenommen. Eine weitere Liberalisierung der japanischen Importe und eine Öffnung der Handelshäuser sind jedoch erforderlich. Im Zuge der Liberalisierungsbemühungen des GATT wird sich auch der protektionistisch besonders abgeschirmte Reismarkt Liberalisierungsmaßnahmen auf Dauer nicht widersetzen können. Andererseits ist der japanische Außenhandelsüberschuß struktureller Natur und auch durch Liberalisierungsmaßnahmen allein nicht abzubauen.

Am 30. Mai 1989 haben die USA Japan in die sog. „Super-301-Liste" der „unfairen Handelspartner" aufgenommen und durch die damit verbundene Androhung von Sanktionen eine härtere außenwirtschaftspolitische Linie gegenüber ihrem fernöstlichen Partner und Konkurrenten eingeschlagen.[41] Demgegenüber nimmt die japanische Regierung eine offensive Haltung ein und fordert von den USA insbesondere eine Erhöhung der Spar- und Investitionsquote und eine Verbesserung der Forschungs- und Ausbildungsanstrengungen.

Die Verhandlungen zur Beilegung dieses Konflikts haben im Juli 1990 zu einem Abkommen über den Abbau von Handelshemmnissen geführt (Structural Impediments Initiative, SII), das beide Seiten zu folgenden Maßnahmen verpflichtet[42]:

— *Japan* wird seine Ausgaben für öffentliche Infrastrukturinvestitionen (Wohnungsbau, Flughäfen, Parks) in den nächsten zehn Jahren um 2,8 Billionen Dollar erhöhen und so den Import aus den USA erleichtern. Die Eröffnung neuer Supermärkte und Handelshäuser soll erleichtert werden, während illegale, kartellähnliche Preisabsprachen unterbunden werden.
— Die *USA* wollen die Sparbereitschaft ihrer Bürger stärken, die Wettbewerbsgesetzgebung so anpassen, daß amerikanische Unternehmen im Ausland leichter Joint Ventures eingehen können, den Export kalifornischen Erdöls nach Japan erleichtern und die Ausgaben des Bundes im Bereich der nichtmilitärischen Forschung beträchtlich steigern.

Die SII-Verhandlungen sind allerdings nicht allein wegen des auswärtigen Drucks auf die japanische Regierung (*gaiatsu*) erfolgreich gewesen, sondern vor allem deswegen, weil eine Liberalisierung des japanischen Handelssystems auch von einer breiten Allianz von Politikern, Medien und Experten in Japan befürwortet wurde: Äußerer und innerer Druck wirkten zusammen.[43] Der demographische Wandel, insbesondere der rückläufige Anteil der Landbevölkerung, und der Druck der anderen Industrieländer haben die regierende LDP schon seit mehreren Jahren veranlaßt, die staatliche Subventionen für ihre traditionelle Klientel, Landwirte und Kleinunternehmer, zurückzuschrauben.[44]

Die außenwirtschaftlichen Beziehungen Japans zur *Europäischen Gemeinschaft* waren bis zu Beginn der 70er Jahre durch bilaterale Vereinbarungen mit den Mitgliedsstaaten und die uneinheitliche Kontingentierung japanischer Exportprodukte in diesen Ländern gekennzeichnet.[45] Die Europäische Gemeinschaft strebte daraufhin ein Handelsabkommen mit Japan an, um die Kontingentierungspolitik zu harmonisieren. Die Verhandlungen scheiterten jedoch, und die bilateralen Handelsverträge Japans mit den einzelnen europäischen Staaten wurden ausgebaut. Der europäische Widerstand gegen die japanische Exportpolitik hatte mehrere freiwillige Selbstbeschränkungsabkommen Japans zur Folge, während sich die EG — etwa durch das Ushiba-Haferkamp-Communiqué aus dem Jahre 1978 — verstärkt um Exporte nach Japan bemühte. Die von der EG-Kommission entworfene „Global-Strategie" einer gemeinsamen Handelspolitik gegenüber Japan scheiterte jedoch an den zwischen den Mitgliedstaaten bestehenden Interessengegensätzen. Auch wenn eine „Harmonisierung des Protektionismus" nicht erreicht wurde, konnte die Japanpolitik doch schrittweise europäisiert werden. Derzeit geht es der Kommission darum, die einzelstaatlichen Einfuhrbeschränkungen zu harmonisieren und nach und nach abzubauen.

Während die Vereinigten Staaten bis Mitte der 80er Jahre Hauptadressat japanischer Direktinvestitionen gewesen sind, ist seitdem die Europäische Gemeinschaft mit den Schwerpunktländern Großbritannien, Deutschland und Niederlande nach vorne gerückt.[46] Auf Europa konzentriert sich inzwischen ein Viertel aller japanischen Direktinvestitionen. Diese haben unter dem Einfluß der japanischen Exportüberschüsse und der Kursgewinne des Yen in den letzten Jahren stetig zugenommen.[47] Als Folge des amerikanischen und europäischen Drucks auf Abbau seiner Handelsüberschüsse sowie der erheblichen Aufwertung des Yen haben die japanischen Unternehmen ihre Produktion zunehmend ins Ausland verlagert. Sorge vor protektionistischen Tendenzen einiger europäischer Staaten und Furcht vor dem Europäischen Binnenmarkt (auch wenn in diesem Binnenmarkt große Chancen gesehen werden) haben Europa neben Südostasien und Amerika zu einem wichtigen Standort für japanische Investitionen werden lassen. Die Verflechtung mit der Weltwirtschaft nimmt dadurch zu. Allein im Jahr 1990 sind 338 neue Investitionsvorhaben in Europa bekanntgeworden — davon 206 bereits in der Durchführung und 132 in verschiedenen Phasen der Vorbereitung. Nur in geringem Umfang handelte es sich hierbei um Joint Ventures, in der Mehrzahl der Fälle dagegen um eigene Niederlassungen und Tochterunternehmen. 96 dieser Vorhaben entfielen auf Deutschland, 71 auf Großbritannien und 31 auf Frankreich.

Die Außenhandelsbeziehungen zwischen Japan und der Europäischen Gemeinschaft sind weiterhin expansiv.[48] Das Außenhandelsvolumen macht inzwischen fast zwei Drittel des japanischen Handels mit den Vereinigten Staaten aus. Während dieser Anteil noch vor wenigen Jahren bei nur einem Drittel lag, schlägt sich in dieser Expansion auch die Dynamik der Schaffung eines gemeinsamen Europäischen Binnenmarktes nieder, auch wenn die japanischen Investitionen den durch die deutsche Vereinigung und die demokratischen Revolutionen in Osteuropa vergrößerten Chancen noch nicht entsprechen. Zwar ist das europäische Handelsbilanzdefizit Ende der 80er Jahre leicht zurückgegangen und das Verhältnis der europäischen Exporte nach Japan zu den Importen aus Japan auf über 65 % angestiegen. In den Jahren 1991 und 1992 ist jedoch wieder ein deutlicher Anstieg dieses Defizits zu verzeichnen.

Dem Ziel, die Beziehungen zwischen Japan und der Europäischen Gemeinschaft nachhaltig zu verbessern, dient eine „Gemeinsame Erklärung" vom Juli 1991, in der sich beide Seiten dazu verpflichten, in Politik und Wirtschaft enger zusammenzuarbeiten, sich gegenseitig auf ihren Märkten einen „angemessenen Zugang" zu verschaffen und strukturelle Handelshemmnisse zu beseitigen.[49] Trotz dieser Formel können etwa die japanischen Autoexporte in die Europäische Gemeinschaft im Rahmen eines Selbstbeschränkungsabkommens innerhalb einer Übergangsperiode von sieben Jahren nur in bestimmten Grenzen steigen.[50]

Das Handelsbilanzungleichgewicht zwischen der EG und Japan muß allein wegen seines kräftigen Anstiegs im Jahr 1991 (31,1 %) Anlaß zur Sorge geben. Während der Schwerpunkt der japanischen Investitionen in Europa in der Finanzwirtschaft und im Handel liegt, stellen die europäischen Direktinvestitionen in Japan nur einen Bruchteil dieser Mittel dar. Die Zollpolitik *beider* Seiten bleibt unter dem maßgeblichen Druck landwirtschaftlicher und industrieller Interessen diffizil. Nichttarifäre Handelsbarrieren bestehen gleichfalls auf beiden Seiten; „freiwillige Exportbeschränkungen" helfen zudem nur kurzfristig weiter und stellen keine dauerhaften Lösungen dar. Nur wenige europäische Unternehmen sind darüber hinaus bereit, die administrativen *und* kulturellen Barrieren mit langfristiger Perspektive anzugehen.

Ein weiteres Grundsatzproblem bleibt bestehen: Während sich die Durchdringung des europäischen Marktes mit hochspezialisierten und arbeitsintensiven Produkten aus Japan in hohem Tempo vollzieht, weist die japanische Importstruktur nur einen geringen Fertigwarenanteil auf. Den fernöstlichen Industriestaat trifft daher der Vorwurf einer zu geringen horizontalen Einbindung in die Weltwirtschaft.

Die außenwirtschaftlichen Beziehungen zwischen Japan und der Europäischen Gemeinschaft werden durch die Kritik der EG an den japanischen Direktinvestitionen, die „Local-Content" Vorschriften als Barriere weiterer japanischer Investitionen, die EG-Prinzipien der Reziprozität und des Antidumping sowie Selbstbeschränkungsabkommen zu Lasten des japanischen Exports bestimmt. Um diese Barrieren zu umgehen, hat die Zahl der in Europa (EG und EFTA) niedergelassenen japanischen Unternehmen im Zeitraum von 1983 bis 1988 von 157 auf 411 zugenommen, allein in den Jahren 1987/88 haben sich 98 japanische Unternehmen auf dem europäischen Markt etabliert.[51] Während die EG-Kommission auf dem Prinzip der Reziprozität beharrt, die Local-Content-Bestimmungen bis zu 80 % anheben und die an japanische Unternehmen gewährten Investitionsbeihilfen einschränken will, strebt die japanische Regierung eine Institutionalisierung des Dialogs mit der EG-Zentrale, die Ausweitung der Produktionsstätten japanischer Unternehmen in Europa, die Errichtung von Forschungs- und Entwicklungsstützpunkten, den Aufbau einer eigenen Zulieferer-Infrastruktur und die Vereinheitlichung von Standards und Normen an.[52] Die Tendenz ist eindeutig: Angesichts des Europäischen Binnenmarktes will Japan seine Exporte durch lokale Produktion ersetzen.

Die Perspektiven der Zusammenarbeit zwischen Japan und der Europäischen Gemeinschaft bleiben aber im Unterschied zu den ersten Nachkriegsjahrzehnten nicht auf die Außenhandelspolitik beschränkt.[53] Die Wandlungen des internationalen Kräftenetzes und das wachsende Vermögen Japans, eigene Positionen in internationalen Streitfragen einzunehmen, lassen erste Konturen einer außenpolitischen Kooperation erkennen. Dies gilt für Abstimmungen bei humanitären Aktionen wie bei Wirtschaftsembargos, für erste Koordinationsversuche in der Umwelt- wie in der Entwicklungspolitik. Bis zu einem engen Netz abgestimmter Außen- und Sicherheitspolitik sowie koordinierter multilateraler Zusammenarbeit ist allerdings noch ein weiter Weg zurückzulegen.

Die Renaissance Europas hat in Japan zu neuen Denkvorstößen geführt, die über die Bewältigung außenwirtschaftlicher Probleme weit hinausragen.[54] So soll die Osteuropa-Hilfe mit den Vereinigten Staaten und der Europäischen Gemeinschaft wirksamer koordiniert werden. Auf multilateraler Ebene strebt Japan eine Annäherung an NATO und KSZE an, um — etwa durch den inzwischen gesicherten Beobachter-Status bei der KSZE — stärker an der Beratung der westlichen Außen- und Sicherheitspolitik beteiligt zu werden. Die wachsende internationale Bedeutung Europas veranlaßt Japan, sich mehr als bisher zu seiner globalen Verantwortung zu bekennen und sich in den entsprechenden außenpolitischen Kooperationsstrukturen institutionell stärker zu verankern. Dieses Interesse an einer stärkeren weltweiten, außenpolitischen Mitwirkung gilt nicht nur für Europa, sondern auch für den engeren regionalen Einflußbereich.

Schließlich ist die starke Stellung Japans insbesondere in *Südostasien* und im *Pazifik* zu beachten. Diese Position ist nicht nur auf die Dynamik der japanischen Exportindustrie und der sie stützenden Industrie-, Außenwirtschafts- und Entwicklungspolitik zurückzuführen, sondern auch auf eine anhaltende Zurückhaltung der europäischen Unternehmen bei Direktinvestitionen in dieser Region.[55] Zwar lassen die deutschen und britischen Direktinvestitionen in diesem Gebiet seit einigen Jahren einen leichten Aufwärtstrend erkennen; der europäische Export in diese Wachstumsregion wird dadurch aber nicht nennenswert stimuliert.

Auch künftig werden japanische und amerikanische Unternehmen in diesem expandierenden Markt dominieren.

Seit mehreren Jahren haben die chinesisch-japanischen Beziehungen im Außenhandel ein hohes Niveau erreicht. Während China sich von Japan umfassende finanzielle und technische Hilfe bei der Modernisierung seiner Wirtschaft verspricht, erwartet Japan von dieser Zusammenarbeit sowohl wirtschaftliche Vorteile als auch einen Beitrag zur politischen Stabilität in Ost- und Südostasien.[56] Der Beitrag Japans zu dieser Zusammenarbeit ist somit eher wirtschaftlicher und derjenige Chinas eher politischer Natur.[57]

Nach der Niederschlagung der Reformbewegung in China hat die japanische Regierung begonnen, einige für China vorgesehene Investitionsmittel umzulenken. Von dieser Umlenkung, von der negativ die Volksrepublik China und Hongkong betroffen sind, scheinen vor allem Thailand, Malaysia, Indonesien, die Philippinen und Singapur zu profitieren. In diesen Ländern werden bestehende Produktionskapazitäten ausgeweitet und neue Kapazitäten aufgebaut.[58] Die wirtschaftliche Vormachtstellung Japans in Südostasien wird dadurch im Vergleich zum Engagement der USA und Europas noch weiter gefestigt.[59] Sie ist allerdings wenig konsistent: So hat Japan als erster Industriestaat die gegenüber der Volksrepublik China verhängten Wirtschaftssanktionen aufgehoben, Kredite wieder freigegeben und der chinesischen Führung damit „einen Rettungsring zugeworfen.“[60]

In welchen internationalen Rahmen ist diese Politik einzuordnen? Das MITI hat sich mit der 4. Version seiner Handels- und Industriepolitik noch nachdrücklicher zur Internationalisierung Japans bekannt. Diese sei nicht mehr Japans „Sonntagsanzug“, sondern „Alltagskleidung“.[61] Das Ministerium nimmt Abschied von der „Trickle-down“ -Theorie des Wirtschaftswachstums und fordert vor allem zugunsten des Freizeits- und Wohnungsbereichs eine verbraucherfreundlichere Wirtschaftspolitik. Damit weckt es bei den japanischen Verbrauchern um so höhere Erwartungen.

Die international, vor allem von den USA und den asiatischen Nachbarländern erhobene Forderung nach einer weiteren Liberalisierung der japanischen Reisimporte stößt indessen nach wie vor auf den massiven Widerstand der Agrar-Lobby, wird aber in der Regierungspartei wie den Oppositionsparteien zunehmend diskutiert.[62] Dabei deutet sich innerhalb der Liberaldemokratischen Partei eine Bereitschaft zu einer partiellen Liberalisierung an. Dieser Schritt wird aber einerseits innerparteilich als Mittel des Wettbewerbs zwischen den Faktionen (und damit auch zwischen dem Premierminister und seinen innerparteilichen Konkurrenten) und zum anderen als „Trumpf“ künftiger internationaler Verhandlungen instrumentalisiert. Die innerparteilichen Unklarheiten und Meinungsverschiedenheiten in der LDP bieten den Oppositionsparteien, vor allem der Kōmeitō und der Shakaitō, neue agitatorische Angriffsflächen bei landwirtschaftlichen Wählern und Verbänden.

Um Japans außenwirtschaftliche Beziehungen in eine größere Übereinstimmung mit seinen wichtigsten Außenhandelspartnern zu bringen, hat der *Maekawa-Report*[63] schon im Jahre 1986 zu Recht gefordert, die Inlandsnachfrage zu stimulieren, den Yen aufzuwerten, die Außenhandelsbilanz auszugleichen und mittelfristig entsprechende wirtschaftliche Anpassungsmaßnahmen zu ergreifen. Obgleich die japanische Regierung diese Empfehlungen sofort aufgegriffen und der Wirtschaftsrat des Kabinetts einen entsprechenden Sonderausschuß eingesetzt hat, ist die zentrale Forderung des Maekawa-Reports — die Stimulierung der Inlandsnachfrage — aus mehreren Gründen schwer zu verwirklichen. Hierzu zählen das bestehende Haushaltsdefizit, die hohen Bodenpreise, die Exportorientierung der Industriestruktur und die zahlreichen Hemmnisse, die einer Steigerung des Imports, vor allem der Agrarimporte, entgegenstehen. Die vom Maekawa-Report geforderte stärkere Verbraucherorientierung der Außenwirtschaftspolitik ist auf halbem Wege stehengeblieben und hat Bodenreform, Wohnungsbau und Handelssystem nicht ausreichend erfaßt.[64]

Der entschiedenste Befürworter der Reismarktliberalisierung ist der Unternehmerverband Keidanren. In realistischer Einschätzung der japanischen Exportinteressen setzt er sich für einen baldigen Abschluß der Uruguay-Runde ein.[65] Zugleich warnt der Verband vor der Entstehung regionaler Wirtschaftsblöcke und lehnt wegen der globalen Gefahr eines neuen außenhandelspolitischen Regionalismus eine der EG entsprechende asiatische Wirtschaftsgemeinschaft ab.[66] Die mit der Reismarktliberalisierung verbundenen Friktionen könnten durch ein schrittweises Vorgehen abgemildert werden. Experten schlagen als erste Liberalisierungsstufe eine nur partielle Deregulierung dieses Marktes zusammen mit preisstützenden Kompensationsmaßnahmen für die Reisbauern und auf dieser Grundlage eine sukzessive Anhebung der Importquote vor.[67]

Der Verzicht auf den Agrarprotektionismus wiegt in politisch-taktischer Hinsicht für die regierende LDP inzwischen nicht mehr so schwer wie noch in den 50er und 60er Jahren. Denn der Anteil der landwirtschaftlichen Wähler am gesamten liberaldemokratischen Wählerpotential ist erheblich zurückgegangen — von 43 Prozent im Jahre 1960 auf 18 Prozent im Jahre 1980 — und verringert sich weiterhin zugunsten des städtischen Wählerpotentials.[68] Auf lange Sicht sind die Konsumerwartungen der potentiellen Wechselwähler in den Städten für die Parteien von größerer strategischer Bedeutung als das rückläufige Potential der landwirtschaftlichen Wählerschichten. Zudem liegt eine konsequente Liberalisierungspolitik in Japans ureigenstem Interesse, weil es den Druck auf einen protektionistischen Schutz der heimischen Industrie in wichtigen Partnerländern abzubauen hilft.[69]

4.2 Entwicklungspolitik

Von Anfang an hat die japanische Regierung die staatliche Entwicklungshilfe in einen größeren außenpolitischen *und* wirtschaftsstrategischen Rahmen eingepaßt: Sie solle Japans Sicherheit gewährleisten, werde als Bedingung des eigenen wirtschaftlichen Erfolges gesehen, sei ein „bargaining chip" zur Verbesserung der internationalen Verhandlungsposition Japans und vermittle den Ländern der Dritten Welt die eigene, erfolgreiche Entwicklungsgeschichte.[70]

Während Japan in den Jahren 1988 und 1989 größter absoluter Geber Öffentlicher Entwicklungshilfe geworden war, nahm es 1990 und 1991 den zweithöchsten Rang hinter den Vereinigten Staaten ein, da die Hilfeleistungen für Osteuropa auf den ODA-Beitrag nach den geltenden OECD-Grundsätzen nicht angerechnet werden.[71] Die Berechnungsmodalitäten der Öffentlichen Entwicklungshilfe, die über diese Rangplätze entscheiden, bleiben umstritten.[72] Im Jahre 1992 hat Japan mit einem Gesamtvolumen der Öffentlichen Entwicklungshilfeleistungen (ODA) von 11 Milliarden Dollar wieder den internationalen Spitzenplatz zurückerobert.[73] Gegenüber dem Vorjahr beträgt die Steigerungsrate immerhin 19,6 %. Allerdings bleibt das Zuschußelement der japanischen Hilfe mit 38,5 % auch weiterhin nur etwa halb so groß wie der entsprechende Durchschnittswert aller anderen OECD-Staaten und der ODA-Anteil am Bruttosozialprodukt mit 0,32 % sogar unter der Hälfte des internationalen Zielwertes (0,7 %).

Japans entwicklungspolitische Ausgangsposition läßt sich durch zwei Schwerpunkte kennzeichnen[75]:

- Als zweitstärkste, der internationalen Friedenssicherung verpflichteten Wirtschaftsmacht will Japan den globalen Umweltschutz vorantreiben, das Schuldenproblem lösen und die osteuropäischen Staaten beim Übergang zu einer marktwirtschaftlichen Ordnung unterstützen.
- Durch Vertiefung seiner Beziehungen zu den Ländern Asiens und des Pazifik will es die regionale Zusammenarbeit fördern.

4.2.1 Strukturmerkmale der Entwicklungshilfe: konservativ und geberorientiert

Seit langem sieht sich die japanische Regierung mit der Forderung ihrer Partner in Amerika und Europa konfrontiert, einen größeren Anteil der Hilfeleistungen an die Entwicklungsländer zu erbringen.[76] Zunächst hat die japanische Entwicklungspolitik jedoch weitgehend auf internen, innenpolitischen Erwägungen beruht. Eine rasche Ausweitung der Entwicklungshilfe erschien auch sinnvoll, um weiteren Fragen nach der Qualität der Hilfeleistungen vorzubeugen. Für die japanischen Wirtschaftspolitiker ist die Entwicklungshilfe seit jeher ein wichti-

Abb. 6: Die öffentlichen Entwicklungshilfeleistungen (ODA) der Industrieländer (DAC)[74]

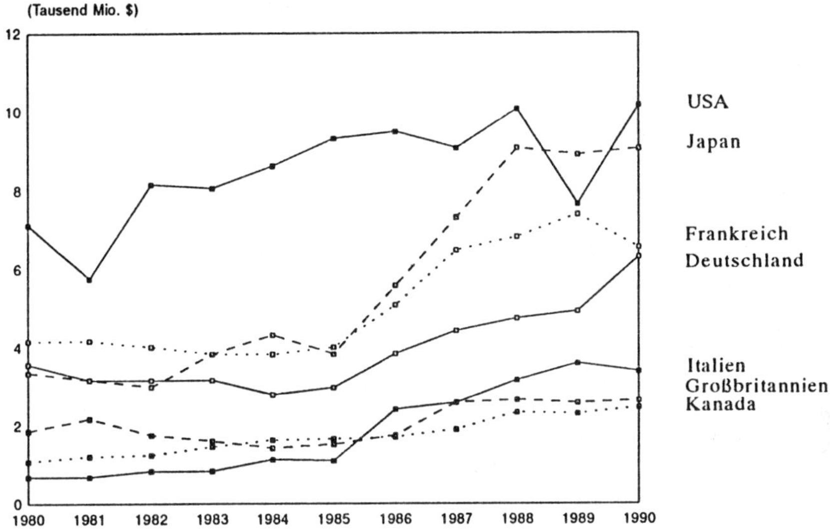

ges Instrument der Außenwirtschaftspolitik gewesen, das der Sicherung der Außenhandelsmärkte dienen sollte. Dabei ging es vor allem um den Export hochwertiger japanischer Industriegüter und um die Sicherung der Rohstoffversorgung Japans: „Aid was integral to Japan's available repertoire of foreign economic policies and for some was the only diplomatic weapon Japan could use in her relations with the developing countries."[77] Daher wurde die Entwicklungspolitik — nicht zuletzt aufgrund ihrer innenpolitischen Orientierung und ihres komplementären Charakters zur Außenhandelspolitik — als eine im nationalen Interesse (kokueki) Japans liegende Politik betrachtet.

Hierin liegt zugleich die regionale und sektorale Ausrichtung der japanischen Entwicklungspolitik begründet, die zunächst mehr von der Basis als von der Spitze der Ministerialbürokratie konzipiert und umgesetzt wurde. So entwickelte sich die Entwicklungspolitik im Rahmen eines kumulativen Zyklus bilateraler Verpflichtungen entsprechend der schrittweisen Bewertung, Auswahl und Implementierung von Projekten.[78] Dabei waren die außenpolitischen Vorgaben nur *ein* Filter dieser Politik. Sobald die Kooperationsmuster in der Verwaltung fest etabliert waren, entfalteten sie eine Eigendynamik, die vor allem den ASEAN-Staaten zugute kam. So waren die Träger der Entwicklungshilfe darauf bedacht, die Zusammenarbeit mit den südostasiatischen Entwicklungsländern zu festigen, und dieses Eigeninteresse entsprach der Sicht der japanischen Regierung. Es entstand das Bild einer konservativen, geberorientierten Entwicklungshilfe, die nur zu inkrementalen Änderungen in der Lage war.

In geringerem Umfang als in anderen großen Geberländern ist das staatliche entwicklungspolitische Engagement auf politischen Druck und Vorgaben der politischen Führung zurückzuführen gewesen, sondern vielmehr auf bürokratische Strukturen und Arrangements. Im Zuge des Wachstums der öffentlichen Entwicklungsleistungen zeigen sich die damit verbundenen Schwachpunkte immer deutlicher: Defizite politischer Vorgaben, Mängel politischer Koordination und unzureichende Personalausstattung. Diese Mißstände treten nach einer erheblichen Ausweitung der Entwicklungshilfeleistungen in der Zwischenzeit noch deutlicher hervor, auch wenn das Management der Projekte inzwischen verbessert werden konnte. Daß außenpolitische, strategische und außenwirtschaftliche Motive die Entwicklungspolitik überlagern, hat Japan dabei mit anderen Gebernationen gemeinsam.

Die häufig geäußerte These der außenwirtschaftspolitischen Instrumentalisierung der Entwicklungspolitik wird von der Regierung mit dem Argument bestritten, 80,5 % der ODA-Kredite seien ungebunden und japanische Unternehmen hätten lediglich Exportaufträge im Umfang von 38 % aller ODA-Kredite und von 25 % aller ungebundenen Kredite erzielt.[79] Kritiker weisen demgegenüber darauf hin, daß diese Mittel überwiegend in Großprojekte der Infrastrukturförderung fließen, die späteren japanischen Exportoffensiven zugute kämen. Demgegenüber beharrt die Regierung auf dem „Katalysatoreffekt" dieser Projekte, die ein anhaltendes Wirtschaftswachstum in den Partnerländern überhaupt erst ermöglichten.

Im internationalen Vergleich ist das Zuschußelement der japanischen Entwicklungshilfeleistungen mit 43,2 % (USA 92,6 %, Deutschland 68,5 %, DAC-Durchschnitt 75,6 %) niedrig; damit nimmt Japan international nur den 18. Rangplatz ein. Entsprechend betrug das Zuschußelement der Finanziellen Zusammenarbeit im Jahre 1990 77,6 % — weniger als im Falle der amerikanischen und deutschen Kapitalhilfe (97,5 % bzw. 86,4 %). Der Anteil der Öffentlichen Entwicklungshilfe am Bruttosozialprodukt machte 1990 0,31 % aus (Deutschland 0,42 %, USA 0,19 %). Drei Viertel der japanischen Entwicklungshilfe sind bilateraler, ein Viertel multilateraler Natur. Der mittelfristige 5-Jahres-Plan für die Jahre 1988 — 1992 wurde bis 1990 zu 54,5 % verwirklicht.[11]

Im Vergleich zu den anderen, im DAC (Development Assistance Committee) der OECD vertretenen Staaten weist die japanische Entwicklungshilfe einen höheren Anteil an Krediten gegenüber den nichtrückzahlbaren Hilfeleistungen auf. Der Anteil der nicht liefergebundenen Hilfe ist zwar deutlich erhöht worden (ungebunden sind alle Hilfeleistungen für LDCs), aber eine Teilbindung besteht noch bei etwa einem Drittel der Leistungen. Die Verwendung bewilligter Mittel wird von den japanischen Trägerorganisationen dabei nicht dem jeweiligen Partner überlassen, sondern aufgrund von Durchführbarkeitsstudien, Anforderungen an die Projektinfrastruktur und die notwendige Personalausbildung so stark gesteuert, daß sich die beteiligten Mitarbeiter zwangsläufig an japanische Produkte binden. Durch eine frühzeitige Beteiligung an der Projektplanung gelingt es den japanischen Stellen, japanischen Unternehmen schon früh relevante Projektinformationen zukommen zu lassen. Dieses Verfahren wird ergänzt durch den Aufbau technischer Trainingszentren, die an japanischen Fertigungsverfahren ausgerichtet sind und einheimische Ausbilder in japanischsprachigem Unterricht schulen.[81]

Der Träger der japanischen Technischen Zusammenarbeit JICA (Japan International Cooperation Agency) behauptet indessen, daß die Fortbildungspläne für ausländische Stipendiaten im Rahmen der japanischen Entwicklungszusammenarbeit aufgestellt würden „with due consideration given to the general needs of developing countries in the case of group training and to the specific needs in the case of individual training."[82] Diese Aus- und Fortbildung wird an 10 Trainingszentren von JICA sowie in Forschungsinstituten und Behörden, Unternehmen, öffentlichen Einrichtungen und Universitäten durchgeführt. Die Fortbildung in Ländern der Dritten Welt hat demgegenüber einen deutlich geringeren Stellenwert. Institute, die sich hieran beteiligen, sollen vor allem Stipendiaten des eigenen Landes und der Nachbarländer aufnehmen.

Die japanische Entwicklungshilfe verteilt sich wie folgt auf die Ländergruppen in der Dritten Welt:[83]

- 43 % erhalten die Länder mit Niedrigsteinkommen (BSP weniger als 700 Dollar pro Kopf),
- 27 % die Länder mit mittleren Einkommen (BSP mehr als 700 Dollar pro Kopf),
- 19 % die ärmsten Entwicklungsländer (LLDC) (Der Anteil der LLDCs ist im Jahre 1990 auf 12,7 % zurückgegangen) und
- 3 % an die NICs (Newly Industrializing Country).

In der regionalen Verteilung der öffentlichen Entwicklungshilfeleistungen Japans haben sich von 1980 bis 1990 folgende Verschiebungen ergeben: Der Anteil Asiens am ODA-Gesamtvolumen verringerte sich von 70,5 % auf 59,3 %, die Anteile des Mittleren und Nahen Ostens blieben mit 10,2 % (1980: 10,4 %) und derjenige Afrikas mit 11,4 % konstant, während die Anteile Lateinamerikas (von 6,0 % auf 8,1 %), Ozeaniens (von 0,6 % auf 1,6 %) und Osteuropas (von 0 auf 2,2 %) anstiegen.[84] Die regionale Verteilung der japanischen Direktinvestitionen entspricht dabei keineswegs der regionalen Streuung der Entwicklungshilfe. Nahezu die Hälfte der Direktinvestionen entfällt auf Nordamerika, ein Viertel auf Europa, ein Achtel auf Asien und der Rest auf Lateinamerika und „andere Regionen".[85] Mit anderen Worten: Gerade in den ärmsten Entwicklungsländern spielen japanische Investitionen bisher nur eine untergeordnete Rolle. Gegen eine Steigerung des Anteils dieser Länder am japanischen Hilfeaufkommen und eine stärkere Einbeziehung Afrikas hat sich daher das MITI aus *außenwirtschaftlichen* Gründen wiederholt zur Wehr gesetzt. Trotz dieser Diskrepanz zwischen Hilfebedarf und Investititionsinteressen hat aber das Außenministerium eine insgesamt globalere Entwicklungspolitik durchsetzen können.

Mehr als in anderen Ländern ist die Entwicklungshilfe in Japan — trotz einiger Verbesserungen — durch einen Trend zu Großprojekten, eine erkennbare Distanz zu den Zielen armutsorientierter Entwicklungspolitik und einen zugleich bürokratischen und personell unterbesetzten Apparat gekennzeichnet. Der Zusammenhang mit den Interessen der Exportwirtschaft, insbesondere der großen Handelshäuser, ist nach wie vor eng. Der geringe Anteil der grundbedürfnisorientierten Programme und Projekte an der Gesamtheit aller staatlichen Entwicklungshilfeleistungen schlägt sich in dem im internationalen Vergleich niedrigen Prozentsatz der Maßnahmen Technischer Zusammenarbeit (TZ) am Gesamtvolumen nieder (Abb. 7).

Zugleich ist die positive Koordination zwischen den widerstreitenden haushaltspolitischen, außenwirtschaftspolitischen und außenpolitischen Interessen der Ressorts (Finanzministerium, MITI, Außenministerium) gering. Gegenüber diesen Interessen kann sich eine an entwicklungspolitischen Zielen orientierte Entwicklungszusammenarbeit nur unzulänglich entfalten. Das Eigengewicht der Entwicklungspolitik, die weder durch ein eigenes Ministerium noch durch einen eigenen Parlamentsausschuß gestützt wird, ist institutionell gering und ihre außenpolitische Einbindung unzulänglich. Außenpolitische Debatten finden im Unterhaus und Oberhaus nicht statt. Die Entwicklungspolitik ist damit die Domäne der Bürokratie, in deren Interessengeflecht ihre Konturen unscharf und ihr außenpolitischer Horizont begrenzt bleiben. Zwar gibt die japanische Entwicklungsadministration vor, sich an den Vereinigten Staaten orientieren zu wollen, aber weder ein „Foreign Assistance Act" noch eine „Agency for International Development" (USAID) sind vorhanden. Es fehlt ein entwicklungspolitisches Konzept, das die Erfahrungen des japanischen Entwicklungsmodells und seine Signalwirkung für die Dritte Welt planvoll in einzelne Schritte umsetzt: Bildungsmaßnahmen, Eigenanstrengungen, Managementförderung, Ordnungspolitik und soziale Reformen.

Eine *ökonomische* Würdigung der japanischen Entwicklungshilfepolitik setzt die Kenntnis der entsprechenden außenwirtschaftlichen Verflechtungen voraus. Der japanische Import aus Entwicklungsländern machte 1988 fast 90

Abb. 7: Der Anteil Technischer Zusammenarbeit an der Öffentlichlichen Entwicklungshifle der Industrieländer[86]

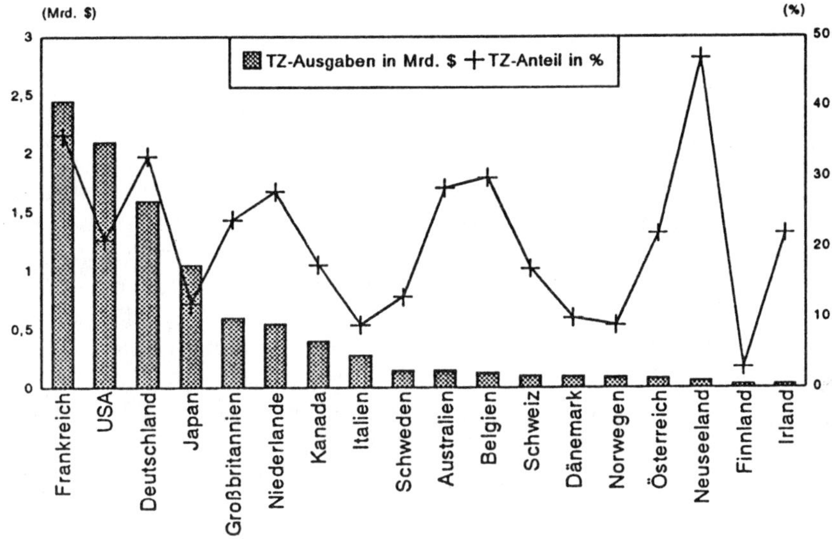

Milliarden US-Dollar aus.[87] Nahezu zwei Drittel dieser Importe entfielen auf die Entwicklungsländer und die Schwellenländer Asiens. Was die Schwellenländer, insbesondere die „vier kleinen Tiger" Korea, Taiwan, Hongkong und Singapur, angeht, spiegelt das Wachstum des Anteils der asiatischen Nachbarn am japanischen Import zwei Einflußfaktoren wider: die Steigerung der japanischen Direktinvestitionen in dieser Region sowie einen größeren Umfang internationaler Arbeitsteilung bei der Komponentenherstellung. Die Anhebung der industriellen Standards in diesen Ländern erklärt das MITI zum eigenen Ziel.[88] Dazu müsse Japan seine eigene Industriestruktur anpassen, den Binnenmarkt weiter öffnen und die eigenständige, technologisch unabhängige Wirtschaftsstruktur dieser Länder durch Investitionen, Technologietransfer und Joint Ventures fördern.

Diese Politik ist — so das MITI — durch internationale Abkommen zur Technologieförderung mit diesen Ländern zu ergänzen. Japan sieht seine stärkere Rolle in dieser Region eingebettet in die Bemühungen der internationalen Gebergemeinschaft um eine Bewältigung der Schuldenkrise, die stärkere Mobilisierung von Finanzkapital für die Länder der Dritten Welt und um eine bessere wirtschaftspolitische Koordinierung. Ebenso seien die Ausweitung des Außenhandels, die größere Unterstützung der Entwicklungsländer durch Hilfeleistungen (ODA), das Recycling des Kapitals aus Kreditrückzahlungen, die

Stabilisierung des internationalen Währungssystems und die Liberalisierung des japanischen Kapitalmarktes erforderlich.[89]

Die regionale und sektorale Steuerung des Experteneinsatzes im Rahmen der Entwicklungszusammenarbeit unterstreicht Japans Rolle als asiatische Großmacht, die sich allerdings im Laufe der letzten Jahre ihrer globalen entwicklungspolitischen Verantwortung zunehmend bewußt geworden ist. Von 1955 bis 1987 entfielen 59,1 % aller Experteneinsätze auf die Entwicklungsländer Asiens, 17,5 % auf Lateinamerika, 8,2 % auf Afrika und 8,7 % auf den Mittleren Osten.[90] Die auf den ersten Blick geringfügig erscheinenden Anteile der beiden letzten Regionen sollten nicht darüber hinwegtäuschen, daß Japan nach seiner raschen Ausweitung des Entwicklungsetats inzwischen in mehreren Ländern Afrikas zum stärksten Entwicklungshilfegeber avanciert ist. Im gleichen Zeitraum (1955-1987) konzentrierte sich der Experteneinsatz auf folgende Sektoren: das Gesundheitswesen (21,5 %), die Landwirtschaft (14,0 %), Aus- und Fortbildung (8,8 %), Telekommunikation, Rundfunk- und Fernsehen (7,1 %), Förderungsmaßnahmen im Bereich sozialer Infrastruktur (6,6 %), Verkehrs- und Transportwesen (8,6 %) und Gewerbeförderung (7,3 %). Durch zusätzliche Hilfemaßnahmen für die ärmsten Länder Afrikas baut Japan zugleich seine Stellung auf diesem Kontinent aus.[91] Schwerpunkte der Technischen Zusammenarbeit sind die Förderung der Landwirtschaft und der menschlichen Ressourcen durch die Unterstützung der Agrarforschung des landwirtschaftlichen Ausbildungswesens, die Förderung von Infrastrukturmaßnahmen, der Nahrungsmittelproduktion und der Vermarktung von Agrarprodukten.

4.2.2 Das Instrumentarium: bürokratisch und reformbedürftig

Experteneinsatz und Mittelverwendung werden von der Japan International Cooperation Agency (JICA) gesteuert. JICA ist 1974 als die allein für die Durchführung von TZ-Projekten verantwortliche Durchführungsorganisation geschaffen worden. Damit beabsichtigte die japanische Regierung die organisatorischen Voraussetzungen für eine wirksamere Koordination zwischen staatlichen und nichtstaatlichen Vorhaben sowie zwischen den Projekten technischer und finanzieller Zusammenarbeit zu schaffen.[92] Mit dieser Aufgabe trat JICA die Nachfolge der 1962 geschaffenen Overseas Technical Cooperation Agency, der 1963 eingesetzten Overseas Trade Development Association und der Overseas Agricultural Development Foundation an. Rekrutierung und Ausbildung der Experten zählen zu den Aufgaben von JICA.

Während JICA für die Technische Zusammenarbeit zuständig bleibt, ist die Finanzielle Zusammenarbeit Aufgabe des Overseas Economic Cooperation Fund (OECF). Die globale ökonomische und entwicklungspolitische Bedeutung dieser Organisation geht allein aus der Tatsache hervor, daß ihre Kreditzusagen Ende 1990 etwa ein Drittel der Zusagen von Weltbank und Internationalem Währungsfond zusammen ausmachten und in etwa der Gesamtsumme der Kreditzusagen der drei regionalen Entwicklungsbanken (Asiatische, Interamerikanische und Afrikanische Entwicklungsbank) entsprachen.[93] Verfolgt man die regionale Verteilung der Kreditzusagen über die letzten drei Jahrzehnte, so ergeben sich einige interessante Akzentverschiebungen. Gemessen am durchschnittlichen Förderungsanteil von 1966 bis 1989 ist der Kreditanteil Asiens im Jahre 1990 mit 72,9 % gegenüber 81,1 % etwas rückläufig, während der Nahe Osten (6,8 % gegenüber 3,6 %) und Lateinamerika (10,7 % gegenüber 5,1 %) einen deutlich größeren Anteil der Kreditzusagen für sich verbuchen konnten.[94] Entwicklungsexperten rechnen für die kommenden Jahre mit einer weiteren Erhöhung des Anteils dieser beiden Regionen, vor allem aber Lateinamerikas. Der Fonds hat in den letzten Jahren Kredite an die afrikanischen Länder in Übereinstimmung mit dem „Special Program of Assistance for Debt Distressed, Low Income Countries in Sub-Saharan Africa (SPA)“[95] ausgeweitet. Zum ersten Mal haben Mali, Niger, die Zentralafrikanische Republik und Mauritius japanische Kredite erhalten. Strukturanpassung, Haushaltskonsolidierung und Schuldenerleichterung sind die Ziele dieses Engagements. So wurden allein im Haushaltsjahr 1988 an Länder in Afrika südlich der Sahara 24 neue Darlehen im Gesamtvolumen von umgerechnet etwa 110 Millionen DM vergeben. Ziel dieser Maßnahmen soll eine Stimulierung der Eigeninitiative in diesen Ländern sein. Ihre Volkswirtschaften ließen sich nur schrittweise in den Weltmarkt integrieren. Zudem sei der Spielraum für zusätzliche Mittel zugunsten dieser Region begrenzt.

Um den Rückfluß von Kapitalhilfemitteln aus den ärmsten Entwicklungsländern zu neutralisieren, hat die japanische Regierung die (unentgeltlichen) Sachmittel und Nahrungsmittelzuwendungen erheblich ausgeweitet. Zinsvergünstigte Kredite mit langen Laufzeiten sollen den Aufbau der Infrastruktur erleichtern. Die unentgeltlichen Hilfeleistungen dagegen sollen sich auf humanitäre Fragen, den Gesundheits- und Ausbildungsbereich beschränken. Die Kredite aus dem Bereich der Kapitalhilfe sollen demgegenüber Sektor- und Strukturanpassungen erleichtern.

Ein besonderes Merkmal der Durchführung der japanischen Entwicklungshilfe bleibt der im Vergleich zu anderen Geberländern äußerst niedrige Anteil der Arbeit von Nichtregierungsorganisationen (nongovernmental organizations, NGO).[96] Die Organisationen der nichtstaatlichen Entwicklungszusammenarbeit machen hierfür vor allem fehlende steuerliche Anreize verantwortlich. Zum ersten Mal überhaupt hat die japanische Regierung im Jahre 1990 einer Nichtregierungsorganisation in der Elfenbeinküste Entwicklungshilfemittel gewährt.[97]

Die Leistungsfähigkeit der entwicklungspolitischen Trägerorganisationen hat mit der rapiden Expansion der staatlichen Entwicklungshilfeleistungen nicht Schritt halten können. Von JICA-Mitarbeitern wie externen Kritikern der japanischen Entwicklungshilfe wird besonders bemängelt, daß das JICA-Personal sich immer mehr mit der bloßen Administration der Projekte zufriedengeben muß und sich folglich zu einer systematischen, sektoralen und regionalen Steuerung nicht imstande sehe. So können Fehlentwicklungen aufgrund mangelnder Bedarfsanalysen und sich verselbständigender Projekte nicht ausbleiben. Die Management and Coordination Agency hat mit Nachdruck darauf hingewiesen, daß diese organisatorischen Engpässe erhebliche Verzögerungen bei den Bedarfs- und Projektprüfungen zur Folge haben.[98] Entsprechend schleppend gestalten sich Projektdurchführung und Projektkontrolle. Vollends mangelhaft ist die Nachbetreuung von Projekten: Mit dem Abzug der japanischen Experten setzt häufig der endgültige Verfall der Projekte ein. Zudem bleiben die Zuständigkeiten der beteiligten Ressorts — des Außenministeriums, des MITI, des Finanzministeriums sowie des Amtes für Wirtschaftsplanung (EPA) — unklar und bei der Vergabe mittel- und langfristiger Darlehen an Entwicklungsländer unkoordiniert.

Wie andere Geberländer läßt Japan seine Entwicklungshilfeleistungen durch mehrere Durchführungsorganisationen abwickeln, die ihre Aktivitäten nur unzureichend aufeinander abstimmen. Dieses Bild wird noch weiter dadurch kompliziert, daß sich die japanischen Nichtregierungsorganisationen mit der Bewerbung um staatliche Entwicklungshilfegelder schwer tun.[99] Führende Vertreter der Nichtregierungsorganisationen bemängeln, die japanische Entwicklungshilfe sei zu sehr Wirtschaftshilfe im Dienst der japanischen Exportinteressen. Sie konzentriere sich zu sehr auf die technische Grundausstattung und zu wenig auf die sozialen Rahmenbedingungen der Entwicklungsprojekte.

Eine systematische Bedarfsermittlung, Projektprüfung und Projektdurchführung wird ohne einen organisatorischen Ausbau der mittelverwaltenden Abteilungen im Außenministerium und im Finanzministerium wie vor allem bei der zentralen Durchführungsorganisation JICA selbst nicht möglich sein. Sonst bleiben eine von allen Kritikern der japanischen Entwicklungshilfe geforderte Steigerung der Qualität der Projekte und die sorgfältigere Auswahl der Experten auf Dauer reine Illusion.[100] Der zunehmend globaleren Orientierung der japanischen Außenpolitik entspricht die Absicht, den auf die afrikanischen Länder entfallenden Anteil an der japanischen Entwicklungshilfe zu steigern. Dies gilt vor allem für eine größere Entsendung von Entwicklungshelfern in diesen Kontinent. Auf diesen Ausbau sind die japanischen Botschaften zumindest besser vorbereitet als beispielsweise die deutschen Auslandsvertretungen: In den Botschaften Japans sind in der Regel mehrere Mitarbeiter mit der Betreuung japanischer Entwicklungsprojekte im Partnerland befaßt.

In Zukunft geht es vor allem darum, das gegenwärtige entwicklungspolitische Kompetenzenwirrwarr zu entflechten[101], eine eindeutigere politische

Verantwortung zu sichern und dadurch günstigere Voraussetzungen für die Programm- und Projektplanung zu schaffen.[102] In diesem Rahmen ist daran zu denken, die politische Verantwortung des Außenministeriums und die administrative Verantwortung der Japanese International Cooperation Agency zu stärken.[103]

4.2.3 Entwicklungspolitik als Instrument „umfassender Sicherheit"

Die Entwicklungshilfeleistungen sind für die japanische Regierung stets ein besonderes Mittel der Gestaltung der auswärtigen Beziehungen gewesen. Eine deutliche Erhöhung der Entwicklungshilfe wurde daher zugleich als eine Chance begriffen, wirksamer dem Vorwurf zu begegnen, Japan verhalte sich als „Trittbrettfahrer" („free rider") der internationalen Politik. Dementsprechend hat der Owen-Brzezinski-Okita-Bericht an die Trilaterale Kommission bereits 1984 empfohlen, die japanische Regierung solle niedrige Verteidigungsausgaben durch höhere ODA-Leistungen ausgleichen.

Schon seit der dritten Phase der japanischen Entwicklungshilfe, die mit dem Jahre 1973 eingesetzt hat (in der ersten und zweiten Phase dominierten Reparationsverpflichtungen und außenwirtschaftliche Interessen), ist die Entwicklungshilfe ein Instrument der „*Ressourcendiplomatie*" zur Erschließung von Energie- und Rohstoffvorkommen.[104] Im Zuge dieser „Diplomatie" ist eine wirksamere Koordination zwischen den amerikanischen und japanischen Entwicklungshilfeleistungen naheliegend — so unterschiedlich die außenpolitischen und wirtschaftlichen Eigeninteressen dieser Staaten auch sein mögen. Die Einsetzung eines ständigen Koordinationsausschusses (permanent U.S.-Japan aid coordination committee) ist daher eine einleuchtende Forderung, die auch Japans Verständnis als pazifische Großmacht aufnimmt.[105]

Außenpolitische und sicherheitspolitische Überlegungen erhalten in der vierten Phase, die 1977 mit dem ersten Plan zur Verdoppelung der Entwicklungshilfe eingesetzt hat, größeres Gewicht. Das Konzept der „*Comprehensive Security*" ermöglicht die stärkere Berücksichtigung dieser Kriterien. Dieses Programm ist von Premierminister *Suzuki* 1980 zur Grundlage der japanischen Außenpolitik gemacht worden, nachdem das Nomura Research Institute und die „Study Group on Comprehensive National Security" schon in den Jahren zuvor eine solche Ausrichtung empfohlen hatten.[106] Welche Rolle strategische Überlegungen bei der Vergabe der Entwicklungshilfe spielen sollen, ist aber im Regierungsapparat — vor allem zwischen MITI und Außenministerium — nach wie vor umstritten.

Im Zuge der erheblichen Ausweitung der staatlichen Entwicklungshilfeleistungen Japans sieht das Außenministerium die Verbesserung der Implementationsstruktur als vorrangig an.[107] Dabei kommen der Erhöhung der Mitarbeiterzahl und bessere Mitarbeiterschulung besondere Bedeutung zu. Ferner soll die Tätigkeit der verschiedenen Entwicklungshilfeorganisationen stärker durch das Außenministerium koordiniert werden. Die Evaluierung der Hilfemaßnahmen soll durch bessere Ausbildung und stärkeren Einsatz von Evaluierungsspezialisten den Standards anderer großer Geberländer angepaßt werden. Dabei sollen in größerem Umfang Personen und Institutionen eingesetzt werden, die an der Projektimplementation *nicht* beteiligt waren. Gemeinsame Evaluierungen mit Nehmerländern und anderen Industrienationen sind vorgesehen.

Über diese an Effienz- und Effektivitätsmaßstäben orientierte Qualitätssteigerung der staatlichen Entwicklungshilfe hinaus hat das Außenministerium erstmals im Jahre 1990 in seinem entwicklungspolitischen Jahresbericht die politischen Bedingungen seiner Politik formuliert[108]: Den Bemühungen um Einführung demokratischer Herrschaftsverhältnisse sowie den wirtschaftlichen und sozialen Rahmenbedingungen der Entwicklung soll künftig stärkere Beachtung geschenkt werden. Instrument der Beeinflussung dieser Bedingungen ist der *Politikdialog*. Damit rückt die Regierung verbal stärker an die anderen Gebernationen sowie Weltbank und IMF heran, unternimmt aber zugleich den Versuch einer gegenüber den USA eigenständigeren Standortbestimmung.[109] In regionaler Hinsicht soll ein größerer Anteil der staatlichen Mittel nach Osteuropa und in den Nahen Osten fließen. Gleichfalls soll der Anteil humanitärer Hilfeleistungen erhöht werden.

Die bisherige Mittelvergabe sei zu sehr unter außenwirtschaftlichen und außenpolitischen Opportunitätsgesichtspunkten erfolgt, bemängeln Kritiker der Entwicklungszusammenarbeit, so seien derzeit 10 — 15 % der Projekte fragwürdig.[110] Die japanische Entwicklungshilfe an die Philippinen zur Zeit des Marcos-Regimes wird in Japan als ein besonders eindeutiges Beispiel für die Verschwendung öffentlicher Mittel angesehen. Noch immer ist die administrative Kontrolle der Hilfemittel in einem engen Geflecht diplomatischer Rücksichtnahmen unzureichend. Ob die Zielgruppen von den Projekten auch tatsächlich erreicht werden, steht dahin. So fordert der Unternehmerverband *Keidanren* eine größere Flexibilität des Mitteleinsatzes, größere Konzentration der Entwicklungshilfe auf Aus- und Fortbildung sowie eine stärker auf internationale Zusammenarbeit ausgerichtete Universitätsausbildung.[111]

Da auch andere Gebernationen wie die Nehmerländer selbst eigene Interessen durchzusetzen versuchten, beurteilt die japanische Regierung alle Ansätze einer besseren Geberkoordination skeptisch.[112] Diese Koordinierung wird als auswärtige Einmischung von Gebern wie Nehmern in die japanische Entwicklungspolitik abgelehnt. Lediglich den Vereinten Nationen und den Organisationen multilateraler Hilfe werden Politikdialog und Geberkoordination als politische Aufgaben konzediert. Angesichts der Wachstumserfolge der asiatischen Entwicklungsländer und der in Anspruch genommenen Leitbildfunktion Japans in dieser für die japanischen Entwicklungshilfe vorrangigen Region wird die Notwendigkeit des Politikdialogs grundsätzlich eher in Frage gestellt, zumal die Verantwortung für Afrika den früheren europäischen Kolonialmächten zugewiesen wird.

Seit Ende der 70er Jahre wird die Entwicklungspolitik zunehmend als ein Werkzeug der Außenpolitik zur Gewährleistung *umfassender Sicherheit* verstanden. Zu Beginn der 80er Jahre verstärkte sich zugleich der amerikanische Druck auf eine deutliche Erhöhung der Entwicklungshilfeausgaben als Kompensation für die niedrigen japanischen Verteidigungslasten. Der damalige Sicherheitsberater des amerikanischen Präsidenten Zbigniew *Brzezinski* forderte von Japan sogar, insgesamt 4 Prozent seines Bruttosozialprodukts für Entwicklungshilfe und Verteidigung auszugeben.[113] Der frühere Außenminister Henry *Kissinger* hat Japan indessen ermutigt, auch künftig seine Entwicklungshilfeleistungen stärker auszuweiten als seine Verteidigungsausgaben. Sowohl diese amerikanischen Einflußnahmen als auch das Selbstverständnis der japanischen Außenpolitik als einer Politik „umfassender Sicherheit" lassen den Schluß zu, daß die *Verteidigungspolitik durch Entwicklungspolitik ergänzt wird.*

Gestützt wird diese Interpretation auch durch die Tatsache, daß Länder von nur begrenztem wirtschaftlichen, aber erheblichem strategischen Interesse für den Westen wie Pakistan, Türkei, Sudan und Somalia in den achtziger Jahren erhebliche Steigerungen der japanischen Entwicklungshilfe verzeichnen konnten. Die verstärkte japanische Entwicklungshilfe für die Türkei und Pakistan füllte vor allem eine Lücke im amerikanischen Hilfeaufkommen; das gleiche gilt auch für japanische Hilfeleistungen an China und Laos. Beispiele für strategische Hilfe in enger Abstimmung mit den USA bieten auch jene Länder, denen die weitere Unterstützung kurzfristig versagt worden ist, wie Jamaika, Somalia (1982) und die Türkei (1980-81), während die Hilfeleistungen an andere Länder auch auf Druck der USA ständig zunehmen (Indonesien, Philipinen).[114] Hier wird ein Grundmuster der amerikanisch-japanischen Kooperation erkennbar: Wo amerikanische Hilfe aus außenpolitischen bzw. strategischen Gründen begrenzt oder zurückgeschraubt wird, tritt die japanische Hilfe an ihre Stelle.

Die Erklärung der japanischen Entwicklungshilfe mit ausschließlich wirtschaftlichen bzw. wirtschaftspolitischen Motiven greift somit angesichts der Geschichte der japanischen Auslandsbeziehungen sowie der Komplexität ihrer Ziele und Instrumente zu kurz. Wirtschaftspolitische Kriterien werden im entwicklungspolitischen Entscheidungsprozeß vor allem durch das MITI vertreten. Wenn japanische Unternehmen nach wie vor starken Einfluß auf das Vergabeverfahren nehmen, so auch deshalb, weil die Regierungen vieler Empfängerländer nicht über das entsprechende Know-how zur Formulierung von Projektanträgen verfügen.[115] Zudem verfügt die japanische Regierung etwa im Vergleich zur amerikanischen Entwicklungshilfeorganisation USAID nur über einen eng begrenzten Mitarbeiterstab in den Partnerländern.

Die Entwicklungshilfe Japans ist daher nicht nur wirtschaftliche, sondern *auch strategische Hilfe*. Die Entwicklungspolitik wird strategisch wie die gesamte Außenpolitik durch zwei unterschiedliche Orientierungspole bestimmt: die Anpassung an die Realitäten internationaler Politik („Realpolitik") und eine neue außenpolitische Strategie, deren Sicherheitskomponente sich mehr auf wirtschaftliche als auf militärische Sicherheit stützt. Die außenpolitische Nutzung der japanischen Entwicklungshilfe als Instrument der Sicherheitspolitik kommt darin zum Ausdruck, daß Japan seine Entwicklungshilfeleistungen seit den 70er Jahren — je nach internationaler Entwicklung, strategischer Bedeutung einzelner Staaten und der Sicherheitspolitik der USA — an einzelne Länder sprunghaft erhöht und gesenkt hat.[116] Hierbei handelte es sich um Länder, die für die NATO und die Eingrenzung sowjetischen Engagements bedeutsam waren. So erhielten Ägypten, Kenya und Zimbabwe stark erhöhte Entwicklungshilfe. Die stärkeren Leistungen an afrikanische Länder müssen dagegen mit wenigen, strategisch bedingten Ausnahmen eher als Solidarbeitrag an die westliche Staatengemeinschaft verstanden werden.

Bei einer anderen Gruppe von Entwicklungsländern fällt die kontinuierliche Erhöhung der japanischen ODA-Leistungen in den letzten Jahrzehnten auf. Hierzu zählen ausschließlich asiatische Länder: die ASEAN-Staaten (Indonesien, Thailand, Philippinen, Malaysia) sowie China und Süd-Korea.[117] Die im Durchschnitt höheren Entwicklungshilfeleistungen Japans an diese Länder spiegeln vor allem die regionale Schwerpunktsetzung der japanischen Außenpolitik wider. Die politische und wirtschaftliche Stabilität dieser Region ist für Japan politisch, militärisch und wirtschaftlich von existenzieller Bedeutung. „Without no prosperity for ASEAN, there can be no prosperity for Japan", stellt der frühere Premierminister *Nakasone* fest.[118] Im Rahmen der „comprehensive national security" haben außen- und sicherheitspolitische Maßstäbe in der Entwicklungspolitik an Bedeutung gewonnen — vor allem die Solidarität mit der westlichen Staatengemeinschaft und die Intensivierung der Beziehungen zu den asiatischen Nachbarstaaten.

4.2.4 Konzeptionelle Probleme: das unzureichende Management

Die Expansion der Entwicklungshilfeleistungen steht trotz dieser Bemühungen aber immer noch auf einem schwachen programmatischen Fundament. Es fehlt ein entwicklungspolitisches Konzept.[119] Hierin spiegelt sich die Tatsache wider, daß die Entwicklungspolitik bisher Instrument der Außenpolitik, der Außenwirtschaftspolitik und strategischer Überlegungen gewesen ist. Auch hier gibt es Parallelen zu anderen Industrieländern — vor allem zu den Vereinigten Staaten. Ein solches Programm mag zu Beginn der japanischen Entwicklungspolitik, als Entwicklungshilfezahlungen im Kern Wiedergutmachungsleistungen darstellten, entbehrlich gewesen sein. Für die größte Gebernation der Welt aber ist ein solches Konzept vordringlich. Es könnte sich aus engeren Konsultationen und Abstimmungsgesprächen mit anderen Gebern — insbesondere den Vereinigten Staaten, Großbritannien, Frankreich und Deutschland ergeben. Eine höhere Effektivität der internationalen Entwicklungshilfe bleibt auf diese Koordination angewiesen.

An die führende internationale Rolle Japans in der Entwicklungspolitik[120] knüpfen sich auch in der innerjapanischen Diskussion[121] Forderungen nach einer höheren Managementqualität der japanischen Entwicklungshilfe und ihrer stärkeren Ausrichtung auf die Förderung menschlicher Ressourcen. Die Medien bezeichnen die staatliche Entwicklungshilfe als „gesichtslos“ und die Verbindung entwicklungspolitischer Ziele mit diplomatischen Erwägungen als „zweideutig“. Denn bei der Ausweitung oder Einschränkung seiner Entwicklungshilfe sei Japan nicht frei, sondern auf die Zusammenarbeit mit anderen Ländern angewiesen.[122] Das Zuschußelement der staatlichen Hilfeleistungen sei noch zu gering. Die Regierung sucht dieser Kritik mit folgenden Hinweisen zu begegnen[123]: Der Anteil der Öffentlichen Entwicklungshilfe am Bruttosozialprodukt steige 1992 auf 0,35 %; die Globalisierung der Entwicklungshilfe werde — vor allem zugunsten Afrikas — weiter vorangetrieben; die Befriedigung der Grundbedürfnisse sei ein wichtiges Orientierungskriterium, und die Koordination mit den anderen Gebernationen werde schrittweise verbessert.

Die japanische Regierung hat in einem Evaluierungsbericht quantitative und qualitative Verbesserung der Öffentlichen Entwicklungshilfe in Aussicht gestellt.[124] Der Umfang der Leistungen soll 1992 auf 50 Mrd. US-Dollar aufgestockt werden. Technische Hilfe und nichtrückzahlbare Zuschüsse sollen an Gewicht zunehmen. Der Anteil der ärmsten Entwicklungsländer (LLDC) an der japanischen Entwicklungshilfe soll erhöht und die Managementstruktur in den Entwicklungsländern durch eine Verbesserung von Aus- und Fortbildung sowie Beratung leistungsfähiger gemacht werden. Das Durchführungssystem sei neu zu ordnen und Nichtregierungsorganisationen (NGO) stärker an der Projektdurchführung zu beteiligen. Der Kulturaustausch mit der Dritten Welt müsse stärker gefördert und die Leistungsfähigkeit der Durchführungsstruktur sei durch einen Ausbau der JICA gesteigert werden — vor allem im Bereich des Projektpersonals.

Mehr als bisher muß sich die ODA an den Bedürfnissen der Empfängerländer orientieren, an klaren Prioritäten ausrichten, die Umweltaspekte mehr berücksichtigen und stärker den ärmsten Bevölkerungsgruppen zugute kommen. Die Evaluierungen der Projektarbeit seien zu verbreitern und die Berichte über diese Arbeit der Öffentlichkeit zugänglich zu machen.

Abb. 8: Wachstum der Öffentlichen Entwicklungshilfeleistungen (ODA) Japans[125] (in Mrd. Dollar)

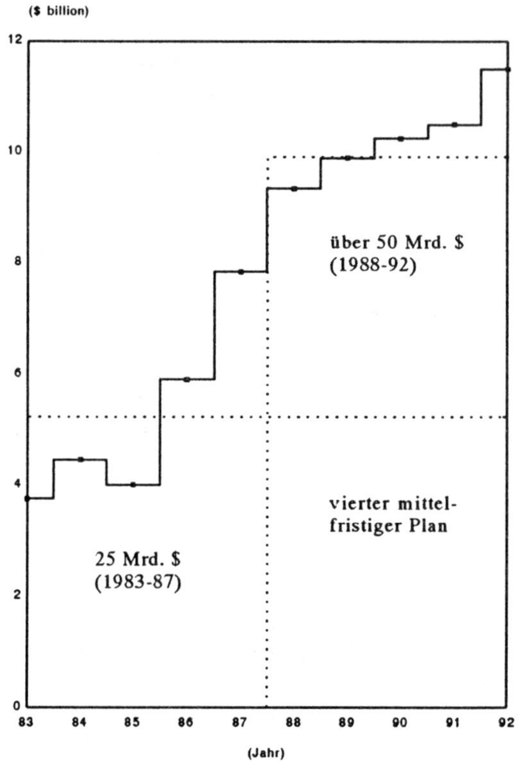

4.2.5 Reformüberlegungen

Seit mehreren Jahren wird die stärkere Grundbedürfnisorientierung der japanischen Entwicklungshilfe auch von den zuständigen Regierungsstellen als notwendig angesehen. So fordert das Amt für Wirtschaftsplanung (Economic Planning Agency), die Hilfeleistungen durch Selbsthilfeanstrengungen in den ärmeren Ländern zu unterstützen.[126] Diesem Ziele dienten am ehesten alle Maßnahmen der Förderung „menschlicher Ressourcen". Durch den Politikdialog mit den Regierungen der Partnerländer sollen geeignete Rahmenbedingungen für diese Förderungsstrategie geschaffen werden. Die Ergebnisse der Entwicklungszusammenarbeit sollen durch einen „Selbsthilfeindex" erfaßt werden, der den Beitrag der Hilfeleistungen zum Entwicklungsstand des Partnerlandes messe.

Um Flexibilität und Zielgenauigkeit des Mitteleinsatzes zu erhöhen, sollen nach den Plänen des MITI sämtliche Förderungsmittel in einem Haushaltstitel zusammengefaßt und von einer von den Ministerien unabhängigen Haushaltsstelle verwaltet werden.[127] Diese haushaltstechnische Straffung der Mittelverwaltung soll in Zeiten rapider und tiefgreifender internationaler Veränderungen einen schnelleren und zugleich wirksameren Mitteleinsatz ermöglichen und ferner das bisher ausschließlich angewandte *Antragsprinzip* durch eine stärkere *Angebotsorientierung* des Förderungskonzepts ersetzen. Die stärkere Berücksichtigung ökologischer Kriterien und der Ausbau des Expertenstabes der Durchführungsorganisationen sind weitere Bausteine des neuen entwicklungspolitischen Konzepts.

Die Regierung strebt qualitative Verbesserungen der japanischen Entwicklungshilfe durch folgende Maßnahmen an: Erhöhung des Zuschußelements, Ausweitung der technischen Zusammenarbeit, Steigerung der Beiträge für internationale Organisationen, Erhöhung des Anteils der Hilfeleistungen an die ärmsten Entwicklungsländer (1990: 12,7 %) und entschiedenere Bekämpfung der internationalen Umweltprobleme.[128] Diese Absichtserklärungen tragen der Kritik des Development Assistance Committee (DAC) der OECD und zahlreicher internationaler Experten Rechnung.[129] Diejenigen Abgeordneten des Unterhauses, die wie Kōji *Kakizawa* eine stärkere internationale Rolle Japans unterstützen, fordern zudem mit Nachdruck eine engere Abstimmung der Entwicklungspolitik mit außenpolitischen Vorgaben und innenpolitischen Reformen.[130]

Diese entwicklungspolitischen Reformüberlegungen können sich nur im Rahmen der außenpolitischen Eckwerte der Entwicklungspolitik entfalten. Die außenpolitischen Motive der Entwicklungshilfe aber sind komplex.[131] Die Deutung des Konzepts *umfassender Sicherheit* als „defensive Reaktion auf äußeren Druck unterschätzt jedoch eine eigenwillige und offensive Komponente in der japanischen Außenpolitik. Der äußere Druck paßte den Führungsgruppen in das außenpolitische Konzept und lieferte ihnen gleichzeitig den Vorwand, Machtambitionen hinter defensiven Formeln zu verbergen und die pazifistischen Oppositionsgruppen inner- und außerhalb des Parlaments nicht zu provozieren."[132] Die japanische Entwicklungshilfe dient zugleich wirtschaftlichen *und* politischen, humanitären *und* strategischen Interessen.

Am Beispiel der Entwicklungspolitik zeigt sich besonders deutlich, daß Kongruenz und Inkongruenz der außenpolitischen Teilpolitiken einen Schlüssel für das Verständnis der japanischen Außenpolitik darstellen. Für diese Perspektive sprechen insbesondere folgende Faktoren:[133]

— die Instrumentalisierung der Reparationszahlungen in den ersten Nachkriegsjahren im Dienste politischer und wirtschaftlicher Zielsetzungen,
— die Konzentration der Entwicklungshilfeleistungen auf rohstoffreiche Länder in den 70er Jahren,
— die Instrumentalisierung der Entwicklungshilfe als Mittel der Außenwirtschafts- und Strukturpolitik (der „Einkommensverdoppelungsplan" der

Jahre 1961 — 1970 sah eine erhebliche Steigerung der Exporte durch Entwicklungshilfe vor),
— die traditionelle „70-10-10-10-Formel", die lange Zeit einen Anteil in Höhe von 70 Prozent für die asiatischen Nehmerländer vorsah (auf die Entwicklungsländer Afrikas, des Nahen Osten und Lateinamerikas sollten jeweils weitere 10 Prozent entfallen) sowie
— der Übergang von einer regionalen zu einer *globalen* Orientierung der japanischen Entwicklungspolitik, die den internationalen Verflechtungen Japans und seinen langfristigen Interessen mehr Rechnung zu tragen versucht.

Diese Bewertung läßt sich auch dadurch untermauern, daß das japanische Außenministerium selbst die Entwicklungspolitik in den Rahmen folgender außenpolitischer Eckwerte eingeordnet hat:[134] Herausforderungen der internationalen Probleme wirtschaftlicher Sicherheit, die Verantwortung Japans als wirtschaftliche Weltmacht, wirtschaftliche Eigeninteressen sowie humanitäre Motive und Bindungen aufgrund diplomatischer Beziehungen. Auch hier wird deutlich, daß humanitäre Erwägungen ein geringes Gewicht für die Entwicklungshilfe besitzen. Um die rasche Expansion der japanischen Entwicklungshilfeleistungen dennoch erklären zu können, bedarf es daher außenwirtschaftlicher und strategischer Kriterien. Außenpolitik, die dem Ziel der „umfassenden Sicherheit" dienen soll, bedient sich der Instrumente der Außenwirtschafts-, Sicherheits- und Entwicklungspolitik, um einerseits die Solidarität mit der westlichen Staatengemeinschaft zu dokumentieren und zum anderen die Beziehungen zu den Ländern der Dritten Welt zu intensivieren. Dies zeigt im übrigen auch die massive japanische Unterstützung des Umweltschutzprogramms Mexikos.

4.2.6 Die Entwicklungspolitik als Bestandteil der Außenpolitik

Damit beginnt die japanische Regierung, die Entwicklungspolitik als Instrument globaler Außenpolitik zur Sicherung ihrer Weltmachtposition für das 21. Jahrhundert einzusetzen.[135] Diese globale Perspektivenerweiterung läßt sich am Beispiel der Beziehungen Japans zum Nahen Osten illustrieren, die einen Weg von der „Öldiplomatie" zu einer umfassenderen Politik beschritten haben.[136] Auch in dieser Region ist eine primär wirtschaftlich motivierte Politik einem breiter angelegten Ansatz gewichen. Gerade der Mißerfolg der früheren japanischen Nah- und Mittelostpolitik läßt sich mit der Verengung dieser Politik auf Fragen der Ölversorgung erklären.

Das Außenministerium sieht die japanische Entwicklungshilfe als „integrierenden Bestandteil der japanischen Außenpolitik."[137] Demokratisierungsbestrebungen seien in den Ländern der Dritten Welt ebenso nachdrücklich zu fördern wie in Osteuropa. Den politischen und nicht primär ökonomischen Charakter der japanischen Entwicklungshilfe unterstreicht das Außenministerium mit dem Hinweis auf den hohen Anteil der *nicht* liefergebundenen Hilfe. Die Optik der hohen Ausweitung der japanischen Entwicklungshilfe- und Verteidigungsleistungen wird freilich durch die starke Aufwertung des Yen („endaka") in den vergangenen Jahren verzerrt.[138]

Im April 1991 hat die japanische Regierung erklärt, die bilaterale japanische Hilfe sei künftig abhängig vom Stand der Beziehungen zu dem jeweiligen Nehmerland, dessen Bedürfnisstrukturen, seinen wirtschaftlichen und sozialen Bedingungen sowie der Sicherheit des Landes.[139] Besondere Bedeutung komme dabei der Prüfung folgender Kriterien zu: Militärausgaben, Herstellung von Massenvernichtungswaffen, Waffenhandel und Herstellung demokratischer Herrschaftsverhältnisse sowie marktwirtschaftlicher Rahmenbedingungen.[140] Mit der Umsetzung dieses Konzepts hat die Regierung begonnen. So soll erstmals der Umfang der Hilfe an zwei Nehmerländer, Burma (Myanmar) und Haiti, mit Verweis auf dieses Konzept zurückgeschraubt werden. Die Durchführungsorganisationen arbeiten seit mehreren Jahren an Länderkonzepten, die Richtlinien für eine systematischere Projektplanung bereitstellen sollen. Über die Anwendung der politischen Rahmenbedingungen ihrer Hilfe will die Regierung von Fall zu Fall unter Berücksichtigung der jeweiligen historischen, soziokulturellen und außenpolitischen Voraussetzungen entscheiden.[141] Ein vollständiger Abbruch der Hilfeleistungen soll in jedem Fall vermieden werden, da die Aufgabe humanitärer Projekte eine zusätzliche Last für die betroffene Bevölkerung darstellen würde.[142] Das bedeutet vorrangig die Fortführung von Projekten im Bereich Gesundheitsförderung, Erziehung und Katastrophenschutz.

Zusammenfassend muß festgestellt werden, daß die Entwicklungspolitik trotz dieses behutsamen Ansatzes einer politischen Begründung widersprüchlich bleibt: Auf der einen Seite soll die Entwicklungshilfe an Militärdiktaturen gekürzt werden, auf der anderen Seite hat die japanische Regierung jedoch dem brutalen Militärregime Myanmars (Burma) im Jahre 1991 öffentliche Entwicklungshilfe im Umfang von 61,3 Millionen Dollar gewährt — einem Militärstaat, der mehr als die Hälfte seines Haushalts für die Rüstung ausgibt.[143] Am widersprüchlichen, vorrangig an ökonomischen Eigeninteressen ausgerichteten Bild der japanischen Burma-Politik zeigt sich deutlich, daß trotz der Grundsatzerklärung aus dem Jahr 1991 eine überzeugende Konzeption einer in sich stimmigen, an Demokratie und Menschenrechten orientierten Hilfepolitik fehlt. Bisher hat die japanische Regierung der internationalen Öffentlichkeit über mehrere Jahre den Eindruck eines opportunistischen Arrangements mit der Militärjunta Myanmars vermittelt.[144] Unter diesen Bedingungen bleibt abzuwaren, inwieweit die Regierung gegenüber Myanmar und anderen Staaten Asiens mit großen Militärhaushalten (China, Indien, Pakistan) ihre mit großem Nachdruck verkündeten Grundsätze tatsächlich verfolgt und in der Lage ist, außenpolitischen Perspektiven Vorrang vor Exportinteressen einzuräumen. Skepsis ist angebracht. Die Ernsthaftigkeit, mit der die Regierung die japanischen Entwicklungshilfeleistungen vom Umfang der Rüstungsausgaben in den Nehmerländern abhängig machen will, wird sich künftig auch an der Zusammenarbeit mit solchen Partnerländern erweisen müssen, die eine große Rolle im Waffenhandel spielen: China, Indonesien und Indien.[145] Der Entwicklungspolitische Jahresbericht 1992 bestätigt im übrigen dieses Dilemma, gibt die selektive Anwendung der Kriterien Demokratie und Menschenrechte zu und nimmt aus außenpolitischen, wirtschaftlichen und strategischen Gründen Länder vom Gewicht Chinas von der Anwendung dieser Maßstäbe aus.[146] Den ehrgeizigen Zielen des Politik-Dialogs steht außerdem der traditionelle Verhandlungsstil der japanischen Diplomatie entgegen, der mehr noch als der auswärtige Dienst anderer Länder seit jeher durch das Streben nach Risikominimierung und Konfliktvermeidung gekennzeichnet ist.[147]

Um den Übergang zur Demokratie und zu marktwirtschaftlichen Ordnungen in den Partnerländern zu fördern, will das Außenministerium in den Kooperationsbereichen Verwaltungsförderung, Strukturanpassung, makroökonomische Rahmenbedingungen, Finanz- und Geldpolitik sowie Unternehmensführung mehr Experten in die Entwicklungsländer entsenden und mehr Aus- und Fortbildungsprogramme für Fachkräfte aus diesen Ländern finanzieren.[148] Ein Ausbau der technischen Zusammenarbeit wird auch mit den Ländern Osteuropas angesteuert. Desweiteren will sich die japanische Regierung an dem Förderungsprogramm „Partnerschaft für Demokratie und Entwicklung“ in Mittelamerika beteiligen und die Mongolei beim Übergang zu Demokratie und Marktwirtschaft unterstützen.

Unter Hinweis auf die Empfehlungen des „Beirats für die Förderung von Verwaltungsreformen“ bekennt sich die japanische Regierung zum weiteren Ausbau der Öffentlichen Entwicklungshilfe und zu dem international verbindlichen Richtwert von 0,7 % des Bruttosozialprodukts. Das Ansteuern dieses Richtwerts setzt in einem überschaubaren Zeitrahmen hohe Zuwachsraten der japanischen Entwicklungshilfe voraus. Vor dem Hintergrund der bisherigen Steigerung der ODA-Leistungen erscheint das Regierungsversprechen zumindest insoweit tragfähig, als auch im Haushaltsjahr 1992 / 1993 unter allen Haushaltsposten nur der Entwicklungshilfeetat mit 7,8 Prozent einen deutlich überdurchschnittlichen Zuwachs erfährt.[149]

4.3 Verteidigungspolitik

Seit langem sieht sich Japan als neue ökonomische „Supermacht“ der Kritik ausgesetzt, es verweigere sich seiner außenpolitischen Verantwortung im internationalen System der Lastenteilung.[150] Auf diese Kritik hat die japanische Regierung in zweifacher Hinsicht mit Nachdruck reagiert: durch eine Verdoppelung der Militärausgaben in den letzten zwölf Jahren und eine über diese Entwicklung weit hinausreichende Ausweitung der öffentlichen Entwicklungshilfeleistungen. Die Berücksichtigung strategischer Kriterien und die enge Koordination der Entwicklungspolitik mit den Vereinigten Staaten illustrieren die Verankerung dieser Politik in einem vielfach übersehenen — oder doch zumindest unterschätzten — außenpolitischen Gesamtkonzept.[151] Sie legen eine Rückschau auf die Geschichte der japanischen Sicherheitspolitik nahe.

4.3.1 Die strategische Ausgangssituation in einem instabilen Umfeld

Grundlage der japanischen Verteidigungspolitik ist der Sicherheitsvertrag mit den Vereinigten Staaten. Dieser Vertrag hat das Recht auf Selbstverteidigung, das durch Art. 9 der Japanischen Verfassung nicht infragestellt wird, insoweit transformiert, als die USA den japanischen Inseln durch Truppenstationierung militärischen Schutz vor potentiellen Angreifern gewähren und Japan seine Verteidigungsfähigkeit durch eigene Maßnahmen, d.h. durch den Aufbau der Selbstverteidigungsstreitkräfte, sicherstellen soll.[152] Dieser Vertrag, der zunächst starke politische Proteste hervorgerufen hatte, wurde seit 1970 Jahr für Jahr automatisch verlängert und ist bis heute in Kraft. Aus dem früheren Schutzvertrag ist aufgrund des größeren außenpolitischen Gewichts Japans sowie des zügigen Ausbaus der Selbstverteidigungsstreitkräfte in der Zwischenzeit ein bilateraler Bündnisvertrag geworden, der der japanisch-britischen Allianz in den Jahren 1902 bis 1923 ähnelt.[153] Der Ausbau des Militärpotentials soll Japan selbst in die Lage versetzen, ein vormals von den USA vorgegebenes strategisches Ziel zu realisieren: Japan und seine Seewege in einem Umkreis von 1000 Seemeilen verteidigen zu können. In dieser Lage ist Japan aber gegenwärtig noch nicht. Mit seinem stark angewachsenen Militärbudget zeigt Japan dennoch eine gegenüber den ersten Nachkriegsjahrzehnten „kräftigere Verteidigungsstatur".[154] Diesem Ausbau sind der hohe technologische Standard der japanischen Industrie und die breite Unterstützung dieser Verteidigungspolitik durch die großen Unternehmen und Verbände zugute gekommen.

Der Aufbau der japanischen Selbstverteidigungsstreitkräfte ist zum einen ein Eckpfeiler der Globalstrategie der USA und zum anderen Folge der Eingliederung Japans in die westliche Staatengemeinschaft gewesen.[155] Aus der Sicht der Vereinigten Staaten wäre ein neutrales Japan in den Einflußbereich der Sowjetunion geraten. Die japanischen Regierungen der Nachkriegszeit, vor allem aber Premierminister *Yoshida*, standen der Institution des Militärs grundsätzlich skeptisch gegenüber und waren daher zunächst gegen eine Wiederbewaffnung. Innenpolitische Sicherungsaufgaben standen im Gefolge des

Korea-Kriegs zunächst im Vordergrund der Aufgabenstellung für die neuen Streitkräfte. Aufgrund des Drucks der USA erfolgte dann aber der Aufbau der Selbstverteidigungsstreitkräfte im Rahmen von Verteidigungsplänen. Damit sollte aus amerikanischer wie japanischer Sicht unter Respektierung der starken pazifistischen Grundströmungen in der japanischen Bevölkerung ein Beitrag zur strategischen und wirtschaftlichen Stabilität in Asien geleistet werden.[156]

Seit Anfang der 80er Jahre legten die starken See- und Luftstreitkräfte der Sowjetunion im Fernen Osten und die ungelöste Kurilen-Frage einen Ausbau der Selbstverteidigungsstreitkräfte und ein Durchstoßen der traditionellen Grenze von 1 Prozent (Anteil der Verteidigungsausgaben am Bruttosozialprodukt) nahe.[157] Ein Jahrzehnt später hat zwar das Ost-West-Verhältnis einen fundamentalen Wandel erfahren, aber das Verteidigungsweißbuch der japanischen Regierung geht von der Fortdauer der nuklearen Abschreckung aus und sieht das strategische Umfeld Japans als instabil an.[158] Ursache sei die „gewaltige" militärische Kräftekonzentration der GUS im Fernen Osten. In der unmittelbaren Nachbarregion Japans (Sachalin, Kamtschatka, Küstenregion, Ochotskisches Meer) seien 60-70 Prozent der früheren sowjetischen Streitkräfte im Fernen Osten konzentriert. Von dieser militärischen Kräftekonzentration gehe ein starker Druck auf die asiatischen Nachbarn der GUS aus, ein Druck, der durch die qualitative Aufwertung und Modernisierung der Streitkräfte noch verstärkt werde. Dadurch entstehe eine „angespannte militärische Situation" (kibishii gunjijōsei). Seit langem wird die Befürchtung geäußert, daß die militärische Entspannung in Europa zu Lasten dieser Region erfolge.

Der Aufbau von Militärpotentialen in Fernost weist in der Tat auf ein Ungleichgewicht zu Lasten Japans hin: Ein Viertel bis ein Drittel der russischen Streitkräfte sind in dieser Region massiert, und den 270000 japanischen Soldaten stehen auf dem asiatischen Festland 2,3 Millionen chinesische sowie insgesamt 1,48 Millionen koreanische Soldaten gegenüber. Die Warnung Chinas sowie der beiden Koreas vor einer Renaissance des japanischen Militarismus müssen in diesem Rahmen grotesk erscheinen — auch wenn die Geschichte dieses Militarismus die Ängste der asiatischen Nachbarn immer wieder neu belebt. Daher stellt sich die Frage, ob diese Warnungen mehr sind als propagandistische Instrumente zur Eindämmung des außenpolitischen Einflusses Japans in Asien und im Pazifik.

In der Volksrepublik China stehen derzeit 3030000 Soldaten (Bodenstreitkräfte: 2,3 Millionen, See- und Luftstreitkräfte: 0,73 Millionen) unter Waffen (darunter 1,3 Millionen Wehrpflichtige); außerdem verfügt China über 1,2 Millionen Reservisten. Die Streitkräfte Nordkoreas machen 930000 Soldaten und die Südkoreas 550000 Soldaten aus.[159] Das Verteidigungsweißbuch 1991 der japanischen Regierung bezeichnet daher die Sicherheitskonstellation im Fernen Osten als „... as severe as before."[160] Die Gefahr einer Atommacht

Nordkorea macht dieses Bild noch komplizierter, wenn nicht dramatischer. Ein einfacher Vergleich mit Europa geht daher fehl. Zudem wurde die quantitative Abrüstung der früheren sowjetischen Streitkräfte in Fernost durch eine qualitative Aufrüstung kompensiert. Allein ein Drittel bis ein Viertel der strategischen Waffen der früheren Sowjetunion sind hier konzentriert, ferner 36 von 175 Divisionen, 105 von 290 U-Booten und 1.860 von 8.380 Kampfflugzeugen. Der Ausbruch regionaler militärischer Konflikte im Fernen Osten kann unter diesen Bedingungen nach Einschätzung der japanischen Verteidigungsplaner nicht ausgeschlossen werden.[161]

Die massive Aufrüstung der Länder Asiens bedroht die strategische Stabilität der gesamten Region. Nord- und Südkorea, die Volksrepublik China und Taiwan stehen sich hochgerüstet gegenüber. Ihre Aufrüstungspolitik hat zur Folge, daß Asien inzwischen ein Drittel der weltweiten Waffenexporte auf sich zieht und die Modernisierung der Waffenarsenale — wie insbesondere der offensive Ausbau der chinesischen Hochseeflotte — das militärische Gleichgewicht in Fernost nachhaltig gefährdet.[162] Während die Volksrepublik China ehrgeizig aufrüstet, beobachtet sie argwöhnisch die ungleich kleinere japanische Militärmacht und steht zugleich einer sicherheitspolitischen Zusammenarbeit mit dem asiatischen Nachbarn ablehnend gegenüber.[163] Die Aufrüstung der chinesischen Luftwaffe und Marine mit hochwertigen Waffensystemen, die hohen Zuwachsraten des chinesischen Militäretats und die militärpolitische Geheimdiplomatie Pekings lösen nicht nur in Japan, sondern auch bei anderen asiatischen Nachbarn erhebliche Irritationen aus. Die für 1993 angekündigten japanisch-chinesischen Sicherheitskonferenzen finden trotz des Endes des Ost-West-Konflikts vor dem Hintergrund einer angespannten Sicherheitskonstellation im Fernen Osten statt.

Trotz der nach wie vor bestehenden, massiven russischen Militärpräsenz im Fernen Osten hat die GUS nach dem Ende des Kalten Krieges die früheren sowjetischen Truppen in der Mongolei, in der Cam Ranh-Bucht in Vietnam und im Fernen Osten Rußlands, wie von der sowjetischen Regierung bereits 1989 angekündigt, um 200000 Soldaten abgebaut.[164] Insgesamt ist der Rückzug von zwölf russischen Divisionen aus dem Fernen Osten nahezu abgeschlossen.[165] Es bleibt abzuwarten, ob der von der russischen Regierung im April 1992 angekündigte Abbau der Truppen der früheren Sowjetunion von insgesamt 3 Millionen auf 1,3 Millionen auch zu einer entsprechenden, weiteren militärischen Entspannung im Fernen Osten führt.[166]

Vor diesem Hintergrund wird die sicherheitspolitische Lage in Asien und im Pazifik von der Planungsabteilung des Gaimushō folgendermaßen beurteilt:

— Die militärische Entspannung zwischen Ost und West muß auch auf Asien und den Pazifik ausgeweitet werden. Tatsächlich aber hat die frühere Sowjetunion in Fernost trotz Abrüstungsversprechungen ihres Präsidenten im

Abb. 9: Die militärische Kräftekonstellation in Ostasien[167]

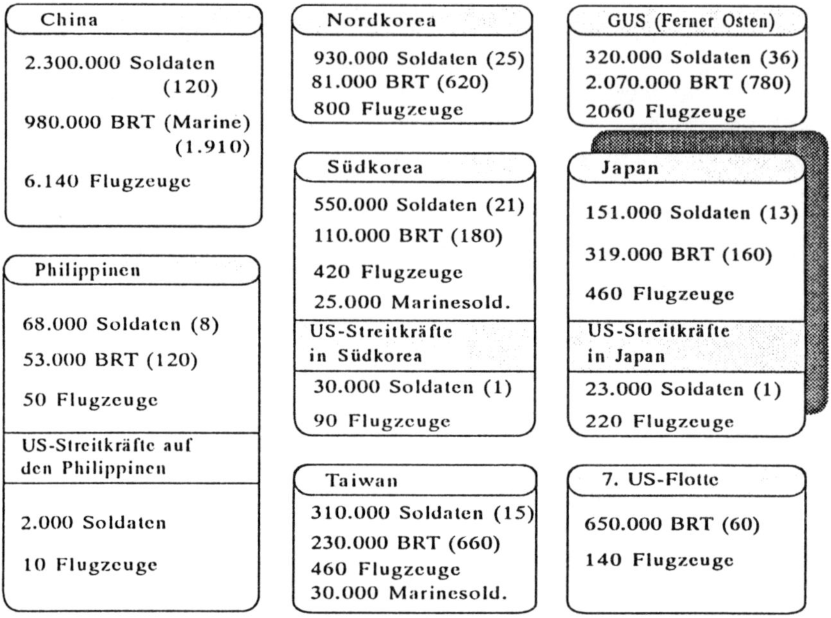

Jahre 1989 altes Gerät durch neues ersetzt und somit qualitativ aufgerüstet.[168]

— Während die USA ihre Militärpräsenz in dieser Region abbauen, hat die japanische Regierung beschlossen, Reichweite und Tempo der Modernisierung ihrer Streitkräfte im Rahmen ihres neuen Fünfjahresprogramms Verteidigung für die Haushaltsjahre 1991 bis 1995 zu drosseln.

— Angesichts der Unwägbarkeiten der künftigen russischen und auch amerikanischen Außenpolitik, die immer wieder der Gefahr eines neuen Isolationismus gegenübersteht, kommt es darauf an, daß die Länder Asiens selbst sicherheitspolitische Initiativen ergreifen.

— Die Bedeutung der USA als militärischer Garantiemacht für Asien und den Pazifik ist auch künftig unumstritten. Der japanisch-amerikanische Sicherheitsvertrag und die japanische Unterstützung der amerikanischen Außenpolitik bleiben wichtige Elemente regionaler Stabilität. Nur auf dieser Grundlage ist ein Dialog mit der GUS sinnvoll.

— Der Vorschlag des früheren sowjetischen Außenministers Schewardnadse sowie seiner kanadischen und australischen Kollegen, einen KSZA-Prozeß in Gang zu setzen, entspringt in erster Linie den strategischen Interessen der früheren Sowjetunion. Eine Rüstungskontrolle in dieser Region müßte zwangsläufig die Präsenz der amerikanischen Seestreitkräfte im Fernen Osten reduzieren und damit die amerikanische Sicherheitsgarantie für diese Region aushöhlen.

— Statt dessen soll Japan seine Zusammenarbeit mit den ASEAN-Staaten verbessern, den Rahmen der neuen Kooperationsstrukturen APEC (Asia Pacific Economic Cooperation) und PECC (Pacific Economic Cooperation Conference) stärker nutzen und in diesem Kontext auch sicherheitspolitische Fragen beraten.

In den kommenden Jahren will sich das Außenministerium mehr für politische und militärische Stabilität in Asien und im Pazifik einsetzen. Japans Beiträge werden vorrangig wirtschaftliche Hilfeleistungen bleiben. Eine militärische Großmacht solle Japan nicht werden.[169]

4.3.2 Ziele und Instrumente der Sicherheitspolitik

Die japanische Verteidigungsplanung (bōei keikaku no taikō) verfolgt folgende Ziele: Am Sicherheitsvertrag mit den USA wird ebenso festgehalten wie an den drei Antinuklearprinzipien, die den Besitz, die Herstellung und Weiterverbreitung von Nuklearwaffen verbieten. Der Aufbau von „automatischen Warnsystemen" und die Beschaffung von Frühwarnflugzeugen (AWACS) sowie die 1988 begonnene Einführung des Raketensystems SSM 1 (surface-ship-missile) werden fortgesetzt und ein U-Boot-Abwehrzentrum aufgebaut.[170] Der Verteidigungsetat soll in eine mittelfristige Planung eingepaßt werden.

Seit Anfang der 70er Jahre ist die Interdependenz von wirtschaftlicher und militärischer Sicherheit in Japan ein innenpolitisches Thema von hohem Stellenwert. Aber erst im Dezember 1981 hat der einflußreiche Industriestruktur-Rat (Industrial Structure Council) dieses Thema aufgegriffen, durch einen aus Wissenschaftlern und Praktikern zusammengesetzten Unterausschuß bearbeiten lassen und im April 1982 einen Bericht vorgelegt. Für die Entwicklung einer umfassenden Sicherheitspolitik hat der Ausschuß acht Empfehlungen erarbeitet, die das außenpolitische Denken der japanischen Regierung auch in der Gegenwart bestimmen[171].

Diese Empfehlungen ergeben das Konzept einer Strategie *umfassender Sicherheit.*[171] Die Grundlagen dieses Konzepts sind in einzelnen Schritten in den 80er Jahren politisch umgesetzt und teilweise noch weiter präzisiert und verfeinert worden. Aufgabe der nationalen Verteidigung ist die Verhinderung militärischer Aggressionen und — sollte es soweit kommen — die Zurückdrängung des Angreifers. Vier Prinzipien sind maßgebend:[173]

1. die Unterstützung der Friedensbemühungen der Vereinten Nationen,
2. die Förderung des öffentlichen Wohlstands und der öffentlichen Sicherheit,

3. Entwicklung der für Verteidigungszwecke notwendigen Kapazitäten und
4. die Abwehr äußerer Aggressionen in Übereinstimmung mit dem japanisch-amerikanischen Sicherheitsvertrag und den Friedensbemühungen der Vereinten Nationen.

Diese Prinzipien sind zugleich die Grundlagen des 1957 verabschiedeten verteidigungspolitischen Grundsatzprogramms (Basic Policy for National Defense). Zur Sicherung der Selbstverteidigungsfähigkeit sollen nur minimale Militärkapazitäten aufgebaut werden, die nur im Falle eines direkten militärischen Angriffs von außen mobilisiert werden müssen. Eine Bedrohung für andere Nationen könne daraus nicht erwachsen. Die Entsendung militärischer Streitkräfte in andere Territorien wird nach Auffassung der Regierung durch die Verfassung ausgeschlossen.

Die Verteidigungspolitik wird von der Regierung in Drei- bis Fünfjahresprogrammen festgelegt. Die Selbstverteidigungsstreitkräfte unterstehen dem Generaldirektor der Defense Agency, einem Zivilisten, und dieser wiederum dem Premierminister. Die zivile politische Kontrolle wird vom „Japanischen Sicherheitsrat" ausgeübt, der dem Kabinett zugeordnet ist. Da dieses dem Parlament verantwortlich ist, unterliegen alle verteidigungspolitischen Maßnahmen parlamentarischer Kontrolle. Das Verteidigungsamt besteht aus dem Internen Büro, den Stäben von Heer, Marine und Luftwaffe, dem Gemeinsamen Führungsstab, dem Verwaltungsamt und den Teilstreitkräften von Heer, Marine und Luftwaffe.

Obwohl die verteidigungspolitischen Grundsätze im Rahmen der Verfassungsbestimmungen des Artikels 9 JV auf den ersten Blick sehr starr anmuten, wird vom Japanischen Verteidigungsamt zugleich festgestellt, daß der Standard der für Selbstverteidigungsaufgaben erforderlichen Kapazität von der jeweiligen internationalen Situation, den militärtechnologischen Standards und anderen Rahmenbedingungen abhängen.[174] Immerhin wird der Besitz von Offensivwaffen — d.h. von Interkontinentalraketen (ICBM), strategischen Bombern mit großer Reichweite und offensiven Flugzeugträgern — ausgeschlossen. Das „Mittelfristige Verteidigungsprogramm" für die Haushaltsjahre 1986 bis 1990 hat die von der Verteidigungsplanung vorgegebenen Richtwerte folgendermaßen umrissen[175]: 1. Verbesserung der Verteidigungsfähigkeit für die vier Hauptinseln, 2. Intensivierung der Fähigkeit zum militärischen Schutz der Wasserwege um Japan, 3. Ausbau der Konterfähigkeit im Falle einer Invasion und 4. Balance zwischen der Ausstattung mit Geräten für den Fronteinsatz und logistischer Unterstützung.

Seit 1986 pendelt der von der japanischen Regierung errechnete Anteil der Verteidigungsausgaben um die 1-Prozent-Marke und erreichte im Jahre 1991 mit 0,954 % in etwa wieder den gleichen Wert wie fünf Jahre zuvor.[176] Mit diesem Volumen zählt Japan seit 1987 zur Gruppe der sechs Staaten mit den höchsten Militärausgaben. Das Internationale Institut für Strategische Studien hat folgende Anteile der Militärausgaben am Bruttosozialprodukt anderer Industriestaaten errechnet: USA 6,7 %, Großbritannien 4,9 %, Frankreich 3,9 %, Bundesrepublik Deutschland 3,1 % sowie Italien und Kanada jeweils 2,2 %.[177] Das Verteidungsbudget für das Haushaltsjahr 1992/93 sieht bei einem Gesamtvolumen von ca. 52 Mrd. DM eine Steigerung von 3,8 % vor. Mit dieser niedrigsten Zuwachsrate seit 32 Jahren fällt der Anteil der Verteidigungsausgaben am Bruttosozialprodukt auf 0,94 %.[178] Bedrängt durch die nach dem Zusammenbruch der Sowjetunion noch stärker gewordenen Forderungen nach einer „Friedensdividende" einerseits und das amerikanische Verlangen nach größerer Lastenteilung andererseits, versucht die japanische Verteidigungspolitik, einen Mittelweg einzuschlagen. Einerseits betont die Regierung im „Verteidigungspolitischen Weißbuch 1992" nicht nur die Notwendigkeit einer japanischen Beteiligung an den Friedenssicherungsmaßnahmen der UN, sondern auch die Gefahr neuer regionaler Konflikte, hervorgerufen durch die Desintegration der Land- und Seestreitkräfte der GUS, die Verlagerung russischer Streitkräfte von Europa nach Asien, die aggressiven Gebietsansprüche Chinas im Südchinesischen Meer und schließlich die nukleare Aufrüstung Nordkoreas.[179] Andererseits scheint sie in einer Haushaltssituation, die durch das Ende des Kalten Krieges und die Finanzierung eines umfassenden Konjunkturförderungsprogramms gekennzeichnet ist, dennoch eine Kürzung der Verteidigungsausgaben für das Haushaltsjahr 1993/94 ins Auge zu fassen. Eine deutliche Steigerung sollen allerdings die Ausgaben für Forschungs- und Entwicklungsarbeiten, vor allem im Bereich der Raketentechnik, erfahren.[180]

Gegenüber den internationalen Abrüstungsgesprächen hat die japanische Regierung stets größere Skepsis gezeigt. Sie hat früher geltend gemacht, daß die Sowjetunion ihre aus Europa abgezogenen Mittelstreckenraketen (SS 20) in Asien disloziert[181], und seit längerem den Abzug der Waffen auch aus dieser Region gefordert. Allein im Zeitraum von 1976 bis 1987 hat die Sowjetunion nach Schätzungen der japanischen Regierung im Fernen Osten zwar ihre Bodenstreitkräfte von 31 auf 43 Divisionen, ihre Seestreitkräfte von 755 auf 840 Kriegsschiffe und ihre Luftstreitkräfte von 2030 auf 2390 Flugzeugen ausgebaut.[182] Dieser Ausbau ist aber in den letzten Jahren wieder zurückgenommen worden; inzwischen ist ein nennenswerter Abzug erfolgt.[183] Ein militärisches Gleichgewicht hat somit in Fernost bisher nur durch die Stationierung und Modernisierung der amerikanischen Streitkräfte gesichert werden können. Japan kann daher seine militärische Sicherheit auch weiterhin aus eigener Kraft nicht gewährleisten.[184] Der amerikanisch-japanische Sicherheitsvertrag bleibt unverzichtbar.

Die 1-Prozent-Grenze des Verteidigungshaushalts erweist sich zudem als eine „Schallmauer" von beträchtlichem innen- und außenpolitischen *Signalwert*.[185] Die strategische, verteidigungspolitische Ratio dieses willkürlichen

Grenzwertes ist allerdings nicht einzusehen, denn er nimmt keine Rücksicht auf die strategische Gesamtkonstellation in Fernost. Seit jeher wurde das Bedrohungspotential der russischen Streitkräfte hoch eingeschätzt. Mit dem Hinweis auf dieses Potential setzten die USA ihren pazifischen Partner unter Druck, seine Verteidigungsanstrengungen weiter zu verstärken.[186] Offen hat daher zuerst der damalige Premierminister *Nakasone* im Juli 1985 eine Überschreitung der Ein-Prozent-Schwelle verlangt. Bereits im September 1980 hatte der Präsident des Research Institute for Peace and Security, Masamichi *Inoki*, eine Verdoppelung der japanischen Verteidigungsausgaben und sogar eine Verzehnfachung der militärtechnologischen Forschungs- und Entwicklungsausgaben gefordert.[187]

Abb. 10: Verteidigungs- und Entwicklungshilfeausgaben der USA, Japans und Deutschlands im Vergleich[188]

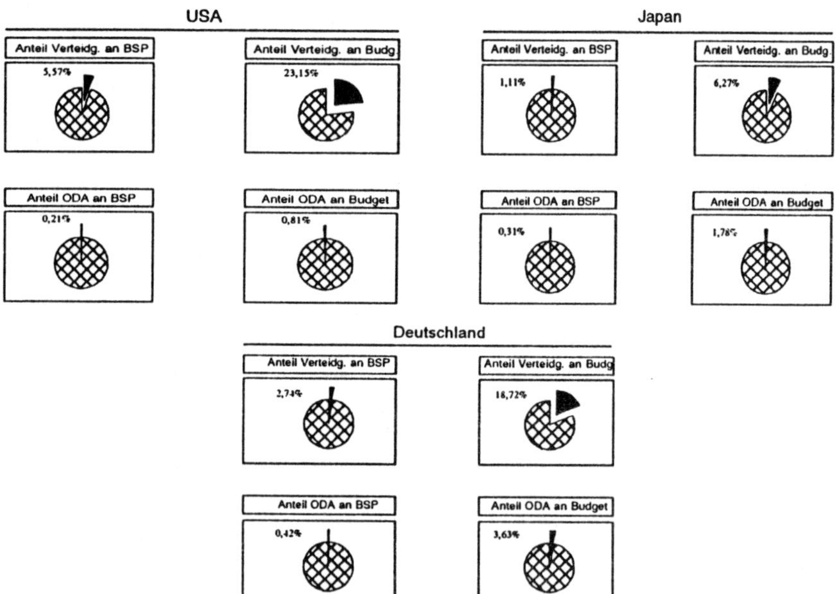

Demgegenüber hatten die Kritiker solcher Ausbaupläne wie etwa Masashi *Ishibashi*[189], der damalige Vorsitzende der Sozialistischen Partei Japans, auf drei Gegengewichte gesetzt: finanzielle und wirtschaftliche Grenzen, technologische Schranken und den Widerstand der öffentlichen Meinung. Dagegen rechnen andere Beobachter bei einem etwaigen, wenn auch nach dem Ende des Kalten Krieges wenig wahrscheinlichen Fortbestehen der militärischen Bedrohungssituation in Ostasien und der möglichen Gefährdung der japanischen Seewege mit einer Zustimmung der Bevölkerung zu steigenden Verteidigungslasten.[190] Die Befürworter des Ausbaus der Selbstverteidigungsstreitkräfte berufen sich auf entsprechende Wünsche der USA und halten die Ein-Prozent-Schwelle schon deswegen für außenpolitisch überholt. Zudem bewege sich der Anteil etwa der britischen und deutschen Verteidigungslasten am Bruttosozialprodukt zwischen 2,5 und 3 Prozent.[191] Obwohl die japanische Regierung das Prinzip der Begrenzung der Verteidigungsausgaben auf 1 % des Bruttosozialprodukts am 30. Dezember 1986 aufgegeben hat, scheint ein innenpolitischer Konsens für ein nachhaltiges Überschreiten dieses Grenzwertes fraglich.[192] Zwar können auch im Rahmen der bestehenden Verfassung der Anteil der Stationierungskosten für die amerikanischen Streitkräfte erhöht und die militärtechnologische Zusammenarbeit mit den USA und Europa intensiviert werden[193], aber hierzu wird sich die Regierung wegen starken innenpolitischen Widerstands nur in kleinen Schritten und in begrenztem Rahmen entscheiden können. Der Widerstand gegen eine starke Ausweitung erscheint für die parlamentarisch geschwächte Regierung unüberwindbar.

4.3.3 Das Dilemma der amerikanisch-japanischen Beziehungen

Nach dem Ende des „Kalten Krieges" verändern sich die überkommenen Bedrohungsperzeptionen. Die USA fordern von Japan nicht nur höhere Stationierungskostenbeiträge, sondern beginnen auch damit, ihr Truppenpotential in Ostasien zu verdünnen[194]. Die vom amerikanischen Kongreß 1987 erhobene Forderung, die japanischen Militärausgaben auf einen Umfang von 3 Prozent des BSP zu steigern, ist angesichts des entschiedenen Widerstandes von Medien und Wählerschaft gegen ein erhebliches Überschreiten der Ein-Prozent-Grenze unrealistisch.[195] In die gleiche Richtung wirkt der Widerstand der pazifischen Nachbarn gegen eine japanische Remilitarisierung, die auch nicht im Interesse der USA liegen kann. Zu einer größeren Beteiligung an den Militärausgaben der Vereinigten Staaten wird Japan schließlich bei einem Ausbau der Möglichkeiten partnerschaftlicher Mitentscheidung bereit sein. „Burden-sharing" und „Power-Sharing" (Makoto *Kuroda*) erscheinen dem inzwischen auch außenpolitisch selbstbewußteren Japan als zwei Seiten der gleichen Medaille. Diese Erwartung entspricht im übrigen dem Streben der japanischen Regierung nach globaler Mitwirkung und internationaler Anerkennung.

Von höheren japanischen Verteidigungsausgaben versprechen sich die Vereinigten Staaten größere Waffenkäufe Japans in den USA, eine Reduzierung ihres Außenhandelsdefizits und eine Verschlechterung der japanischen Wettbewerbsfähigkeit. Waren die Verbesserung der Fähigkeit zur Verteidigung des Luftraums und des Schutzes der Seewege vorrangige Ziele des Ende 1990 abgelaufenen Fünfjahresplans, so sieht der neue Fünfjahresplan für den Zeitraum 1991-1995 eine deutliche Ausgabensteigerung von 18,4 Trillionen auf 23 Trillionen Yen (86 Milliarden US Dollar) vor. Die Beschaffung des amerikanischen Frühwarnsystems AWACS und amerikanischer Tankflugzeuge sollen eine wirksame Verteidigung der Schiffahrtswege sichern.

Die wiederholt geäußerten Forderungen amerikanischer Politiker nach einer stärkeren Beteiligung Japans an den militärischen Lasten in Fernost zwingen jedoch Japan und damit die amerikanisch-japanischen Beziehungen in ein grundsätzliches Dilemma: Je beflissener die japanische Regierung amerikanischen Forderungen nach stärkeren Verteidigungsanstrengungen nachkommt, desto mehr erscheint das japanische Militärpotential, wie der amerikanische Generalmajor *Stackpole* angedeutet hat, als ein Risiko, das nur durch die weitere Präsenz amerikanischer Truppen in Japan zu bewältigen sei.[196] Kommt Japan diesen Forderungen aber nicht nach, verhält es sich als „Trittbrettfahrer" der amerikanischen Militärstrategie. Außerdem vergrößert die immer engere Verknüpfung von wirtschaftlicher, technologischer und militärischer Macht den Druck Japans auf die USA. Denn die amerikanische Rüstungsindustrie wird immer mehr von ausländischen Zulieferern abhängig. Nach einer Studie des Washingtoner Japan Economic Institute nimmt dabei der Anteil der japanischen Zulieferer stetig zu.[197] Die japanischen Lieferfirmen spielen zwar insgesamt nur eine nachgeordnete Rolle, nehmen aber bei der Lieferung einiger elektronischer und optischer Komponenten eine führende Stellung ein. In den Begriffen der Interdependenztheorie: Aufgrund dieser Technologieimporte sind die Vereinigten Staaten zwar noch nicht „verletzbar", werden aber in den militärtechnologisch besonders anspruchsvollen Anwendungsgebieten zunehmend „abhängig" von Japan.

Explizit hat zum ersten Mal der amerikanische Verteidigungsminister Richard *Cheney* im Februar 1990 die Außenhandelsprobleme beide Ländern mit Verteidigungsfragen verknüpft und damit ein traditionelles Tabu der amerikanisch-japanischen Beziehungen ausdrücklich in Frage gestellt. Dieser Vorstoß ist insoweit wenig überraschend, als das Militärbündnis — allein wegen der militärischen Bedeutung der Hochtechnologie — von Außenhandelskonflikten und Technologiebeziehungen nicht mehr zu trennen ist. Hilfreicher als ein solches Vorgehen äußeren Drucks (gaiatsu) sind jedoch langfristige Grundsatzüberlegungen. So hat der langjährige Botschafter der Vereinigten Staaten in Tokyo Mike *Mansfield* für die 90er Jahre vor dem Hintergrund immer stärkerer Verflechtungen zwischen beiden Ländern eine engere verteidigungspolitische Kooperation und eine bessere Abstimmung der außenpolitischen Ziele gefordert.[198]

Der Anstieg der japanischen Verteidigungsausgaben ist dem Erwerb moderner Militärtechnologie für Marine und Luftwaffe und dem Ankauf hochentwickelter Radaranlagen, Tankflugzeuge, Anti-U-Boot-Suchflugzeuge, Hubschrauber und Raketen zugute gekommen. Rechnet man die japanischen Verteidigungsausgaben nach der gängigen NATO-Definition um, so hat Japan nach Schätzungen schon jetzt den dritten und nicht nur den sechsten Rangplatz erreicht.[199] (Gegenwärtig rechnet der japanische Verteidigungshaushalts Pensionen für ausgeschiedene Soldaten und andere Ausgabenposten *nicht* in die Verteidigungsausgaben ein.) Berücksichtigt man aber den rapiden Anstieg des Yen-Kurses in den letzten Jahren, so erscheint dieser Rangplatz doch zu hoch, weil er in erheblichem Umfang auf Wechselkurssteigerungen zurückzuführen ist. Zur Zeit dürfte das reale Niveau der japanischen Verteidigungsausgaben immerhin dem Großbritanniens (35 Mrd. US-Dollar), Frankreichs (32 Mrd. US-Dollar) und Deutschlands (31 Mrd. US-Dollar) in etwa entsprechen. Seit 1980 hat Japan seine Verteidigungsausgaben um 65 Prozent gesteigert, sein Verteidigungshaushalt weist damit die höchsten Zuwachsraten unter den großen Industriestaaten auf.[200] Zwischen 1980 und 1990 bewegten sich die Zuwachsraten des Verteidigungshaushalts zwischen 5,0 % (1981) und 6,3 % (1990).[201] Nach unterschiedlichen Berechnungen und Schätzungen[202] beträgt der Anteil dieser Ausgaben auf der Grundlage der NATO-Kriterien ca. 1,5 — 1,6 Prozent des Bruttosozialprodukts. Dies ist durchaus die beachtliche und vielfach unterschätzte Statur einer neuen Militärmacht.

Andererseits dürfen die japanischen Selbstverteidigungsstreitkräfte auch nicht überschätzt werden. Denn sie sehen sich seit längerem vor erhebliche Probleme gestellt, die ihre Wurzel in großen Schwierigkeiten der Rekrutierung qualifizierten Personals haben.[203] Während die Unternehmen der Wirtschaft in Zeiten anhaltenden Wachstums das Angebot des Arbeitsmarktes an qualifizierten Kräften weitgehend ausschöpfen, können die Selbstverteidigungsstreitkräfte ihre im Vergleich schlecht besoldeten Planstellen immer weniger besetzen. Da diese Stellen finanziell unattraktiv sind und das gesellschaftliche Ansehen der Streitkräfte nicht steigt, werden diese Probleme bei hohem Wirtschaftswachstum fortdauern. Ob die Regierung den Mut findet, die eigentlichen Ursachen entschlossen anzugehen, bleibt abzuwarten. Solange diese Probleme aber ungelöst bleiben, dürfte die militärische Effektivität der Selbstverteidigungsstreitkräfte nicht hoch zu veranschlagen sein.

Was die bisher stets in den USA getätigten Rüstungskäufe angeht, scheinen sich die Selbstverteidigungsstreitkräfte aus ihrer einseitigen Abhängigkeit von der amerikanischen Rüstungsindustrie befreien zu wollen. Erstmals haben sie im Jahre 1991 Flugzeuge aus Großbritannien und Hubschrauber aus Frankreich geordert.[204] Aufgrund der erheblichen Fortschritte der Militärtechnologie in Europa und in Japan verlieren die amerikanischen Rüstungsproduzenten ihr früheres Monopol.

Japan ist der einzige Industriestaat, der Rüstungsexporte verbietet und auf den internationalen Rüstungsmärkten nahezu unsichtbar ist.[205] Im politischen System scheint die Politik der Beschränkung des Rüstungsexports — trotz gegenläufiger Spekulationen — fest verankert zu sein und nicht grundsätzlich in

Frage gestellt zu werden. Lockerungen der rüstungspolitischen Restriktionen sind allenfalls in Grenzbereichen möglich. Wirtschaftliche Interessen an einer weitreichenden Lockerung oder gar Aufhebung des Rüstungsexportverbots haben sich nicht durchsetzen können und mußten sich immer wieder den strategischen Interessen der Wirtschaftspolitik an einer nichtmilitärisch ausgerichteten Wirtschaftsstruktur unterordnen. Andererseits ist einschränkend anzumerken, daß der japanische Technologietransfer in die USA die Koproduktion von Rüstungsgütern ermöglicht, japanisches Kapital und Technologie in mehreren asiatischen Ländern zum Aufbau einer eigenen Rüstungsindustrie beiträgt und Ansätze eines japanischen Militärhilfeprogramms für asiatische Nachbarländer (Thailand, Singapur, Pakistan) erkennbar sind.

Im Vergleich zu allen anderen Staaten hat Japan die strengsten Beschränkungen für den Rüstungsexport erlassen und diese Grundsätze auch in die Praxis umgesetzt.[206] Wenn Japan diese Politik trotz einer leistungsstarken Rüstungsindustrie und trotz seiner dynamischen Exportorientierung konsequent verwirklicht hat, so wegen der eindeutigen Entscheidung des Unterhauses im Jahre 1967, nicht die Angaben des Empfängers, sondern den Rüstungscharakter der Exporte zum Kriterium der Beschränkung des Rüstungsexports zu machen. Die hierauf aufbauende Resolution des Unterhauses von 1981 stattete diesen Rüstungsexportbann mit einem breiten nationalen Konsens aus. So beruhen die Rüstungsexportbeschränkungen auf einem stabilen politischen Konsens der politischen Elite (LDP, Bürokratie, Wirtschaft), der die Umsetzung des Rüstungsexportbanns ohne hohen administrativen Aufwand auch durch kleinere, informelle Interventionen möglich macht.

Trotz des eindeutigen Engagements der Politik für die Kontrolle von Rüstungsexporten ist die Entscheidungsfindung in Fragen der Abrüstungspolitik im Regierungsapparat allerdings wenig stimmig und stets schlecht koordiniert.[207] Abrüstungspolitik bleibt hier nur Resultante im Kräfteparallelogramm aktueller außen- und sicherheitspolitischer Trends. Diese werden nicht in den Rahmen einer Perspektive eingefügt und lassen das Bild der japanischen Außen- und Sicherheitspolitik auch in dieser zentralen Frage widersprüchlich und wenig überzeugend erscheinen.

Ein weiterer Widerspruch kommt hinzu: Ein Großteil der japanischen High-Tech-Produkte kann sowohl zivil als auch militärisch genutzt werden. Die herkömmliche Unterscheidung zwischen der Produktion für Rüstungszwecke und der für zivile Verwendung ist daher nicht mehr aufrechtzuerhalten.[208] Dennoch hat Japan in der Nachkriegszeit keinen Ehrgeiz entwickelt, eine führende Militärmacht zu werden, und auch auf Atomwaffen verzichtet. Gleichwohl hat es von Anfang an ein qualitativ anspruchsvolles, leistungsfähiges Verteidigungspotential angestrebt.[209] Nach dem Ende des Ost-West-Konflikts und vor dem Hintergrund sich verbessernder Beziehungen zu den Ländern der GUS, vor allem zu Rußland, dürften Wähler, Parteien und Massenmedien gegenwärtig noch weniger bereit sein, ein Wachstum des Verteidigungshaushaltes weit über die traditionelle Grenze von 1 Prozent des Bruttosozialprodukts zu akzeptieren.[210] Dies ist um so weniger zu erwarten, als sich die Regierung ohnehin instabilen parlamentarischen Mehrheitsverhältnissen gegenüber sieht. Auf der anderen Seite mehren sich die Anzeichen für ein japanisches Interesse an einer konkreteren Mitwirkung in der westlichen Allianz.[211]

4.3.4 Neue Akzente: von der Ressourcen-Diplomatie zu einem strategischen Konzept

Wie die Bewertung des Verteidigungsweißbuchs 1990 durch Medien und Parteien gezeigt hat, deuten sich inzwischen Akzentverschiebungen der japanischen Verteidigungspolitik an[212]: Einerseits ist die militärische Bewertung der Staaten des früheren Warschauer Paktes nun gelassener. Die Formel der „potentiellen Bedrohung" Japans durch Rußland ist in diesem Dokument erstmals fallen gelassen worden. Andererseits wird die qualitative Aufwertung der früheren sowjetischen Streitkräfte in Fernost durchaus ernstgenommen. Mit dem Wegfall der Formel von der „potentiellen Bedrohung" wird der Wunsch nach verbesserten Beziehungen zur GUS signalisiert. Die Verteidigungsplanung orientiert sich (zumindest offiziell) nicht mehr an dem „Gegenbedrohungsmodell" (Kyōi taikō gata), nach dem das aufzubauende Verteidigungspotential sich nach dem Grad der Bedrohung durch ein anderes Land richten müsse. Die Vergrößerung des japanischen Verteidigungspotentials, wie sie sich in der mittelfristigen Verteidigungshaushaltsplanung[213] niederschlage, sei vor allem in qualitativer Hinsicht beachtlich.

Medien und Opposition begrüßen den Verzicht auf die Formel von der „potentiellen Bedrohung", während die Erhöhung der Verteidigungsausgaben in Frage gestellt wird.[214] Zugleich werden die Modernisierung und die starke Präsenz der russischen Streitkräfte zur Kenntnis genommen. Wieweit diese Präsenz auf Dauer abgebaut werden kann, hängt nicht nur von den russisch-japanischen Beziehungen, sondern weit mehr von den russisch-amerikanischen Beziehungen und der weiteren internen Entwicklung des russischen Herrschaftssystems ab. Japanische Exportrestriktionen gegenüber der GUS und fehlende Abrüstungsverhandlungen unterstreichen, daß die Entspannung im Fernen Osten noch nicht so weit vorangeschritten ist wie in Europa.[215]

Je mehr Streitkräfte die Vereinigten Staaten aus Korea und Japan abziehen, um so mehr zeigt sich ein weiteres Dilemma der militärischen Kooperation zwischen den beiden pazifischen Nachbarn: Ihren Forderungen nach einer höheren Kostenbeteiligung können die USA nur durch die Androhung des militärischen Rückzugs Nachdruck verleihen. Ziehen die Vereinigten Staaten ihre Streitkräfte aber tatsächlich aus Korea und Japan ab, werden sie Überlegungen in der japanischen Regierung und der sie tragenden Liberaldemokratischen

Partei verstärken, die Selbstverteidigungsstreitkräfte über den bisherigen Umfang hinaus auszubauen. Der Aufbau einer militärischen Großmacht Japan aber kann nicht im strategischen Interesse der Vereinigten Staaten liege.

Hatte die japanische Außenpolitik noch bis Ende der 70er Jahre als unverbindliche „Friedenspolitik nach allen Seiten" (zenpōi heiwa gaikō), wenn nicht als bloße „Ressourcen-Diplomatie", nur verschwommene Konturen[216], so wird das außenpolitische Eigenprofil Japans inzwischen deutlicher.[217] Amerikanische Verteidigungsexperten haben daher bereits seit Anfang der 80er Jahre eine neue Perspektive für die japanisch-amerikanischen Sicherheitsbeziehungen verlangt.[218] Diese Perspektive setze zu allererst eine Überwindung der auf beiden Seiten noch vorhandenen Restbestände der „Besatzungsmentalität" voraus. Zwei Konsequenzen erscheinen im Lichte der bisherigen Erfahrungen schon seit langem unabweisbar: 1. eine frühere Konsultation in Sicherheitsfragen und 2. eine realistische Einschätzung der Sicherheitsrisiken durch Japan.

Trotz einer starken pazifistischen Grundströmung in der japanischen Öffentlichkeit zeigt sich die Bevölkerung durchaus bereit, einen maßvollen Ausbau der Selbstverteidigungsstreitkräfte und die Entwicklung eines eigenständigeren strategischen Konzepts durch die Regierung zu unterstützen.[219] Ein höherer Verteidigungshaushalt wird benötigt, wenn die Regierung — wie von Militärexperten seit langem gefordert — daran geht, Marine und Luftwaffe zu Lasten der Landstreitkräfte auszubauen und die Haushaltsmittel entsprechend umzuschichten. Ein solches Konzept wird durch die insulare Lage Japans nahegelegt: Potentielle Angreifer sollen die japanischen Inseln nicht erobern können; eine Invasion kann nur durch Marine und Luftwaffe verhindert werden. Bei der Formulierung dieses strategischen Konzepts hofft Japan auf die Unterstützung der USA und Europas, deren militärtechnologischer Außenhandel mit Japan von einem solchen Ausbau der Selbstverteidigungsstreitkräfte profitieren würde.

Auch nach dem Ende des Ost-West-Konflikts beurteilt die japanische Regierung die weitere Entspannung nüchtern. Die Verteidigungsweißbücher 1991 und 1992 halten die globale militärische Lage für intransparent und sehen Instabilitätsfaktoren.[220] Die Lehren der Invasion Kuwaits durch den Irak lassen der Regierung eigene, angemessene Anstrengungen zur Verteidigung und die Stärkung der Friedenserhaltungsfunktionen der Vereinten Nationen sinnvoll erscheinen. Regionale militärische Konflikte und Waffenexporte in Entwicklungsländer müßten eingeschränkt werden. Zwar habe die internationale Entspannung auch Asien und den Pazifik erfaßt, aber gleichwohl sei die strategische Lage in dieser Region noch kompliziert. Als ernsthafte Bedrohungsquellen werden vor allem China und Korea gesehen.

Während noch das Verteidigungsweißbuch 1990 eine Verringerung der potentiellen Bedrohung Japans durch das sowjetische Militärpotential festgestellt hat, machen die Tendenzen innerhalb der früheren sowjetischen Streitkräfte nach Einschätzung des Weißbuchs 1991 die „militärische Situation im Umfeld Japans nach wie vor schwierig und mahnen zur Wachsamkeit."[221] Die Unterstützung der Friedenserhaltungsmaßnahmen der UN sei eine Aufgabe der gesamten japanischen Bevölkerung. Diese Sicht der Regierung wurde allerdings von den Medien in Frage gestellt: So forderte die *Asahi Shimbun* eine Umstrukturierung des Verteidigungspotentials (letztlich eine Verkleinerung der SDF) im Zeitalter der Entspannung.[222]

Der Sicherheitsvertrag mit den Vereinigten Staaten ist für Japan auch weiterhin von zentraler Bedeutung. Er hat während seiner bisherigen Geltung das in seiner Präambel deklarierte Ziel — die Aufrechterhaltung von Frieden und Sicherheit in Fernost — im strategischen Umfeld Japans gegenüber der Sowjetunion, China, Nordkorea und Vietnam bei bescheidenen Verteidigungslasten Japans verwirklicht. Eine Neutralitätspolitik könnte Japan nur um den Preis starker militärischer Aufrüstung verfolgen, wenn es seine eigenen Sicherheitsinteressen in Fernost wahren will — ein von Teilen der Opposition (Shakaitō) übersehener Tatbestand.[223] Selbst eine deutliche Verringerung der russischen Streitkräfte im Fernen Osten würde daher an der grundsätzlichen strategischen Bedeutung dieses Vertrages für Japans Sicherheitspolitik wenig ändern. Im Gegenteil: Bei einem weltweiten militärischen Engagement der USA und einem weltweiten wirtschaftlichen Engagement Japans in einer durch zahlreiche Krisenherde gekennzeichneten Welt kommt diesem Vertrag zunehmend eine *globale* Bedeutung zu.

Aufgrund der geostrategischen Lage in Asien und im Pazifik gibt es für Japan zur Sicherheitsallianz mit den Vereinigten Staaten keine strategische Alternative.[224] Nur diese Allianz sichert die Verteidigung der japanischen Inseln gegen jeden Aggressor. Dennoch ist die Diskussion um militärische Lastenteilung noch nicht abgeschlossen. Die Sicherheitsbeziehungen zwischen beiden Ländern sind von einer wirklichen „Sicherheitspartnerschaft" noch weit entfernt.[225] Japan hat auf absehbare Zeit nicht die Absicht, wie vom amerikanischen Partner gewünscht, eine „strategische Macht" zu werden.[226] Aber es hat zugleich die Chance, seine sicherheitspolitischen Interessen in einer globalen Allianz mit Europa und den USA neu zu definieren.[227]

4.3.5 Krisenszenarien

Einer globalen Verantwortung werden die japanisch-amerikanischen Sicherheitsbeziehungen derzeit noch nicht gerecht. Die engere strategische Zusammenarbeit zwischen beiden Ländern ist schon wegen der Krisenherde in Asien und im Pazifik naheliegend — wie die Entwicklung auf der koreanischen Halbinsel, in China, Kambodscha und auf den Philippinen immer wieder vor Augen führt. Die Gefahr der Herstellung von Nuklearwaffen durch Nordkorea veranschaulicht außerdem, daß auch kurzfristig destabilisierende Krisenentwicklungen in dieser Region eintreten können. Vor diesem Hintergrund wird die japanische Regierung ihre Fähigkeit zum Krisenmanagement nachdrücklich ausbauen und die Sicherheitspartnerschaft mit den Vereinigten Staaten aus globaler Perspektive neu durchdenken müssen.[228] Diese Partnerschaft wirkt sich einerseits stabilisierend auf Asien und den Pazifik aus und dämmt zugleich die Gefahr einer offensiven Remilitarisierung Japans ein, die von seinen asiatischen Nachbarn am meisten befürchtet wird. Die globale Bedeutung der Sicherheitspartnerschaft erfordert aber ein stärkeres, partnerschaftliches Engagement Japans.

Destabilisierende Rahmenbedingungen der japanischen Sicherheitspolitik sind künftig die instabilen Herrschaftsverhältnisse in China und auch Rußland, die Verringerung der amerikanischen Militärpräsenz im asiatisch-pazifischen Raum und die damit verbundene Ungewißheit über die Entwicklung des amerikanischen Engagements sowie schließlich die Gefahr einer überlegenen koreanischen Militärmacht.[229] Diese strategischen Risiken machen Japan gewiß noch nicht zu einer neuen Militärmacht, schließen aber einen Wandel der japanischen Verteidigungspolitik auch nicht vollständig aus.

Seit jeher ist Rüstungskontrolle in Asien ein „vernachlässigtes Thema"[230] der internationalen Politik. Während die Ost-West-Entspannung in Europa dramatische Fortschritte erzielt hat, gelten ähnliche Abrüstungsverhandlungen in Asien vor dem Hintergrund einer erheblich komplizierten Sicherheitskonstellation als unrealistisch, wenn nicht unmöglich. Aber nachdem die Wiener Abrüstungsvereinbarungen, die vertraglichen Vereinbarungen zur Herstellung der deutschen Einheit und nicht zuletzt die demokratische Revolution in Osteuropa eine erhebliche Reduzierung der konventionellen Waffen in Europa bewirkt haben und der Abbau der taktischen Atomwaffen nach der Erklärung des amerikanischen Präsidenten im September 1991 eingesetzt hat, muß die militärische Kräftekonstellation in Asien und im Pazifik neu durchdacht werden. Sonst würde die Entspannung in Europa sich auf Dauer zu Lasten einer gespannten, potentiell instabilen Situation im Fernen Osten auswirken. Die Voraussetzungen für neue Überlegungen und Gespräche zur Rüstungskontrolle in Asien sind nach der demokratischen Revolution in Osteuropa und dem Abbau regionaler Konfliktherde (Afghanistan, Kambodscha) günstiger als jemals zuvor. Bei einer Abrüstungskonferenz in Asien aber müssen — mehr noch als in Europa — zahlreiche bi- und multilaterale vertrauensbildende Maßnahmen und Verträge zwischen den beteiligten Partnern abgeschlossen werden. Danach sind einzelne Abrüstungsschritte wie der Truppenabbau an der chinesisch-russischen Grenze, die Truppenreduzierung im Fernen Osten, Korea und Hokkaido und vor allem die Klärung der Kurilenfrage voranzutreiben. Die Truppenreduzierung in China und der GUS wäre dabei ein erster, auch angesichts der Massierung konventioneller Streitkräfte in beiden Länder überzeugender Schritt.[231] Eine auf diese Ziele ausgerichtete Konzeption der Rüstungskontrolle wird die japanische Regierung noch entwickeln müssen. Die strategische Debatte hat noch nicht begonnen.

Einer der Anreize für eine konstruktive Mitwirkung an dieser Diskussion könnte dabei für Rußland — neben der Aussicht auf japanische Wirtschaftshilfe und Investitionen — in der Mitarbeit in der „Pacific Economic Cooperation Conference" von 15 pazifischen Anrainerstaaten bestehen, die zwar nicht von den Regierungen dieser Länder getragen wird, an der sich aber bereits die Sowjetunion interessiert gezeigt hat.[232] Die besondere Aufmerksamkeit der japanischen Regierung gilt aus dieser entspannungsfreundlichen Perspektive den politisch-militärischen Kommandosträngen im allgemeinen und der Verfügung über das Nuklearpotential der GUS im besonderen.[233] Die gewachsenen Kompetenzen der Russischen Föderation lassen den Abschluß eines russisch-japanischen Friedensvertrages und damit die Lösung der Kurilen-Frage im Rahmen einer gemeinschaftlichen Nutzung und einer vollständigen Demilitarisierung der Inseln durch die beiden Vertragspartner durchaus möglich erscheinen.[234]

Meinungsunterschiede, Desorientierungen und Einzelprofilierungen führender liberaldemokratischer Politiker haben auch in der Verteidigungspolitik die Entwicklung einer stimmigen strategischen Konzeption bisher verhindert.[235] Dieser Zustand verfestigt die strategische Abhängigkeit von den Vereinigten Staaten, auch wenn Verteidigungsexperten und Verteidigungspolitiker (*Aichi, Sakamoto, Kamei, Ishihara*) wiederholt die Formulierung eines eigenständigen japanischen Strategiekonzepts angemahnt haben. Die außenpolitischen Berater der Regierung stimmen darin überein, daß Japan seine Position im Rahmen des Sicherheitsvertrages mit den USA neu definieren und das Vertragswerk dadurch mit neuem Leben erfüllen solle. Jede politische Prüfung dieser strategischen Allianz setzt zuallererst die Formulierung der eigenen strategischen Interessen voraus. Der Sicherheitsvertrag bietet den Partnern zugleich einen Rahmen, der mit politischen und wirtschaftlichen Komponenten aufzufüllen ist.

In Asien würde eine stärkere sicherheitspolitische Rolle Japans trotz starker Vorbehalte Chinas und Koreas nur dann akzeptiert, wenn diese im Rahmen der Vereinten Nationen und regionaler Sicherheitsnetze wahrgenommen wird. Ein solches Netzwerk könnte den japanisch-amerikanischen Sicherheitsvertrag ergänzen. Mehrere wirtschaftliche Kooperationsnetze in Asien könnten die Grundlage zumindest für die Schaffung eines sicherheitspolitischen Beratungsorgans bilden. Hierzu zählen der Pacific Basin Economic Council (PBEC), die Pacific Economic Cooperation Conference (PECC) und die Asia-Pacific Economic Cooperation (APEC). Auf dieser Grundlage könnte auch nach Auffassung von Experten des Gaimushō eine Konferenz für Sicherheit und Zusammenarbeit in Asien (KSZA) aufgebaut werden.[236] Gegen eine

KSZA hat sich allerdings bereits einer der wichtigsten potentiellen Teilnehmerstaten, die Volksrepublik China, ausgesprochen. Nach Ansicht der chinesischen Regierung ist die Lage in Asien mit der Europas nicht zu vergleichen; es bestehe daher keine Nowendigkeit für eine solche Konferenz. Bilateralen Beziehungen sei in der Sicherheitspolitik weiterhin Vorrang einzuräumen.[237]

Nach der Entscheidung der amerikanischen Regierung im Jahre 1991, ihre Truppen im Pazifik um mindestens zehn Prozent auszudünnen, kommt der regionalen sicherheitspolitischen Zusammenarbeit zwischen Japan und ASEAN neue Bedeutung bei.[238] Aufgrund unterschiedlicher Beurteilungstendenzen eines solchen Konzepts unter den ASEAN-Staaten hat Japan einen Dialog zwischen zwölf asiatisch-pazifischen Staaten vorgeschlagen, um die eigene militärische Präsenz in ein multilaterales Sicherheitsnetz einzubauen und die Sorgen seiner Nachbarn vor einer Hegemonie Chinas und Japans zu zerstreuen. Die ASEAN-Staaten stehen dieser Initiative skeptisch gegenüber und scheinen — wenn überhaupt — selbst die Eckwerte eines multilateralen Sicherheitssystems vorgeben zu wollen. Immerhin ist die Notwendigkeit eines solchen Verbundes dadurch inzwischen zu einem konkreten Diskussionsthema der asiatisch-pazifischen Staaten geworden.

Die Auflösung der Sowjetunion hat indessen die sicherheitspolitischen Befürchtungen in Ostasien noch verstärkt.[239] Als militärisches Gegengewicht zu China, Nordkorea und Vietnam kommt die GUS nicht in Betracht. Die Gefahr eines konventionellen oder gar nuklearen „Kriegs aus Zufall" ist um so größer geworden, als die faktische Verfügungsmacht über Nuklearwaffen in der GUS nicht mehr monopolisiert ist. Um so nachhaltiger und dauerhafter ist das japanische Interesse am Sicherheitsvertrag mit den USA und damit am Fortbestand der amerikanischen Schutzgarantie. In dieser Phase des Umbruchs und der Unsicherheit erweist sich erneut das Fehlen eines kollektiven Sicherheitssystems in Asien als ein schwerwiegender Mangel. Ebenso wie die amerikanisch-japanischen Beziehungen auf eine neue Grundlage gestellt werden müssen, kommt es darauf an, ein regionales sicherheitspolitisches Netzwerk unter Beteiligung der Vereinigten Staaten, Japans und seiner Nachbarn aufzubauen.

Die nach dem Golfkrieg wiederholt von Japan geforderte Beteiligung der Selbstverteidigungsstreitkräfte an Friedenstruppen der Vereinten Nationen ist in Parteien und Medien eingehend erörtert worden.[240] Die Auffassung der Regierung schwankte zunächst zwischen der Konzeption einer direkten SDF-Beteiligung und dem Aufbau einer hiervon völlig unabhängigen, nicht militärischen Unterstützungseinheit. Das „kollektive Selbstverteidigungsrecht" (Shudanteki jieiken) wurde jeweils unterschiedlich interpretiert. Hinsichtlich dieser Interpretation konnte die Regierung kein geschlossenes Bild vermitteln, während die Shakaitō die Friedensaktivitäten der Vereinten Nationen lediglich durch eine kleinere, nicht militärische Einheit unterstützen will.[241] Gegenüber Bestrebungen innerhalb der LDP, geschlossene SDF-Einheiten unter

UN-Aufsicht in Krisengebiete zu entsenden, nimmt die Kōmeitō eine kompromißbereite Position ein.[242]

Die Durchsetzung einer Außen- und Verteidigungspolitik, die eine systematische Beteiligung an UN-Missionen ermöglicht und Japans gewachsene internationale Bedeutung damit im UN-Bereich strategisch umsetzt, wird durch den Dissens zwischen Regierung und Opposition belastet.[243] Dieses Dilemma, verstärkt durch bürokratische Widerstände und Gegensätze innerhalb der Liberaldemokratischen Partei[244], erschwert eine grundsätzliche Neuorientierung der japanischen Außen- und Verteidigungspolitik beträchtlich.[245] So vermag die japanische Außenpolitik nur unter großen Schwierigkeiten einen nennenswerten Beitrag zur Aufgabenstärkung der Vereinten Nationen zu leisten.

Inzwischen ist Japan immerhin in erheblichem Umfang an regionalen und globalen Abrüstungsmaßnahmen beteiligt.[246] Der amerikanische Druck auf die japanische Rüstungskontrollpolitik hat die Nonproliferationspolitik dieses Landes erheblich geprägt und zur Beteiligung Japans an internationalen Abkommen zum Abbau von nuklearen Mittelstreckenwaffen geführt. Die Perspektive der japanischen Abrüstungspolitik muß angesichts der Befürchtungen seiner asiatisch-pazifischen Nachbarn — auch der Vereinigten Staaten — über eine bloße Strategie der „Schadensbegrenzung" deutlich hinausreichen. Zwar will Japan keine militärische Großmacht (gunji taikoku) werden, aber noch sind Richtwerte und Linien seiner Verteidigungspolitik auch aus der Sicht der Nachbarländer unklar.

Das Ende des Kalten Krieges hat im Fernen Osten schwächere Wirkungen als in Europa gezeitigt. Das japanische Interesse an regionaler Abrüstung ist geringer und die Furcht vor einem amerikanischen Truppenabzug größer als in Europa.[247] Die Umwälzungen in Osteuropa und auf der koreanischen Halbinsel verstärken zugleich die Gefahr einer außenpolitischen Isolation Japans. Wie der Golf-Konflikt zeigt, ist die Bereitschaft zur Übernahme globaler Verantwortung in Krisensituationen gering; sie wird zudem durch vielfältige politische und administrative Abstimmungsprobleme in Frage gestellt: Der Konflikt zwischen pazifistischen Traditionen und den außenpolitischen Konsequenzen der Bündnisverpflichtungen wird nicht ausgetragen. Allerdings wächst die grundsätzliche Bereitschaft zur Übernahme regionaler militärischer Überwachungsaufgaben unter dem Dach der Vereinten Nationen.[248]

Außen- und Sicherheitspolitik lassen sich immer weniger voneinander trennen. Japan steht damit ebenso wie Deutschland vor der Herausforderung, seine Außen- und Sicherheitspolitik neu zu bestimmen. Einstweilen gibt es allenfalls rudimentäre Ansätze einer verteidigungspolitischen Konzeption.[249] Die Golfkrise hat gezeigt, „... wie wenig das politische Establishment Japans in der Lage ist, für Krisenzeiten vorzuplanen und crisis management zu betreiben."[250] Je mehr sich die Bedrohungsperzeption von der GUS weg verschiebt und je komplizierter das ostasiatische Sicherheitsumfeld Japans wird, um so mehr kommt es darauf an, eine verteidigungspolitische Konzeption zu entwickeln, die den Umfang des Ausbaus des japanischen Militärpotentials systematisch und glaubhaft mit der Kontinuität der, wenn auch reduzierten, Militärpräsenz der USA verbindet.[251]

Eine solche Konzeption kann um so leichter entwickelt werden, als sich die politische Führung nach dem Golf-Krieg bewußt ist, daß eine Neudefinition ihrer Außen- und Verteidigungspolitik unabdingbar ist. Komponenten einer neuen Konzeption könnte zum einen die Bereitschaft zur Beteiligung an Friedensstreitkräften der Vereinten Nationen und zum anderen die Bereitschaft zu weitgehenden Umschichtungen im Verteidigungshaushalt zu Lasten der Bodenstreitkräfte sein.[252] Eine Konzentration des japanischen Militärpotentials auf Marine und Luftwaffe würde den defensiven Charakter der japanischen Streitkräfte gegenüber den asiatisch-pazifischen Nachbarn unterstreichen, eine „Friedensdividende“ zugunsten des weiteren Ausbaus der Entwicklungshilfe freisetzen und Abrüstungsinitiativen in der gesamten asiatisch-pazifischen Region vorantreiben.

Die politische Führungsschicht Japans scheint darin übereinzustimmen, daß sich Japan nach dem außenpolitischen Orientierungsmangel während des Golfkrieges künftig an Friedensstreitkräften der Vereinten Nationen beteiligen soll.[253] In humanitärer, entwicklungspolitischer und strategischer Hinsicht soll der internationale Beitrag Japans klarere Konturen gewinnen.[254] Dies gilt vornehmlich für die Mitwirkung der Selbstverteidigungsstreitkräfte an Friedensmissionen der Vereinten Nationen und an Aktionen des internationalen Katastrophenschutzes.[255]

Im Dezember 1991 hat die Regierung ein Gesetz eingebracht, das erstmals nach dem Zweiten Weltkrieg eine Beteiligung japanischer Streitkräfte an Friedenstruppen der Vereinten Nationen ermöglicht (PKO-Peace Keeping Operations).[256] Japan wird sich nach den Bestimmungen dieses Gesetzes nur dann an einer Blauhelm-Aktion beteiligen, wenn ein Waffenstillstand geschlossen worden ist, das Engagement von beiden Konfliktparteien gebilligt wird, die PKO-Truppe strikte Neutralität wahrt und die beteiligten japanischen Soldaten Waffen nur zum eigenen Schutz einsetzen. Die parlamentarische Verabschiedung des PKO-Gesetzes am 15. Juni 1992 in beiden Kammern des Parlaments wurde dadurch ermöglicht, daß die Demokratisch-Sozialistische Partei die für eine Entsendung der Selbstverteidigungskräfte notwendige parlamentarische Zustimmung und die Kōmeitō strenge Auflagen für diesen Einsatz in Übereinstimmung mit Art. 9 der Japanischen Verfassung im endgültigen Gesetzestext festschreiben konnte. Das „International Peace Cooperation Law“ hat am 10. August 1992 Rechtskraft erlangt. Die öffentliche Kritik hat inzwischen nachgelassen und ist auch nach der ersten Entsendung von 683 SDF-Mitgliedern nach Kambodscha nicht wieder in alter Stärke aufgeflammt.

Die Konturen des neuen außenpolitisch-strategischen Denkens der liberaldemokratischen Führungsschicht nach dem Golfkrieg lassen sich in sechs Punkten zusammenfassen:[257]

1. Die den einschlägigen Verfassungsbestimmungen zugrundeliegende Annahme, Japans Sicherheit lasse sich an seinen territorialen Grenzen verteidigen, erweist sich angesichts seiner globalen Verflechtungen und Abhängigkeiten als obsolet.
2. Eine nur finanzielle Beteiligung an Friedenssicherungsmaßnahmen reicht nicht aus; eine personelle Beteiligung ist geboten, um dem Vorwurf der „Scheckbuch-Diplomatie" vorzubeugen.
3. Institutionen und Mechanismen des Krisenmanagements im Regierungsapparat sind nachdrücklich zu verbessern.
4. In Abstimmung mit den Vereinigten Staaten ist die Sicherheitszusammenarbeit mit Europa durch gemeinsame Konsultationen über Sicherheitsstrategien voranzutreiben.
5. In Asien sind Rahmenbedingungen einer regionalen Sicherheitspartnerschaft durch den Austausch von Beamten und Wissenschaftlern, gemeinsame Militärübungen (Malaysia, Singapur) und den Aufbau einer Asiatischen Friedensstreitmacht (Asian peacekeeping corps) zu fördern.
6. Durch die Gesetzgebung sind die Voraussetzungen für eine japanische Beteiligung an Friedensstreitkräften der Vereinten Nationen zu schaffen.

Erforderlich ist eine *Globalisierung* des außenpolitischen und strategischen Denkens, wie sie der Staatsminister im Außenministerium *Kakizawa* fordert:[258]

> „The big shift for Japan is an increasingly global focus in our thinking on defense strategies. The Japanese leadership and public have, for the most part, come to recognize that Japan must assume a security role in the world appropriate for its economic stature."

4.3.6 Die öffentliche Meinung: Kontinuität und Neuorientierung

Die Zustimmungsrate der Bevölkerung zur Existenz der Selbstverteidigungskräfte wird von der japanischen Regierung mit 80 Prozent angegeben.[259] Unter den Faktoren, die Japan eine Politik der Friedenssicherung ermöglichen, werden die Streitkräfte bei Repräsentativumfragen von einem Querschnitt der Bevölkerung aber erst an 6. Stelle genannt — nach der „Friedensverfassung", der wirtschaftlichen und sozialen Stabilität, dem Sicherheitsvertrag mit den USA, Japans außenpolitischen Bemühungen und der Existenz der Vereinten Nationen.[260] Bei einer Gegenüberstellung von zwei Repräsentativumfragen aus den Jahren 1981 und 1989 fällt auf, daß sich der Anteil derjenigen Befragten, die eine Ausweitung der japanischen Entwicklungshilfeleistungen mit dem Ziel der Gewährleistung von Frieden und Sicherheit befürworten, in diesem Zeitraum von 59,1 % auf 70,7 % gestiegen ist.[261]

Unter den diplomatischen Bemühungen der Friedenssicherung werden von den Befragten diejenigen der Vereinten Nationen an erster Stelle genannt. Seine außenpolitischen Anstrengungen soll Japan vor allem gegenüber den folgenden Ländern verstärken: USA, China, Rußland, Südkorea, Westeuropa, Naher Osten, ASEAN-Staaten und Kanada. Gegenüber 1981 nehmen in dieser außenpolitischen Rangskala Rußland und Südkorea einen höheren Rangplatz ein, während derjenige der USA, Chinas und Europas in etwa gleichgeblieben ist. Eine Beteiligung Japans an Friedensstreitkräften der Vereinten Nationen wird eher abgelehnt.

Vergleicht man die Erhebungsbefunde mit Untersuchungen der außenpolitischen Einstellungen der japanischen Wähler in den 50er und 60er Jahren, so überwiegt der Eindruck der Kontinuität. Schon damals zeigten die Befragten — auch zur Zeit der Debatte um den japanisch-amerikanischen Sicherheitsvertrag und starker pazifistischer Strömungen — ein weitaus größeres Vertrauen in die Vereinigten Staaten als in die Sowjetunion.[262] Trotz starker Vorbehalte gegen amerikanische Militärbasen unterstützt die japanische Wählerschaft mehrheitlich die enge politische, wirtschaftliche und militärische Zusammenarbeit mit den USA. In der jüngeren Generation sind allerdings eine größere Distanz zu den Vereinigten Staaten sowie eine steigende Bereitschaft zum Aufbau eines Militärapparates auch ohne amerikanischen Schutz unverkennbar.[263]

Die Sozialistische Partei Japans lehnt weiterhin eine sicherheitspolitische Zusammenarbeit mit den USA ab und fördert eine „allseitigere" Außenpolitik, die sich weniger auf die Vereinigten Staaten stützen soll. Bei steigenden Personalkosten und erhöhten Anforderungen an die Übernahme von Stationierungskosten steht die japanische Verteidigungspolitik daher vor schwierigen Entscheidungen. In dieser Situation sieht sich die liberaldemokratische Regierung veranlaßt, die parlamentarische Basis ihrer Außen- und Verteidigungspolitik im Oberhaus durch Absprachen mit der Kōmeitō und der Demokratisch-Sozialistischen Partei abzusichern. Dies geschah im Jahre 1991 bei der Finanzierung der Unterstützung der multinationalen Streitmacht der Vereinten Nationen in Höhe von 9 Mrd. Dollar (1,19 Billionen Yen) durch ein Abkommen mit diesen beiden Oppositionsparteien, das eine Kürzung der Verteidigungsausgaben und Haushaltseinsparungen an anderer Stelle vorsah, um die von der Regierung ursprünglich geplante Steuererhöhung zu vermeiden.[264] Nur durch diese Mitwirkung von Kōmeitō und DSP konnte der Nachtragshaushalt auch im Oberhaus verabschiedet werden, so überhastet und wenig professionell das gesamte Unterstützungsprogramm auch gewesen sein mag.[265]

Anmerkungen

1 Vgl. Ernst-Otto *Czempiel*, Machtprobe. Die USA und die Sowjetunion in den achtziger Jahren, München 1989, S. 13.

2 Vgl. Richard N. *Rosecrance*, Der neue Handelsstaat, Frankfurt a.M. 1988.

3 Vgl. Jürgen *Bellers*, Ist die Bundesrepublik Deutschland ein „Handelsstaat"? Historische und sozialwissenschaftliche Analysen zu Bestimmungsfaktoren der deutschen Außenwirtschaftspolitik seit 1949, Münster 1989 (Manuskript).

4 Vgl. Jürgen *Bellers*, Außenwirtschaftspolitik und politisches System, Münster 1991 (Manuskript).

5 Vgl. William R. *Nester*, Japanese Industrial Targeting: the Neomercantilist Path to Economic Superpower, London 1991, S. 5, 41, 53 ff.

6 Vgl. Financial Times, 7. Dezember 1988; Hintergrundinformationen über die japanische Wirtschaft, Bonn 1988, S. 4. Katrin *Haaf*, Weltwirtschaftliche Bedeutung und weltwirtschaftliche Verantwortung Japans, Ruhr-Universität Bochum 1989, unveröffentlichte Seminararbeit.

7 Vgl. Manfred *Pohl* (Hrsg.), Japan 1991 / 92, a.a.O., S. 425 f.

8 Vgl. hierzu Kenichi *Ohmae*, Triad Power, New York 1985; Kleine Einführung in die japanische Wirtschaft, Düsseldorf 1988.

9 Vgl. *Keizai Kōhō Center* (Hrsg.), Japan 1991. An International Comparison, Tokyo 1991, S. 40; Manfred *Pohl* (Hrsg.), Japan 1991 / 92, a.a.O., S. 427.

10 Vgl. Helmut *Laumer*, Japan's Economic Relations with the Common Market and West Germany, in: Trends of Economic Development in East Asia, Berlin 1989, S. 56; Manfred *Pohl* (Hrsg.), Japan 1991 / 92, a.a.O., S. 427.

11 Vgl. *Internationaler Währungsfond* (IMF), Jahresbericht für das Finanzjahr 1987, Washington D. C. 1987, S. 23 f.

12 Vgl. hierzu Wolfgang *Klenner*, Japan: Umorientierung im Sinne weltwirtschaftlicher Verantwortung, in: Volkswirtschaftliche Korrespondenz der Adolf-Weber-Stiftung, 27. Jhg., Nr. 1, München 1988, S. 4 f., „Japan sorgt sich um seine Handesüberschüsse", in: Frankfurter Allgemeine Zeitung, 26. Juni 1992, S. 17.

13 Vgl. Walter *Arnold*, Political and Economic Influences in Japan's Relations with China Since 1978, in: Millennium, Vol. 18, No. 3, 1989, S. 415 ff.

14 Albert O. *Hirschman*, National Power and the Structure of Foreign Trade, Berkeley 1945, S. 3-81.

15 Vgl. Walter *Arnold*, a.a.O., S. 430.

16 Siehe hierzu u.a.: Marius B. *Jansen* (Hrsg.), Studies in the Institutional History of Early Modern Japan, Princeton 1968; Karl *Hax*, Japan. Wirtschaftsmacht des Fernen Ostens, Opladen 1961; Charles P. *Kindleberger*, Foreign Trade and the National Economy, New Haven 1962; William W. *Lockwood*, The State and Economic Enterprise in Japan, Princeton (N.J.) 1965.

17 Vgl. Jürgen *Bellers*, Japans außenwirtschaftliche Entwicklung und Außenwirtschaftspolitik seit 1870, Münster 1989 (Manuskript).

18 Vgl. Jürgen *Morhard*, a.a.O., S. 55-79.

19 Vgl. G. *Heiduk*, The Japanese and German Positions in International Economic Policy — Similarities and differences, in: K. *Hax* / W. *Kraus* / T. *Matsuda* / T. *Nakamura* (Hrsg.), Pacific Cooperation from the Japanese and the German Viewpoint, Berlin 1990, S. 163 f.; siehe im gleichen Band ferner: W. *Kraus*, Germany and Japan in the Internatio-

nal Economy: The Meaning of Growth and Structural Change in the Pacific Region from a German and European Point of View, S. 1-26.

20 Paul *Blustein*, Japan Envisages Long Period of Slower Growth, in: Herald International Tribune, 30. / 31. Mai 1992, S. 9.

21 Vgl. Just when you thought it was safe, in: *The Economist*, 17. August 1991, S. 59-61.

22 Vgl. Ulrich *Menzel*, Japan und der asiatisch-pazifische Wirtschaftsraum, a.a.O.

23 Vgl. Peter J. *Katzenstein*, Conclusion: Domestic Structures and Strategies of Foreign Economic Policy, in: *ders.* (Hrsg.), Between Power and Plenty, a.a.O., S. 304, 307.

24 Vgl. Konrad *Seitz*, Die japanisch-amerikanische Herausforderung, a.a.O., S. 362 ff.

25 Vgl. *Fair Trade Commission / Japan Views*, Information and Opinion from the Fair Trade Commission of Japan, No. 4, January 1989.

26 *Economic Planning Agency*, Government of Japan, Economic Outlook and Basic Policy. Stance of Economic Management for FY 1990, Tokyo, 22. Dezember 1989; siehe hierzu auch: Ministry of International Trade and Industry, White Paper on International Trade 1989, Tokyo 1989.

27 Vgl. *MITI Overseas Public Affairs Office*, News from MITI, Recent Trends in Japan's Trade, Tokyo Oct. 1989.

28 Vgl. Daniel J. *Okimoto*, Political Inclusivity: The Domestic Structure of Trade in: Takashi *Inoguchi* / Daniel J. *Okimoto* (Hrsg.), The Political Economy of Japan, vol. 2, The Changing International Context, Stanford (Cal.) 1988, S. 307 ff.

29 Vgl. *ders.*, a.a.O., S. 323 ff.

30 Vgl. Daniel J. *Okimoto*, a.a.O., S. 340 („political inclusivity and issuearea segmentation").

31 Vgl. Taizō *Yakushiji*, Political Factors in Shaping Japan's Foreign Economic Policy, in: The International Spectator, vol. 24, No. 3 / 4, July — Dec. 1989, S. 208-218.

32 Vgl. Kanji *Hane*, „Was heißt „Japan-Corporation", in: Japaninfo, 11. Jhg., Nr. 9, 2. Juli 1990, S. 15-18.

33 Vgl. Eric *Helleiner*, Money and Influence: Japanese Power in the International Monetary and Financial System, in: Millennium. Journal of International Studies, Vol. 18, No. 3, 1989, S. 343-358.

34 Vgl. Erhard *Pascher*, Zur Internationalisierung des Yen aus der Sicht der europäischen Banken, in: Günter *Heiduk*, Japan als führende Wirtschaftsmacht in einem zukünftigen pazifischen Weltwirtschaftszentrum, Baden-Baden 1985, S. 134 f.

35 Vgl. Karel *van Wolferen*, Gefährliche Ignoranz, in: Die Zeit, Juni 1991; ferner ders.: Vom Mythos der Unbesiegbaren, München 1989.

36 Vgl. William R. *Nester*, Foundation ..., a.a.O., S. 193.

37 Vgl. I.M. *Destler* / Hideo *Satō* (Hrsg.), Coping with U.S.-Japanese Economic Conflicts, Lexington (Mass.) / Toronto 1982, S. 289 f.

38 Vgl. Stephen D. *Cohen*, Cowboys and Samurai. Why the United States Is Losing the Industrial Battle and Why It Matters, New York 1991, S. 261 f.; vgl. hierzu auch: Peter A. *Petri*, Modeling Japanese-American Trade. A Study of Asymmetric Interdependence, Cambridge (Mass.) / London 1984.

39 Vgl. *Japan External Trade Organization*, White Paper on International Trade. Japan 1991, Tokyo 1991, S. 17.

40 Vgl. *Edwin O. Reischauer Center for East Asian Studies*, The United States and Japan in 1990: A New World Environment. New Questions, Tokyo 1990, S. 2 ff.

41 Vgl. Philip H. *Trezise*, Japan, the Enemy?, in: The Brookings Review, Winter 1989 / 90, S. 3-13.

42 Vgl. A Message for Tokyo, in: *Time*, 9. Juli 1990, S. 24.

43 Vgl. Leonard J. *Schoppa*, Gaiatsu and the Japanese Policy Process: The Role of U.S. Pressure in Shaping Policy Decisions Related to the Structural Impediments Initiative Paper, APSA 1992 Annual Meeting, Chicago, September 3-6, 1992.

44 Vgl. Frances *McCall Rosenbluth*, The Domestic Politics of Internationalization in Japan: Shifting Coalitions and Institutional Adjustments, Paper, APSA 1992 Annual Meeting, Chicago, September 3-6, 1992, S. 13, 26.

45 Zum Gesamtkomplex siehe u.a. K.-R. *Korte*, Nippons neue Vasallen? Die Japanpolitik der Europäischen Gemeinschaft, Mainz 1984; Chihiro *Hosoya*, Relations between the European Community and Japan, in: Journal of Common Market Studies, 1979 / 80, vol. 18, S. 159-174; G. *Lohan*, Grundlagen und Tendenzen in der Handelspolitik der EG gegenüber Japan, in: Gesine *Foljanty* (Hrsg.), Japans Sozial- und Wirtschaftsentwicklung im internationalen Kontext, Berlin 1983, S. 100-109; H.W. *Maull*, Möglichkeiten und Grenzen der europäisch-japanischen Zusammenarbeit, in: Europa-Archiv, 1984, Jhg. 19, S. 575-582.

46 Vgl. *Ministry of International Trade and Industry* (MITI), White Paper on International Trade, Tokyo 1991, S. 15 f.

47 Vgl. Holger *Green*, Japanische Investitionen in Europa, in: Manfred *Pohl* (Hrsg.), Japan 1990 / 91, a.a.O., S. 299-312. Heinrich *Kreft*, Europa im Blickpunkt japanischer Investoren, in: Manfred *Pohl*, Japan 1991 / 1992, a.a.O., S. 344.

48 Vgl. Andreas *von Stechow*, Binnen- und außenwirtschaftliche Entwicklung Japans in 1991, in: Manfred *Pohl* (Hrsg.), Japan 1991 / 92, Hamburg 1992, S. 230.

49 Vgl. „EG und Japan wollen Marktzugang erleichtern", in: *Frankfurter Allgemeine Zeitung*, 20. Juli 1991, S. 9.

50 Der japanische Marktanteil in der EG soll von gegenwärtig 10 Prozent auf 16 Prozent ansteigen — unter Anrechnung der in der Gemeinschaft produzierten japanischen PKWs.

51 Vgl. Toshirō *Tanaka*, The European Community and Japan: Countdown to 1992, in: Japan Review of International Affairs, Fall / Winter 1989, S. 213-227.

52 Vgl. Karl-Rudolf *Korte*, Steht Japan vor der Festung Europa?, in: Japaninfo, 5. November 1990, Nr. 15, S. 13-18.

53 Vgl. Masamichi *Hanabusa*, Trade Problem between Japan and Western Europe, London 1979, S. 98 ff.

54 Vgl. Roland *Freudenstein*, Japan und das neue Europa, in: Europa-Archiv, Folge 21, 1990, S. 639-650.

55 Vgl. Jamuna P. *Agarwal*, Europäische Direktinvestitionen in Ostasien — ein internationaler Vergleich, in: Die Weltwirtschaft, 124, 1988, Heft 1, S. 138-149.

56 Vgl. O. *Ostroukhov*, Sino-Japanese Relations: Problems and Prospects, in: Far Eastern Affairs, Moskau 1987, S. 55-63.

57 Vgl. auch M. *Krupyanko*, Japan's Economic Ties with China, in: Far Eastern Affairs, Moskau 1985, 2, S. 52-59.

58 Vgl. *Frankfurter Allgemeine Zeitung*, 2. Oktober 1989.

59 Vgl. Norbert *Wagner*, Entwicklungspolitik Japans in Südostasien, in: Konrad-Adenauer-Stiftung. Internationales Institut (Hrsg.), Die Entwicklungspolitik Japans in Asien, Sankt Augustin 1989, S. 42.

60 Vgl. „Japan throws China a lifeline", in: Economist, 14. Juli 1990, S. 61. Vgl. hierzu auch einen Beitrag des Generaldirektors der Asien-Abteilung des Außenministeriums, der Kontinuität und Vorreiterrolle der chinesisch-japanischen Beziehung betont: Sakutarō *Tanino*, The Recent Situation in China and Sino-Japanese Relations, in: Japan Review of International Affairs, Vol. 4, No. 1, 1990, S. 20-41.

61 Vgl. Douglas *Ostrom*, New Twists in MITI's Industrial „Version", in: Japan Economic Institute (Hrsg.), Japan Economic Institute Report Nr. 27 B, 13. Juli 1990, S. 3-4.

62 Vgl. Tōyō *Keizai* (Shūkan), Wochenausgabe der Tōyō Keizai vom 11.-18. August 1990: „In Wirklichkeit verstärkt sich der Widerstand gegen eine Reismarktliberalisierung".

63 Benannt nach dem früheren Gouverneur der Bank of Japan. Vgl. Haruno *Mayekawa*, Internationalization and Restructuring of the Japanese Economy, in: Ryūzō *Satō* / Juliane *Nelson* (Hrsg.), Beyond Trade Friction: Japan-US Economic Relations, Cambridge (Mass.) 1989, S. 31-40.

64 Vgl. hierzu Clyde V. *Prestowitz*, Trading Places. How We Allowed Japan to Take the Lead, New York 1988, S. 330 f.; zur Politik der Öffnung des japanischen Binnenmarktes als struktureller Voraussetzung eines ausgewogenen Außenhandels siehe auch Edward J. *Lincoln*, Japan's Unequal Trade, Washington D. C. 1990, S. 114 ff., 132 ff. und Ali M. *El-Agraa*, Japan's Trade Frictions. Realities or Misconceptions?, London 1988, S. 198 ff.

65 Vgl. Keidanren urges rice liberalization to bring Uruguay Round to a close, in: *The Japan Times*, 11. März 1992, S. 10.

66 Vgl. Hayime *Ohta*, European union offers lesson, in: The Japan Times, 2. März 1992, S. 8.

67 Vgl. Yujiro *Hayami*, Japan, in: Fred *Sanderson* (Hrsg.), Agricultural Protectionism in the Industrialized World, Washington D. C. 1990, S. 181-218.

68 Vgl. Bela *Balassa* / Marcus *Noland*, Japan in the World Economy, Washington D.C. 1988, S. 72 f.

69 Zu den Perspektiven und Voraussetzungen der Liberalisierungspolitik siehe auch: Syed Javed *Maswood*, Japan and Protection. The Growth of Protectionist Sentiment and the Japanese Response, London / New York 1989, S. 195 ff. Vgl. hierzu auch: W.W. *Rostow*, Is there need for Economic Leadership?: Japanese or U.S.?, in: The American Economic Review, Papers and Proceedings, May 1985, S. 289.

70 Vgl. Franz *Nuscheler*, Japans Entwicklungspolitik, a.a.O., S. 35.

71 Vgl. *Ministry of Foreign Affairs*, Japan's ODA 1991, Tokyo 1992, S. 12 f.

72 Zwar haben die ODA-Leistungen der USA die Japans im Jahr 1990 überrundet. Aber die japanische Regierung weist darauf hin, daß in den amerikanischen Hilfeleistungen Schuldenerleichterungen für die Rückzahlung von Krediten für Waffenkäufe mitgerechnet werden. Solche Vergünstigungen aber sind in der Tat nach den OECD-Richtlinien nicht als öffentliche Entwicklungshilfeleistungen einzuordnen. (Hierbei geht es um ägyptische Waffenkäufe in den USA im Werte von 1,2 Mrd. Dollar). Vgl. The Japan Times, 1.10.1991, S. 12. Im übrigen war eine Wechselkursänderung im Verhältnis Dollar-Yen für diesen Rangplatzwechsel mitverantwortlich. Vgl. Japan's ODA Outlook, No. 44, September 1991, S. 2.

73 Vgl. ODA Jisseki hyakujū oku Doru (Tatsächliche Inanspruchnahme der Öffentlichen Entwicklungshilfe 11 Mrd. Dollar), in: *Asahi Shimbun*, 19. Juni 1992, S. 1.

74 Gaimushō*Keizaikyōryoku kyoku* (Außenministerium. Amt für wirtschaftliche Zusammenarbeit), Wagakuni no seifu kaihatsu enjo (ODA-Weißbuch), 1. Band, Tōkyō 1991, S. 15.

75 Vgl. *Ministry of International Trade and Industry,* Japan's Economic Cooperation, 1989. Present State and Problems, Foreign Press Center of Japan, Tokyo, May 1990, S. 14 ff.

76 Vgl. Alan *Rix*, Japan's Economic Aid. Policy-Making and Politics, London 1980, S. 11 ff.

77 Ebenda, S. 11.

78 Vgl. Alan *Rix*, a.a.O., S. 264.

79 Vgl. *Ministry of Foreign Affairs*, Japan's ODA 1990, Tokyo 1991, S. 19.

80 Vgl. *Gaimushō Keizaikyōryoku kyoku*, a.a.O., S. 16.

81 Zur Technischen und Personellen Zusammenarbeit siehe: *Japan International Cooperation Agency*, Annual Report 1988, Tokyo 1988; vgl. auch die beiden Vorträge auf dem Forum on Development Policy 89 in Berlin: Masao *Kawai*, Principles and Structures of Japanese Economic Development Assistanc; Hirohisa *Kohama*, „Self-Help Efforts" and Development. Japan's Development Experience and Economic Cooperation Policy, Berlin, 2. Dezember 1989.

82 *JICA*, Anunal Report 1988, Tokyo 1988, S. 22.

83 Vgl. *Wissenschaftliche Dienste des Deutschen Bundestages*, Die Entwicklungspolitik Japans in den 80er Jahren, Bonn 1991, S. 13.

84 *Gaimushō*, ODA-Weißbuch 1991, a.a.O., S. 82; 7,1 % der japanischen ODA-Leistungen wurden 1990 regional nicht zugeordnet.

85 Vgl. *Ministry of International Trade and Industry*, Japanese Direct Investment Abroad, Tokyo 1991, S. 2.; Manfred *Pohl* (Hrsg.), Japan 1991 / 92, a.a.O., S. 243.

86 Nach: *Japanese Government. Science and Technology Agency*, White Paper on Science and Technology 1991, Tokyo 1991, S. 18.

87 Vgl. *Ministry of International Trade and Industry*, The Present State and Problems of Japan's Economic Cooperation 1988 (Summary), Tokyo, May 1989 (Foreign Press Center).

88 Vgl. *ebd.*, S. 23.

89 Vgl. *Ministry of International Trade and Industry*, The Present State and Problems of Economic Cooperation 1986 (Summary), Tokyo, Februar 1987. Siehe hierzu auch: *Economic Planning Agency*, Economic Management within a Global Context, Tokyo 1988, S. 31 ff.; ferner: *EPA*, Implementation Status and Prospects for the Economic Plan „Economic Management within a Global Context", Tokyo 1989.

90 *JICA*, Annual Report 1988, Tokyo 1988, S. 31.

91 Vgl. *F.P.C. Press Release* No. 0625-10, October 17, 1990: Grant — in — Aid to The Gambia for Increased Food Production. *F.P.C. Press Release* No. 0618-10, October 16, 1990: Grant — in — Aid to the People's Democatic Republic of Ethiopia for Increased Food Production.

92 Vgl. *Association for Promotion of International Cooperation*. A Guide to Japan's Aid, Tokyo 1982.

93 Vgl. *The Overseas Economic Cooperation Fund* (OECF), Annual Report 1991, Tokyo 1991, S. 14 f.

94 Vgl. *OECD*, Annual Report 1991, S. 122.

95 Vgl. Mitsuhiro *Sasanuma*, Japan's Official Development Assistance and the Role of OECF for Africa, Forum on Development Policy 89, Berlin 1989.

96 Die japanischen NGOs mobilisieren nur etwa ein Siebtel der von deutschen NGOs gesammelten Mittel (Vortrag Masako *Hishino*, Forum on Development Policy 89, Berlin 19 / 89).

97 Vgl. Japan's ODA Outlook, February 1990, No. 26, S. 3.

98 Vgl. Improving Japan's ODA, in: *Asahi Evening News*, 14. September 1989, S. 3; siehe auch: „Another Flop in Japanese ODA", in: *Mainichi Daily News*, 12. September 1989, S. 1.

99 Vgl. NGOs Wary of Accepting ODA Funding, in: *Mainichi Darly News*, 12. September 1989, S. 3.

100 Interview des Verf. mit Jōichirō *Nagakawa*, JICA, Abteilung für Öffentlichkeitsarbeit, am 20. September 1989.
101 Vgl. Adrian *Hewitt*, Japanese Aid: More than a Rising Sun, in: Multinational Business, No. 4, 1989, S. 18-27.
102 Vgl. Alan *Rix*, Japan's Foreign Aid Policy: A Capacity for Leadership?, in: Pacific Affairs, vol. 62, No. 4, Winter 1989/90, S. 461-475.
103 Vgl. *ders.*, a.a.O., S. 474.
104 Vgl. Jürgen M.H. *Morhardt*, Wirtschaftliche Sicherheit und Politik in Japan. Ein Faktor in der Konzeption der japanischen Außen- und Sicherheitspolitik, Hamburg 1989, S. 73.
105 Vgl. Robert M. *Orr*, Collaboration or Conflict? Foreign Aid and U.S.-Japan Relations, in: Pacific Affairs, vol. 62, No. 4, Winter 1989-90, S. 476-489; Yasuhiro *Nakasone*, Beyond the Horizon of the Pacific, University of California, Los Angeles, CISA Working Paper No. 63, June 1988.
106 Vgl. Robert W. *Barnett*, Beyond War: Japan's Concept of Comprehensive National Security, Washington D.C. / New York 1984.
107 Vgl. *Ministry of Foreign Affairs*, Japan's ODA 1989, Tokyo 1990, S. 122 ff.
108 Vgl. „White paper links ODA to democracy" in: *The Japan Times*, 6. Oktober 1990, S. 1,3.
109 In der japanischen Entwicklungshilfepolitik haben bislang *ökonomische* und *humanitäre*, in der amerikanischen Hilfepolitik *strategische* Überlegungen eine dominierende Rolle gespielt. Vgl. hierzu Robert M. *Orr*, The AID Factor in U.S.-JAPAN Relations, in: Asian Survey, vol. 28, Nr. 7, 1988, S. 753 f.
110 Vgl. Markus *Tidten*, Japans Entwicklungshilfe in Asien, in: Konrad-Adenauer-Stiftung. Internationales Institut (Hrsg.), Die Entwicklungspolitik Japans in Asien, Sankt Augustin 1989, S. 21 f.
111 Vgl. Developing Human Resources to Cope with Restructuring, in: KKC Brief (Keizai Kōhō Center), No. 53, Oct. 1989, S. 1-5.
112 Vgl. Michael *Hofmann*, Japans Entwicklungspolitik, Berlin 1984, S. 48 f.
113 Vgl. Juichi *Inada*, Japan's Aid Diplomacy: Economic, Political or Strategic, in: Millennium, vol. 18, No. 3, 1989, S. 400.
114 Vgl. Jūichi *Inada*: Japan's Aid Diplomacy — Increasing Role for Global Security, in: Japan Review of International Affairs, vol. 2, No. 1, 1988, S. 91-112. Fumio *Kaneko*, Japanese ODA: Politics of Strategic Assistance, in: Ampo-Japan-Asia Quarterly Review, vol. 20, No. 1+2, S. 46-59.
115 Vgl. *ders.*, a.a.O., S. 411 f.
116 Vgl. Karin *Dullweber*, Die Entwicklungspolitik Japans als Instrument japanischer Sicherheitsinteressen, Münster 1991 (Magisterarbeit), S. 43 ff.
117 Vgl. Paul D. *Scott*, Foreign Aid as Foreign Policy: Japan's ODA and the PCR, in: *The Intercultural Research Institute* (Hrsg.), The Journal of Intercultural Studies, Osaka 1990-1991, Nr. 17 / 18, S. 1-14.
118 Nach: Asian Wall Street Journal, 2. März 1993.
119 Vgl. Bernhard *May*, Japans Neue Entwicklungspolitik. Entwicklungshilfe und japanische Außenpolitik, München 1989, S. 177 ff.
120 Vgl. Barry *Hillenbrand*, Kaifu on the Road, in: Time, 22. Januar 1990, S. 16 / 17.
121 Vgl. Saburō *Okita*, Japan and Third World Development. III. World Scientific Banking Meeting, Dubrovnik 1989 (mimeo).
122 Vgl. *Asahi Shimbun*, 8.10.1991, S. 5 (Leitartikel): Tenkanki ni haitta ODA (ODA im Zeitenwandel).

123 Vgl. Kōichirō *Matsuura* (General Director of Economic Cooperation Bureau, Ministry of Foreign Affairs), Future Tasks of Japan's Aid Policy, in: Anglo-Japanese Journal, Jan.-March 1990, vol. 3, Nr. 4, S. 21-24; vgl. ferner zur Kritik an der staatlichen Entwicklungshilfe Masato *Mizuguchi*, Development Assistance, in: The Japan Economic Journal (Hrsg.), Japan Economic Almanac 1990, Tokyo 1990, S. 44-45.

124 Vgl. Sōmuchō gyōsei kanshikyoku (Administrative Inspection Bureau of the *Management and Coordination Agency*), ODA no genjitsu to kadai (Aufgaben und gegenwärtige Situation der ODA), 2. Aufl., Tōkyō 1989, 2. Aufl., S. 14 ff.

125 *Ministry of Foreign Affairs*, Japan's Global Initiatives, Tokyo 1991, S. 6.

126 Vgl. *The Japan Times*, 11.9.1991, S. 4.

127 Vgl. Improving the nation's ODA, in: *The Japan Times*, 25.9.1991, S. 24.

128 Vgl. *Gaimushō*, ODA-Weißbuch 1991, a.a.O., S. 30, 53 ff.

129 Vgl. Klaus *Hüfner*, ODA Policies of Japan, the FR Germany and the EC-Bi-and Multilateral, in: Japanisch-Deutsches Zentrum Berlin, Symposium „The Role of the United Nations in the 1990s", Berlin 1991, S. 119-142; siehe im gleichen Band auch den Beitrag von Ryokichi *Hirono*, Japan's Official Development Cooperation: Performance, Issues and Prospects in the 1990s, S. 143-158.

130 Vgl. Kōji *Kakizawa*, In Quest of a New Global Order, in: The Deai, December 1991, S. 2/3.

131 Vgl. Robert M. *Orr*, The Emergence of Japan's Foreign Aid Power, New York 1990; Kent E. *Calder* (Hrsg.), Japan in the Global Political Economy: International Commitments and Domestic Implementation, New York 1990.

132 Franz *Nuscheler*, Japans Entwicklungspolitik, a.a.O., S. 37.

133 Vgl. Bernhard *May*, Die Neue Entwicklungspolitik Japans, a.a.O., S. 40 ff.

134 Vgl. *Ministry of Foreign Affairs*, Economic Cooperation: Present Situation and Prospects: the North-South Problem and Development Assistance, Tokyo 1988.

135 Vgl. Paul *Kennedy*, The Rise and Fall of the Great Powers, a.a.O., S. 458 ff.

136 Vgl. Hans-Dieter *Scheel*, a.a.O., S. 117 ff.

137 Vgl. *Ministry of Foreign Affairs*, Summary of 1990 White Paper on ODA, Foreign Press Center, Tokyo 1990.

138 Vgl. Bruce *Koppel* / Michael *Plummer*, Japan's Ascendancy as a Foreign Aid Power. Asian Perspectives, in: Asian Survey, Vol. 29, Nr. 11, November 1989, S. 1043-1056.

139 Vgl. *Japan International Cooperation Agency* (JICA), Annual Report 1991, Tokyo 1991, S. 19 ff.

140 Vgl. *Ministry of Foreign Affairs*, Economic Cooperation Bureau, Outlook of Japan's Economic Cooperation, Tokyo, November 1991, S. 1.

141 Vgl. *Ministry of Foreign Affairs of Japan*, Japan's ODA Guidelines in Relation to Military Expanditures and Other Matters of the Developing countries, Tokyo, 11. Juli 1991.

142 Vgl. Mutsuki *Kato*, Proposal for New Creation of „International Cooperation Agency", in: Chuo *Koron*, August 1991 (Summaries of Selected Japanese Magazines, Januar 1992, S. 1-14).

143 Vgl. Asako *Murakami*, Business before Human Rights? Tokyo's generosity toward Myanmar questioned, in: The Japan Times Weekly International Edition, April 6-12, 1992, S. 3.

144 Vgl. Teruko *Taitō*, Japan's Inconsistent Approach to Birma, in: Japan Quarterly, vol. 39, No. 1., January-March 1992, S. 17-27.

145 Interview des Verf. mit Dr. Edward J. *Lincoln*, Brookings Institution, Washington D. C., 13. April 1992.

146 Vgl. Foreign aid policy pushing democracy, in: *The Japan Times*, 6. Oktober 1992, S. 12.

147 Vgl. Michael *Blaker*, Japanese International Negotiating Style, New York 1977, S. 212 ff.

148 Vgl. *Ministry of Foreign Affairs*, Japan's ODA 1991, a.a.O., S. 4 ff.

149 Vgl. Lower House passes Budget, in: *The Japan Times*, 14. März 1992, S. 1.

150 Vgl. Bernhard *May*, Japans Entwicklungspolitik als Element der amerikanisch-japanischen Beziehungen, in: Beiträge zur Konfliktforschung, Nr.1 / 1989, S. 73-93.

151 Vgl. Robert M. *Orr*, U.S.-Japan Relations and Foreign Aid, Tokyo 1987 (Ms.), S. 13 f.

152 Vgl. Ernst-Otto *Czempiel* / Carl-Christoph *Schweitzer*, Weltpolitik der USA nach 1945. Einführung und Dokumente, 2.Aufl., Bonn 1987, S. 114 f. Reinhard *Drifte*; Sicherheit als Faktor der japanischen Außenpolitik 1945-1952, Bochum 1981, S.109.

153 Vgl. J.H. *Nish*, Japan among the Powers, in: The Year Book of World Affairs, vol. 28, 1974, S. 91.

154 Vgl. Ron *Matthews* / Joanne *Bartlett*, Die wachsende Bedeutung Japans als Militärmacht, in: Europa-Archiv, Nr. 9., 1988; The International Institute for Strategic Studies, The Military Balance 1987 — 1988, London 1987, S. 160 f. Vgl. auch Joachim *Glaubitz*, Die Außenpolitik Japans, in: Wichard *Woyke* (Hrsg.): Netzwerk Weltpolitik. Großmächte, Mittelmächte und Regionen und ihre Außenpolitik nach dem Zweiten Weltkrieg, Opladen 1989, S. 301 — 326; Günter *Heiduk* (Hrsg.), Japan als führende Wirtschaftsmacht in einem zukünftigen Weltwirtschaftszentrum, Baden-Baden 1985.

155 Siehe hierzu insbesondere Junichi *Kyōgoku*, Nihon no seiji, Tōkyō 1987; Masaki *Miyake* (Hrsg.), Sengo sekai to Nihonsai-gunbi. Shōwashi no gunbun to seiji, Bd. 5, Tōkyō 1983; Tetsuo *Maeda*, Bokutachi no guntai, Busōshita Nihon o kan-gaeru, Tōkyō 1988; Masamichi *Inogi*, Hyōden Yoshida Shigeru, Tōkyō 1981; Yoshikazu *Sakamoto* / Robert *Ward* (Hrsg.), Nihon to Nishidoitsu, Tōkyō 1989; Andreas *Göbel*, Die japanischen Selbstverteidigungsstreitkräfte und die Bundeswehr — ein Vergleich der Entstehung und Entwicklung (Seminararbeit), Nagoya / Bochum 1990

156 Vgl. hierzu auch aus neuerer Sicht: Stephen D. *Krasner*, Trade Conflicts and the Common Defense: The United States and Japan, in: Political Science Quarterly, Vol. 101, Nr. 5, 1986, S. 787-806.

157 Vgl. John *Lewis*, Japanese industry and the 1 % military solution, in: Far Eastern Economic Review, 14. März 1980, S. 57-59.

158 Vgl. *Japanische Regierung*, Bōei hakusho 1990 nenpan (Verteidigungsweißbuch 1990), Tōkyō 1990, Kap. 1 und 2.

159 Vgl. *The International Institute for Strategic Studies*, The Military Balance 1991-1992, London 1991, S. 150, 167, 169; *Verteidigungsweißbuch* 1992 (Bōei hakusho), Tokyo 1992, S. 48.

160 *Defense Agency*, Defense of Japan, Tokyo 1991, S. 28.

161 *Defense Agency*, Defense of Japan, Tokyo 1991, S. 29, 69; vgl. hierzu auch R. Mark *Bean*, Cooperative Security in Northeast Asia. A China-Japan-South Korea Coalition Approach, Washington D. C. 1990, S. 88 ff.

162 Vgl. *Der Spiegel*, 16. November 1992, S. 231 / 232.

163 Vgl. Jonathan D. *Pollack*, China and Japan in the New Pacific Era, in: Dora *Alves* (Hrsg.), New Perspectives for US-Asia Pacific Security Strategy. The 1991 Pacific Symposium, Washington, D.C., 1992, S. 85-107.

164 Vgl. *Diplomatic Bluebook* 1991, a.a.O., S. 13.

165 Vgl. *ebd.*, S. 63.

166 Vgl. Eric *Schmitt*, Russia Is Said to Plan for a Smaller Armed Force, in: The New York Times, 2. April 1992, A 6.

167 Nach *Bōeicho*-hen, Bōei hakusho, Heisei yonnenpan (Verteidigungsamt, Hrsg., Verteidigungsweißbuch 1992), Tokyo 1992, S. 48. Die Zahlenangaben beruhen auf den Berechnungen von „Military Balance 1991-1992", „Jane's Fighting Ships" (1991-1992) sowie auf eigenen Schätzungen. Die Zahlen in Klammern geben die Zahl der Divisionen und Kriegsschiffe an.

168 Es bleibt allerdings zu prüfen, inwieweit es sich bei dieser Aussage um eine Schutzbehauptung handelt, die die Fortsetzung der bisherigen Verteidigungspolitik rechfertigen soll. Das Bedrohungspotential des russischen Militärs in Fernost wird von Militärexperten derzeit eher gering eingeschätzt.

169 Vgl. Yukio *Satō*, The Changing Currency of Power (Adelphi Papers 256), IISS London 1991; *ders.*, Reduction of Tension on the Korean Peninsula: A Japanese View, in: The Korean Journal of Defense Analysis, Seoul 1991.

170 Vgl. hierzu auch: *Deutsch-Japanisches Wirtschaftsförderungsbüro* (Hrsg.), Japanwirtschaft, Nr. 3 / 89, Düsseldorf 1989.

171 Vgl. Robert S. *Ozaki*, Introduction, in: *ders.* / Walter *Arnold* (Hrsg.), Japan's Foreign Relations: A Global Search for Economic Security, Boulder / London 1985, S. 11 f.

172 Vgl. *Ministry of International Trade and Industry*, Economic Security of Japan 1982, Tokyo 1982.

173 Vgl. *Defense Agency*, Defense of Japan, Tokyo 1988; *Defense Agency*, Defense of Japan, Tokyo 1989.

174 Vgl. *Defense Agency*, a.a.O. 1989, S. 4.

175 Vgl. *ebd.*, S. 10.

176 Vgl. *Defense Agency*, Defense of Japan, Tokyo 1991, S. 15.

177 Vgl. *The International Institute for Strategic Studies* (IISS), The Military Balance, 1988-1989, London 1989, S. 224.

178 Vgl. *The International Institute for Strategic Studies*, Strategic Survey 1991-1992, London 1992, S. 130; zur Sicherheitskonstellation im Pazifik siehe auch: Frank C. *Langdon* / Douglas A. *Ross* (Hrsg.), Superpower Maritime Strategy in the Pacific, London / New York 1990.

179 Vgl. *Bōeicho*-hen, Bōei hakusho, Heisei yonnenpan (Verteidigungsamt, Verteidigungsweißbuch), Tokyo 1992, S. 19 f, S. 48-58, S. 151-163.

180 Vgl. *Frankfurter Allgemeine Zeitung*, 12. November 1992, S. 17.

181 Vgl. *Defense Agency*, Summary of „Defense of Japan", Foreign Press Center Japan, Tokyo 1987, S. 13 f.

182 Vgl. *ebd.*, S. 15, 40 ff.

183 Vgl. hierzu Abb. 9.

184 Vgl. hierzu auch: William Ray *Lynch*, Japan's Defense Policy: Forecast and Implications, (Univ. of Kansas Diss.) Ann Arbor (Mich.) 1979, S. 192 f.

185 Vgl. *Defense Agency*, Outline of Japan's Defense Budget for Fiscal Year 1989, Foreign Press Center Japan, Tokyo 1989, S. 2; Tadae *Takubo* / Masamichi *Inoki* / Masashi *Ishibashi* / Kiyofuku *Chuma* / Kaoru *Murakami*, Japan's Defense Debate, Foreign Press Center Japan, Tokyo 1986.

186 Vgl. Tadae *Tukuba*, The Recent Debate over Defense, in: Japan's Defense Debate, a.a.O., s. 12 ff.

187 Vgl. Masamichi *Inoki*, From Utopian Pacifism to Utopian Militarism, in: Japan's Defense Debate, a.a.O., S. 31.

188 Quelle: Keizai Koho Center, Tokyo 1992 (Zeitraum: 1990/91).

189 Vgl. Masahishi *Ishibashi*, On Unarmed Neutrality, in: Japan's Defense Debate, a.a.O., S. 43.

190 Vgl. Kiyofuku *Chuma*, Japan's New Defense Buildup Plan and Japanese Security, in: Japan's Defense Debate, a.a.O., S. 50. Siehe hierzu auch: Hans-Jürgen *Mayer*, Die japanisch-sowjetischen Beziehungen 1956-1973/74. Bestimmungsfaktoren und Interaktionen, Analyse einer latenten Konfrontation, Hamburg 1985, S. 239 ff.; Joachim *Glaubitz*, Die Sowjetunion und Japan 1980-1983, Köln 1983.

191 Vgl. Kaoru *Marukami*, What Is Wrong with Exceeding the 1 %-of-GNP Limit? in: Japan's Defense Debate, a.a.O., S. 55.

192 Vgl. Tomohisa *Sakanaka*, Das japanische Verteidigungsbudget — ein politischer Zankapfel, in: Heinz Eberhard *Maul* (Hrsg.), Militärmacht Japan? Sicherheitspolitik und Streitkräfte, München 1991, S. 197-225.

193 Vgl. Hiroaki *Kobayashi*, Die japanische Verfassungsproblematik — die Kriegsverzichtsklausel im Zerrbild der Diskussion, in: Militärmacht Japan, a.a.O., S. 226-258.

194 Vgl. U.S. pullout from Korea feared, in: *The Japan Times*, 28. Sept. 1989, S. 3; Peter *Odrich*, Rückzug aus Korea und Japan, in: Frankfurter Allgemeine Zeitung, 12. Sept. 1989, S. 12.

195 Während die Zuwachsrate des Verteidigungshaushalts noch im Haushaltsjahr 1990 6,1 % betragen hat, ist nach dem aktuellen Stand der mittelfristigen Haushaltsplanung in den kommenden Jahren nur mit Zuwachsraten zwischen 5,5 und 6 % zu rechnen. Vgl. *Defense Agency*, Outline of Japan's Defence Budget for Fiscal 1990, Tokyo, June 1990, S. 1.

196 Vgl. Reinhard *Drifte*, Die aktuelle japanische Verteidigungsdiskussion im Lichte der Golfkrise, in: Japaninfo, 12. Jg., 4.2.1991, Nr. 2, S. 17; Roger *Bowen*, Japan's Foreign Policy, in: Political Science and Politics, Vol. XXV, No. 1 1992, S. 67; „Japan's Platz in der Welt", in: *Frankfurter Allgemeine Zeitung*, 6. Juli 1992, S.1; vgl. hierzu auch: Glenn D. *Hook*, Militarization in Contemporary Japan: The Erosion fo Anti-Militaristic Principles, Australian National University Peace Research Centre, Working Paper No. 50, Canberra 1988.

197 Vgl. *Japan Economic Institute*, JEI-Report, Washington D.C., August 28, 1992.

198 Vgl. Mike *Mansfield*, The U.S.-Japan Relationship: Transition and Challenge, in: Japan Review of International Affairs, Vol. 1, Nr. 2, 1987, S. 152 f.; vgl. hierzu auch: Yoshihiro *Nakamura*, The View from Across the Pacific: The Japanese Perspective on U.S. — Japan Trade Relations, in: Asian Affairs, Washington D.C. 1985/1986, 4, S. 19-24; zur Zusammenarbeit Japans mit *Lateinamerika* siehe u.a.: Miguel S. *Wionzek*, Future of Japanese Latin American Relations in the Pacific Basin Community, in: Asia Pacific Community, 1982, S. 59-72.

199 Vgl. Mohan *Kaushik*, Japan's Defence Policy, in: K.V. *Kesavan*, Contemporary Japanese Politics and Foreign Policy, London 1989, S. 88.

200 Vgl. Susanne *Sagrowske*, Die japanisch-amerikanischen Beziehungen seit 1961 — Bestandsaufnahme und Perspektiven (Magister-Arbeit), Münster 1990, S. 184 f.

201 Berechnet nach: *The International Institute for Strategic Studies*, London 1980-1990.

202 Vgl. *Japan Times Weekly*, 29.3.1980, S. 1; Reinhard *Drifte*, Japan's Arms Production, a.a.O., S. 20; *Far Eastern Economic Review*, 3.2.1983, S. 47.

203 Vgl. *Asian Security* 1990-91, a.a.O., S. 127 ff.

204 Vgl. Hugh *Levinson*, European firms challenge U.S. might, in: The Japan Times, 2. September 1991, S. 9.

205 Vgl. Hartwig *Hummel*, Sayonara Rüstungsexporte. Die Beschränkung des Rüstungsexports in Japan als friedenspolitisches Modell, in: Tübinger Arbeitspapiere zur internationalen Politik und Friedensforschung, Nr. 12, Tübingen 1989, S. 53-57.

206 Vgl. Hartwig *Hummel*, „Handelsstaaten" und Rüstungsexporte. Die Rüstungsexportbeschränkungen in Japan und in der Bundesrepublik Deutschland im Vergleich (Referat für die Jahrestagung der Vereinigung für sozialwissenschaftliche Japanforschung), Berlin, 4.-6.12.1991.

207 Vgl. J. W. M. *Chapman* / R. *Drifte* / I. T. M. *Gow*, a.a.O., S. 135 f.

208 Vgl. Robert *Taylor*, China, Japan and the European Community, London 1990, S. 143.

209 Vgl. John K. *Emmerson* / Leonard A. *Humphreys*, Will Japan Rearm? A Study in Attitudes Washington D. C. 1973, S. 111; zu den psychologischen Widerständen gegen eine Remilitarisierung Japans siehe auch Glenn D. *Hook*, Language and Politics. The Security Discourse in Japan and the United States, Tokyo 1986, S. 25 ff., 67 ff.

210 Vgl. Harrison M. *Holland*, Managing Defense: Japan's Dilemma, Lanham / New York / London 1988, S. 59 ff.

211 Vgl. Seizaburo *Satō*, Japan's Foreign Policy and Areas of Common Interest, Possible Cooperation, and Potential Friction among Japan, The United States, an Other Western Countries, in: U. Alexis *Johnson* / George R. *Packard* (Hrsg.), The Common Security Interests of Japan, The United States, and NATO, Cambridge (Mass.) 1981, S. 51-62.

212 Vgl. Leitartikel der *Asahi Shimbun*, vom 19. September 1990, S. 5: „Senzaiteki kyōi" wa kieta ga ... (Die „latente Bedrohung" ist gewichen, aber ...).

213 Chūki bōeiryoku seibi keikaku.

214 Vgl. *Asahi Shimbun*, 19.9.1990, S. 2: Yatō no taisei „tōzen" (Allgemeine Haltung der Opposition: „Selbstverständlich").

215 Vgl. Peggy Levine *Falkenheim*, Moscow and Tokyo: Slow Thaw in Northeast Asia, in: World Policy Journal, Vol. VIII, No. 1, Winter 1990-91, S. 159-180.

216 Vgl. Joachim Glaubitz, Japan und seine pazifischen Nachbarn. Zur japanischen Außen- und Sicherheitspolitik, Ebenhausen 1984 (Manuskript).

217 Vgl. hierzu auch: William H. *Overholt*, Japan's Emerging World Role, New York 1974; Guy J. *Pauker*, A Personal View of the Multipolar World: US, UdSSR, Japan, China, and Western Europe, Santa Monica (Cal.) 1973, S. 10 f.; Donald C. *Hellmann*, Japan and East Asia. The New International Order, London 1972, S. 193; Robert *Legvold*, Soviet Policy in Asia, in: The Washington Quarterly, Vol. 14, Nr. 2, 1991, S. 129-142.

218 Vgl. Robert F. *Reed*, The US-Japan Alliance: Sharing the Burden of Defense, Washington D.C., 1983, S. 55 ff. Zum gesamten Spektrum der amerikanisch-japanischen Beziehungen siehe auch: William *Watts*, The United States and Japan: A Troubled Partnership, Cambridge (Mass.) 1984; Robert *Gilpin*, Where Does Japan Fit In?, in: Millennium, Vol. 18, No. 3, 1989, S. 329-341.

219 Vgl. Robert *Taylor*, a.a.O., S. 140 ff.

220 Vgl. *Bōei hakusho* (Verteidigungsweißbuch), Heisei sannenpan, Tōkyō 1991, S. 3-5; Bōei hakusho, Heisei yonnenpan, Tōkyō 1992, S. 2 u. Vorwort.

221 „Waga kuni shūhen chiiki no gunji jōsei o kibishii mono to suru" (*Bōei hakusho* 1991, S. 44).

222 Vgl. *Asahi Shimbun*, 27. Juli 1991, S. 2.

223 Vgl. Masashi *Nishihara*, New Roles for the Japan-U.S. Security Treaty, in: Japan Review of International Affairs, Spring / Summer 1991, S. 24-40.

224 Vgl. Hisahiko *Okazaki*, A Grand Strategy for Japanese Defense, Langham / New York / London 1986, S. 136 f.

225 Vgl. Edward A. *Olsen*, U. S.-Japan Strategic Reciprocity. A Neo-Internationalist View, Stanford (Cal.) 1986, S. 143 ff.
226 Vgl. Malcolm *McIntosh*, Japan Re-armed, London 1986, S. 156.
227 Vgl. Wolf *Mendl*, Western Europe and Japan between Superpowers, London / New York 1984, S. 157 ff.
228 Vgl. hierzu auch: Tomorrow's empires, in: *The Economist*, 21. September 1991, S. 15.
229 Vgl. Joachim *Glaubitz*, Japan — zukünftige Militärmacht und gleichzeitig Partner des Westens, in: Militärmacht Japan?, a.a.O., S. 363-378.
230 Tsuyoshi *Hasegawa*, Arms Control in Asia: Framework and Issues, Japan-US Joint Study on the Soviet Union (Conference IV, Occasional Paper No. 11), Tokyo 1988, S. 1.
231 Vgl. Tsuyoshi *Hasegawa*, a.a.O., S. 27.
232 Vgl. Masashi *Nishihara*, Soviet Moves in Southeast Asia and the Southwest Pacific Today. Japan-US Joint Study on the Soviet Union (Conference III, Occasional Paper No. 7), Tokyo 1987, S. 9.
233 Vgl. Tokyo wary of Soviet forces' future, in: *The Japan Times*, 28. August 1991, S. 1 / 2.
234 Vgl. Aide Says Yeltsin will work for earlier end to isle dispute, in: *The Japan Times*, 28. August 1991, S. 1 / 2.
235 Vgl. Edwin O. *Reischauer Center*, The United States and Japan in 1991, a.a.O., S. 93 ff.
236 Vgl. Yasuhiro *Nakasone*, Seizaburō *Satō*, Yasusuke Murakimi, Susumu Hishiba, Kyōdō Kenkyū „Reisen igo" (Gemeinsame Forschung „Nach dem Kalten Krieg"), Tōkyō 1992, S. 22-29.
237 Interview des Verfassers mit dem Leiter der Europa-Abteilung im chinesischen Außenministerium, Ministerialdirektor Yang Guirong, am 2. Juni 1992 in Beijing.
238 Vgl. Manfred *Pohl*, ASEAN-Japan, in: Südostasien aktuell, September 1991, S. 409.
239 Vgl. Antonio *Kamiya*, Soviet crisis fuels Asia security concerns, in: The Japan Times, 4. September 1991, S. 1 / 4.
240 Vgl. *Asahi Shimbun*, 16.10.1990, S. 1: Jieitai Kokurengun- sanka wa kanō (Teilnahme der SDF als UNO-Truppen möglich).
241 Vgl. *Asahi Shimbun*, 16.10.1990, S 2: Shatō: Higunjiteki Kikō o teisho (SDPJ: Vorschlag einer nichtmilitärischen Organisation).
242 Vgl. *ebd.*, S 2: Kōmei, shōrai rongi ni fukumi (Kōmeitō zur möglichen Teilnahme der SDF an UNO-Truppe).
243 Vgl. Sadako *Ogata*, The United Nations and Japanese Diplomacy, in: Japan Review of International Affairs, vol. 4, Nr. 2, 1990, S. 141-165.
244 Vgl. Atsushi *Odawa*, The Kaifu Bungle, in: Japan Quarterly, Vol. 38, No. 1, 1991.
245 Vgl. Tsuneo *Akaha*, Japans Security Policy after US Hegemony, in: Millennium: Journal of International Studies, Vol. 18, No. 3, 1989, S. 435-454; Terumasa *Nakanishi*, Japan's Security Policy: Challenges and Opportunities for the 1990's, in: Japan Review of International Affairs, Vol. 3, No. 1, 1989, S. 43-56.
246 Vgl. Reinhard *Drifte*, Japan's Rise of International Responsibilies. The Case of Arms Control, London 1990, S. 84 ff.
247 Vgl. Reinhard *Drifte*, Die aktuelle japanische Verteidigungsdiskussion im Lichte der Golfkrise (Vortrag im Forschungsinstitut der Deutschen Gesellschaft für Auswärtige Politik), Bonn, 15. November 1990.
248 Vgl. Akihiko *Tanaka*, International Security and Japan's Contribution in the 1990s, in: Japan Review of International Affairs, Vol. 4, No. 2, 1990, S. 187-208.
249 Vgl. Akira *Irie*, Japan's Defense Strategy, in: Annals of the American Academy of Political and Social Sciences (AAPSS), Vol. 513, 1991, S. 38-47.

250 Reinhard *Drifte*, Die aktuelle verteidigungspolitische Diskussion ..., a.a.O., S. 17.
251 Vgl. *ders.*, Die aktuelle verteidigungspolitische Diskussion..., Teil II, in: Japaninfo, 12. Jhg., Nr. 3, 25.2.1991, S. 17; vgl. hierzu auch : Yasuhiro *Nakasone*, Overcoming the Agony of Defeat, in: New Perspectives Quarterly, Vol. 7, No. 8, 1990, S. 4-10. Der frühere Premierminister fordert in diesem Beitrag langfristig die Aufgabe der amerikanischen Truppenstationierungen in Japan.
252 Vgl. Masaru *Tamamoto*, Trial of an Ideal: Japan's Debate over the Gulf Crisis, in: World Policy Journal, Vol. VIII, No. 1, Winter 1990/91, S. 89-106.
253 Vgl. Yasuhiro *Nakasone*, Rethinking Japan's Role in a New Age of Cooperation, in: Economic Eye, Vol. 12, 1991, No. 2, S. 29-32.
254 Vgl. Kuniko *Inoguchi*, Ten Characteristics of the Post-Cold-War World, in: Economic Eye, Vol. 12, 1991, No. 2, S. 24-26.
255 Vgl. *Foreign Press Center*, Policy Speech by Prime Minister Toshiki Kaifu to the 121th Session of the National Diet, Tokyo, 5. August 1991, S. 5 ff.
256 Vgl. Uwe *Schmitt*, Der mühsame Sprung über den Schatten, in: Frankfurter Allgemeine Zeitung, 4. Dezember 1991, S. 7.
257 Vgl. Kōji *Kakizawa*, Japan's Security role, in: The Deai, June 1991, No. 9, S. 2/3.
258 *Ders.*, a.a.O., S. 2.
259 Vgl. Koji *Kakizawa*, a.a.O., S. 87.
260 Vgl. *Prime Minister's Office*, Public Opinion Survey on Japan's Peace and Security, Foreign Press Center Japan, Tokyo 1989, S. 1.
261 Vgl. *ebd.*, S. 5.
262 Vgl. Douglas H. *Mendel*, The Japanese People and Foreign Policy. A Study of Public Opinion in Post-Treaty Japan, Berkeley/Los Angeles 1961, S. 146 ff.
263 Vgl. Bōei-hakusho (*Verteidigungsweißbuch*) 1991, Tokyo 1991, Anhang.
264 Vgl. hierzu die Berichte von *Asahi Shimbun* am 15.2.1991, S. 1: Bōeihi fukumu saishutsu shōgen (Haushaltskürzungen auch für Verteidigungsausgaben), 16.2.1991, S. 1: 90-oku-doru shien, nendonai jitsugen (9-Mrd.-Dollar-Zuwendung soll in diesem Jahr realisiert werden), 20.2.1991, S. 1: Bōeihi sakugen, konnendo mazu 48 oku-en (Kürzung der Verteidigungsausgaben: in diesem Jahr zunächst 4,8 Mrd. Yen).
265 Vgl. *Asahi Shimbun*, 7.3.1991, S. 1.

5. Außenpolitische Alternativen

5.1 Reaktive oder aktive Außenpolitik?

Immer wieder wird der japanischen Politik ein bloßer Pragmatismus unterstellt, der ausschließlich an einer Wahrnehmung kurzfristiger außenwirtschaftlicher Interessen orientiert sei. Der langfristige Zeithorizont dieser Politik, die interne Konsistenz und die weitgehende Kompatibilität der außenpolitischen Handlungsprogramme werden dabei zwangsläufig unterschätzt — in einer Phase, in der Japan beginnt, eine globale Rolle auszuüben und mehr als zuvor eigenständige außenpolitische Positionen einzunehmen. Das Bild einer vorwiegend kurzfristig-pragmatischen Außenpolitik wird vor allem durch innenpolitische Bedingungsfaktoren der Außenpolitik vermittelt: das sorgfältige Aushandeln und Abwägen („nemawashi“) der außen- und innenpolitischen sowie wirtschaftlichen Interessen durch Ministerialbürokratie und Verbände. Die Kenntnis dieses Bargaining-Prozesses ist gewiß eine notwendige Voraussetzung für das Verständnis außenpolitischer Entscheidungen. Doch erschöpfen sich diese keineswegs in reaktiven Anpassungen an Interessentenforderungen. Sonst wäre kaum erklärlich, warum es Japan gelungen ist, sein außenpolitisches Instrumentarium und seinen außenpolitischen Aktionsspielraum erheblich zu erweitern. Das gilt vor allem für die wirtschaftspolitischen Grundlagen der Außenpolitik.

Die Außenpolitik Japans in der Nachkriegszeit läßt sich trotz fließender Übergänge und zahlreicher Überlappungen in zwei Phasen einteilen[1]: Bis 1975 — in der ersten Phase — folgte die japanische Außenpolitik dem Grundsatz der „Trennung von Politik und Wirtschaft“ (seikei bunri). Dieses Prinzip ermöglichte es der japanischen Regierung, sich aus allen internationalen Streitfragen herauszuhalten und sich auf ihre Stellung im internationalen Handel zu konzentrieren. Der Ölschock des Jahres 1973 zeigte Japan jedoch, daß sich zumindest im Nahen Osten Politik und Wirtschaft nicht trennen ließen. Die strategische Antwort der japanischen Regierung war daher seit 1975 — in der zweiten Phase — das Konzept *umfassender Sicherheit*, dessen Kern darin besteht, daß sich Tokyo stärker in nichtkontroversen internationalen Fragen engagiert, seine Rohstoffimporte diversifiziert und seine Rohstofflieferanten stärker von seinen Produkten abhängig macht. Im Verhältnis zu seinen ausländischen Partnern hat Japan seine neomerkantilistische Außenwirtschaftspolitik geschmeidig vertreten und flexibel verteidigt — indem die japanischen Premierminister Zusagen zur Eindämmung von Exportoffensiven und zur Öffnung der einheimischen Märkte bei Auslandsreisen als „Gastgeschenke" (*omiyage*) übermitteln. Mit der Strategie der Diversifizierung seiner Rohstoffimporte hat die Regierung diese Außenwirtschaftspolitik gut verbinden können. Das traditionelle außenpolitische Denken ist jedoch durch den Golfkrieg und seine Wirkungen nachhaltig erschüttert worden.

5.1.1 Der Golfkrieg: Japan als gefesselter Riese

Wie stellt sich das Verhalten Japans im Golfkonflikt im Rückblick dar? Wie hat der Golfkrieg das außenpolitische Denken der politischen Elite und der Bevölkerung beeinflußt? Die Beantwortung dieser Fragen erfordert eine Analyse des japanischen Krisenmanagements und seiner Auswirkungen auf die außenpolitische Meinungsbildung.[2]

Japans Reaktion auf den Golfkrieg wurde durch drei, teilweise widersprüchliche Einstellungen und Verhaltensweisen geprägt: erstens durch Unsicherheit und Ängstlichkeit, zweitens durch die Lektionen seiner Geschichte und drittens durch Selbstvertrauen.[3] Unsicherheit und Ängstlichkeit beruhten auf der abnehmenden Bedeutung des Ost-West-Konflikts, der dadurch verringerten Bedeutung des japanisch-amerikanischen Sicherheitsvertrages und der Ungewißheit über den weiteren außenpolitischen Kurs der Vereinigten Staaten. Die Lektionen seiner Geschichte haben Japan veranlaßt, sich auf seine Außenwirtschaftspolitik zu konzentrieren, den Nutzen der Anwendung jedweder militärischer Macht grundsätzlich zu bezweifeln und die durch historische Hypotheken des japanischen Militarismus eingeengten außenpolitischen Handlungsmöglichkeiten zu respektieren. Daraus entwickelt sich ein neues Selbstvertrauen in die Leistungsfähigkeit der eigenen Außenpolitik.

„Einen internationalen Beitrag leisten (sekai ni kōken suru)", so hatte die Devise des Außenministeriums noch 1989 gelautet. Dieser Beitrag wurde jedoch im Golfkrieg zu einem großen Problem.[4] Als der Irak im August 1990 Kuwait besetzte, war sich die japanische Regierung der Ernsthaftigkeit der Situation zunächst nicht bewußt. Man rechnete nicht damit, daß diese Annexion einen Einfluß auf Japan haben würde. Daher sah Premierminister *Kaifu* auch keinen Grund, seinen Sommerurlaub abzubrechen. Erst auf Anraten des Außenministeriums kehrte er nach Tokyo zurück, denn eine japanische Stellungnahme zur Invasion wurde erwartet. Kaifu versuchte sofort, eine Abstimmung zwischen den zuständigen Ministern herbeizuführen.

Das Finanzministerium ordnete das Einfrieren kuwaitischer Guthaben an. Probleme bereitete das diskutierte Importverbot für Rohöl. Japan importierte 1989 7 187 000 Barrel Öl aus dem Irak und 655 000 Barrel aus Kuwait. Da Japan nur über geringe Bodenschätze verfügt, ist es zum größten Teil von Importen abhängig, um seine Energieversorgung zu gewährleisten. Eine einvernehmliche Entscheidung war nicht zu erzielen, bis sich Präsident Bush mit Premierminister Kaifu in Verbindung setzte und ihn aufforderte, die Sanktionen gegen den Irak zu unterstützen. Daraufhin beschloß das Kabinett, sich den Sanktionen anzuschließen — letztlich aus Furcht vor heftiger internationaler Kritik. Da solche Telefonanrufe des amerikanischen Präsidenten einen großen Einfluß auf die außenpolitische Entscheidungsfindung haben, tauchte in der Presse immer wieder der Begriff „busshuhon“: „Telefongespräch mit Bush“ auf. Mit der Verschärfung der Golfkrise und der amerikanischen Truppenstationierung im Krisengebiet wurde von Japan ein stärkere internationale Mithilfe erwartet.

Die Vereinigten Staaten stellten konkrete Forderungen an die japanische Regierung: Japan solle sich den Sanktionen anschließen, in Form von Menschen und Material (Minensuchboote, Tanker, Bereitstellung von Flugzeugen und Schiffen für den Transport, Hilfstruppen) sowie durch finanzielle Hilfe präsent sein. Noch im August beriet das Außenministerium (hokubeikyoku — North American Affairs Bureau) über diese Forderungen. Die USA konnten ihre Forderung nach japanischen Minensuchbooten für zulässig und erfüllbar halten. Denn schon während des iranisch-irakischen Kriegs hatten sie diese Forderung erhoben und eine Zusage in Aussicht gestellt bekommen. Der damalige Premierminister *Nakasone* hatte diese aber nach einer Intervention aus dem Kabinett wieder zurücknehmen müssen. Diesmal lehnte das Außenministerium die Forderung sofort ab. Die Bereitstellung von Tankern wurde ebenfalls verworfen. Bezüglich der Bereitstellung von Flugzeugen und Schiffen erstellte das Außenministerium eine Liste mit Preisen und Herstellern, erfragte Lagerbestand und Fertigungskapazität und stellte schließlich eine Liste mit lieferbaren Produkten zusammen. Im August 1990 flogen zwei Mitarbeiter des Außenministeriums und ein Mitarbeiter des MITI in die USA, um den japanischen Vorschlag zu unterbreiten. Dieser konnte Washington jedoch nicht zufriedenstellen, so daß eine große Diskrepanz zwischen dem japanischen Angebot und den amerikanischen Forderungen deutlich wurde.

Die Forderungen der USA und ihrer Verbündeten lösten in Japan heftige Diskussionen darüber aus, welcher Beitrag im Rahmen der japanischen Verfassung überhaupt möglich sei. Dabei wurde zwar eine Entsendung der SDF diskutiert, diese aber nie ernsthaft in Betracht gezogen. Nach Beendigung des Golfkriegs war zu hören, daß man nicht an einer Änderung der pazifistischen Verfassung arbeiten wolle, sondern vielmehr versuchen solle, deren Grundsätze der Welt zu verbreiten.

Über eine japanische Beteiligung an den Friedenstruppen der Vereinten Nationen wurde heftig gestritten. Auch innerhalb der einzelnen Parteien gab es kontroverse Meinungen. So befürwortete der damalige Generalsekretär der LDP, *Ozawa*, eine Entsendung japanischer Truppen in die Golfregion und warf die Frage auf, ob der Pazifismus eines einzigen Landes sinnvoll sei. Er entsprach damit dem Wunsch des amerikanischen Botschafters, der eine japanische Beteiligung forderte. Allerdings verlangte die amerikanische Regierung nur das im Rahmen der Japanischen Verfassung Mögliche und bestand nicht auf Entsendung der Selbstverteidigungsstreitkräfte. Ozawa vertrat die Auffassung, daß eine Truppenentsendung in die Golfregion keineswegs gegen die Verfassung verstoße. Er versuchte, Premierminister Kaifu von seiner Meinung zu überzeugen, *Kaifu* lehnte aber diese Entsendung strikt ab.

Ende August 1990 gab *Kaifu* auf einer Pressekonferenz bekannt, daß Gesetzesänderungen geplant seien, die eine Beteiligung Japans an UN-Maßnahmen ermöglichen sollten. Bei der Ausarbeitung dieses Gesetzesentwurfs traten verschiedene Schwierigkeiten auf: So konnte man sich nicht einigen, ob die Oberbefehlsgewalt über die zu entsendenden Truppen beim Außenministerium oder beim Verteidigungsamt liege. Die Entscheidung wurde dem Premierminister überlassen. Dieser war gegen eine Truppenentsendung und befürwortete eine andere Form: *itakuhōshiki* (Entsendung einer Truppe, die nicht der SDF angehört). Aber dem Plan des Verteidigungsamts entsprechend wurde diese Lösung verworfen und *Kaifu* dazu veranlaßt, eine *heininhōshiki* (Entsendung eines Teils der SDF) zu fordern. Der Leiter des Verteidigungsamts sollte die Befehls- und Kontrollgewalt erhalten.

Das Außenministerium legte schließlich einen Gesetzesentwurf vor, der im Parlament auf heftige Kritik seitens der Opposition stieß. Die SDPJ behauptete, sie habe nichts von der Erarbeitung eines solchen Gesetzesvorschlags gewußt und lehnte den Vorschlag kategorisch schon allein deshalb ab, weil kein „nemawashi“ (informelle Konsensfindung) vor der Unterbreitung des Vorschlags stattgefunden habe. Die Shakaitō forderte statt dessen eine Überarbeitung des Entwurfs. Die Kōmeitō sprach sich ebenfalls von vornherein gegen den Vorschlag aus. *Ozawa*, der die Aufgabe hatte, der LDP die Zustimmung der Kōmeitō zu sichern, hatte gefordert, daß sie dem Entwurf ohne Modifikationen zustimmen sollte. Dies lehnte die Kōmeitō ab. Aus Furcht vor Stimmverlusten bei den nächsten Regionalwahlen in der Präfektur Aichi forderten führende LDP-Politiker wie Shin *Kanemaru* noch vor den Wahlen eine Ablehnung des Entwurfs. Der Gesetzesentwurf wurde daraufhin verworfen; die LDP gewann die Wahlen. Für viele lag daher nur eine Interpretation auf der Hand: Das Volk lehne eine Truppenentsendung ab.

Nach der Verwerfung des ursprünglichen Gesetzesvorschlags legte die Kōmeitō einen neuen Gesetzesentwurf auf der Basis der „Grundsätze für die Errichtung einer Struktur, die einen Beitrag zur PKO leistet“ der SDPJ vor.

Anhand dieses Vorschlags gab es eine Übereinstimmung dreier Parteien: von LDP, Kōmeitō und DSP. Trotz der Ablehnung des Gesetzesvorschlags konnte die Regierung durch Kabinettsbeschluß 6 Minensuchboote und 500 Militärs in das Krisengebiet schicken und so eine geringe „Präsenz" zeigen.

Auch nach dem Golfkrieg geht die Diskussion um eine Beteiligung an der PKO weiter. Dabei stehen zwei Möglichkeiten der Beteiligung zur Debatte: 1. Es wird eine Gruppe eigens zur Beteiligung an der PKO gebildet. 2. Die SDF beteiligen sich an der PKO. Beide Vorschläge lehnt die SDPJ grundsätzlich ab. Sie fordert eine antimilitärische, allein auf Zivilisten beschränkte Zusammenarbeit. Die Kyōsantō steht einer Beteiligung ebenfalls ablehnend gegenüber. Die DSP neigt zur Zustimmung, und die Kōmeitō scheint die zweite Alternative zu befürworten, obwohl sie dies zu Beginn des Golfkriegs noch abgelehnt hatte.[5]

Der Forderung nach finanzieller Unterstützung konnte Japan leichter nachkommen als der nach militärischer Hilfe. Beim Gipfeltreffen der G 7 in New York am 20.1.1991 sagte der japanische Finanzminister finanzielle Unterstützung zu. Premierminister *Kaifu* bestätigte diese vier Tage später. Streitigkeiten gab es jedoch über die Quelle und die Verwendung des Geldes. Die SDPJ vertrat den Standpunkt, daß der Betrag erst nach dem Golfkrieg gezahlt werden solle, so daß es nicht direkt für den Krieg verwendet werden könne. Der Vorschlag bedurfte der Zustimmung des Parlaments. Da die LDP im Oberhaus keine absolute Mehrheit besitzt, war sie auf die Zustimmung anderer Parteien angewiesen. Der damalige Generalsekretär der LDP wurde daher damit beauftragt, mindestens die Stimmen der Kōmeitō für diese finanzielle Unterstützung zu gewinnen. In Gesprächen mit der Kōmeitō gelang es *Ozawa*, sie zur Zusammenarbeit mit der LDP zu gewinnen. Schließlich stimmten LDP, Kōmeitō und DSP für den Vorschlag. Damit ist die Frage nach dem Verhalten der Opposition gestellt.[6]

Die Haltung der größten Oppositionspartei während des Golfkriegs wurde in der Presse heftig kritisiert. Ein Schwachpunkt des politischen Systems liege darin, daß die *Shakaitō* unfähig sei, einen konstruktiven Beitrag zu leisten. Während des Golfkriegs verhielt sich die Shakaitō so, als ginge der Krieg Japan nichts an, und hielt strikt am Pazifismus fest (ikkoku heiwashugi: Pazifismus in einem Land). Eigene Vorschläge zur Problemlösung wurden nicht entwikelt. Ein Berater der Shaikaitō stellte die bezeichnende Frage, in welchem Gremium dieses Problem überhaupt diskutiert werden solle. Da sich die Parteiführung über die Zuständigkeit nicht einigen konnte, wurde eine Projektgruppe für das Problem im Mittleren Osten gegründet, deren Beziehung zu den schon bestehenden Gremien aber unklar blieb. Die finanzielle Hilfe wurde in der Form, in der sie gegeben wurde, von der Shakaitō abgelehnt: „... den 9 Mrd. US $ Finanzhilfe können wir nicht zustimmen. Obwohl nachträgliche Finanzhilfe nicht zum Waffenladen benutzt werden kann, kann keiner zustimmen. Es sind Kriegsausgaben. Japans Aufgabe sollte es sein, Wirtschaftshilfe zu geben, um sich am Wiederaufbau in der Golfregion zu beteiligen und um das Leben der Menschen zu schützen. Für diesen Zweck würden wir nach dem Krieg den 9 Mrd. US $ zustimmen."[7]

In der Haltung der *Kōmeitō* gegenüber der Regierungspartei war keine klare Linie zu erkennen. Die Kōmeitō entschied sich weder grundsätzlich für noch gegen eine Unterstützung der Regierungspartei. Im Oberhaus war die LDP auf die Stimmen der Kōmeitō angewiesen, um eine Entscheidung fällen zu können. Diese Situation ließ der Kōmeitō eine große Bedeutung zukommen. So hat sie den Gesetzesvorschlag zur Beteiligung an den Friedenstruppen strikt abgelehnt, die finanzielle Hilfe aber unterstützt. Diese Unterstützung hatten die Generalsekretäre von LDP und Kōmeitō erarbeitet. Der Generalsekretär der Kōmeitō betrachtet die japanisch-amerikanische Kooperation als wichtige Grundlage der japanischen Außenpolitik. Er weist aber darauf hin, daß in der heutigen Zeit auch die Konzentration auf die UN und die Asienpolitik hinzukommen müßte. Er schlägt vor, daß Japan eine der Brandtschen Ostpolitik ähnliche asiatische Außenpolitik betreiben und eine gemeinsame Sicherheitskonferenz in Asien entwerfen solle.

Der Golfkrieg hat somit grundsätzliche Probleme außenpolitischer Entscheidungen auch in Japan offengelegt: Eine verläßliche Struktur der Entscheidungsfindung[8] ist für den bürokratischen Ablauf der Reaktion und Planung kaum aufzuzeigen. Die Zuständigkeiten der einzelnen Institutionen scheinen nicht genau festgelegt zu sein. Deutlicher zu erkennen als der bürokratische Ablauf sind die verschiedenen Elemente, die die Entscheidungsfindung beeinflußten. In der Golfkrise wurde Einfluß zu einem Teil vom Ausland ausgeübt: Einerseits waren es die USA, die konkrete Forderungen stellten. Zum anderen waren es die asiatischen Nachbarländer, die ihr Unbehagen gegenüber einer japanischen Truppenentsendung äußerten. Im Inland beeinflußte die öffentliche Meinung, die immer wieder durch Umfragen erhoben wurde, die Entscheidung nicht unwesentlich, wie das Beispiel der Wahlen in der Präfektur Aichi gezeigt hat. Die Einflußnahme der Opposition war widersprüchlich. Die Shakaitō hatte keinen sichtbaren Einfluß auf die Entscheidungen. Die Kōmeitō hingegen war von wesentlich größerer Bedeutung, da die LDP auf ihre Unterstützung im Oberhaus angewiesen war. Innerhalb der Regierung standen sich vor allem die Haltungen von Premierminister *Kaifu* und seinem damaligen Generalsekretär *Ozawa* gegenüber.

Die Struktur des japanischen Krisenmanagements läßt somit insgesamt erkennen, daß die japanische Regierung auf derartige Krisen nicht vorbereitet ist. In den Handlungen und Zuständigkeiten läßt sich keine klare Linie nachzeichnen, vor allem auch deshalb, weil kein Politiker bereit war, Verantwortung zu übernehmen. Ushio *Shiota* stellte hierzu fest: „Der ursprüngliche Mechanismus des Krisenmanagements ... hat das Premierministeramt als Zentrum. Aber Premierminister *Kaifu* und sein Kabinettssekretär (Kanbōchōkan) übten die Funktionen ihres Amtes nicht aus und überließen sie statt dessen dem Außenministerium."[9] Die Reaktion der Regierung insgesamt wurde von ihren Kritikern als „Untätigkeit des Premierministers als Folge eines fehlenden Standpunkts" bezeichnet. Nicht einmal eine Entscheidung zur Entsendung von Minensuchbooten sei rechtzeitig getroffen worden. Die Folge dieser Politik sei die „internationale Isolierung" Japans.[10]

Nicht nur im Ausland, sondern auch in Japan selbst wird Kritik an der japanischen Außenpolitik laut: Der japanischen Außenpolitik fehle es an einem eigenen Konzept, Japan reagiere nur auf Druck von außen. Die japanische Außenpolitik werde zu stark von Interessen der Parteien und Faktionen beeinflußt, entscheidend sei oft, welcher Politiker hier die Führung übernommen habe. Die vergleichsweise geringe Macht des Premierministers bringe auch geringe außenpolitische Macht mit sich. Er habe außerdem keine erfahrenen Berater. Japan habe zu wenig Informationssysteme und verlasse sich zu sehr auf amerikanisches Know-how. Die Steuerungsfähigkeit des Außenministeriums weise folgende sechs Mängel auf:[11]

1. Die Personalkapazität des Ministeriums ist unzureichend. Während des Golfkriegs sah es sich gezwungen, Personal aus dem Ausland zur temporären Aushilfe in die Zentrale zurückzubeordern.
2. Für die asiatischen Länder und die des pazifischen Raums, die für Japan immer wichtiger werden, gibt es keinen eigenen Staatsminister.
3. Die Strukturen der Personalauslese sind veraltet: Die traditionelle Karriereleiter führt immer noch über das jōyakukyoku (treaties bureau), obwohl dessen Aufgabe obsolet geworden ist.
4. Die Bearbeitung außenpolitischer Stellungnahmen in den beteiligten Ressorts ist sehr aufwendig und wird politisch weder durch das Amt des Premierministers noch durch das Außenministerium hinreichend koordiniert.
5. Die einzelnen Ressorts haben eigene außenpolitische Analysekapazitäten aufgebaut und damit die Koordinationsprobleme der Regierung vergrößert. Hieran hat auch die Reorganisation des Kabinetts im Jahre 1987 durch Bildung einer beratenden Kommission für Außenpolitik (taisei shingishitsu) nichts zu ändern vermocht.
6. Schließlich üben sowohl der Premierminister als auch die außenpolitisch engagierten Abgeordneten einen größeren Einfluß auf die außenpolitische Entscheidungsfindung aus, ohne die durch die Vielzahl der beteiligten Akteure bedingten Koordinationsprobleme lösen zu können.

Die innerjapanische Kritik an der Außenpolitik während des Golfkriegs sucht zu Recht die Ursachen der Handlungsunfähigkeit im politischen System. So fordert etwa Naoki *Tanaka* eine Veränderung des politischen Systems und nennt dafür drei Voraussetzungen:[12] die Heranbildung außenpolitischer Führungskräfte, konstruktive Beiträge der Opposition und die Suche nach Beiträgen zur internationalen Ordnung dort, wo innenpolitische Probleme auftreten (Reismarktliberalisierung). Der frühere Landwirtschaftsminister und jetzige Faktionsführer *Hata* hat den japanischen Beitrag im Golfkrieg als „verpaßte Chance" bezeichnet. Japan dürfe zwar aufgrund der Verfassung nicht an militärischen Aktionen teilnehmen, hätte aber weitreichende diplomatische Bemühungen unternehmen können. Statt dessen wurde das Problem mehr oder weniger umgangen. Für einen wesentlichen Grund dieser Passivität hält *Hata* die ständige Herrschaft der LDP.[13] Eine weitere Ursache der außenpolitischen Passivität sieht Takemura *Masayoshi* (LDP-Abgeordneter) in der Konzeptlosigkeit der japanischen Außenpolitik und in der Angst der Politiker, Verantwortung zu übernehmen. Des weiteren habe man sich vor der Golfkrise keine größeren Gedanken über Sicherheitspolitik gemacht.[14] Die heftige Kritik an der japanischen Außenpolitik, die nach dem Golfkrieg aufkam, zeigt deutlich, daß Politiker und Öffentlichkeit sich bewußt geworden sind, welch zunehmende Bedeutung außenpolitische Fragen für Japan spielen. Diese zentrale Rolle der Außenpolitik wird auch von dem ehemaligen Premierminister *Nakasone* unterstrichen: „Die außenpolitische Macht ist eine politische Macht, sie ist die Macht, die in der Parteipolitik die Partei bewegt. In einer popularisierten, informierten Gesellschaft, ist sie die Macht, um an das Volk zu appellieren ..."[15]

Fassen wir zusammen: Vor dem Hintergrund einer streng antimilitaristischen Nachkriegstradition, einer einschlägigen Verfassungsbestimmung (Art. 9 JV) sowie der herkömmlichen Taktik außenpolitischer Zurückhaltung wurden Japans Orientierungsschwierigkeiten während des Golfkriegs durch zwei Bestimmungsfaktoren ausgelöst: durch eine tiefgreifende Spaltung der öffentlichen Meinung und durch die Unfähigkeit des Regierungsapparats zur Formulierung und Durchsetzung einer politischen Konzeption.[16] Die starke Fragmentierung des politisch-administrativen Systems, das traditionelle Gefolgschaftsverhältnis zu den USA sowie die Orientierung des außenpolitischen Verhaltens an außenwirtschaftlichen Interessen erschwerten ein zügiges und stimmiges Agieren. Gerade souveränes Verhalten in außenpolitischen Fragen erfordert eine handlungsfähige Regierung, die sich kurzfristig auch über innenpolitische Bedenken und Widerstände hinwegsetzen kann.[17] Hieran aber mangelt es in Japan. So glich die japanische Regierung im Golfkonflikt einem innenpolitisch gefesselten Riesen.[18]

Nach Aussage des Kolumnisten der Asahi Shimbun Yoichi *Funabashi* war der Golfkrieg eine „... Manifestation des Versagens der japanische Führung".[19] Die Lektion, die dieser Konflikt der japanischen Regierung in den Worten des früheren stellvertretenden amerikanischen Außenministers Richard *Holbrooke* erteilt hat, ist die Lehre „... that it should not allow itself to be placed in a position where the United States could drag it into a foreign policy adventure without adequate prior consultation".[20] Es kann daher nicht weiter überraschen, daß im Herbst 1991 verstärkt Versuche einer neuen außenpolitischen Standortbestimmung einsetzten. Dieser neue Denkansatz schlägt sich in der Forderung nach einem ständigen Sitz im Sicherheitsrat der Vereinten Nationen, im Entwurf des PKO-Gesetzes und in der Unterstützung des Friedensschlusses in Kambodscha nieder. Ziel dieses Vorstoßes war es auch, künftigem auswärtigen Druck (Gaiatsu) vorzubeugen.

Von Einzelforderungen abgesehen, führen die Diskussionen nach dem Golfkrieg, das Ende des Kalten Krieges und das abnehmende Engagement der USA in Ostasien zu einem Wiedererstarken regionalistischer Orientierungen in der politischen und wirtschaftlichen Führungsschicht Japans: Asien wird neu entdeckt. In diesem Rahmen fallen der japanischen Asien-Politik drei vorrangige Aufgaben zu: die Förderung von Wirtschaftswachstum, Entwicklung und Außenhandelsliberalisierung in dieser Region, die Unterstützung friedenssichernder Maßnahmen in Abstimmung mit den Vereinigten Staaten und die regionale Integration der sozialistischen Staaten.[21]

Die japanische Regierung hat aus dem Ablauf des Golfkonkflikts und der internationalen Kritik an der Rolle Japans die Schlußfolgerung gezogen, sich künftig stärker und frühzeitiger durch eigene Beiträge an der Bewältigung regionaler Konflikte zu beteiligen, den internationalen Waffenhandel wirksamer zu kontrollieren und die Vergabe der eigenen Entwicklungshilfe künftig mehr vom Umfang der Rüstungsausgaben in den Empfängerländern abhängig zu machen.[22] Dieses Engagement strebt Japan unter dem Dach der institutionell gestärkten Vereinten Nationen an. In einem selbstkritischen Rückblick gab das japanische Außenministerium im Dezember 1991 zu, auf Krisensituationen wie die des Golfkriegs weder gesetzlich noch organisatorisch ausreichend vorbereitet gewesen zu sein. Der eigene Beitrag sei daher zwangsläufig „unzureichend oder verspätet"[23] gewesen. Um so mehr komme es für Japan künftig darauf an, seine Außenpolitik frühzeitig mit den Vereinigten Staaten, Europa und den Staaten in Asien und im Pazifik abzustimmen — schließlich verfüge Japan über ein erhebliches Potential für alle Bereiche internationaler Zusammenarbeit.

In der öffentlichen Meinung hat der Golfkrieg wie ein *Katalysator* gewirkt: Zeigte sich vor diesem Krieg noch starker öffentlicher Widerstand gegen eine japanische Beteiligung an friedenssichernden Maßnahmen der Vereinten Nationen, so scheint die Öffentlichkeit — wie die Reaktion auf die Entsendung von Minensuchbooten zeigt — einer stärkeren internationalen Beteiligung Japans inzwischen zuzustimmen.[24] Die Entsendung japanischen Personals in Krisengebiete wird dadurch erleichtert, etwa bei der Flüchtlingsbetreuung und der Katastrophenhilfe in Bangladesh, im Iran und in der Türkei. Im September 1992 hat die japanische Regierung damit begonnen, für ein Jahr insgesamt

1 800 Mitglieder der Selbstverteidigungskräfte und der Polizei als Teil der Friedensstreitmacht der Vereinten Nationen nach Kambodscha zu entsenden.[25]

Nach Auffassung japanischer Militärstrategen haben das Ende des Kalten Krieges und der Golfkrieg deutlich gemacht, wie sehr die Schaffung einer neuen internationalen Ordnung und die Aufstellung einer internationalen Friedensstreitmacht notwendig sind. Aufgrund seiner gewachsenen wirtschaftlichen und technologischen Bedeutung kann Japan diesen Erfordernissen nicht ausweichen.[26] Folgende Defizite des japanischen Krisenmanagements seien durch den Golfkrieg offengelegt worden: die unzureichende Steuerungsfähigkeit von Regierung und Parlament, das Fehlen eines personellen Beitrages, die gesellschaftliche Geringschätzung der Selbstverteidigungsstreitkräfte und das Fehlen einer grundsätzlichen Strategiedebatte. Nur die Beteiligung der SDF an den Friedenserhaltungsmaßnahmen der Vereinten Nationen gewährleiste einen effektiven internationalen Beitrag Japans.

Die Diskussion um Japans Reaktion auf den Golfkrieg und die Beteiligung an UN-Maßnahmen zur Friedenssicherung zeigt, daß die japanische Politik von einer veränderten internationalen Ordnung ausgehen muß, die es Japan nicht mehr erlaubt, seine Außenpolitik nur als Funktion seiner wirtschaftlichen Interessen zu betrachten. Wenn Japan zudem als Interessenmakler in Asien und im Pazifik wirken will, muß es darüberhinaus — mehr als bisher — die historischen Hypotheken der eigenen Vergangenheit aufarbeiten.[27]

5.1.2 Standortbestimmung: vom „burden sharing" zum „power sharing"

Eine Untersuchungskommission des Oberhauses hat nach dem Ende des Golfkrieges eine grundsätzliche außenpolitische Standortbestimmung unternommen[28]: Die Vereinten Nationen sollen dabei unterstützt werden, ein globales Kontrollsystem zur Beobachtung militärischer Veränderungen in einzelnen Ländern aufzubauen, den internationalen Waffenhandel wirksam zu kontrollieren und Institutionen zur Vermeidung regionaler militärischer Konflikte zu schaffen. Für dieses Ziel müsse sich Japan als ständiges Mitglied des Sicherheitsrates einsetzen. Im Rahmen internationaler Arbeitsteilung mit den Vereinigten Staaten und Europa solle sich Japan stärker als bisher für die Förderung der kulturellen und sozialen Entwicklung in den Ländern der Dritten Welt einsetzen. Aus dieser Perspektive einer „aktiven Friedenspolitik" erscheinen eine grundlegende Reform der Vereinten Nationen, eine pluralistische Struktur des Sicherheitsrats und die Einrichtung eines „Friedenssicherungsfonds" der UN vordringlich.

In der Asien-Pazifik-Region setzt sich der Untersuchungsausschuß für die Schaffung eines Systems der Abrüstung und Militärkontrolle ein. Eine verstärkte gegenseitige Information in Sicherheitsfragen und die Einberufung einer regionalen Sicherheitskonferenz sollen erste Schritte der Vertrauensbildung sein, an deren Ende eine „Konferenz für Sicherheit und Zusammenarbeit in Asien" (KSZA) stehen soll. Japan muß aus der Sicht dieser Kommission des Oberhauses einen Teil der bisherigen Aufgaben der USA und damit eine internationale Führungsrolle übernehmen: Auf *„burden sharing"* folge *„power sharing"*.

Das Außenministerium hält die Vorstellung von einer unipolaren Welt mit den Vereinigten Staaten als einziger, unumstrittener internationaler Führungsmacht auch nach dem Golfkrieg für eine „Fehleinschätzung" (incorrect idea).[29] Vielmehr bestehe die Gefahr einer „nichtpolaren" Welt, die durch große Instabilitäten in regionaler Hinsicht, vor allem durch eine wachsende Kluft zwischen Nord und Süd gekennzeichnet sei. Statt einer „Pax Americana" erscheint eine *„Pax Consortis"* erstrebenswert: ein auf Zusammenarbeit beruhendes Friedensnetzwerk. Die Bedingungen eines solchen Friedens in den wichtigsten Partnerländern seien aber alles andere als günstig: Die Vereinigten Staaten seien durch eine wachsende Diskrepanz zwischen verstärktem politischem Selbstvertrauen und wirtschaftlichem Verfall gekennzeichnet; die Zustände in der GUS seien chaotisch; die Volksrepublik China dagegen versuche wirtschaftliche Liberalisierung ohne politische Reformen. Langfristig würden aber auch in China die wirtschaftlichen Reformen eine politische Modernisierung erzwingen. Wichtige Aufgabe der japanischen Außenpolitik sei es daher, China bei diesen Reformbemühungen zu unterstützen. Eine solche Politik aber kann nur dann überzeugend sein, wenn Japan weltweit offensiv für seine Wertvorstellungen eintrete. Für diese globale Perspektive aber müßten erst die Voraussetzungen geschaffen werden — in der Gesetzgebung und in der japanischen Öffentlichkeit.

Auch wenn das Konzept einer unipolaren Welt abgelehnt wird, so betonen andere Stellungnahmen der Regierung aber auch, nur die USA seien in der Zeit bis zum Ende dieses Jahrhunderts eine Supermacht, von deren militärischem Schutzschild die Sicherheit Japans und Europas abhänge.[30] Europa und Japan müßten erst noch in internationale Führungsaufgaben hineinwachsen und bei der Bewältigung der Schuldenkrise, der Bekämpfung der Kapitalflucht aus Entwicklungsländern, der Förderung des Technologietransfers und zur Lösung der globalen Umweltprobleme eng mit den USA zusammenarbeiten.

Bislang haben die „Omiyage-Diplomatie" und die Diversifizierungsstrategie als Instrumente einer neomerkantilistischen Außenpolitik Japan häufig Vermittlerrollen in der internationale Politik nahegelegt — so zwischen Peking und Taipeh, ASEAN und Vietnam, Nord- und Südkorea, den arabischen Staaten und Israel, Iran und Irak. Desgleichen hat sich Japan in Fragen des Nord-Süd-Konflikts stets um eine vermittelnde Position bemüht und ist auch deswegen häufiger als andere Staaten zum nichtständigen Mitglied des UN-Sicherheitsrates gewählt worden. Diese Politik, die immer mehr auch von den asiatischen Schwellenländern übernommen wird, erfordert aber auch eine stärkere wirtschaftliche Öffnung Japans. Diese Standortbestimmung muß daher in Rechnung stellen, daß eine weitere Deregulierung der japanischen Finanzmärkte im Interesse interdependenter, weltweiter Handelsstrukturen liegt. Dabei geht es um die Öffnung des inländischen Kapitalmarktes für Auslandskapital, den Abbau der Zinsinterventionen und den leichteren Zugang ausländischer Unternehmen zur Tokyoter Börse.[31] Dies gilt insbesondere für den Ausbau der japanisch-europäischen Wirtschaftsbeziehungen. An der Intensivierung dieser Kontakte hat Japan schon deswegen ein Interesse, weil es weder strategisch noch wirtschaftlich zu sehr von seinen Beziehungen zu den Vereinigten Staaten und China abhängig werden will.[32]

Zusammenfassend läßt sich die japanische Außenpolitik als eine am Ziel umfassender Sicherheit orientierte Politik darstellen, deren Ziel es ist, die eigene Abhängigkeit von den Außenhandelspartnern zu minimieren und deren Abhängigkeit von Japan zu maximieren.[33] Der strategische Zielhorizont der japanischen Außenpolitik wird daher durch einen engen Verbund der Ziele wirtschaftlicher und militärischer Sicherheit, rascher Modernisierung, des Ausbaus des Status einer Wirtschaftsgroßmacht und internationaler Anerkennung geprägt. Diese Ziele der japanischen Politik haben sich im Verlauf der gesamten Nachkriegszeit als bemerkenswert stabil erwiesen.[34] Die Prioritäten der Außen- und Innenpolitik werden weithin durch den situativen Kontext dieser Politik und seine durchweg rationale Verarbeitung, weniger dagegen durch kulturelle Determinanten und soziale Organisationsmuster bestimmt. Komponenten des situativen Kontextes sind Japans historische Rolle als „Spätentwickler" (late developer), die Rohstoffarmut des Landes sowie seine Abhängigkeit vom Außenhandel und internationalen Kapitalbewegungen. Diese Komponenten treten in außenpolitischen Krisensituationen besonders deutlich in Erscheinung.

In der Golfkrise hat die japanische Außenpolitik erneut ein reaktives, vorsichtig-zurückhaltendes Grundmuster gezeigt.[35] Die unter den genannten Schwierigkeiten und Widersprüchen ergriffenen Maßnahmen — die Unterstützung der Sanktionsbeschlüsse des Sicherheitsrats der Vereinten Nationen, der Stop sämtlicher Ölimporte aus dem Irak und Kuwait sowie die Beendigung jeglicher wirtschaftlicher Zusammenarbeit mit dem Irak — haben indessen gezeigt, daß sich erstmals außenpolitische gegenüber außenwirtschaftlichen Entscheidungsmaßstäben und damit das Außenministerium gegenüber dem MITI durchgesetzt hat. Außenpolitische Kriterien im weiteren Sinne erhalten zunehmend größeres Gewicht gegenüber der kurzfristigen Durchsetzung außenwirtschaftlicher Eigeninteressen.

Eine Gruppe japanischer Experten hat zu Japans internationaler Stellung bereits vor mehreren Jahren umfassend Stellung bezogen und gefordert, Japan solle seine vormals passive internationale Rolle aufgeben, stärkere wirtschaftliche und kulturelle Leistungen zur internationalen Politik erbringen und vor allem in Asien Wachstum und Stabilität sichern.[36] Diese Perspektive solle durch folgende sieben Schritte verwirklicht werden:

1. den weiteren Ausbau des Freihandels in Übereinstimmung mit dem GATT-System,
2. die stärkere internationale Koordination der Haushalts- und Geldpolitik,
3. die Förderung von Direktinvestitionen in Entwicklungsländern,
4. die Anpassung der Managementmethoden japanischer Unternehmen an Erfordernisse internationaler Arbeitsteilung,
5. die Förderung des Bildungs-, Wissenschafts- und Technologieaustausches,
6. die stärkere Marktöffnung der Industrieländer für die Produkte der Entwicklungsländer und
7. die aktivere Unterstützung der Friedensbemühungen internationaler Organisationen.

Diese umfassendere Sichtweise der japanischen Außenpolitik macht sich inzwischen auch in einem deutlich höheren Stellenwert und einem (gegenüber den ersten Nachkriegsjahrzehnten) erheblich größeren Aufwand für die auswärtige Kulturpolitik bemerkbar, die zuvor im Vergleich zu den anderen führenden Industrieländern eine geradezu stiefmütterliche Rolle gespielt hat.[37] Das schlägt sich etwa in der Ausweitung von Sprach- und Kulturprogrammen im Ausland sowie in der Tätigkeit der dem Außenministerium zugeordneten Japan-Foundation nieder.

In regionaler Hinsicht nimmt das Gewicht Europas als Partner Japans im Netz seiner trilateralen Beziehungen zu.[38] Während die Beziehungen zu den USA nüchterner eingeschätzt werden, eröffnet sich im Bereich der europäisch-japanischen Beziehungen ein weites Spektrum von Chancen außenpolitischer und außenwirtschaftlicher Kooperation. Die Außenpolitik der europäischen Staaten kann von Japans intimen Kenntnissen der Konstellation in Asien und im Pazifik profitieren, während die westeuropäischen Erfahrungen mit Osteuropa, dem Nahen Osten und Afrika Japan zugute kommen können. Obwohl Japan außenpolitisch, außenwirtschaftlich und entwicklungspolitisch in Asien immer mehr die bisherige Rolle der USA einnimmt, bleibt es strategisch auf das japanisch-amerikanische Sicherheitsbündnis angewiesen. In diesem Rahmen wird es immer mehr unter den Druck amerikanischer Erwartungen kommen, in Asien auch strategische Aufgaben zu übernehmen. Das Konzept einer trilateralen Politik ist bisher aber erst in Umrissen zu erkennen. Während sehr enge Kooperationsmuster zwischen den USA und Japan sowie zwischen den USA und Europa bestehen, ist das Geflecht der europäisch-japanischen Beziehungen immer noch dünn. Erforderlich ist ein Netz enger Konsultationen zwischen Japan und der Europäischen Gemeinschaft, wie es zwischen dem japanischen Premierminister und dem Präsidenten der EG-

Kommission im Jahre 1991 im Grundsatz vereinbart worden ist.[39] Außerdem ist die Gruppe der internatonalistisch ausgerichteten Entscheidungsträger, die als Promotoren der trilateralen Politik gelten können, noch relativ klein und auf wenige Institutionen beschränkt.[40]

Für eine überschaubare Zukunft wird sich der japanischen Außenpolitik die Aufgabe stellen, ein neues Konzept der strategischen Lastenverteilung mit dem amerikanischen Partner zu entwickeln. Dabei stellt sich die Frage, inwieweit ein militärisch stärkeres Japan in den Rahmen der bestehenden Bündnisstrukturen eingebunden werden kann. Eine engere außenpolitische Abstimmung mit Europa wird den Vorrang der USA nicht beeinträchtigen können. Vor allem wegen seiner Ressourcen und geographischen Lage wird Japan eine Weltmacht im herkömmlichen Sinne auf *kurze Sicht* nicht werden. Japan und Europa werden ihre globalen Interessen nur im Rahmen eines immer dichteren Netzes internationaler Interdependenzen in einer multipolaren Welt wahrnehmen können.

Konturen einer aktiveren Außenpolitik, die an die Stelle der passiven, reaktiven Außenpolitik der Vergangenheit tritt, lassen sich an einzelnen Vorstößen gegenüber den asiatischen Partnern bereits in Ansätzen erkennen.[41] Die größere Bereitschaft, das wirtschaftliche Potential in stärkere außenpolitische Beteiligung umzusetzen, ist beispielsweise in jüngster Zeit an der durch Premierminister *Kaifu* gegenüber der indonesischen Regierung erklärten Bereitschaft zu einer neuen Kambodscha-Initiative (d.h. einer Vermittlerrolle zwischen Prinz Sihanouk und der kambodschanischen Regierung Hun Sen) erkennbar geworden.[42] Eine ähnliche Bereitschaft zur Vermittlung hat *Kaifu* gegenüber Indien und Pakistan im Kaschmir-Konflikt zu erkennen gegeben und beide Länder zur Unterzeichnung des atomaren Nonproliferationsabkommens gedrängt.

Bei den G 7-Treffen nimmt Japan nicht nur seine eigenen globalen Interessen wahr, sondern wächst immer mehr in die Rolle eines Sprechers der Länder Asiens hinein: Bei den Vorbereitungen des Londoner Gipfels im Juli 1991 hat Südkoreas Präsident *Roh Tae Woo* Japans Premierminister *Kaifu* gebeten, die Besorgnisse seines Landes bezüglich der atomaren Aufrüstung Nordkoreas vorzutragen.[43] Während die japanische Regierung sich zuvor damit begnügt hat, ihre Partner in Asien über Themen und Verlauf der Gipfelkonferenzen eingehend zu konsultieren, drängt sie nun zu einer Fürsprecherrolle und verabschiedet sich von der des „low diplomatic profile". Auch an der Friedensstreitmacht der Vereinten Nationen in Kambodscha betätigt sich Japan und beginnt so, seine außenwirtschaftliche Vormachtstellung in Asien in eine außenpolitische Führungsrolle umzusetzen. Der Demokratisierungsprozeß in der Mongolischen Republik wird von Japan mit zwei Dritteln der gesamten Auslandshilfe für dieses Land besonders intensiv unterstützt. Die politischen Beziehungen werden von der Mongolei selbst als eng eingeschätzt.[44] Für ihre größere

Weltrolle sucht die japanische Regierung auch Unterstützung bei den Philippinen, einem Land, in dem Japan die Spitzenposition bei den ausländischen Investitionen einnimmt.[45]

Das neue japanische Engagement wurde durch die Rede des früheren Premierministers *Kaifu* vor dem indischen Parlament ebenso unterstrichen wie durch die Einladung der indischen Regierung an Japan, Partner in der South Asian Association for Regional Cooperation (SAARC) zu werden. Zudem hat mit *Kaifu* zum ersten Mal ein japanischer Premier Bangladesh besucht. Hier — im Bereich regionaler Netze der Wirtschaftskooperation — bieten sich für Japan mehrere Ansatzpunkte für den Aufbau umfassenderer Kooperationsstrukturen mit dem Ziel, wirtschaftliche, politische und militärische Sicherheit in Asien und im Pazifik auf Dauer zu gewährleisten.[46]

Nach wie vor ist die japanische Außenpolitik durch einen starken *Multilateralismus* gekennzeichnet. Daher rührt das große Interesse an der Statusaufwertung im IMF wie in den Vereinten Nationen. Während sich Japan bei Weltbank und IMF durchsetzen konnte und in diesen Institutionen mit Deutschland einen zweiten Rangplatz einnimmt, erstrebt es zugleich eine ständige Mitgliedschaft im UN-Sicherheitsrat. In Außenhandelsfragen ist Japan aber so stark auf die Vereinigten Staaten fixiert, daß die Europäische Gemeinschaft einen neuen Trend zur bilateralen Lösung von Außenhandelsproblemen und protektionistische Gegenmaßnahmen erwartet, die den Multilateralismus im Kern in Frage stellen.[47]

Von anhaltender Dauer und nachhaltiger Wirkung ist der Druck auf die japanische Regierung, den internationalen Lastenanteil Japans weiter zu erhöhen. Wenn dies nicht durch eine Erhöhung der Verteidigungslasten geschehen soll, wird die japanische Regierung den Anteil der ODA am Staatshaushalt und Bruttosozialprodukt erheblich steigern müssen. Dadurch werden wichtige Grundlagen für eine stärkere personelle Mitwirkung Japans im Leitungsbereich internationaler Organisationen geschaffen. Voraussetzung ist allerdings, daß die japanische Regierung die staatliche Entwicklungshilfe in der Öffentlichkeit offensiver vertritt. Zugleich wird sie stärker dabei mitwirken müssen, die organisatorische Absorptionsfähigkeit der Entwicklungsländer durch einen Ausbau der technischen und personellen Hilfe zu steigern. Diesen steigenden Erwartungen an seine internationalen Aufgaben wird sich Japan zuerst in Asien stellen müssen, wo eine weitere Liberalisierung des Handels und eine anhaltende Qualitätssteigerung der Entwicklungshilfe auf ihre Verwirklichung warten.[48]

5.1.3 Außenpolitische Optionen: japanischer Gaullismus?

Die Anpassung Japans an die neuen, internationalen Rahmenbedingungen ist zugleich wesentlicher Bestandteil einer innerjapanischen Auseinandersetzung um die Leistungsfähigkeit des politischen Systems im Lichte der neuen internationalen Anforderungen an die „umfassende Bewältigung der Nachkriegszeit" (sengō no kessan), so der frühere Premierminister *Nakasone*. Dabei sind zum einen die starken, auf pazifistischen Grundströmungen beruhenden ideologischen Vorbehalte gegenüber einer stärkeren außenpolitischen Rolle Japans zu bedenken, zum anderen Japans veränderte Stellung im internationalen System. Da die japanische Regierung diese Position nicht mit militärischen Mitteln ausfüllen kann und will, bleibt als Alternative eine *Politik der Interdependenz*: durch stärkere Mitwirkung in internationalen Organisationen, umfassendere und wirksamere Entwicklungshilfe und Beiträge zur Rüstungskontrolle.

Die Stärke der Interdependenz der Beziehungen zwischen Japan und den USA nimmt weiter zu. Eine politische Antwort auf diese Herausforderung kann auf Seiten Amerikas nicht in zusätzlichen Handelsrestriktionen bestehen, sondern eher in einem stärkeren Drängen auf eine größere Öffnung des politischen und wirtschaftlichen Systems in Japan. Gegenwärtig sind die wechselseitigen Einflußchancen zwischen beiden Ländern asymmetrisch verteilt — zu Lasten der USA. Japans Politik muß sich stärker öffnen, wenn sie verhindern will, daß die amerikanische Regierung zum Grundsatz der Reziprozität in den japanisch-amerikanischen Beziehungen übergeht. In seinen asiatischen Partnerländern kann Japan — aufgrund seiner dominanten Stellung in einem asymmetrischen Interdependenzverhältnis — diese Interdependenzen nachhaltig nutzen.

Die stärkere internationale Rolle Japans will die Regierung, wie der frühere Außenminister *Nakayama* vor der Vollversammlung der Vereinten Nationen erklärt hat, für eine an den Grundsätzen der Freiheit, der Demokratie und der Marktwirtschaft ausgerichtete Außenpolitik nutzen und diesen Zielen seine Entwicklungshilfe unterordnen.[49] In diesem Rahmen beabsichtigt die Regierung auch, ihre traditionell zurückhaltende Politik gegenüber der GUS neu zu bestimmen, ohne dabei ihr vorrangiges Ziel — die Lösung der Kurilen-Frage — aus den Augen zu verlieren.[50]

Weder wirtschaftlich noch politisch kann sich Japans Außenpolitik künftig mit dem bisherigen *Attentismus* begnügen.[51] In außenwirtschaftlicher Hinsicht ist eine konsequentere Politik der Liberalisierung (GATT, Uruguay-Runde) auch gegen innenpolitischen Widerstand vordringlich. Die Bereitschaft zur Beteiligung an Maßnahmen der Friedenssicherung durch die Vereinten Nationen (PKO) ist ein erster Schritt der ostasiatischen Großmacht, sich ihrer globalen Verantwortung auch in strategischen Fragen zu stellen.[52] Wenn diese Politik dem Vorwurf eines neuen Nationalismus wie demjenigen globaler „Scheckbuch-Diplomatie" erfolgreich begegnen soll, muß Japan sein Engagement für multilaterale Organisationen noch weiter stärken und die USA bei der Wahrnehmung globaler Aufgaben der Friedenssicherung im Rahmen des Sicherheitsvertrages wirksam unterstützen. Die außenpolitische Bedeutung der PKO-Gesetzgebung liegt folglich in der hier erkennbar werdenden Bereitschaft Japans zur Übernahme globaler Verantwortung.[53]

Die außenpolitische Diskussion nach dem Golfkrieg hat sich in mehreren Stellungnahmen niedergeschlagen, die zumindest in der Forderung übereinstimmen, Japan solle seine Entwicklungshilfeleistungen an hochgerüstete Staaten der Dritten Welt kürzen und sich zum internationalen Anwalt von Abrüstungs- und Umweltschutzprogrammen machen.[54] Japans Außenpolitik — so das Oberhaus — müsse eine der *Interdependenz* sein, d. h. enger Konsultation und Kooperation mit den USA und Europa. In dieser Zusammenarbeit gebe es noch zahlreiche unentdeckte Kooperationsfelder in der internationalen Finanz-, Umwelt- und Sicherheitspolitik. In Asien soll Japan kollektive Maßnahmen der Abrüstung und Friedenssicherung mit seinen Nachbarn in Gang setzen — so schwierig dieser Weg bei Partnern mit unterschiedlicher Interessenlage auch sein mag.

Die aus Anlaß der Golfkrise erneut an Japan gestellte Forderung nach einer militärischen Lastenteilung hat, wie gezeigt, zu einer heftigen Konfrontation zwischen Regierung und Opposition geführt.[55] Die Beteiligung der japanischen Selbstverteidigungsstreitkräfte an Friedenstruppen der Vereinten Nationen bleibt weiterhin umstritten. Die Chancen einer dauerhaften Beteiligung werden auch vor dem Hintergrund von Rechtsvorbehalten des Außenministeriums gegen jedwede Verpflichtung zu militärischen Beiträgen von der japanischen Regierung sehr restriktiv formuliert: „im Rahmen der Verfassung; keine Ausübung von militärischer Gewalt und Bedrohung; auf den nichtmilitärischen Bereich beschränkt; prinzipiell unbewaffnet".[56] Das durch den Golf-Krieg „verwirrte Japan" (*Asahi Shimbun*) steht — wie das vereinigte Deutschland — vor der Herausforderung, seine UN-Politik neu zu definieren und weiterreichende, prinzipielle Beiträge zu einer friedenspolitischen Konzeption der Vereinten Nationen zu leisten.[57] Folgerichtig bekräftigte Ministerpräsident *Miyazawa* am 18. Juni 1992 Japans Ambitionen in Bezug auf eine stärkere Mitarbeit und Mitverantwortung im Rahmen der Vereinten Nationen und forderte diese Organisation zu weitreichenden inneren Reformen auf.[58] Auch die Irritationen in seinem Verhältnis zu den Vereinigten Staaten zwingen Japan in eine neue außenpolitische Rolle — in einer Phase der innenpolitischen Entwicklung, die durch wachsende Zweifel an Glaubwürdigkeit und Leistungsfähigkeit der Regierungspartei und der Ministerialverwaltung gekennzeichnet sind. Nur in begrenztem Umfang vermag die Shakaitō als stärkste Oppositionspartei, dieses Unbehagen in ein Potential politischen Protestes umzusetzen.

In dieser Phase sieht sich die japanische Außenpolitik neuen Herausforderungen gegenüber:

— territorialen Spannungen zwischen China und den ASEAN-Staaten,
— der weltweiten Bildung von Freihandelszonen, die den Druck der USA wie der pazifischen Nachbarstaaten auf eine Verbesserung des Zugangs zu den japanischen Märkten verstärkt und der
— Internationalisierung der japanischen Wirtschaft mit tiefgreifenden Strukturreformen und wirtschaftspolitischen Anpassungsproblemen.

Diese Tendenzen stellen noch größere Anforderungen an die Innovationsfähigkeit von Politik und Verwaltung. In Europa[59] und in den USA wird die japanische Regierung zudem gedrängt, das ökonomische und strategische Vakuum auszufüllen, das der Zusammenbruch der Volkswirtschaften Osteuropas und der Sowjetunion hinterlassen hat. Dabei komme Japan eine Führungsrolle in Asien zu.

Japans *außenpolitische Optionen* lassen sich anhand eines Koordinatensystems veranschaulichen, dessen Achsen durch die Dimensionen der strategischen Partnerschaft mit den Vereinigten Staaten sowie der globalen Orientierung der Außenwirtschaftspolitik gekennzeichnet sind (Abb. 11).[60] Die Polarität Trilateralismus vs. Regionalismus spiegelt die außenwirtschaftspolitische Dimension wider: Sollten sich Amerika und Europa zu Hochburgen des Protektionismus entwickeln, wird Japan eine Politik des asiatisch-pazifischen Regionalismus verfolgen. Werden das Freihandelssystem des GATT aber aufrechterhalten und die Verhandlungen der Uruguay-Runde zu einem erfolgreichen Abschluß gebracht, so ist mit einer Fortsetzung des bisherigen trilateralen Kurses gegenüber Europa und den USA zu rechnen. Dieser außenwirtschaftspolitische Kurs ist der wahrscheinlichere.

Die zentrale sicherheitspolitische Dimension der japanischen Außenpolitik bleibt die Bindung an die strategische Schutzgarantie der Vereinigten Staaten. Sollte diese Sicherheitspartnerschaft von einer der beiden Seiten grundsätzlich in Frage gestellt werden, so ist eine Wiederaufrüstung in größerem Maßstab nicht mehr auszuschließen. Auch wenn Japan unter diesen Bedingungen weiterhin auf Atomwaffen verzichten würde, so könnte es gleichwohl durch die Entwicklung von Antinuklearwaffen den Status einer militärischen Großmacht anstreben. Nicht zuletzt aufgrund der sicherheitspolitischen Kurskorrektur der Shakaitō zu Beginn der 90er Jahre und der ohnehin bestehenden Unterstützung dieses Kurses durch die DSP und die Komeitō ist damit zu rechnen, daß Japan die Sicherheitspartnerschaft mit den Vereinigten Staaten aufrechterhalten wird. Beide Perspektiven haben jedoch außenwirtschaftliche und strategischen Konsequenzen: Trilateralismus bedeutet eine weitere Öffnung des japanischen Marktes, und die Sicherheitspartnerschaft mit den USA erzwingt die Übernahme größerer Lasten. Regionalismus und Pazifismus entsprechen sich; aber Kombinationen von Trilateralismus und Pazifismus einerseits sowie Regionalismus und Sicherheitspartnerschaft andererseits würden sich letztlich als unrealistisch und instabil erweisen. Folglich ist nicht mehr die Yoshida-Doktrin in ihrer ursprünglichen Fassung Richtschnur der japanischen Außenpolitik, sondern sie wird — zwar im Kern aufrechterhalten — gegenüber Asien und Europa durch Elemente des pazifischen Regionalismus und eines „japanischen Gaullismus“ modifiziert.

Abb. 11: Die Außenpolitischen Optionen Japans[61]

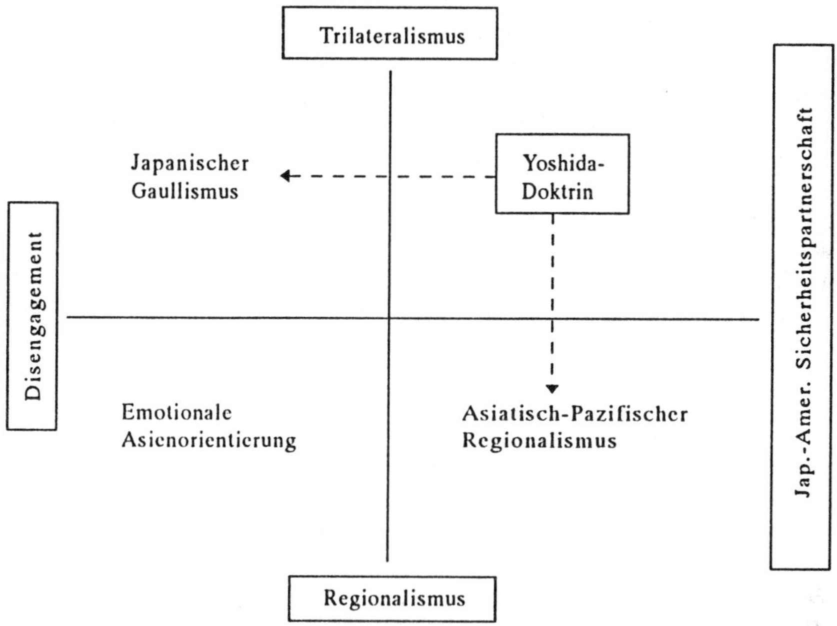

Es mehren sich inzwischen Anzeichen für eine aktivere Rolle Japans in Asien. Als erster Staat hat Japan die Beziehungen zu China reaktiviert, den Internationalen Währungsfonds gedrängt, China wieder Darlehen zur Verfügung zu stellen, Beziehungen zur Mongolei aufgenommen und Wirtschaftshilfe in Aussicht gestellt.[62] Darüber hinaus nehmen die japanische Regierung oder einzelne Politiker der Regierungspartei für sich in Anspruch, eine Vermittlerrolle zwischen Peking und Taipeh sowie zwischen Nord- und Südkorea ausgeübt und die Mitgliedschaft beider Staaten Koreas in den Vereinten Nationen vorangetrieben zu haben. Für die UN-Mitgliedschaft Südkoreas dürfte jedoch eher die Unterstützung durch Gorbatschow ausschlaggebend gewesen sein.[63] Im Falle Hongkong ist die japanische Regierung von Großbritannien um Unterstützung gegenüber der Volksrepublik China gebeten worden. Schwieriger, weil von stärkeren Vorbehalten geprägt, ist dagegen Japans Stellung in Südostasien. In welcher Richtung Japan seine internationale Führungsposition in Asien und im Pazifik nutzen wird, bleibt aber einstweilen noch unklar.

Die Diskussion um den strategischen Beitrag Japans zur internationalen Friedenssicherung wird aber auf Dauer nicht an den durch Art. 9 JV festgelegten Grenzen vorübergehen können, da nach dieser Verfassungsbestimmung der Einsatz von See-, Land- und Luftstreitkräften auch für multilaterale Maßnahmen der Friedenssicherung nicht in Betracht kommt. In den Auseinandersetzungen um die Nachfolge Premierminister *Kaifus* hat daher der frühere Vorsitzende des Politischen Planungsausschusses der LDP und frühere Außenminister, Michio *Watanabe*, die Erörterung einer Verfassungsrevision, die eine Mitwirkung der SDF an Friedenssicherungsmaßnahmen der UN und anderer internationaler Verbände ermöglichen soll, als „unvermeidlich" bezeichnet.[64]

Die aktive Neuorientierung der japanischen Außenpolitik entspricht einer ebenso umfassenden, weltweiten Sicht seiner Außenwirtschaftsbeziehungen. Führende japanische Wirtschaftsexperten wie etwa Kenichi *Ohmae* sehen diese Beziehungen im Rahmen eines „Kaskaden-Modells", dessen Handelsströme sich vom Inlandsmarkt über die Wirtschaftsbeziehungen zu den übrigen OECD-Staaten bis hin zu den ärmsten Entwicklungsländern (LDC) erstrecken.[65] Aus dieser Sicht kann Japan eine weltweite, außenwirtschaftliche Führungsrolle nur ausüben, wenn es seine Märkte vor allem für die Exporteure der asiatischen Nachbarländer stärker öffnet, und zwar sowohl im Bereich der Konsumgüter als auch der Investitionsgüter. Gegenüber Entwicklungsländern wie Industriestaaten wird diese Außenwirtschaftspolitik nur glaubwürdig sein können, wenn sie auf Dauer auch — trotz starker Widerstände der Landwirtschaft — den Reismarkt miteinbezieht.[66] Inzwischen hat sich die Führung der Liberaldemokratischen Partei darauf eingestellt, den Reismarkt für Importe teilweise zu öffnen.[67] Unter starkem Druck der GATT-Runde scheint die Regierungspartei ihre ländlichen Wähler und landwirtschaftlichen Interessengruppen auf eine schrittweise Liberalisierung des Reismarktes vorzubereiten.

5.1.4 Strategien für das Ziel „umfassender Sicherheit"

Der Erfolg der am Ziel *umfassender Sicherheit* orientierten japanischen Außenpolitik wird von drei Voraussetzungen abhängen:

1. Eine Verschlechterung der Terms of Trade infolge einer Abwertung des Yen oder eines Anstiegs der Konsumgüterpreise ist zu verhindern.

2. Der weltweite Protektionismus ist abzubauen.
3. Japans wirtschaftliche Stärke ist außenpolitisch in eine entsprechende Verhandlungs- und Abstimmungsstärke in den internationalen Organisationen umzusetzen.[68]

Diese Strategie erfordert eine enge Zusammenarbeit mit den USA, die sich in gemeinsamen Anstrengungen der Rüstungskontrolle der führenden Industriestaaten, im Aufbau einer neuen Ordnung in Europa und in der Zusammenarbeit mit China niederschlagen muß.[69] Dazu sind vor allem weitere Hilfeangebote für die osteuropäischen Länder, ein enger Handelsaustausch mit Europa insgesamt und eine stärkere, mit den Vereinigten Staaten abgestimmte, Hilfspolitik in den Ländern der Dritten Welt erforderlich. Von einer Verbesserung der Beziehungen zwischen der GUS und Japan wird zudem noch am ehesten der Ferne Osten Rußlands wirtschaftlich profitieren. Die bisherigen Untersuchungen zur Wirtschaftshilfe und Infrastrukturplanung für den wirtschaftlichen Wiederaufbau Rußlands durch die Experten der japanischen Regierung konzentrieren sich auf diese unterentwickelte und rohstoffreiche Region.[70] Diese Schwerpunktsetzung begrenzt aber zugleich die Reichweite des japanischen Engagements in Osteuropa.

Auch wenn die japanische Regierung stets bestreitet, es gebe eine in sich geschlossene, zwischen allen Beteiligten abgestimmte Wirtschaftsstrategie, so ist doch der breite innenpolitische Konsensus bemerkenswert, der die politische Wahrnehmung außenwirtschaftlicher Sicherheitsinteressen trägt. Das gilt vor allem für die Durchsetzung japanischer Wirtschaftschaftsstrategien in der asiatisch-pazifischen Region.[71] Der breite innenpolitische Konsensus wird durch ein „Informationsklima“ gefördert, das einerseits eine enge Abstimmung der Lenkungsinstrumente zwischen den beteiligten Ressorts ermöglicht und zum anderen durch eine ebenso enge Kooperation zwischen Ministerien und Unternehmen geprägt ist.

Immer weniger gibt sich die japanische Regierung mit der Rolle des größten Entwicklungshilfegebers zufrieden, sondern strebt zunehmend auch einen entsprechenden Einfluß nach Kapitalanteilen und Stimmrechten in den internationalen Gremien an.[72] Eine eigenständige multilaterale Entwicklungshilfepolitik ist freilich noch zu erarbeiten. Während zunächst außenwirtschaftliche Motive die Expansion der japanischen Entwicklungshilfe getragen haben, treten spätestens seit der „Initiative zur internationalen Kooperation“ Premierminister *Takeshitas* aus dem Jahre 1988 politische Motive in den Vordergrund.

Die aktivere und zugleich globalere Außenpolitik Japans schlägt sich in mehreren Aktionen nieder:

— der Entsendung von 1000 Helfern in den Nahen Osten im Rahmen der Irak-Krise,

— dem Vorstoß von Parteidelegationen der LPD und SDPJ zur Verbesserung der Beziehungen mit Nordkorea,
— dem gewachsenen Bewußtsein historischer Hypotheken und einer unzureichenden „Vergangenheitsbewältigung“,[73]
— der größeren Flexibilität in außenhandelspolitischen Fragen,[74]
— den erheblich größeren Entwicklungshilfeleistungen an Länder in Asien und Afrika, die bisher nicht enge Partner Japans waren (Indien, Ruanda etc.)[75] und
— den im internationalen Vergleich hohen wirtschaftlichen Wachstumsraten und Wachstumsaussichten[76].

Japan verfügt zunehmend über die Potentiale einer Weltmacht — aber bei der Entwicklung der Perspektiven bleibt es zögerlich. Drei außenpolitische Optionen bieten sich auf Dauer an, deren Umsetzung allerdings von dem internationalen Umfeld der japanischen Außenpolitik, vor allem in Asien, abhängt:[77]

1. *Status quo-Orientierung: Japan als nationale Macht*
   Diese gradualistische Strategie würde sich im Rahmen der bestehenden Regelungen vollziehen und das vorhandenen Engagement in den Feldern der Außenpolitik schrittweise ausbauen. Die innenpolitischen Durchsetzungsprobleme wären gering.
2. *Führungsrolle in der „Pazifischen Gemeinschaft“ durch regionale Integration*
   Die Verwirklichung dieser Option setzt die Schaffung einer pazifischen Freihandelszone voraus. Die Realisierungschancen sind aufgrund der heterogenen Interessen der pazifischen Anrainer in absehbarer Zukunft gering.
3. *Internationale Lastenteilung: Japan als globale Macht*
   Japan muß als künftige Weltmacht davon ausgehen, daß es derzeit zwar noch keine globale Macht im herkömmlichen Sinne darstellt, wohl aber globale Interessen verfolgt. Bei weiterem Wachstum seiner internen und externen Durchsetzungspotentiale und bei zielgerichtetem außenpolitischen Einsatz dieser Ressourcen ist der Übergang zu einer Weltmachtstellung absehbar. Diese Rolle kann Japan in unterschiedlichen Varianten anstreben, die ihrerseits auf unterschiedlichen innen- und außenpolitischen Voraussetzungen beruhen. Japan kann eine Weltmachtrolle auf der Grundlage einer für beide Seiten befriedigenden Lastenteilung mit den Vereinigten Staaten ins Auge fassen (stärkere Beteiligung an den Verteidigungslasten, Verringerung des amerikanischen Handelsdefizits). In diesem Falle würde Japan eine zu den Vereinigten Staaten komplementäre Wirtschafts- und Militärmacht mit globalen Ansprüchen. Innenpolitische Voraussetzung dieser Option ist eine dauerhafte, starke Bejahung der Partnerschaft mit den Vereinigten Staaten. Die dritte Option läßt sich aber auch in einer

„gaullistischen“ Version vorstellen. In diesem Fall würde Japan — über seine gegenwärtige Rolle als pazifische Regionalmacht hinausgehend — eine wirtschaftlich, militärisch und entwicklungspolitisch eigenständige internationale Rolle spielen.

Von diesen drei Optionen ist die erste am wenigsten befriedigend. Sie wird dann unvermeidbar sein, wenn das Handlungsvermögen der außenpolitischen Führung innenpolitisch paralysiert wird. In die zweite Perspektive — eine Führungsrolle in Asien und im Pazifik — beginnt Japan trotz historischer Hypotheken hineinzuwachsen. Die dritte Option dagegen ist nur langfristig vorstellbar, wenn Japan sein außenpolitisches Handlungsvermögen verbessert, sich in internationalen Organisationen in Abstimmung mit den USA und Europa kooperativer und konstruktiver verhält sowie seine entwicklungspolitischen Beiträge auf eine neue Grundlage stellt.

Daß Japan sich der historischen Belastungen seiner außenpolitischen Stellung in Asien bewußt ist, haben jüngst zwei Ereignisse gezeigt: das (einer Entschuldigung gleichkommende) Bedauern der japanischen Kolonialisierung Koreas durch den japanischen Kaiser gegenüber dem Präsidenten Koreas und die Ablehnung gemeinsamer Marinemanöver mit Thailand. Während der erste Schritt vorübergehend zur Entspannung der historisch stark belasteten Beziehungen zwischen Japan und Korea beigetragen hat[78], zeigt der zweite, daß sich die japanische Regierung bemüht, die Beziehungen zu den asiatischen Nachbarn nicht durch demonstrative militärische Präsenz zu belasten.

Vorsicht und Behutsamkeit in außenpolitischen Aktionen werden auch durch wirtschaftliche und soziale Indikatoren nahegelegt, die einen Rückgang des Außenhandelsüberschusses, eine stärkere Belastung des Sozialleistungssystems durch eine wachsende Alterspyramide und weiterhin steigende Lebenshaltungskosten andeuten. Japanische Publizisten und Wissenschaftler haben ihrem Land in den letzten Jahren wiederholt eine erstklassige Wirtschaft und eine drittklassige Politik bescheinigt.[79] Dieses Bild verdient eine Korrektur: Wenn schon Zweifel an der ersten Diagnose geäußert werden, so erscheint die japanische Außenpolitik umsichtiger und zielorientierter, als vielfach vermutet. Falls Japan seine wirtschaftliche Leistungsfähigkeit wahrt und seine außenpolitischen Perspektiven eindeutiger umsetzt, wird es seinen Großmachtstatus überzeugender darstellen können.

In welchem Umfang die „Initiative Internationale Zusammenarbeit“ die globale Orientierung der japanischen Außenpolitik und die Mitwirkung des Landes in den internationalen Organisationen verstärkt hat, zeigt die folgende Übersicht (Abb. 12): Seit 1988 ist Japan der zweitgrößte Beitragszahler der Vereinten Nationen. Das gilt auch für seine finanzielle Beteiligung an den Friedensmissionen der Vereinten Nationen im Jahre 1991.[80] Auch in den UN-Sonderorganisationen wie bei dem Weltflüchtlingskommissar (UNHCR) und dem Hilfswerk für Palästinensische Flüchtlinge (UNRWA) ist Japan nach den Vereinigten Staaten zweitstärkster *Beitragszahler*. Das japanische Elektronikunternehmen Sony hat dem Weltflüchtlingskommissar der Vereinten Nationen in Genf eine besondere Zuwendung für die drängenden Probleme der Betreuung von Flüchtlingen zur Verfügung gestellt. Als größter Entwicklungshilfegeber stellt Japan im Rahmen des 4. Mittelfristigen Plans den Entwicklungsländern allein im Zeitraum von 1988 bis 1992 mehr als 50 Milliarden Dollar an Hilfeleistungen zur Verfügung. Ebenso eindrucksvoll sind die Wachstumsraten der Ausgaben für internationalen Kulturaustausch: Die Staatsausgaben für diese Austauschprogramme sind von 1980 bis 1991 um etwa 160 Prozent angestiegen.

Zwar war die „UN-zentrierte" Außenpolitik in den 60er und 70er Jahren keineswegs so sehr auf die Vereinten Nationen ausgerichtet, wie es dem Anschein dieser Formel entsprach, aber seit Beginn der 80er Jahre hat die Regierung die Vereinten Nationen mehr und mehr als Instrument der eigenen Außenpolitik entdeckt.[81] Die japanische Regierung drängt daher darauf, ihre wachsenden finanziellen Beiträge zu den Vereinten Nationen und ihren Aktionen in einen entsprechenden Status innerhalb der Weltorganisation umzusetzen: Einerseits möchte sie den Namen Japans aus der Feindstaatenliste getilgt sehen, zum anderen möchte sie Japan — wie bereits erwähnt — einen ständigen Sitz im Sicherheitsrat der Vereinten Nationen innerhalb der nächsten fünf Jahre sichern und zugleich behutsam die Voraussetzungen für einen internationalen Konsensus in diesen Fragen schaffen.[82]

Abb. 12: Die Vereinten Nationen — Personal und Beitragsleistung der Mitgliedstaaten[83]

Mitarbeiterstab (1991)		Beitragsleistungen (1992)	
1. USA	14,80 %	1. USA	25,0 %
2. UdSSR	6,19 %	2. Japan	12,5 %
3. Deutschland	4,73 %	3. Rußland / Baltikum	9,4 %
4. Frankreich	4,19 %	4. Deutschland	8,9 %
5. Japan	3,38 %	5. Frankreich	6,0 %
6. Großbritannien	3,38 %	6. Großbritannien	5,0 %
7. Philippinen	2,50 %	7. Italien	4,3 %
8. Kanada	2,04 %	8. Kanada	3,1 %
9. Italien	2,00 %	9. Spanien	2,0 %
10. China	1,62 %	10. Brasilien	1,6 %
Mitarbeiter insgesamt:	2.600	Gesamthaushalt:	1 200 Mrd. Dollar

Japans neue globale Orientierung spiegelt sich folgerichtig auch in dem Bestreben wider, die Rolle internationaler Organisationen, vor allem der Vereinten Nationen, zu stärken. Dies gilt für die Betonung der Aufgabe der Friedenssicherung durch die UN im allgemeinen und die Registrierung und Kontrolle des internationalen Waffenhandelns — ebenfalls durch die Vereinten Nationen — im besonderen.[84] Mit anderen Staaten Asiens weiß sich die japanische Regierung darin einig, daß darüber hinaus die Frühwarnfunktion der Vereinten Nationen durch den Aufbau entsprechender Analysekapazität gesteigert werden muß.

Aus den Erklärungen der japanischen Regierung in den Jahren 1991 und 1992 lassen sich abschließend folgende Umrisse der künftigen globalen Orientierung der japanischen Außenpolitik erkennen:[85]

— Der japanisch-amerikanische Sicherheitsvertrag bleibt zwar tragender Pfeiler dieser Politik, wird aber künftig mehr zu einem Bündnis gleichberechtigter Partner mit einer für Japan befriedigenderen Balance zwischen Pflichten (Wirtschaftshilfe) und Rechten (Mitentscheidungen in der Sicherheitspolitik). Für die asiatischen Nachbarn ist dieser Vertrag zugleich ein Garant gegen die Gefahr eines neuen japanischen Militarismus.
— Japan wird sich künftig mehr als Mittler zwischen unterschiedlichen Positionen in Asien und im Pazifik verstehen und sich von amerikanischen Vorgaben lösen. Dies ist bereits in der eigenwilligeren japanischen Politik gegenüber China und Thailand sowie bei den G 7-Treffen deutlich geworden, bei denen Japan als Sprecher Asiens aufgetreten ist.
— Japan wird sein Engagement in den internationalen Organisationen — in den Vereinten Nationen, in der Zusammenarbeit mit ASEAN und APEC — verstärken und so in einem zunehmend interdependenten Netzwerk internationaler Politik stärkeren Einfluß ausüben. Es wird sich insbesondere für die Stärkung des UN-Sicherheitsrates und für die Lösung regionaler Konflikte in Asien (Kambodscha, Korea) einsetzen.

5.2 Innenpolitische Akzeptanz

Die beginnende „Internationalisierung" der japanischen Außenpolitik macht diese noch mehr vom innenpolitischen Konsens und seinen Grundlagen abhängig. Eine reaktive Außenpolitik verfügt stets nur über eine geringe externe Durchsetzungskraft, bietet aber zugleich nur Ansatzpunkte für eine punktuelle Kritik in der innenpolitischen Diskussion. Eine aktive Außenpolitik dagegen wirft um so mehr die Frage nach ihrer innenpolitischen Akzeptanz und der Tragfähigkeit des parlamentarischen Konsensus auf.[86]

5.2.1 Der Wettstreit der Institutionen

Die Umrisse einer aktiven Außenpolitik stehen in deutlichem Kontrast zu der passiven internationalen Standortbestimmung Japans in der Vergangenheit: „... Japan has rarely been actively involved in efforts in various parts of the global to promote peace", stellt Junichi *Kyōgoku*[87] fest. Diese Passivität machte sich etwa bei den Friedensinititativen der Vereinten Nationen und bei der internationalen Diskussion um die Aufnahme von Flüchtlingen nachteilig bemerkbar. Zudem wurde diese Zurückhaltung stets innenpolitisch gerechtfertigt: Die Regierung bediente sich dabei der Formel einer Trennung von Wirtschaft und Politik.

Der Bereitschaft zu einer aktiven Außenpolitik steht entgegen, daß japanische Politiker ihre Zielvorstellungen gegenüber Wählern und Medien noch vager formulieren als ihre Kollegen in anderen Ländern. Auf diese Weise können kaum neue Denkanstöße gegeben werden, zumal der Bürokratie des Außenministeriums von ihren japanischen Kritikern vorgehalten wird, häufig an einer versteinerten Einschätzung der Weltlage festzuhalten und Veränderungen des internationalen Kräftefeldes aufgrund vielfältiger Abstimmungserfordernisse innerhalb des Regierungsapparats erst mit erheblicher Verspätung zur Kenntnis zu nehmen und umzusetzen.[88] Die Folge: Außenpolitische Revisionen gehen eher von einzelnen Abgeordneten, Mitgliedern der Leitungsebenen anderer Ministerien und Journalisten aus.

Die Formulierung außenpolitischer Ziele findet im Widerstreit wirtschaftlicher Interessen, außenpolitischer Verpflichtungen und zugleich im Widerstreit der entsprechenden Ressorts — vor allem des Gaimushō und des MITI — statt. Erstmals hat sich das Außenministerium 1990 bei der Festlegung der japanischen Position zur Beilegung der Golfkrise gegenüber dem Außenhandels- und Industrieministerium durchgesetzt: Die Zusammenarbeit mit dem Irak, aus dem Japan zwölf Prozent seines Erdöls bezog, wurde eingestellt.[89] Anders als in der Teheraner Geiselaffäre wurde der Loyalität zu den Vereinigten Staaten Vorrang vor der Wahrung der eigenen Wirtschaftsinteressen im Nahen Osten eingeräumt.

Die Formulierung und Durchsetzung entwicklungspolitischer Ziele illustriert besonders anschaulich einige Grundsatzprobleme des innenpolitischen Konsensus in außenpolitischen Fragen. Wie das niedrige Spendenaufkommen für Entwicklungsprojekte zeigt, bleibt der Rückhalt der Entwicklungspolitik in der Wählerschaft schwach, denn das Aufkommen beträgt im Regelfall weniger als ein Zehntel desjenigen etwa in der Bundesrepublik. Da die entwicklungspolitischen Kompetenzen zudem auf vier Ressorts (Außenministerium, Finanzministerium, MITI, Economic Planning Agency) verteilt sind und von zwei weiteren Einrichtungen, dem Overseas Economic Cooperation Fund (OECF) und der Japan International Cooperation Agency (JICA), umgesetzt werden, sind die Möglichkeiten einer Steuerung und öffentlichkeitswirksamen Vertretung dieses Politikfeldes nach außenpolitischen Maßstäben ebenso gering wie die Koordinationsprobleme groß sind — ein Tatbestand, der von japanischen Entwicklungsexperten mit Nachdruck kritisiert wird. Dies gilt insbesondere für den niedrigen Anteil der Technischen und Personellen Zusammenarbeit. Es fehlen ein politischer Konsensus, der die Entwicklungshilfe auf Dauer tragen kann, und eine entwicklungspolitische Konzeption, die Zielformulierung und Implementation erleichtert.[90] So werden die Implementationsprobleme mit dem Umfang der Hilfeleistungen eher noch zunehmen.[91] Die japanische Entwicklungshilfe reagiert daher vorrangig auf externen Druck und beruht zu wenig auf eigenen Zielvorstellungen.

Ein außen- und innenpolitisches Umdenken in der japanischen Führungsschicht signalisiert der bereits erwähnte *Maekawa-Report*. Die bisher nur ansatzweise umgesetzten Forderungen des hieraus entwickelten Aktionsprogramms der Regierung sind indessen noch heute aktuell. Der *Maekawa-Report* wurde in der Folgezeit zum Kursbuch der *Internationalisten* in der politischen Führungsschicht, während die *Traditionalisten* auf den überkommenen, zugleich aggressiven und isolationistischen Strategien beharren. Immer mehr setzen sich jedoch in der außenpolitischen Elite Ideen eines „*Internationalismus*“ durch, der ein stärkeres Engagement im Rahmen multilateraler Sicherheitsvereinbarungen sowie der internationalen Organisationen des Außenhandels und der Entwicklungshilfe anstrebt.[92]

Die Umsetzung einer liberalen Außenhandelspolitik, wie sie dieser „neue Internationalismus“ fordert, stößt auch heute noch auf administrative *und* ökonomische Barrieren. Zahlreiche administrative Handelshindernisse sind in der Vergangenheit nicht durch Vorgaben der Leitungsebene, sondern durch Arbeitseinheiten der Durchführungsebene der Ministerien errichtet worden, die mit Verbänden und Unternehmen eng zusammenarbeiten.[93] Erhebliche Abstimmungsprobleme zwischen den Ressorts sind ein weiteres Hindernis. Die Liberalisierung des Imports von Nahrungsmitteln stößt schon seit langem auf den massiven Widerstand der im Nationalen Verband der Landwirtschaftsgenossenschaften (Nōkyō) repräsentierten Agrarlobby, der traditionell einflußreichsten Interessengruppe des Landes, die über eine eigene Versicherungsgesellschaft, die zweitgrößte Bank und die sechstgrößte Handelsgesellschaft bei einer hohen Organisationsdichte (8,7 Millionen Mitglieder) verfügt.[94] Dennoch hat die Agrarlobby — sieht man von dem besonders umstrittenen Reismarkt ab — eine weitgehende Liberalisierung von Agrarimporten in den letzten Jahren und einen Rückgang ihres Einflusses nicht verhindern können.

Die neue Diskussion um Japans internationalen Standort rückt herkömmliche Positionen immer mehr in den Hintergrund.[95] Während der „martialische Nationalismus“ auf die extreme Rechte beschränkt ist, werden pazifistische

Strömungen nach Auffassung der Befürworter einer aktiveren Außenpolitik weder der komplexen Sicherheitslage Asiens noch den stärker werdenden Anforderungen an eine internationale strategische Mitwirkung Japans im Rahmen der Vereinten Nationen gerecht. Dieser Einwand gilt auch für die am Leitbild des „Handelsstaates" (shōnin-kokka) ausgerichteten Positionen des Neomerkantilismus als einer Form materialistisch-nationalistischen Denkens. Während diese Perspektiven Japans Außenpolitik eher zur Isolation verurteilen, scheinen die weitsichtigeren außenpolitischen Experten seit der Veröffentlichung des Berichts der „Comprehensive Security Study Group" im Jahre 1980 die Position eines realistischen *„Liberalen Internationalismus"* zu beziehen. Diese Perspektive kommt dem außenpolitischen Grundverständnis der westlichen Demokratien am nächsten. Sie setzt sich für einen liberalen Außenhandel ebenso ein wie für eine Liberalisierung der japanischen Importe, befürwortet eine aktivere Außenpolitik und verschließt sich nicht dem Gedanken einer Mitwirkung Japans bei der Lösung der internationalen Sicherheitsfragen. Ihr politischer und gesellschaftlicher Rückhalt ist in Zeiten einer zunehmenden wirtschaftlichen und kulturellen Verflechtung des Landes in Medien, Parlament, Verbänden und Unternehmen größer geworden. Die Konkretisierung dieser Vorstellungen steht aber noch aus und ist bisher allenfalls in Bruchstücken zu erkennen. Wie auch immer die außenpolitische Elite ihre Ideen einer stärkeren internationalen Rolle Japans präzisiert, sie wird vor allem ihre Analyse- und Planungsfähigkeit vergrößern müssen, wenn sie das permanente Dilemma einer nur reaktiven Außenpolitik überwinden will.

Im Verhältnis zu den Vereinigten Staaten hat Japans Verhalten im Golfkrieg das Konzept der „globalen Partnerschaft" nachdrücklich in Frage gestellt.[96] Der japanische Premierminister sah sich genötigt, sein Land vor der Gefahr internationaler Isolierung zu warnen, falls es sich seiner wachsenden Verantwortung im Rahmen der internationalen Staatengemeinschaft verweigere. Meinungsumfragen haben in beiden Ländern erheblich steigende wechselseitige Kritik als Folge der Diskussionen um die Folgen des Golfkonflikts ausgewiesen.[97] Atsuyuki *Sasa*, der frühere Sicherheitsberater des japanischen Kabinetts, fordert sein Land infolgedessen auf, zur friedlichen Lösung internationaler Streitfragen nicht nur „beizutragen", sondern sich aktiv daran zu beteiligen.[98] Von der japanischen Regierung wird dieser Vorschlag aufgenommen, um den Begriff der „globalen Partnerschaft" mit Inhalt zu füllen.

Diese Strategie setzt aber zugleich eine entsprechende innenpolitische Basis voraus. Seine schwache Verankerung in der Liberaldemokratischen Partei hat den früheren Premierminister *Kaifu* daran gehindert, in größerem Umfang außenpolitische Initiativen zu ergreifen. Stattdessen haben einflußreiche LDP-Politiker ohne Kabinettsrang eigene außenpolitische Vorstöße unternommen (*Ozawa*, *Kanemaru*, *Abe*, *Watanabe*). Wiederholt sah sich das Außenministerium, das an diesen Initiativen zur Verbesserung der Beziehungen zu Nordkorea, zur Sowjetunion und zu China nicht beteiligt worden war, vor vollendete Tatsachen gestellt. Eine eigenständige und zugleich konsistente Außenpolitik ist unter diesen Bedingungen nicht zu verwirklichen. Der Faktionalismus der Liberaldemokratischen Partei schmälert so die außenpolitische Führungskompetenz der Regierung.

Dennoch zeigt die japanische Regierung Umrisse einer aktiveren Außenpolitik in drei Feldern: Erstens ist sie bereit, eine führende Rolle bei der *Beilegung des Kambodscha-Konflikts* zu spielen. Zum ersten Mal haben sich die Parteien eines tiefgreifenden Konfliktes in einem anderen Land 1990 in Tokyo versammelt. Zweitens kann Japan durch seine *Entwicklungshilfe* maßgeblichen Einfluß auf die Nord-Süd-Beziehungen ausüben. Drittens wird sich Japan mehr als bisher den neuen *Herausforderungen des internationalen Umweltschutzes* stellen. Seine eigenen beispielhaften Erfahrungen bei der Luftreinhaltung kommen ihm dabei zugute.

5.2.2 Innenpolitische Grundlagen der „Internationalisierung": alte Widersprüche und neue Mehrheiten

Die Darstellung der japanischen Außenpolitik und ihrer Kritik in den Medien zeigen, daß sich die politischen Entscheidungsträger der internationalen Erwartung an einen größeren Beitrag ihres Landes zur internationalen Wirtschaftsordnung bewußt sind.[99] Dies soll vornehmlich durch Ausbau und Umstrukturierung der Entwicklungshilfe geschehen, insbesondere durch gesundheits- und bildungspolitische Maßnahmen, die den Ärmsten zugutekommen. Immer weniger könne sich Japan damit begnügen, der Führung anderer Länder — vor allem der Vereinigten Staaten — zu folgen, ohne eigene außenpolitische Vorstellungen zu entwikeln. Das gilt insbesondere in Krisensituationen. So ist die „Scheckbuch-Diplomatie" der japanischen Außenpolitik in der Golfkrise auch im eigenen Land auf Kritik gestoßen, wie die Stellungnahmen der großen japanischen Tageszeitungen zeigen.[100] Um so mehr rückt die Forderung nach einer *„Internationalisierung"* (kokusaika) in den Mittelpunkt.

Bei der Interpretation dieses Konzepts haben sich zwei Schulen herausgebildet[101]: Die Mehrheit versteht unter „Internationalisierung" eine international besser vermittelte Durchsetzung der eigenen außenwirtschaftlichen Interessen. So lassen sich die außenwirtschaftlichen Interessen der Unternehmen mit einer international aufgeschlosseneren Darstellung der neomerkantilistischen Wirtschaftspolitik verbinden. Eine Minderheit nimmt das Konzept dagegen ernster und fordert einen weiteren Ausbau der öffentlichen Entwicklungshilfe, den Abbau von Handelsschranken, die Beschäftigung ausländischer Arbeitnehmer und einen stärkeren Einsatz für die Lösung globaler Probleme des Umweltschutzes, Schuldenabbaus und Katastrophenbekämpfung. Aus dieser Sicht muß das Konzept der „Kokusaika" nicht Politik und

Wirtschaft, sondern auch die Einstellungen der Bevölkerung international öffnen.

Auf eine stärkere internationale Rolle Japans sind indessen weder Bevölkerung noch politische Führung ausreichend vorbereitet. So ist die Bereitschaft nichtstaatlicher Gruppen und Organisationen zur Entsendung von sozialen, medizinischen und technischen Hilfskräften in Spannungsgebiete im internationalen Vergleich gering.[102] In der staatlichen Außenpolitik fehlen zudem die konzeptionellen Grundlagen einer eigenständigen Außenpolitik.[103] Vordringlicher als die Forcierung der Bestrebungen, Japan zum ständigen Mitglied des UN-Sicherheitsrates zu machen, sind vielmehr ein außenpolitischer Bewußtseinswandel der Bevölkerung und der Aufbau eines leistungsfähigen außenpolitischen Managements. Die Kritiker der bisherigen Außenpolitik bemängeln insbesondere die weitgehende Fixierung auf die Vereinigten Staaten, das mangelnde Verständnis für internationale Politik in der politischen Elite, den Mangel an politischer Führungskraft, die Status-quo-Orientierung der Bürokratie sowie die weitgehende Funktionalisierung der Außenpolitik durch innenpolitische Interessen.[104]

Schon vor dem Golfkonflikt hatte bei Repräsentativumfragen die überwiegende Mehrheit der Befragten die unklare und zudem unverständliche Außenpolitik Japans bemängelt.[105] Eine stärkere „Internationalisierung“ wird in mehreren Bereichen internationaler Zusammenarbeit gefordert: in Politik, Wirtschaft, Wissenschaft und Technik. Zu den Beitragsleistungen Japans werden stärkere Leistungen zur Lösung der internationalen Umweltkrise ebenso gerechnet wie eine weitere Steigerung der Entwicklungshilfe. Das Ziel der „Internationalisierung“ findet in der japanischen Bevölkerung nach den Befunden der Repräsentativumfragen seit mehreren Jahren breite Zustimmung.[106] Bei einer Repräsentativumfrage im Frühjahr 1992 befürwortete die Mehrheit der Befragten ein aktiveres außenpolitisches Profil Japans mit den Argumenten, die Förderung der „Internationalisierung“ sei eine vorrangige Aufgabe Japans als Großmacht und sei zugleich notwendig, um den Wohlstand des Landes mittel- und langfristig zu sichern.[107] Vorrangige Anwendungsgebiete der „Internationalisierung“ seien die wirtschaftlichen Beziehungen (weitere Öffnung der Märkte und Anpassung der Wirtschaftsstruktur) und der Kulturaustausch. Im Rahmen der Vereinten Nationen sehen die Befragten die Prioritäten des japanischen Engagements in Beiträgen zur Lösung globaler Umweltschutzprobleme, in humanitären Hilfen bei regionalen Konflikten, in der Konsolidierung der Weltwirtschaft und in der Entwicklungshilfe. Auch nach der großen Steigerung der Öffentlichen Entwicklungshilfe Japans in den letzten beiden Jahrzehnten sprechen sich immerhin 41,4 % der Befragten für eine deutliche hierüber hinausgehende Erhöhung der ODA-Leistungen aus: Nur so sei der Weltfrieden langfristig zu sichern.

Während die Bevölkerung nach den Ergebnissen von Repräsentativumfragen des Jahres 1991 den Selbstverteidigungsstreitkräften eher reserviert gegenübersteht (nach Auffassung von 47,2 % besitzen die SDF „kein schlechtes Image", nach Meinung von 19,4 ein „eher schlechtes Image" und nur nach Auffassung von 20,3 % „ein gutes Image")[108], sprechen sich 1992 immerhin 47 % der Befragten für eine Beteiligung der Selbstverteidigungsstreitkräfte an internationalen Friedenssicherungsmaßnahmen aus und 41 % dagegen.[109]

Das außenpolitische Meinungsspektrum beginnt sich somit unter dem Einfluß der Diskussion um Japans internationale Rolle nach der Golf-Krise merklich zu verschieben. Hatten bei einer Umfrage der Asahi-Shimbun noch im Dezember 1990 45 % der Befragten geäußert, Japan genieße das Vertrauen der anderen Staaten (44 %: kein Vertrauen), so behaupten bei einer Umfrage im Juni 1991 immerhin 55 % der Befragten, Japan genieße kein Vertrauen seiner Partner; nur 35 % äußerten sich positiv. Dementsprechend wurde in der Umfrage des Jahres 1991 die Notwendigkeit, daß „Japan mehr als bisher einen Beitrag zur Lösung internationaler Konflikte leisten (müsse)", von 61 % bejaht. Mehr als zwei Drittel der Befragten (69 %) denken dabei daran, die Selbstverteidigungsstreitkräfte (nur) zur Katastrophenhilfe und im Rahmen sonstiger nichtmilitärischer Einsätze zu entsenden (46 %) und sich darüber hinaus an den Friedensstreitkräften der Vereinten Nationen zu beteiligen (23 %). Dabei ist bemerkenswert, daß diese beiden Einsatzmöglichkeiten von den Anhängern aller Parteien mehrheitlich befürwortet werden.

Allerdings ist das Meinungsbild in sich widersprüchlich: Einerseits äußern 42 % der Befragten, Japan solle sich nur an nichtmilitärischen Operationen der Vereinten Nationen beteiligen (z.B. an Wahlkontrollkommissionen), andererseits befürworten 50 % der Befragten die Beteiligung der Selbstverteidigungsstreitkräfte an den Friedenssicherungsaktivitäten (PKO) der Vereinten Nationen, während 40 % eine solche Mitwirkung ablehnen. Diese Spaltung der öffentlichen Meinung in Anhänger und Gegner der PKO-Gesetzgebung ist nur verständlich, wenn man den traditionell reaktiven Charakter der japanischen Außenpolitik und die pazifistische Grundströmung in der Bevölkerung berücksichtigt.[110] Insgesamt handelt es sich um ein Meinungsbild im Übergang: Die Befürwortung einer aktiven Außenpolitik nimmt an Stärke und Umfang zu.

Den künftigen Beitrag Japans in der internationalen Gemeinschaft sehen die Befragten zu 37 % im globalen Umweltschutz, in der Flüchtlings- und Katastrophenhilfe zu 21 %, in der Unterstützung der Entwicklungsländer zu 16 %, in der Steuerung der Weltwirtschaft zu 12 % und in einem aktiven Beitrag zur Lösung internationaler Konflikte zu 7 %. Faßt man diese Umfragebefunde zusammen, so drängt sich die Schlußfolgerung auf, daß die *innenpolitische Fundierung einer aktiven Außenpolitik auch künftig schwierig* sein wird. Hier sind die Heterogenität der LDP, die Oppositionsmehrheit im Oberhaus, das Gewicht der Bürokratie und vor allem der starke Einfluß der Interessengruppen in Rechnung zu stellen. Zudem ist die Koordination zwischen den Ressorts nur schwach, so daß außenpolitische Entscheidungen vielfach nur auf Druck von außen zustandekommen.

Die stärkere „Internationalisierung“ der Außenpolitik wird von den großen Wirtschaftsverbänden *Keidanren* und *Keizaidōyukai* nachdrücklich unterstützt. Die personelle Ausstattung des Regierungsapparats, insbesondere des Außenministeriums, bleibt aber unzulänglich und entspricht nicht diesen Anforderungen.[111] Obwohl dieses Defizit von den japanischen Außenpolitikern seit längerem nachdrücklich kritisiert wird[112], mangelt es dem Gaimushō an Durchsetzungsvermögen gegenüber dem Finanzministerium. Folge: Die Ausstattung des Außenministeriums entspricht trotz der neuen Reorganisation nicht Japans globaler Verantwortung.

Anläßlich der Golfkrise hat der damalige Premierminister bei der Einbringung des „Gesetzentwurf(s) zur Kooperation in Friedensangelegenheiten“ erklärt, Japan dürfe „... bei den internationalen Anstrengungen zur Wiederherstellung dieses Friedens nicht tatenlos zusehen, sondern muß im Rahmen des ihm möglichen seine Aufgaben klar benennen und erfüllen.“[113] Gegenüber dem Vorschlag der Einsetzung einer japanischen Friedenstruppe haben Opposition und Medien geltend gemacht, er lasse keine klare Konzeption erkennen, begründe eine entscheidende Wende der japanischen Außenpolitik nur unzureichend und sei in sich widersprüchlich.[114] Die außenpolitischen Vorstellungen der Regierung bleiben nach Auffassung ihrer Kritiker vage. Selbst Form und Umfang der Beteiligung der Selbstverteidigungsstreitkräfte an den Friedenstruppen der Vereinten Nationen erscheinen unklar und schlecht begründet: Die Außenpolitik erwecke den Eindruck der Orientierungslosigkeit.[115] Aber auch die außenpolitischen Erklärungen der stärksten Oppositionspartei bleiben vage; immerhin wird — durchaus in Übereinstimmung mit der Regierung — eine Beteiligung am KSZE-Prozeß ins Auge gefaßt.[116] Die japanische Debatte um die Beteiligung an einer Friedenstruppe der Vereinten Nationen ist somit — wie die deutsche Diskussion — durch Widersprüche, Hinhaltetaktik und Unentschlossenheit gekennzeichnet.[117] Nachdrücklich wird Japans „Mangel an Internationalität“[118] beklagt. Diese Kritik wirft die Frage nach der Chance eines parlamentarischen Konsensus auf.

An der Diskussion um die neue internationale Verantwortung Japans beteiligte sich die Shakaitō als größte Oppositionspartei mit einem eigenen Gesetzentwurf, der vom Ausschuß für Sicherheit, SDF und Abrüstungsmaßnahmen der Partei ausgearbeitet worden war und eine umfassende Revision der Parteilinie in Fragen der Sicherheitspolitik und der Selbstverteidigungsstreitkräfte erkennen ließ.[119] Erstmals wird von der Shakaitō vorgeschlagen, die Selbstverteidigungsstreitkräfte als verfassungskonform zu betrachten. Trotz weiterhin geltender, grundsätzlicher Bedenken solle der japanisch-amerikanische Sicherheitsvertrag aufrechterhalten werden und um die japanische Inselkette eine See- und Luftverteidigungszone errichtet werden. Die Verteidigungsstreitkräfte sind jedoch auf Alarm- und Kontrollfunktionen zu beschränken und die Funktionen der drei Teilstreitkräfte zu verstärken.

Die Kritik der Shakaitō an dem von der Regierung vorgelegten „Gesetzentwurf zur Kooperation mit den UN in Friedensangelegenheiten" während der Unterhausdebatte im Herbst 1990 stellte die Verfassungswidrigkeit der Entsendung der SDF nach Übersee sowie der finanziellen Unterstützung der Intervention am Golf in den Vordergrund.[120] Das Mitbestimmungsrecht des Parlaments werde negiert. Statt dessen sollten sich Japans Beiträge zur Bewältigung regionaler Konflikte auf den zivilen Bereich (Waffenstillstandskontrollen, Transport und Kommunikation, Hilfe für Flüchtlinge) und die Finanzierung eines „UN-Friedenssicherungsfonds" beschränken. Im übrigen zielten die Vorschläge der Shakaitō auf die Stärkung der Rechte des UN-Generalsekretärs, die Aufhebung des Veto-Rechts der ständigen Mitglieder des Sicherheitsrates, die Beseitigung der Feindstaatenklausel (Japan, Deutschland), die Unterstützung von Abrüstungsinitiativen und ein Verbot von Waffenexporten in Staaten der Dritten Welt.

In der Entwicklungspolitik fordert die Shakaitō von der Regierung eine konsequente Bevorzugung der ärmsten Länder, die Achtung der Souveränität der Empfängerländer, die Wahrung der Menschenrechte und eine stärkere Mitbestimmung der örtlichen Bevölkerung.[121] Diese Konzeption, die von der Parteiführung zur Grundlage von Verhandlungen mit den anderen Oppositionsparteien gemacht worden ist, stößt auf den starken Widerstand des linken Parteiflügels, der die traditionelle Linie der Nichtbewaffnung verfolgt und die Konzeptionslosigkeit der eigenen Partei bemängelt.[122]

Die außenpolitische Handlungsunfähigkeit der größten Oppositionspartei macht einen Konsensus in Grundsatzfragen nahezu unmöglich. Zugleich sind die Anforderungen an die innenpolitische Basis der japanischen Außenpolitik komplizierter geworden. Eine langfristige Perspektive dieser Politik erfordert jedoch die verstärkte Einbeziehung der Opposition. Nach der Unterhauswahl 1990 sind bereits Koalitionsmöglichkeiten zwischen LDP und SDPJ erörtert worden, eine Regierungsbeteiligung der Sozialisten ist vom damaligen Premierminister *Kaifu* erstmals ernsthaft erwogen worden.[123] Dabei ist allerdings in Rechnung zu stellen, daß derartige Spekulationen zugleich ein willkommenes Instrument zur Disziplinierung widerspenstiger Faktionen innerhalb der liberaldemokratischen Unterhausfraktion sind. Die Zusammenarbeit mit der Opposition bleibt erforderlich, um außenpolitischen Vorhaben eine Mehrheit auch im Oberhaus zu verschaffen. Wie groß auch immer die Chancen einer „Großen Koalition" aus LDP und Shakaitō auf Dauer sein mögen — eine informelle „kleine Koalition" mit Kōmeitō und Demokratisch-Sozialistischer Partei wird bereits praktiziert.

Der Kurs einer aktiveren Außenpolitik, in deren Mittelpunkt eine stärkere Mitwirkung Japans in den Vereinten Nationen steht, wird von einem innenpolitischen Konsens getragen, der über die Grenzen der LDP hinausreicht. So hat sich die Kōmeitō in ihrem Aktionsprogramm für den 30. Parteitag im Oktober 1991 für die Schaffung eines umfassenden Sicherheitssystems der Vereinten Nationen und eine entsprechende Beteiligung Japans (auch an UN-Truppen) ausgesprochen.[124] Kōmeitō und DSP reagieren mit dieser Kooperationsstrategie auf einen wenn auch begrenzten Wandel der öffentlichen Meinung.

Obwohl ein stärkeres militärisches Engagement in der japanischen Öffentlichkeit nach wie vor auf starke Vorbehalte stößt, werden zugleich eine aktivere Außenpolitik und ein größerer japanischer Beitrag zu einer neuen internationalen Ordnung gefordert.[125] Angesichts des Umfangs des japanischen Verteidigungshaushalts sei der traditionelle Verzicht auf eine militärische Großmachtrolle wenig glaubhaft und ein stärkeres Engagement für eine militärische Abrüstung in Asien vordringlich. Die Unübersichtlichkeit und Unsicherheit der strategischen Lage im Fernen Osten erforderten eine entsprechende flexible Verteidigungsplanung — so die Kommentatoren der Medien.[126] Dem trägt das PKO-Gesetz ebenso Rechnung wie die geplante Initiative, die eine Mitwirkung der Selbstverteidigungsstreitkräfte an Maßnahmen des internationalen Katastrophenschutzes ermöglichen soll. Umfrageergebnisse lassen zwar einen Rückhalt für diese Initiativen in der Bevölkerung erkennen. Ihre parlamentarische Durchsetzung aber erfordert die Zustimmung der Demokratisch-Sozialistischen Partei, die ihre positive Einschätzung hat erkennen lassen, sowie der Kōmeito, die in dieser Frage gespalten ist.[127] Damit hängt die außenpolitische Gestaltungsfähigkeit der Regierung von dem politischen Gewicht von Splittergruppen in den kleinen Parteien ab. Das gleiche gilt auch für die weitere Liberalisierung der Außenhandelspolitik.[128] Die Formulierung und parlamentarische Durchsetzung eines klaren Profils der japanischen Außenpolitik bleiben damit ungewiß. Die innenpolitischen Grundlagen der Außenpolitik sind instabil. Zugleich wachsen die Anforderungen an das internationale Durchsetzungsvermögen der Regierung.

5.3 Außenpolitische Durchsetzbarkeit: Perzeptionen der Partner

Die politische Durchsetzung der außenpolitischen Perspektiven und Potentiale hängt nicht nur von den realen Zielen und Machtressourcen ab, sondern auch von ihrer Perzeption im Rahmen der internationalen Staatengemeinschaft. Wesentlich ist hierbei vor allem die Einschätzung Japans durch den wichtigsten Partner: die Vereinigten Staaten. Eine im April 1989 in den USA durchgeführte Gallup-Repräsentativumfrage hat ergeben, daß die befragten Amerikaner Japans außenpolitisches Gewicht deutlich höher einschätzen als zuvor und den japanisch-amerikanischen Sicherheitsvertrag als Instrument der Friedenssicherung in Ostasien positiv bewerten.[129] Die Zuverlässigkeit des japanischen Partners wird als hoch beurteilt, aber die Außenhandelsfriktionen verursachen zugleich Mißtrauen: Die neue wirtschaftliche und technologische Stärke Japans weckt Unbehagen. Dieser Stärke entsprächen die Beiträge Japans zur internationalen Lastenteilung keineswegs. Eine im Auftrag des japanischen Außenministeriums in sieben Staaten der Europäischen Gemeinschaft[130] durchgeführte Umfrage erbrachte ein ähnliches Meinungsbild: hohe positive Einschätzung Japans bei gleichzeitiger Kritik an seiner Außenwirtschaftspolitik.[131] Das Außenhandelsungleichgewicht müsse beseitigt und der Marktzugang für europäische Unternehmen in Japan erleichtert werden.

5.3.1 USA: Partnerschaft in Haßliebe

Im Verhältnis Japans zu den Vereinigten Staaten, das seit jeher Züge einer Haßliebe getragen hat, haben sich seit der Meiji-Revolution eher kooperative und eher „separatistische" Phasen abgelöst. Seit etwa 100 Jahren wird die innenpolitische Debatte um die außenpolitische Grundorientierung Japans durch zwei konträre Denkmodelle geprägt: das Modell des offenen Landes (*kaikoku*) und das Modell des abgeschlossenen Landes (*sakoku*).[132] Gegenwärtig sind die Befürworter des ersten Modells angesichts der wirtschaftlichen Stärke Japans und seiner engen internationalen Verflechtungen auf dem Vormarsch, während die Anhänger des zweiten Modells noch am ehesten in den Reihen der Agrarlobby und sonstiger konservativer Zirkel zu finden sind.

Eine grundsätzliche Asymmetrie kennzeichnet die Nachkriegsbeziehungen zwischen den USA und Japan: Während die amerikanische Regierung die Bedeutung der Beziehungen zu Japan stets hoch eingeschätzt hat, haben in Japan bei den meinungsbildenden Gruppen die Zweifel an der außenpolitische Führungsfähigkeit und wirtschaftspolitischen Innovationsfähigkeit der Vereinigten Staaten in den letzten beiden Jahrzehnten beträchtlich zugenommen. Intensivere kulturelle Austauschbeziehungen und engere politische Konsultationen mögen zwar nach wie vor erforderlich sein, können diesen Grundstimmungen aber nur begrenzt entgegenwirken.

In den Vereinigten Staaten haben die „Revisionisten", Kritiker der traditionellen Japanforschung, ihrer Regierung eine systematische Industrie- und Handelspolitik, einschließlich der Schaffung eines amerikanischen „MITI" (U.S. Department of International Trade and Industry) als Gegenpol zum japanischen MITI, nahegelegt.[133] Die Analyse der „Revisionisten" ist aber zu kurzatmig, weil sich die Industriepolitik bei aller Bedeutung für den japanischen Wirtschaftserfolg zunehmend in globale wirtschaftliche Entwicklungsperspektiven einfügen muß.[134]

Die amerikanisch-japanischen Beziehungen sind jedoch bei eingehender Betrachtung weniger konflikthaft als auf den ersten Blick.[135] Das Außenhandelsdefizit der USA hat 1987 seinen Höhepunkt erreicht und sinkt inzwischen. Die sicherheitspolitische Zusammenarbeit entwickelt sich vorteilhaft, auch wenn Kontroversen im Bereich der Militärtechnologie diese Bilanz trüben. Das weitverbreitete „Japan-bashing“ aber nimmt den Rückgang des Außenhandelsbilanzdefizits kaum zur Kenntnis. Zudem sind die „Revisionisten“ (*Prestowitz*, *Fallows* u.a.), die das neue, kritischere Japanbild in den USA prägen, keine wirklichen Japankenner. Im Regierungsapparat gibt es eine Scheidelinie zwischen dem japankritischen Department of Commerce, der Federal Trade Commission, den Gewerkschaften und Teilen des Kongresses einerseits und dem eher japanfreundlichen Präsidenten, dem State Department und dem Pentagon andererseits. Die Umrisse eines Konzepts der amerikanischen Japan-Politik bleiben aber einstweilen unklar.[136]

Seit langem liegen Empfehlungen amerikanischer Japanexperten für einen behutsameren, partnerschaftlichen Umgang mit dem pazifischen Partner vor. Dies gilt beispielsweise für eine gelassenere Verhandlungsführung durch die Orientierung an der Zusammenarbeit mit den großen europäischen Partnerstaaten: „... Americans dealing with Japan will do so far more effectively, with far fewer mistakes, if they approach Japan and Japanese as a country and people whose government and politics are not all that different, fundamentally, from those of large, modern societies elsewhere in the world.“[137] An dieser Gelassenheit mangelt es bis zum heutigen Tage. Die von der amerikanischen Regierung beschworene „globale Partnerschaft“ kann sich daher nicht auf die Lösung von Außenhandelskonflikten beschränken, sondern muß die Perspektiven außenpolitischer Kooperation mit umfassen.[138]

Diese von US-Außenminister *Baker* im Juni 1989 vorgeschlagene Formel sieht eine gemeinsame außenpolitische Verantwortung beider Staaten in verteidigungs-, außenwirtschafts- und außenpolitischen Fragen vor. Im einzelnen handelt es sich hierbei um eine bessere Koordination und stärkere Lastenteilung in der Drogen- und Terrorismusbekämpfung, bei Umweltschutz und Menschenrechten, der Lösung der internationalen Flüchtlingsprobleme, des Ausbaus der Entwicklungshilfe und der Liberalisierung des Welthandels.[139] Das bedeutet insbesondere die Übernahme von insgesamt 17 Milliarden Dollar für die Kosten der Stationierung amerikanischer Streitkräfte in Japan im Zeitraum von 1991 bis 1995 (host nation support);[140] die Beseitigung struktureller Handelshemmnisse im Rahmen der Uruguay-Runde und der bilateralen japanisch-amerikanischen Verhandlungsrunde (Structural Impediments Initiative); die Öffnung des japanischen Großhandelssystems für ausländische Anbieter; den Ausbau der amerikanisch-japanischen Zusammenarbeit in der Technologie- und Umweltschutzpolitik und eine engere Abstimmung in der entwicklungspolitischen Zusammenarbeit mit den Ländern Asiens, Lateinamerikas und Osteuropas, da diese Hilfeleistungen eine große strategische und wirtschaftliche Bedeutung besitzen („strategic aid“).[141]

Nach dem Ende des Kalten Krieges müssen wirtschaftspolitische und strategische Überlegungen in den amerikanisch-japanischen Beziehungen stärker miteinander verbunden werden. Auf Seiten der Vereinigten Staaten werden langfristige Perspektiven einer neuen pazifischen Partnerschaft an die Stelle punktuellen Drucks auf Japan treten müssen. In der pazifischen Region wird eine komplexe strategische Interdependenz an die Stelle der früheren amerikanischen Hegemonie treten.[142]

5.3.2 Europa: Wege zur Kooperation

In den Beziehungen zwischen Japan und den europäischen Staaten haben sich drei Kooperationsmuster herausgebildet[143]:

— Die größte Übereinstimmung besteht zwischen *Großbritannien* und Japan, sowohl in der Einschätzung Rußlands und Chinas, als auch in globalen wirtschaftspolitischen Fragen. Technologieimport und der Transfer von Management-Know-how sollen der Modernisierung der britischen Industrie zugute kommen.
— *Frankreich* ist dagegen durch ein starkes Mißtrauen gegenüber Japan geprägt. Kooperationen sind in der Außen- und Außenwirtschaftspolitik gering. Die wirtschaftlichen Beziehungen zwischen beiden Ländern sind durch das Prinzip der Reziprozität bestimmt. In Übereinstimmung mit der EG-Kommission besteht die französische Regierung auf sektoraler Chancengleichheit und auf gleichen Wettbewerbsbedingungen.
— *Deutschland* nimmt gegenüber diesen Positionen eine eher vermittelnde Stellung ein. Es zeigt sich in konkreten Fragen gelassener als Frankreich, aber weniger kooperationsfreudig als Großbritannien. Gleichwohl ist die Bereitschaft der deutschen Unternehmen zu Joint Ventures und anderen Formen der Zusammenarbeit mit japanischen Firmen durchaus hoch.

Größere Chancen einer außenpolitischen Kooperation mit Japan bestehen sowohl für Großbritannien als auch für Deutschland — etwa bei der Zusammenarbeit mit Osteuropa sowie in Fragen globaler Wettbewerbs- und Umweltschutzpolitik. Die Beziehungen zwischen Japan und der Europäischen Gemeinschaft sind in ihren Ausgangsbedingungen durch einige gemeinsame Charakteristika gekennzeichnet[144]: Beide Partner weisen durch die Nachkriegszeit bedingte starke Bindungen an die Vereinigten Staaten auf; beide hängen zunehmend von den Wachstumschancen der Entwicklungsländer ab; beide sind hochindustrialisiert und aufgrund ihrer Energie- und Rohstoffabhängigkeit wirtschaftlich verwundbar. Gleichwohl sind ihre bilateralen Beziehungen in mehrfacher Hinsicht prekär[145]:

— Die Beziehungen haben sich jahrzehntelang auf Fragen der Außenhandels-, Wirtschafts- und Währungspolitik beschränkt und außenpolitische wie strategische Fragen ausgeblendet. Erst in den letzten Jahren hat hier auf beiden Seiten ein Umdenken eingesetzt und zu ersten, zaghaften Neuansätzen umfassenderer außenpolitischer Koordinationsversuche geführt.
— Die außenpolitischen Entscheidungsmuster sind in Japan wie in Europa durch unklare Zieldefinitionen, unüberschaubare Führungsstrukturen und verwaltungsinterne Ziel- und Kompetenzkonflikte gekennzeichnet — in Europa noch mehr als in Japan.
— Die Volkswirtschaften beider Partner weisen keine komplementären Wirtschaftsstrukturen auf. Beide sind in hohem Maße export- und rohstoffabhängig und daher als Exporteure wie Importeure Konkurrenten auf den Weltmärkten.[146]
— Die wirtschaftliche und militärische Kooperation mit den Vereinigten Staaten ist für Japan von noch vitalerem Interesse als für die Europäische Gemeinschaft. Deswegen bleiben die USA im trilateralen Kräftefeld Amerika-Europa-Japan auf längere Sicht die dominierende Kraft.

Während die Befürworter des Protektionismus in der Europäischen Gemeinschaft immer noch eine starke Stellung besitzen und sich dabei insbesondere auf Frankreich und Italien stützen können, haben Mitglieder der politischen Führung in Japan, denen an einer verbraucherfreundlicheren Wirtschaftspolitik gelegen ist, den internationalen Druck der Außenhandelspartner auf eine stärkere Öffnung des japanischen Binnenmarktes stets begrüßt.[147]

Europa und Japan werden Handels- und Investitionsbarrieren weiter abbauen müssen. Dieser Abbau sollte im Rahmen eines kurz-, mittel- und langfristig gestaffelten Abkommens erfolgen. Durch engere Konsultationen zwischen den Mitarbeitern des japanischen Premierministers einerseits und des Präsidenten der EG-Kommission andererseits im Rahmen des „Japan-EG-Dialogs" sind hierfür wichtige Voraussetzungen geschaffen worden.[148]

Einstweilen aber bleiben die Beziehungen zwischen Japan und der Europäischen Gemeinschaft schwierig. Beide Seiten, vor allem die Europäische Kommission, sind mit den bisherigen auf aktuelle Handelsfragen beschränkten Konsultationen unzufrieden. Regelmäßige Beratungen, die die gesamte Breite der Kooperationsmöglichkeiten abdecken, erscheinen stattdessen erstrebenswert. Sonst besteht die Gefahr, daß Handelsfriktionen in den Beziehungen mit Japan nur von den USA auf Europa umgelenkt werden.[149]

In der Diskussion um die Zusammenarbeit zwischen Europa und Japan sind seit längerem Voraussetzungen einer besseren Kommunikation und engeren Kooperation aufgezeigt worden.[150] Hierzu zählen Gemeinschaftsvorhaben industrieller und technologischer Zusammenarbeit (Informationstechnik, Biotechnologie etc.), Joint Ventures in Drittländern sowie die Anpassung der eigenen industriellen Prüf- und Sicherheitsverfahren an die jeweils besten internationalen Standards. Darüber hinaus stellt eine engere Zusammenarbeit unterschiedliche Anforderungen an beide Seiten: Die europäischen Staaten müssen ihre Industrien in zukunftsträchtige Wachstumssektoren lenken und mehr als bisher in den japanischen Markt investieren, um Grundlagen für künftige Exporte zu schaffen. Kenntnisse des gegenwärtigen Japan sind zu verbreitern, Joint Ventures zu fördern und Importbarrieren gegen japanische Produkte abzubauen.

Obwohl es in wirtschaftlicher und kultureller Hinsicht inzwischen in mehreren europäischen Ländern — insbesondere in Frankreich, Großbritannien und Deutschland eine Vielzahl von bilateralen Initiativen und Veranstaltungen gibt (z.B. UK-Japan Committee 2000, Japanisch-Deutsches Zentrum Berlin, französisch-japanischer Sachverständigenrat), sind sich die Einzelstaaten dieser Aktivitäten ihrer Nachbarn kaum bewußt. Teilweise sind immerhin umfassende Kooperationsnetze binationaler Beziehungen entstanden. Ein vergleichbares Netz ist auf der Ebene der Europäischen Gemeinschaft bisher nicht geschaffen worden. Naheliegend ist daher ein breites Konzept europäisch-japanischer Zusammenarbeit. Die bisherigen Vorhaben Pläne eines Europäischen Jahres in Japan (1993), des kulturellen Marketings (Europäisches Kulturfestival) und die (private) Europa-Japan-Initiative sind wichtige, über 1993 hinausweisende Bausteine einer aktiveren Partnerschaft auf europäischer Ebene.

Eine engere Zusammenarbeit erfordert demgegenüber von Japan einen Abbau des administrativen Protektionismus, die Öffnung staatlicher Ausschreibungen für ausländische Anbieter, die Erleichterung von Unternehmensbeteiligungen für ausländische Firmen, die Liberalisierung und Internationalisierung des japanischen Kapitalmarktes einschließlich des gesamten Versicherungssektors, die Durchsetzung internationaler Teststandards und die strikte Anwendung des Grundsatzes des Verbots von Importkartellen. Europa muß allerdings seine Arroganz gegenüber dem fernöstlichen Technologiestaat aufgeben: „If the Japanese should switch from learning to teaching, then it is time the Europeans switched from teaching to learning.“[151]

In den letzten Jahren haben sich die Beziehungen zwischen Japan und der Europäischen Gemeinschaft deutlich verbessert und beginnen inzwischen auch, die Sicherheitsfragen mitzuerfassen.[152] Auf die Aussichten des Gemeinsamen Europäischen Marktes hat sich Japan durch Errichtung eigener Fertigungsstätten in Mitgliedsländern der EG eingestellt. Japans Importliberalisierung machte es allein von 1987 bis 1989 Großbritannien möglich, seine Exporte nach Fernost zu verdoppeln, und Italien — wenn auch in einem kleineren Rahmen —, seine Japanausfuhr zu verdreifachen. Dennoch bleibt die Außenhandelsbilanz Europas mit Japan unausgeglichen. Auch angesichts der neueren Entwicklung ist ein Ausgleich nicht in Sicht.[153]

Die Dynamik des europäischen Integrationsprozesses und die weltweite militärische Entspannung erleichtern zudem eine sicherheitspolitische Kooperation zwischen Europa und Japan. Das gilt vor allem für die japanische Beteiligung am KSZE-Prozeß. Ferner kann Japan von den skandinavischen Erfahrungen an Friedenssicherungsmaßnahmen der Vereinten Nationen lernen. Diese verbesserten europäisch-japanischen Kooperationschancen schlagen sich in der Gipfelerklärung der KSZE vom 23. Juli 1992 in Helsinki nieder, in der die Absicht der Teilnehmerstaaten zum Ausdruck gebracht wird, „... gehaltvolle Beziehungen mit nichtteilnehmenden Staaten wie etwa Japan zu entwickeln, die sich für die KSZE interessieren, ihre Prinzipien und Zielsetzungen teilen und sich in entsprechenden Organisationen aktiv an der europäischen Zusammenarbeit beteiligen."[154] Japan wird eingeladen, an KSZE-Treffen teilzunehmen und Beiträge zu Themen zu leisten, an denen es unmittelbar interessiert ist oder bei denen es eine Zusammenarbeit mit der KSZE wünscht.

Die Gemeinsame Erklärung der Europäischen Gemeinschaft und Japans vom 18. Juli 1991 bietet darüber hinaus einen geeigneten Kooperationsrahmen für den Ausbau der europäisch-japanischen Zusammenarbeit — soweit die beabsichtigte Verbesserung von Konsultation und Kooperation in konkrete Kooperationsstufen umgesetzt wird[155]: Die Erklärung sieht folgende Schritte vor: die verstärkte Zusammenarbeit in Fragen internationaler Sicherheit; die Stärkung des offenen, multilateralen Handelssystems; die Unterstützung der Entwicklungsländer; die Bewältigung grenzübergreifender Herausforderungen (Umweltschutz, Terrorismus) und den Aufbau von Austauschprogrammen für den akademischen und kulturellen Bereich.

Seit den 80er Jahren ist der europäisch-japanische Dialog durch einen mühevollen Lernprozess gekennzeichnet.[156] Immerhin haben die ersten Lernschritte dazu geführt, handelspolitische Friktionen gelassener zu beurteilen und neue Chancen entwicklungs- und sicherheitspolitischer Zusammenarbeit zu entdeken. Einige dieser Chancen werden bereits genutzt: Im November 1991 haben Japan und die 12 Mitglieder der Europäischen Gemeinschaft gemeinsam der Vollversammlung der Vereinten Nationen einen Vorschlag zur Einrichtung eines Registers zur Kontrolle des internationalen Waffenhandels unterbreitet.[157] Nach der Ratifizierung dieses Vorschlages im Jahre 1992 werden die Mitgliedstaaten jährlich über Käufe und Verkäufe von sieben Waffenkategorien berichten.

Die Europäische Gemeinschaft übt andererseits starken Druck auf Japan aus, den gesamten Dienstleistungssektor (Versicherungen, Tourismus, Bauwesen) für ausländische Unternehmen zu öffnen.[158] Die EG macht dabei geltend, daß derzeit in 18 Dienstleistungsbereichen insgesamt 40 Leistungsangebote nicht von Mitbewerbern aus dem Ausland erbracht werden dürfen. Diese für die Uruguay-Runde des GATT erstellte Liste soll zugleich den Zulassungsprozeß für ausländische Unternehmen an der Tokyoter Börse beschleunigen und den Zugang zum japanischen Banken- und Versicherungsmarkt erleichtern. Gegenüber hinhaltendem Widerstand der japanischen Regierung hat sich damit die EG der amerikanischen Kritik an den japanischen Zugangsbarrieren grundsätzlich angeschlossen.

Japan und die Europäische Gemeinschaft stehen vor der Herausforderung, die Wirtschaftspolitiken der großen Industriestaaten wirksamer zu koordinieren. In Zusammenarbeit mit der EG und den Vereinigten Staaten will Japan auf stabile Währungsbeziehungen und eine engere wirtschaftspolitische Kooperation hinwirken. Die Verwirklichung dieses Ziels erfordert einen erheblichen Ausbau der Konsultations- und Kooperationsmechanismen. Die bisherigen sporadischen, häufig verschobenen Besuche und Konsultationen auf Minister-Ebene sind ein schlechtes Vorzeichen, zumal der institutionelle Kooperationsrahmen vage bleibt.

Während die japanisch-europäischen Beziehungen bis zum Ende der 80er Jahre weit weniger eng waren als die japanisch-amerikanischen Beziehungen, entdeckt Japan nach den demokratischen Revolutionen in Osteuropa, der deutschen Vereinigung und einer anhaltenden Welle antijapanischer Ressentiments in den USA die Europäische Gemeinschaft neu.[159] Die Vorbehalte gegenüber der „Festung Europa" werden in eine aktive Europapolitik umgesetzt, die die Chancen des gemeinsamen europäischen Binnenmarkts für japanische Exporteure und Investoren zu nutzen sucht. Durch diese Entwicklung erhält auch die außenpolitische Zusammenarbeit zwischen Europa und Japan neue Impulse.[160] Schon 1990 hat die japanische Regierung durch Erklärungen ihres Premierministers und ihres Außenministers ihr Interesse an einem KSZE-Beobachterstatus bekundet, dem die KSZE inzwischen entsprochen hat. Ähnliches gilt für Japans Interesse an engeren Beziehungen zur NATO. Auf der anderen Seite hat es die Europäische Gemeinschaft versäumt, eine parallele Strategie zu entwickeln und auf einen Beobachterstatus bei der Asia-Pacific Economic Cooperation (APEC) zu dringen. Japan hat folglich seinerseits wenig dazu getan, der EG diesen Status zu verschaffen.

Spätestens seit der Rede des früheren Premierministers *Takeshita* in London am 4. Mai 1988 ist auch im Westen deutlich geworden, daß Japan der Zusammenarbeit mit Europa einen höheren Stellenwert zuweist als früher. In dieser Rede hat der japanische Premier von einem „gleichschenkligen Dreieck" der Beziehungen zwischen Japan, den USA und Europa gesprochen. Japan ist sich seiner gemeinsamen Interessen mit Europa stärker bewußt geworden, und dieser Bewußtseinswandel kommt auch den deutsch-japanischen Beziehungen zugute. Zwei Ereignisse unterstreichen die neue Qualität dieser Beziehungen: die Eröffnung des Japanisch-Deutschen Zentrums in Berlin im November 1987 und die Gründung des Deutschen Instituts für Japan-Studien, des Philipp-Franz-von-Siebold-Instituts in Tokyo, dessen Aufgabe es ist, die geistigen Grundlagen des modernen Japan zu erforschen und zu vermitteln. Mit diesen beiden Institutionen sind neue, bessere Voraussetzungen für den kulturellen Austausch zwischen *Japan* und *Deutschland* geschaffen worden.

In den 80er Jahren haben sich die Beziehungen zwischen Japan und der Bundesrepublik Deutschland überwiegend positiv entwickelt. Das Verhältnis zwischen beiden Staaten gilt als vertrauensvoll und stabil, die Kontakte als eng und intensiv. Ein Symbol dieser Kontakte und ein Ergebnis der engen Zusammenarbeit auch und gerade zwischen den Regierungschefs beider Länder sind die in der zweiten Hälfte der 80er Jahre errichteten, bereits erwähnten Institutionen. Gleichwohl sind die Beziehungen zwischen beiden Ländern vor diesem durchaus positiven Hintergrund komplex, facettenreich und vor allem ausbaufähig.[161] Das gilt für die außenwirtschaftlichen Perspektiven ebenso wie für die kulturellen, außenpolitischen und entwicklungspolitischen. Insbesondere die kulturellen Beziehungen zwischen Japan und Deutschland sind durch bemerkenswerte Ungleichgewichte gekennzeichnet. Die Zahl der japanischen Studenten und Wissenschaftler in Deutschland ist um ein mehrfaches höher als die Zahl der deutschen Studenten und Wissenschaftler in Japan. Der Austausch von Mitarbeitern der Industrieunternehmen zwischen beiden Ländern ist zudem noch weniger entwickelt. Die Globalisierung der neuen Technologien und ihrer Märkte legt auch hier ein neues Denken und neue Dimensionen des Wirtschafts- und Kulturaustausches zwischen Japan und Deutschland als führenden Industrienationen nahe.

In der Zusammenarbeit zwischen Europa und Japan fällt der Bundesrepublik Deutschland ein starkes Gewicht zu. Nach Großbritannien liegt der deutsche Anteil an europäischen Direktinvestitionen in Japan an zweiter Stelle. In umgekehrter Richtung entfällt etwas weniger als ein Fünftel der japanischen Direktinvestitionen in Europa auf die Bundesrepublik Deutschland — aber nahezu die Hälfte auf Großbritannien. Gegenüber den 60er und 70er Jahren haben die Investitionen japanischer Unternehmen in Europa in den 80er Jahren rapide zugenommen: Auch hier liegt Großbritannien an der Spitze, gefolgt von Frankreich und der Bundesrepublik Deutschland. Der Gesamtumfang der Investitionen war in diesem Jahrzehnt weitaus größer als der aller Investitionen von 1960 bis 1980 zusammengenommen. Während sich aber die in Europa ansässigen japanischen Unternehmen auf hochtechnologische Produktionsbereiche konzentrieren, führen die europäischen Staaten chemische Produkte, Nahrungsmittel, Kleidung und Kraftfahrzeuge nach Japan aus.

Die Erfolge der „Internationalisierung" lassen sich inzwischen nachweisen. Die japanischen Zölle sind im Durchschnitt niedriger als diejenigen der USA und der Europäischen Gemeinschaft. Japanische Standards sind an internationale Normen angepaßt, die entsprechenden Prüfungsverfahren vereinfacht worden. Teilweise werden nationale Prüfungszeugnisse gegenseitig anerkannt („Good Laboratory Practice-Vereinbarungen"). Inzwischen passen sich auch die Wirtschaftsstrukturen den Erfordernissen des internationalen Handels mehr und mehr an: Der Preiswettbewerb verstärkt sich, und durch Öffnung der Handelshäuser sollen die Chancen des Marktszugangs für in- und ausländische Anbieter verbessert werden. Zweifelsohne: Der japanische Markt ist offener geworden.

Der Außenhandel zwischen Japan und Deutschland läßt sich durch folgende Tendenzen charakterisieren:[162] hohe Steigerungen des Außenhandelsumsatzes bei anhaltendem Zahlungsbilanzungleichgewicht zugunsten Japans. Mit einem Anteil von 4,1 % am gesamten Außenhandelsumsatz der Bundesrepublik Deutschland hat Japan aber auch als Absatzmarkt an Bedeutung gewonnen. Japan ist der wichtigste Handelspartner der Bundesrepublik in Ostasien; in der japanischen Einfuhrstatistik nimmt die Bundesrepublik den insgesamt sechsten Rangplatz ein. Nach den USA und Südkorea ist sie der drittwichtigste Fertigwarenlieferant. Handelshemmend wirken sich aber nach wie vor die öffentliche Auftragsvergabepraxis sowie das Distributionssystem in Japan aus. Inzwischen hat auch die japanische Regierung die Notwendigkeit der Deregulierung des Distributionssystems erkannt und erste Schritte der Deregulierung, etwa durch die stärkere Öffnung der Supermärkte für Importprodukte ergriffen. Qualitätsstandard-Prüfungen deutscher, für Japan bestimmter Exportprodukte können jetzt bereits in Deutschland durchgeführt werden und sind wichtige Voraussetzung für das Gütesiegel JIS (Japanese Industrial Standard).

Die deutsch-japanische Zusammenarbeit bietet zahlreiche, von beiden Regierungen bisher nicht genutzte Kooperationschancen: eine wirksamere Abstimmung im Rahmen der G 7, eine engere Zusammenarbeit in den Vereinten Nationen insbesondere bei Maßnahmen der Friedenssicherung (PKO) und eine bessere, weltweite Koordination der Entwicklungshilfe.[163] Ohnehin hat Japan schon in der Vergangenheit sein Abstimmungsverhalten in den Gremien der Vereinten Nationen mehr an seinen europäischen Partnern als an den USA orientiert.

In einer immer stärker voneinander abhängigen Weltgemeinschaft gebietet es das internationale Gewicht beider Staaten künftig, auch ihre Außen-, Verteidigungs- und Entwicklungspolitik besser aufeinander abzustimmen. Eine engere Zusammenarbeit auch in diesen Feldern kommt beiden Ländern zugute, ist aber bisher nur in bescheidenen Ansätzen zu erkennen. So gibt es zwar zwischen dem Auswärtigen Amt und dem Gaimushō seit mehreren Jahren „Planungsstabsgespräche", bei denen es insbesondere um folgende Fragen geht: Japanisch-europäischer Dialog mit dem Ziel politischer und wirtschaftlicher Stabilisierung; Aspekte der Ost-West-Beziehungen (Sowjetunion, China); Sicherheitspolitik im Pazifik; globale Frage in ihrer Bedeutung für Europa und Japan; japanisch-amerikanische und deutsch-amerikanische Beziehungen. Auf japanischer Seite scheinen diese Gespräche bisher eher zwanglos, nicht mit konzeptionell-operativen Überlegungen und Vorschlägen für die Leitungsebene des Ministeriums verknüpft zu sein. Die Bürokratie des japanischen Außenministeriums hat sich noch nicht die Erkenntnis ausreichend zu eigen gemacht, daß die Zeit der „splendid isolation" zwischen Europa und Japan vorbei ist.

Auch die deutsche Außenpolitik hat in den vergangenen Jahrzehnten die Chancen einer engeren deutsch-japanischen Kooperation vernachlässigt. Im Themenhorizont dieser Politik tauchte die Triade als außenpolitische Herausforderung erst spät auf. Vorstöße des Planungschefs des Auswärtigen Amtes fanden bei der politischen Leitung nicht immer Gegenliebe, denn Besuche in der Hauptstadt der neuen pazifischen Großmacht und Verhandlungen mit nahezu jährlich wechselnden Ministerkollegen erschienen wenig effektiv. Japan-Politik wurde so nicht einmal auf dem Reißbrett konzipiert. Die wendige Außenpolitik der eurozentrischen Weltsicht nahm den pazifischen Partner lange Zeit nicht ernst. Beim Besuch Bundeskanzler *Kohls* in Tokyo haben der japanische und deutsche Regierungschef im Februar 1993 eine engere Kooperation ihrer Länder nicht nur in bilateralen, sondern auch in multilateralen Fragen globalen Interesses verabredet. Es bleibt abzuwarten, ob diese Absprache eine neue deutsche Asienpolitik begründen und konkrete Kooperationsschritte in globalen Fragen auslösen wird. Im Rahmen der G7, der Rußlandpolitik, der Welthandels- und Entwicklungspolitik stehen beide Regierungen vor neuen Herausforderungen an ihre größere außenpolitische Verantwortung. Eine engere Zusammenarbeit liegt nahe.

5.3.3 Triade: Umrisse einer neuen Partnerschaft

Die trilateralen Beziehungen zwischen den Vereinigten Staaten, Japan und Europa stehen vor der Herausforderung, über ein punktuelles, herkömmliches Krisenmanagement hinauszugelangen. Ein hoher Abstimmungsbedarf besteht seit langem in Fragen der Geld- und Haushaltspolitik sowie der Außenhandels-, Energie-, Umwelt-, Technologie- und Entwicklungspolitik. Eine positive Koordination der für diese Politiken verbindlichen Eckwerte zwischen den drei Partnern befindet sich jedoch immer noch im Anfangsstadium. Sie ist um so vordringlicher, als das trilaterale Kräftefeld der vergangenen Jahrzehnte — USA, Sowjetunion, China — aufgrund des Zusammenbruchs der Sowjetunion und der Reformunwilligkeit der chinesischen Politik immer mehr einem neuen trilateralen Kräftefeld mit globaler Bedeutung weicht: USA, Japan, Europäische Gemeinschaft. Aus der Sicht japanischer Experten tritt daher „Geoökonomie" an die Stelle der „Geopolitik", wirtschaftliche Macht an die Stelle militärischer Potentiale.[164] Die UdSSR und ihre Nachfolgerin habe den Status einer Supermacht mit dem Zusammenbruch des Sozialismus und dem Ausgang des Golfkriegs verloren. Die amerikanische Regierung sieht daher im Rahmen der *neuen* Triade einen wachsenden Kooperationsbedarf.[165]

Zwischen den Partnern der Triade bestehen vielfältige nichttarifäre Handelshemmnisse, deren Abbau die japanische Regierung im Juni 1992 gegenüber der Europäischen Gemeinschaft erneut angemahnt hat.[166] Hierbei geht es um mengenmäßige Beschränkungen („freiwillige Exportselbstbeschränkungen"), die Diskriminierung ausländischer Anbieter, die Gefahr der Verhängung einseitiger Restriktionen gegen einen Handelspartner und den Mißbrauch von GATT-Bestimmungen bei Anti-Dumping-Regelungen. Die weitere Liberalisierung des Außenhandels bleibt eine Hauptaufgabe der Partner der Triade: Bereits die Liberalisierungsmaßnahmen nach den Vorstellungen der Uruguay-Runde bringen bis zum Jahre 2000 einen weltweiten Einkommensgewinn von 195 Milliarden Dollar — eine völlige Liberalisierung des Welthandels sogar einen weltweiten Wohlstandszuwachs von 477 Milliarden Dollar.

Den außenhandelspolitischen Konflikten in den Beziehungen zwischen Japan und der Europäischen Gemeinschaft stehen zudem einige zentrale, parallele außenpolitische Interessen gegenüber: das Bemühen um besser abgestimmte Nord-Süd-Beziehungen und Entwicklungspolitiken, die Hoffnung auf politische Stabilität im Nahen Osten sowie ähnliche oder identische Bedrohungsperzeptionen in verschiedenen Regionen und nicht zuletzt das Interesse an einer stärkeren außenpolitischen Nutzung des eigenen Wirtschaftspotentials. Unstrittig ist, daß die Zonen möglicher Kooperation über die Beilegung von Außenhandelskonflikten weit hinausreichen. Die schwächere Stellung, in der sich Japan gegenüber den Vereinigten Staaten bei den bilateralen Beratungen über strukturelle Handelshemmnisse befindet, ließe sich nur durch ein Konzept trilateraler Gespräche unter Beteiligung der Europäischen Gemeinschaft überwinden. Denn nur gemeinsam sind Japan und die EG in der Lage, Druck auf die USA mit dem Ziel der Verwirklichung von Zusagen zum Abbau von Handelshemmnissen auf amerikanischer Seite auszuüben.[167]

Für die anderen Industriestaaten wird es künftig darum gehen, Japan noch mehr in ein internationales Netz weltwirtschaftlicher Verantwortung einzubinden. Dies setzt ein Bündel von Maßnahmen voraus, zu denen die Umlenkung von Auslandsinvestitionen in Entwicklungsländer, ein stärkeres Engagement in den großen multilateralen Organisationen der Entwicklungszusammenarbeit, die Liberalisierung der Finanzmärkte für internationale Anleger und die stärkere Internationalisierung des Yen zählen. Der Entscheidung der amerikanischen Regierung, Japan von der sogenannten Super-Liste 301 der „unfairen Handelspartner" zu streichen, sollte von der japanischen Regierung als Ermutigung verstanden werden, ausländischen Unternehmen den Zugang zum japanischen Binnenmarkt zu erleichtern und strukturelle Handelshindernisse zu beseitigen. Diese Perspektive ist um so bedeutender, als sich das gemeinsame Sicherheitsinteresse in Zeiten internationaler Entspannung abschwächt und protektionistische Tendenzen erneut um sich greifen.

Nach dem Ende der „Dollardiplomatie" bedrängen die Vereinigten Staaten ihren fernöstlichen Partner, die frühere „Scheckbuchdiplomatie" aufzugeben und sich international stärker für Demokratie, Menschenrechte und Freihandel einzusetzen. Dies schließe eine Beteiligung an Friedenstruppen der Vereinten Nationen ein.[168] Japan gerät somit unter stärkeren Druck, in der asiatisch-pazifischen Region einen Teil der bisher von den USA wahrgenommenen Aufgaben auszuüben, sucht aber immer noch, wie die Diskussionen um „Japan-bashing" und „kembei" („Verachtung für Amerika") in beiden Ländern zeigen, ein neues Selbstverständnis gegenüber den Vereinigten Staaten.[169]

Japan und Deutschland sehen sich mit der Erwartung ihrer Partner konfrontiert, in ihren Regionen größere Verantwortung zu übernehmen.[170] Diese Verantwortung soll auch — in Abstimmung mit den Vereinigten Staaten — für die Verteidigungsstrategie und den Aufbau regionaler Netze für Sicherheit und Zusammenarbeit gelten. Der Aufbau eines solchen Netzes ist in Europa bereits vorangeschritten (KSZE), in Asien und im Pazifik aber noch nicht zu erkennen. Japan und Deutschland stehen somit vor durchaus ähnlichen Herausforderungen der Entspannungspolitik.

Die Beamten des japanischen Außenministeriums halten jedoch die Übertragung europäischer Kategorien auf Ostasien wegen der komplizierteren strategischen Situation nicht für möglich.[171] Es könne daher auch nicht ein einheitliches Konzept Japans für Asien geben, auch wenn ein aktiverer japanischer Beitrag erforderlich sei. Japans Aufgabe liege angesichts der abnehmenden Fähigkeit der Supermächte zur Eindämmung regionaler Konflikte in der verstärkten Unterstützung der PKO-Aktivitäten der Vereinten Nationen. Hierfür müsse aber erst noch ein Konsens der Bevölkerung geschaffen werden. Langfristig sei eine quantitative Ausweitung der Entwicklungshilfe auf 0,7 % des Bruttosozialprodukts erstrebenswert. Die weitreichenden Konsequenzen der Anforderungen an ein stärkeres internationales Profil Japans werden im Außenministerium sehr wohl bedacht — die innenpolitischen und finanziellen Voraussetzungen aber stehen auf einem anderen Blatt.

Parallel zu den Machtverlagerungen in Europa verändert sich die Machtbalance in der pazifischen Region. Immer mehr gibt Japan zu erkennen, daß es bereit ist, sein technologisches und wirtschaftliches Potential für die geostrategische Verantwortung als neue Großmacht einzusetzen.[172] Ebenso wie sich das vereinigte Deutschland in den Rahmen der europäischen Integration einfügt und einer nur nationalstaatlichen Außenpolitik abschwört, liegt es im Interesse langfristiger Stabilität, wenn Japan sich in einen entsprechenden asiatisch-pazifischen Kooperationsrahmen integriert. Ob dies im Rahmen des bestehenden Kooperationsnetzes mit den Vereinigten Staaten ohne erhebliche Korrekturen möglich ist, bleibt zweifelhaft. Neue politische Entwürfe werden indessen in Japan wie in den USA durch die Fragmentierung und Schwächung der politischen Führung — in Japan aufgrund komplizierter parlamentarischer Mehrheitsverhältnisse, in den USA aufgrund der zunehmenden Einengung des außenpolitischen Handlungsspielraums des Präsidenten durch den Kongreß — nachhaltig erschwert.

Japan befürchtet, daß seine westlichen Partner sich so stark auf die Veränderungen in Osteuropa fixieren, daß sie den Wandel auf dem asiatischen Kontinent aus dem Auge verlieren könnten.[173] Aus Sicht des japanischen Außenministeriums verdienen vor allem Nordkorea, China und Vietnam als instabile Staaten und potentielle Unruheherde erhöhte internationale Aufmerksamkeit. Die japanische Regierung beharrt auch deswegen nachdrücklich auf den amerikanischen Verteidigungsverpflichtungen, weil sie das vollständige „Ende des Kalten Krieges" in Asien immer noch nicht feststellen kann.[174] Ohne eine Lösung der Kurilen-Frage wird auch der Aufbau regionaler Entspannungsnetze, wie vom damaligen sowjetischen Präsidenten Gorbatschow bei seinem ersten Besuch in Tokyo im Frühjahr 1991 erwogen, nicht möglich sein.[175] Die Vereinbarung eines Äquivalents zur KSZE durch Einberufung einer „Konferenz für Sicherheit und Zusammenarbeit in Asien" (KSZA) rückt dadurch in weite Ferne. Stattdessen sind zunächst vertrauensbildende Maßnahmen auf bilateraler Basis voranzutreiben.[176]

Der Aufbau eines solchen Netzes wird dadurch erleichtert, daß Japans Stellung in Asien nicht nur durch Außenhandel und Entwicklungshilfe begründet wird, sondern auch durch den Modellcharakter, den der japanische Entwicklungsweg gerade für die asiatischen Entwicklungsländer aufweist.[177] Das gilt vor allem für die Mobilisierung und Nutzung traditionaler Elemente der japanischen Gesellschaftsstruktur im Zuge wirtschaftlicher Modernisierung. Für das japanische Entwicklungsmodell ist gerade die erfolgreiche Synthese traditionaler und moderner Elemente der Wirtschafts- und Sozialstruktur kennzeichnend.

Seit den 60er Jahren hat die japanische Außenpolitik das UN-System zur Darstellung seiner eigenen Position und zur symbolischen Beteiligung an Gemeinschaftsaktionen genutzt.[178] Vorrangiges, wenn auch nicht offen ausgesprochenes Ziel dieser Politik war es dabei auch, die amerikanische Sicherheitsgarantie schrittweise durch eine Sicherheitsbürgschaft der Vereinten Nationen zu ergänzen, wenn nicht zu ersetzen. Daher rührt das japanische Plädoyer für die Ausweitung der Funktion der Friedenssicherung durch die Vereinten Nationen und die breitere Anwendung der UN-Charta Kap. VII. Aus diesen Gründen hat die japanische Regierung auch mehr als die Regierungen der anderen Industriestaaten die Vollversammlung der Vereinten Nationen für Aufgaben der Friedenssicherung in Anspruch nehmen wollen.[179]

Die schrittweise Kursänderung der japanischen Außenpolitik zugunsten eines aktiveren internationalen Engagements, in der sich das größere Gewicht der wirtschaftlichen, entwicklungspolitischen und militär-technologischen Ressourcen niederschlägt, spiegelt sich in der zunehmenden Einbindung Tokyos in die Netzwerke internationaler diplomatischer Aktivitäten und in seiner aktiveren Rolle bei der Schlichtung internationaler Streitfragen wider.[180] Noch ist Japan keine strategische Weltmacht, die in der Lage wäre, ihre wirtschaftlichen, technologischen und militärischen Potentiale insgesamt systematisch einzusetzen und dadurch umfassende Beiträge zu weltweiter Stabilität zu leisten.[181] Zudem sind die innenpolitischen Grundlagen der inneren und äußeren Entscheidungsfähigkeit des politisch-administrativen Systems — wie die sich häufenden Korruptionsskandale zeigen — prekär.[182] Im Oktober 1991 zum siebten Mal zum (nichtständigen) Mitglied des Sicherheitsrates gewählt, wird Japan in den kommenden Jahren einen klassischen Grundpfeiler seiner Außenpolitik — den „UN-Zentrismus" (Kokuren chūshin shugi) — weiter ausbauen, zumal die Mitgliedschaft im Sicherheitsrat in der gegenwärtigen Phase des Umbruchs des internationalen Systems mehr Einfluß bei den Beratungen um die Schaffung einer neuen internationalen Ordnung verschafft.[183] Diesen neuen Einflußspielraum sucht die japanische Regierung für die Durchsetzung zweier Initiativen zu nutzen: die künftige Entsendung von Vertretern des Generalsekretärs in potentielle Konfliktregionen und den Aufbau eines Meldesystems für den internationalen Waffenhandel. Diese Vorstöße lassen für die Zukunft ein stärkeres japanisches Engagement in der Rüstungskontrolle erwarten.

Da die Verfahren der Rüstungskontrolle und der Verifikation von Abrüstungsschritten auch wirtschaftliche und technologische Interessen berühren, kann sich Japan der Beteiligung an globalen Abrüstungsprogrammen nicht entziehen.[184] Es ist daher nur folgerichtig, daß sich die japanische Regierung am INF-Abkommen zur Beseitigung der atomaren Mittelstreckenwaffen beteiligt. Ursprünglich war die japanische Rüstungskontrollpolitik lange Zeit durch einen offenen Widerspruch zwischen einem klaren und umfassenden innenpolitischen Profil und einem zögerlichen Engagement in regionalem und globalem Rahmen gekennzeichnet. Inzwischen ist Japan jedoch an weltweiten Rüstungskontrollmaßnahmen beteiligt.

Nur so kann Japan seine eigene verteidigungspolitische Perspektive auch gegenüber seinen asiatisch-pazifischen Nachbarn klarer verdeutlichen.[185] Je mehr die Vereinigten Staaten und die GUS ihr Militärpotential in Fernost auf Dauer zurückschrauben, um so mehr kommt es für Japan darauf an, hierauf nicht allein mit eigenen Aufrüstungsschritten zu reagieren, sondern ein *regionales Konzept von Abrüstungsschritten und Rüstungskontrollmaßnahmen* zu entwerfen.[186] Der inzwischen sechstgrößten Militärmacht steht es gut an, ein Programm vertrauensbildender Maßnahmen in Abstimmung mit den Vereinigten Staaten zu entwerfen und sich darüberhinaus verstärkt auch in globale Abrüstungsverhandlungen einzuschalten. Japan wird in Fragen der regionalen Sicherheitspolitik ideenreicher und kooperativer werden müssen und in neue, multilaterale Sicherheitsverhandlungen neben den USA als wichtigstem Partner auch Rußland und China einbeziehen müssen. Initiativen in dieser Richtung werden allerdings durch die Unbestimmtheiten der russischen Fernostpolitik nicht gerade ermutigt.[187]

Japans internationale Stellung in Asien und im Pazifik bleibt in zwei Kräftedreiecke eingebunden. Das erste wird durch die Pole China-Japan-USA und das zweite durch die Pole China-Japan-Rußland geprägt.[188] Aufgrund seiner außenwirtschaftlichen und technologischen Stärke sowie seiner (relativen) politischen Stabilität verfügt Japan in beiden Konstellationen über eine starke Position: im ersten Dreieck aufgrund der innenpolitischen Instabilität Chinas und der schwindenden Wirtschaftskraft der Vereinigten Staaten; im zweiten Dreieck vor allem aufgrund des großen Investitions- und Hilfebedarfs Chinas *und* Rußlands. Die japanische Regierung wird indessen eine Führungsrolle in Asien nur sehr behutsam und in enger Abstimmung mit den USA und den asiatischen Nachbarn übernehmen können. Diese Führungsaufgabe erstreckt sich nicht nur auf Politikfelder, auf die sich die Erwartungen der Partner ohnehin richten (Außenhandels- und Entwicklungspolitik), sondern auch auf die Verteidigungspolitik. Vor dem Aufbau einer KSZA könnte ein „Asien-Forum" helfen, die sicherheitspolitischen Interessen abzuklären und Konzeptionen einer wirksam kontrollierten Abrüstung für diese Region zu entwerfen.[189].

Es ist für Japan daher an der Zeit, eine eigene sicherheitspolitische Vision für den Fernen Osten zu entwerfen.[190] Eine solche Vision muß ein Netz vertrauensbildender Maßnahmen in der Region, die Aktivierung der UN bei regionalen Initiativen und schließlich Sicherheitskonferenzen und Waffenkontrollverhandlungen umfassen. Die gespannten Beziehungen zu Rußland ließen sich so leichter verbessern[191] und die Volksrepublik China zudem eher in die wirtschaftlichen Kooperationsnetze in Südostasien (ASEAN, APEC) einbinden.[192] Inzwischen haben Überlegungen von Beratungsgremien des Premierministers („Discussion Council to think about Asia Pacific and Japan of the 21st Century") und der Liberaldemokratischen Partei („Forum for Liberal Society"), die den Aufbau eines Sicherheitsforums in Asien nach dem Vorbild der KSZE zum Ziel haben, zur Einrichtung mehrerer Expertenrunden geführt, die den regionalen Sicherheitsdialog in den asiatischen Nachbarländern durch bilaterale Diskussionsforen fördern. Das PKO-Gesetz ist dabei eine gute Ausgangsbasis für eine größere sicherheitspolitische Verantwortung Japans und Asiens. Das im November 1992 von den Verteidigungsministern Rußlands und Südkoreas in Seoul unterzeichnete Militärabkommen beider Länder stellt einen weiteren, wichtigen Schritt auf dem Wege bilateraler, vertrauensbildender Maßnahmen dar, die dem Aufbau eines multilaterialen Sicherheitsnetzwerks in Asien vorangehen müssen.[193]

Anmerkungen

1 Vgl. William *Nester*, The Third World in Japanese Foreign Policy, in: Millennium, Vol. 18, No. 3, 1989, S. 378 ff.

2 Die folgenden Ausführungen beruhen auf einer Analyse von Beate *Ando*.

3 Vgl. Takashi *Inoguchi*, Japan's Response to the Gulf Crisis: An Analytical Overview, in: Journal of Japanese Studies, vol. 17, No. 2, 1991, S. 257-273.

4 Vgl. Hideo *Hamada*, Dō naru PKO-hōan (Was wird aus dem Gesetzentwurf zur PKO?), in: Aera, 30.7.1991, S. 16 / 17; Ushio *Shiota*, ōkami ga osotta (Der Wolf hat angegriffen), in: Asahi Gekkan 1991, Nr. 4, S. 106-115; Leitartikel der Asahi Shimbun vom 3. Mai 1991: Heiwa-kenpōto kokusaiteki kōken (Friedensverfassung und internationaler Beitrag). Vgl. auch Manfred *Pohl*, Die japanischen Streitkräfte in die Golfregion? Diskussion um den „japanischen Ernstfall", in: Heinz Eberhard *Maul* (Hrsg.), Militärmacht Japan? Sicherheitspolitik und Streitkräfte, München 1991, S. 338-362.

5 Vgl. *Aera*, No. 21, 30.7.1991, S. 16-17.

6 Vgl. hierzu Ushio *Shiota*, a.a.O.; Naoki *Tanaka*, Wangansensō de chi ni ochita Nihon no seiji shisutemu (Durch den Golfkrieg wurde die Ohnmacht des japanischen politischen Systems deutlich) in: Asahi Gekkan, Nr. 4, 1991, S. 87-92; Interviews aus Asahi Gekkan, ebd., S. 72 ff.; vgl. auch Manfred *Pohl*, Die japanischen Streitkräfte in die Golfregion?, a.a.O., S. 346 f.

7 Der Stellvertretende Parteivorsitzende der Shakaitō, in: *Asahi Gekkan*, Nr. 4, 1991, S. 82 f.

8 Vgl. hierzu Yōichi *Funabashi*, Nihon no gaikōo akutibu ni suru 23 shō (23 Punkte zur Aktivierung der japanischen Außenpolitik), in: Asahi Gekkan, Nr. 7, 1991, S. 90-97; Hideo *Hamada* / Keiko *Takada*, Sensō ni senmetsusareta Nihon seiji (Die vom Krieg vernichtete japanische Politik), in: Aera, Nr. 11, 12.3.1991, S. 17-19; vgl. ferner Naoki *Tanaka*, a.a.O.

9 *Asahi Gekkan*, Nr. 5, 1991, S. 123.

10 Takio *Yamasaki*, Japan is Isolated Internationally, in: Jiyu, Juni 1991 (Summaries of Selected Japanese Magazines, August 1991, S. 13-18).

11 Vgl. Tadashi *Aruga* u.a. (Hrsg.), Kōza kokusai seiji No. 4 Nihon no gaikō Tōkyōdaigaku shuppankai 1989 (Vorlesungen zur Außenpolitik Nr. 4 Japans Außenpolitik, Verlag der Universität Tokyo 1989), hier vor allem die Beiträge von Makoto *Iokibe*, Kokusai kankyō to nihon no seisaku (Internationales Umfeld und Entscheidung Japans), S. 19-52; Atsushi *Kusano*, Taigaiseisaku kettei no kikōto katei (Prozeß und Mechanismus der Entscheidungen in der japanischen Außenpolitik), S. 53-93; Yasunori *Sone*, Nihon no seiji shisutemu to gaikō (Das politische System Japans und die Außenpolitik), S. 93-124.

12 Vgl. Naoki *Tanaka*, a.a.O., S. 88.

13 Vgl. *Asahi Gekkan*, Nr. 4, 1991, S. 83 f.

14 *Ebd.*, S. 85 f.

15 *Ebd.*, S. 92.

16 Vgl. Kent E. *Calder*, Japan in 1991. Uncertain Quest for a Global Role, in: Asian Survey, Vol. 32, No. 1, Januar 1992, S. 32-41.

17 Vgl. Takashi *Inoguchi*, Japan's International Relations, a.a.O., S. 59.

18 Vgl. Paul *Kevenhörster*, Der gefesselte Riese. Innenpolitische Barrieren außenpolitischer Entscheidungen, in: *Deutsches Institut für Japanstudien* (Hrsg.), Jahrbuch 1991, Tokyo 1992, S. 153-173.

19 Yoichi *Funabashi*, Japan and the New World Order, in: Foreign Affairs, Vol. 70, No. 5, Winter 1991 / 92, S. 58.

20 Richard *Holbrooke*, Japan and the United States: Ending the Unequal Partnership, in: Foreign Affairs, Vol. 70, No. 5, Winter 1991 / 92, S. 51.

21 Yōichi *Funabashi*, Japan and the New World Order, a.a.O., S. 64, 69.

22 Vgl. *Diplomatic Bluebook* 1991, a.a.O., S. 3 f.
23 *Ebd.*, S. 23 (Übers. Verf.), S. 27 f., 51.
24 Vgl. *Japan Economic Institute*, Reforms Eyed for Administration of Japan's Foreign Policy, in: JEI-Report, 24. Januar 1992, S. 1-11.
25 Vgl. Cabinet approves Cambodia dispatch, in: *The Japan Times*, 9. September 1992, S. 9.
26 Vgl. *Nihon seisaku kenkyōsentā* (Japanisches Forschungszentrum für politische Maßnahmen) (Hrsg.), Saraba „Ketsudan naki kokka". Sōkatsu Wangan sensō (Lebwohl: „Staat ohne Entscheidung!" — Zusammenfassung des Golfkrieges —, Tōkyō 1991; vgl. insbesondere die Schlußkapitel von Shirō *Odamura* und Yutaka *Gōda*.
27 Vgl. Akira *Irie*, Shin Nihon no gaikō(Japans neue Außenpolitik), Tōkyō 1991, Schlußkapitel; siehe auch die erste Unterhausrede Premierminister Miyazawas: „Japans Verantwortung für den Frieden wächst", in: *Frankfurter Allgemeine Zeitung*, 11. November 1991, S. 7.
28 Vgl. Tatsurō *Kunugi* / Yūji *Suzuki*, Gaikō sōanzenhoshō-ni kansuru chōsa hōkoku (chō kan hōkoku) (Zwischenbericht der Untersuchungskommission des Oberhauses zur Untersuchung der Außen- und Sicherheitspolitik), Tōkyō 1991, S. 5 ff., 12 ff., 22 ff.
29 Vgl. Hisashi *Owada*, Diplomacy of Japan in the Post-Gulf Crisis world, in: Ministry of Foreign Affairs Japan, Japan's Post Gulf International Initiatives, Tokyo 1991, S. 5.
30 Vgl. Taizō *Watanabe*, Frictions in the United States-Japan Relationship: Past, Present, and Future, in: Japan's Post Gulf International Initiatives, a.a.O., S. 33.
31 Vgl. Robert *Taylor*, China, Japan and the European Community, London 1990, S. 121.
32 Vgl. *ders.*, ebd., S. 130.
33 Vgl. *ders.*, a.a.O., S. 396.
34 Vgl. Chalmers *Johnson*, MITI and the Japanese Miracle. The Growth of Industrial Policy, 1925-1975, Stanford (Cal.) 1982, S. 306 f.
35 Vgl. Werner *Adam*, Die Golfkrise bringt Japan in Verlegenheit, in: Frankfurter Allgemeine Zeitung, 24.8.1990, S. 16; Robert M. *Orr*, Japan Tails to Take on Foreign Policy Leadership, in: TOKYO Business Today, January 1991, S. 41.
36 Vgl. Yasusuke *Murakami* / Yutaka *Kosai* (Hrsg.), Japan in the global Community. Its Role and Contribution on the Eve of the 21st Century Tokyo 1986, S. 43 ff., 122 f.
37 Vgl. Reinhard *Drifte*, a.a.O., S. 24.
38 Vgl. *ders.*, a.a.O., S. 44 ff.
39 Vgl. Keizō *Kimura*, Vorträge 1989-1991, Bonn 1991, S. 59.
40 Vgl. Joseph S. *Nye* jr. / Kurt *Biedenkopf* / Motoo *Shiina*, Globale Kooperation nach dem Ende des Kalten Krieges: eine Neueinschätzung des Trilateralismus. Ein Task-Force-Bericht an die Trilaterale Kommission, Bonn 1992, S. 32.
41 Vgl. Japan's New Gospel, in: *Far Eastern Economic Review*, 17. Mai 1990, S. 13.
42 Vgl. Roger *Bowen*, a.a.O., S. 71.
43 Vgl. „Learning to Speak Asia", in: *Time*, 29. Juli 1991, S. 12.
44 Interview des Verfassers mit dem stellvertretenden Abteilungsleiter für Asien und Afrika im mongolischen Außenministerium, Youmbougine *Sandag*, am 29. Mai 1992 in Ulan Bator.
45 Vgl. Manfred *Pohl*, Japan — ASEAN, in: Südostasien aktuell, Mai 1992, S. 213.
46 Vgl. Saburō *Okita*, Japan's Role in Asia-Pacific Cooperation, in: The Annals of the American Academy of Political and Social Sciences, Vol. 513, 1991, S. 25-37.
47 Vgl. Kenjirō *Ishikawa*, Protectionist Plans for Europe's Single Market, in: Economic Eye, Keizai Kōhō Center, Tokyo 1990, Vol. 11, No. 3, S. 23-27.

48 Vgl. Shirō *Saitō, Japan at the Summit. Its Role in the Western Alliance and in Asian Pacific Co-operation, London/New York 1990, S. 185ff.; vgl. auch Lee Poh Ping*, ASEAN and the Asia-Pacific in the 1990s, in: Contemporary Southeast Asia, Vol. 9, Singapur 1987, S. 165.
49 Vgl. U.N. vision is outlined, in: *The Japan Times*, 25.9.1991, S. 1.
50 Vgl. Masashi *Nishihara*, Can Tokyo Keep Waiting for Moscow?, in: International Herald Tribune, 6. August 1991.
51 Vgl. Naoki *Tanaka*, Japan cannot stay passive, in: The Japan Times, 23. September 1991, S. 24.
52 Vgl. Yoichi *Nishimura*, Japan at Crossroads (1), in: *Asahi Evening News*, 24.September 1991, S. 8.
53 Management and Coordination Agency, *Prime Ministers Office*, Government of Japan, Basic Principles of Japanese External Policy, Tokyo, November 1991.
54 Vgl. *House of Councillors*, Japan, Investigation Committee on Foreign Affairs and Comprehensive National Security, Interim Report of Research on Foreign Affairs and Comprehensive National Security, Tokyo 1991, S. 3, 10 ff., 18 ff.
55 Vgl. *Asahi Shimbun*, 7. Oktober 1990, S. 5: Heiwa ni tesshita kyōryokuhō shingi o (Die Beratung des Gesetzentwurfs (zur Kooperation mit der UNO in Friedensangelegenheiten) sollte auf der Idee des Friedens basieren).
56 Zit. nach *Asahi Shimbun*, 7. Oktober 1990, S. 5.
57 Vgl. auch Barry *Hillenbrand*, in Search of a Triumph, in: Time, 8. April 1991, S. 14.
58 Vgl. „Die Struktur der Vereinten Nationen ist völlig überholt", in: *Frankfurter Allgemeine Zeitung*, 19. Juni 1992, S. 8.
59 Vgl. Martin *Rosenberg*, Helmut Schmidt on World Affairs: Japan to fill military vacuum left by Soviet decline, in: *The Japan Times*, 24. Oktober 1990, S. 21.
60 Vgl. Takashi *Inoguchi*, Japan's International Relations, a.a.O., S. 29-34.
61 Nach Takashi *Inoguchi*, Japan's International Relations, a.a.O., S. 32.
62 Vgl. Dick *Wilson*, Japan takes up politics, in: The Japan Times, 26. August 1991, S. 19.
63 Vgl. hierzu auch Joachim *Glaubitz*, Fremde Nachbarn: Tokyo und Moskau, a.a.O., S. 196.
64 Vgl. Akinori *Uchida*, Watanabe: Constitution Must Be Discussed, in: The Daily Yomiuri, 8. Oktober 1991, S. 1.
65 Vgl. Kenichi *Ohmae*, Beyond National Borders. Reflections on Japan and the World, Tokyo 1987, S. 85.
66 Vgl. *ders.*, a.a.O., S. 113 f., 126.
67 Vgl. Japan Moving to Open Rice Market, in: *The Nikkei Weekly*, 30. November 1991, S. 1, 31.
68 Vgl. Akinari *Horii*, U.S.-Japan Relations in the Current Global Politico-Economic Landscape, (International Institute for Global Peace, IIGP Policy paper), Tokyo, Dezember 1989, S. 15 ff.
69 Zu den chinesisch-japanischen Beziehungen siehe u.a. Allen S. *Whiting*/Xin *Jianfei*, Sino-Japanese Relations: Pragmatism and Passion, in: World Policy Journal, vol. 8, No. 1, 1990/91, S. 107-136; Robert *Delfs*, Sense or Sensibility, in: Far Eastern Economic Review, 25. April 1991, S. 52.
70 Vgl. Akihiro *Tamiya*, Japan Seen Concentrating Soviet Aid in Far East, in: The Nikkei Weekly, 12.10.1991, S. 1, 19.
71 Vgl. Manfred *Pohl*, Japanische Wirtschaftsstrategien in der asiatisch-pazifischen Region, in: Werner *Draguhn* (Hrsg.), Die wirtschaftliche Position der Bundesrepublik

Deutschland in ausgewählten asiatisch-pazifischen Ländern. Gegenwärtiger Stand, Konkurrenz und Perspektiven, Hamburg 1987, S. 7 — 26; Peter *Odrich*, Asiatisch-pazifische Region — eine Illusion? in: Frankfurter Allgemeine Zeitung, 25. Oktober 1988, S. 6.

72 Vgl. Wolfgang *Möllers*, Japanische Entwicklungshilfe und die Philippinen, in: Asien, Nr. 35, April 1990, S. 14.

73 Vgl. Likhit *Dhirevegin*, Asians fear repeat of history, in: The Japan Times, 27. September 1990.

74 Vgl. *Foreign Press Center Japan*, Press Guide, Vol. XV, No. 5, 1990: Developments in the Japan-US Trade Talks.

75 Zu den Konzeptions- und Implementationsproblemen der japanischen Entwicklungspolitik siehe u.a. Michael *Hofmann*, Japans Entwicklungspolitik, Berlin 1984; *Konrad-Adenauer-Stiftung* (Hrsg.), Internationales Institut, Die Entwicklungspolitik Japans in Asien, Sankt Augustin, Mai 1989.

76 Vgl. *Government of Japan. Economic Planning Agency*, Monthly Economic Report, Tokyo, Juli 1990.

77 Vgl. zum folgenden Ulrich *Menzel*, Japanische Außenpolitik und amerikanischen Hegemoniekrise, in: Prokla Heft 66, 17. Jg., Nr. 1, März 1987, S. 116 ff.

78 Vgl. hierzu Hae Kyoung *Cho*, South Korea's Relations with Japan. 1952 to 1987: From Hostility to Accomodation, The University of Tennessee 1988 (Diss.); zur Stellung Japans in Südostasien vgl. ferner Charles *Smith* / Louise *do Rosario*, Empire of the Sun, in: Far Eastern Economic Review, 3. Mai 1990, S. 46-48.

79 Vgl. hierzu: Juniichi *Kyōgku*, The Political Dynamics of Japan, Tokyo 1987, S. 18, 207 ff.; Yasushi *Yamaguchi*, Eine historische Wende auch für die japanische Politik?, Vortrag am Institut für Politikwissenschaft der Westfälischen Wilhelms-Universität Münster, 25. Mai 1990, Manuskript, S. 1.

80 Vgl. *Ministry of Foreign Affairs*, Reaching Out. Japan's Global Initiative, Tokyo 1991, S. 3 / 4.

81 Vgl. Sadako *Ogata*, The Changing Role of Japan in the United Nations, in: Journal of International Affairs, Vol. 37, 1983, No. 1, S. 29-42; Taro *Nakayama*, Minister of Foreign Affairs of Japan, Statement at the 45th Session of the General Assembly of the United Nations, UN, New York, 25 September 1990, in: *Ministry of Foreign Affairs*, Japan, United Nations Bureau, Statements Delivered by Delegates of Japan during the 45th Session of the General Assembly of the United Nations, Tokyo 1991, S. 1-21.

82 Vgl. Ayako *Doi* / Kim *Willenson*, Japan calls to revamp U.N., in: The Japan Times, 1. März 1992, S. 21.

83 Nach: *Look Japan*, vol. 38, No. 438, September 1992, S. 9.

84 Vgl. Takashi *Kitazume*, Nakayama will present proposals to strengthen U.N.'s peacekeeping role, in: The Japan Times, 21. September 1991, S. 1.

85 Vgl. Manfred *Pohl*, Japan als regionale Großmacht? Die ASEAN-Reise Kaifu Toshikis, in: ders. (Hrsg.), Japan 1990 / 91, a.a.O., S. 177-180.

86 Zu den innenpolitischen Grundlagen der außenpolitischen Entscheidungsprozesse siehe insbesondere Kent E. *Calder*, Crisis and Compensation. Public Policy and Political Stability, Princeton (N.J.) 1988. Zur Analyse dieser Zusammenhänge zählt insbesondere auch die Frage, welche Rolle außenpolitische Themen für die Herausbildung von Parteiimages und Parteiidentifikationen in Japan bilden. Bisherige Wahlanalysen legen die Schlußfolgerung nahe, daß neben wirtschafts- und sozialpolitischen Fragen auch Grundsatzfragen der Außenpolitik (Sicherheitsvertrag mit den Vereinigten Staaten,

Beziehungen zu Korea und China, der Einsatz für die nördlichen Inseln, die Japan von der Sowjetunion zurückfordert) eine wichtige Rolle für die Einschätzung der Parteien und ihrer Problemlösungskonzepte bilden. Vgl. hierzu Bradley M. *Richardson*, Constituency Candidates versus Parties in Japanese Voting Behavior, in: American Political Science Review, Vol. 82, Nr. 3, Sept. 1988, S. 695-718.

87 Junichi *Kyōgoku*, a.a.O., S. 18.

88 Vgl. *ders.*, a.a.O., S. 207.

89 Vgl. Werner *Adam*, a.a.O., S. 16.

90 Vgl. Robert M. *Orr*, The Emergence of Japan's Foreign Aid Power, New York 1990.

91 Vgl. Kent E. *Calder* (Hrsg.), Japan in the Global Political Economy: International Commitments and Domestic Implementation, New York 1990.

92 Kenneth *Pyle*, The Japanese Question, in: The National Bureau of Asian and Soviet Research (Hrsg.), Analysis, November 1990, No. 2, S. 5-12.

93 Vgl. Kazuo *Nukazawa*, The Making of Foreign Economic Policy, in: Loukas *Tsoukalis* / Maureen *White* (Hrsg.), Japan and Western Europe. Conflict and Cooperation, London 1982, S. 64 f.

94 Vgl. *ders.*, a.a.O., S. 74.

95 Vgl. hierzu insbesondere Ellen L. *Frost*, The New U.S. — Japan Relationship, Tokyo 1990, S. 143 ff.

96 Vgl. *Edwin O. Reischauer Center for East Asian Studies*, The United States and Japan in 1991. Discord or Dialogue?, Tokyo 1991, S. 13.

97 Vgl. *Edwin O. Reischauer Center for East Asian Studies*, a.a.O., S. 25.

98 Vgl. *ebd.*, S. 27.

99 Vgl. *Asahi Shimbun*, Nihon hihan ni hanron (Widerspruch zur Kritik an Japan), 9. Oktober 1990, S. 2; Kensuke *Yanagiya*, Prosperity's base: ODA in: The Japan Times, 16. Oktober 1990, S. 20; ferner: *Global Economic Diplomacy*: The View from Tokyo, in: Japan Echo, Vol. XVII, No. 2, 1990.

100 Vgl. Peter *Odrich*, Nur ein Scheck ist nicht genug, in: Frankfurter Allgemeine Zeitung, 18. Januar 1991, S. 12.

101 Vgl. William R. *Nester*, The Foundation of Japanese Power, a.a.O., S. 330.

102 Vgl. Gaikō Fōramu, Nr. 32, Mai 1991, S. 42-50 (Gespräch zwischen dem früheren UN-Botschafter Sōji *Yamamoto* und dem Sophia-U.-Professor Mizuo *Kuraoda*).

103 Vgl. Kazuo *Chiba*, „Wie können die außenpolitischen Funktionen Japans erhöht werden?", in: Gaikō Forum, Nr. 32, Mai 1991, S. 59-66.

104 Vgl. Michio *Mitsuyama*, Nihon gaikō no kanōsei - kokusaiteki kōken e no yōsei to naiseiteki kōsoku (Potentiale der japanischen Außenpolitik — die Forderung nach einem internationalen Beitrag und die inneren Restriktionen), in: Gaikōjihō, Nr. 7 / 8, Tōkyō 1991, S. 4-16.

105 Vgl. *Amt des Premierministers* (Hrsg.), Gekkan yoron chōsa (Monatliche Meinungsumfrage), Tōkyō April 1990, S. 41 ff.

106 Vgl. *Prime Minister's Office*, Foreign Press Center, Japan, Public Opinion Survey on Diplomacy, Tokyo, April 1990; *ders.*, Public Opinion Survey on Society and State, Tokyo, July 1989; *ders.*, Japan. Public Opinion Survey on Japan's Foreign Relations, Tokyo, Februar 1992.

107 Vgl. Sōrifu kōhōshitsu hen, Gekkan yoron chōsa, gaikō(*Amt des Premierministers*, Abteilung für Öffentlichkeitsarbeit (Hrsg.), Monatliche Meinungsumfrage: Auswärtige Beziehungen), Tokyo 1992, S. 3-8.

108 Vgl. *Amt des Premierministers* (Hrsg.), Gekkan yoron-chōsa (Monatliche Meinungsumfrage), Tokyo, August 1991, S. 4, 10 ff.

109 Vgl. *Asahi Shimbun*, 1. Mai 1992, S. 2.

110 Vgl. Takehiko *Komo*, Japan: Struggling Between Continuity and Change, Paper, APSA 1992 Annual Meeting, Chicago, September 3-6, 1992, S. 12; *Asahi Shimbun*, Kommentar zum Ergebnis der Meinungsumfrage, 19.6.1991, S. 14.

111 Vgl. Hideo *Satō, Taigaiseisaku ..., a.a.O., S. 176 f.; vgl. auch Peter Odrich*, Es geht nicht nur um einige Flugzeuge, in: Frankfurter Allgemeine Zeitung, 5. Februar 1991, S. 4.

112 So bereits von Außenminister *Kuranari* vor dem Unterhaus am 26. Januar 1987; vgl. *Ministry of Foreign Affairs*, Foreign Policy Speech by Tadashi Kuranari, Minister of Foreign Affairs to the 108th Session of the National Diet, Tokyo 1987, S. 19.

113 Zit. nach *Asahi Shimbun*, 13.10.1990, S. 4.

114 Vgl. Tatsurō *Iwamura*, Naze ketsuron wa isogu no ka (Warum eilt der Beschluß?), in: Asahi Shimbun, 13.10.1990, S. 4.

115 Vgl. Leitartikel der *Asahi Shimbun* vom 13.10.1990, S. 5: Shushō no rinen to sekinin o tou (Vorstellung und Verantwortung des Premierministers hinterfragen.).

116 Vgl. Takako *Doi*, A Japan That Can Say Sorry, in: New Perspectives Quarterly, Vol. 7, No. 8, 1990, S. 13 / 14.

117 Vgl. Leitartikel der *Asahi Shimbun* vom 21.9.1990, S. 5: Kokuren kyōryokutai wa jieitai to issen-o (Deutliche Trennung zwischen UNO-Friedenstruppe und SDF).

118 Vgl. hierzu den Beitrag von Yoshikazu *Sakamoto*, Professor für internationale Politik an der Meiji-Gakuin-Universität: Heiwakenpō no gensoku ni tatsu shien o (Unterstützung auf der Grundlage der Prinzipien der Friedens-Verfassung), in: Asahi Shimbun, 21.4.1990, S. 5.

119 Vgl. *Asahi Shimbun*, 23. September 1990, S. 1: Shatō, jieitai „gōken" no gehan (SDPJ: Entwurf zur Verfassungskonformität der SDF).

120 Vgl. *Shakaitō* (Hrsg.), Gekkan seisaku shiryō (Bericht über die 120. Sitzungsperiode des Parlaments), Tōkyō, Juni 1991, S. 35-44; Gekkan Shakaitō Januar 1991, S. 157 ff.: Kokuren heiwa kyōryoku kikō setchi taikō (Struktur der Kooperation mit den UN in Friedensangelegenheiten); *Shakaitō* (Hrsg.), Gekkan seisaku shiryō, Tōkyō 1. Juli 1991, S. 21-30: Kokusai rengo no heiwaiji katsudō nado ni taisuru kyōryoku ni kan suru hōritsu an (Gesetzentwurf zur Kooperation mit den PKO der UN).

121 Vgl. *Shakaitō* (Hrsg.), Gekkan seisaku shiryō, Tōkyō, Juni 1991, S. 44 ff.

122 Vgl. *Asahi Shimbun*, 23. September 1990, S. 2: Nao tsuyoi tōnai no hanpatsu (Noch starker innerparteilicher Widerstand); *Asahi Shimbun*, 26. September 1990, S. 2: Jieitai „goken" ni hanpatsu (Gegen „Verfassungskonformität" der SDF).

123 Vgl. Peter *Odrich*, In Tokyo große Koalition angeboten, in: Frankfurter Allgemeine Zeitung, 26. März 1990, S. 6.

124 Vgl. *Yomiuri Shimbun*, 21.10.1991, S. 1: Kokuren gun sanka ni fukumi (Teilnahme an UN-Truppen eingeschlossen).

125 Vgl. Leitartikel der *Asahi Simbun* vom 3. Mai 1990, S. 5: Heiwa kempōto kokusai chitsujozukuri (Friedensverfassung und Aufbau einer internationalen Ordnung).

126 Vgl. Leitartikel der *Asahi Shimbun* vom 20. Juni 1990, S. 5: Jiki bōsakutei ni nozomu (Wünsche bei der Festlegung des Verteidigungsetatplans für die nächste Periode).

127 Vgl. Takashi *Kitazume*, Peacekeeping Bill's Fate Rests with the Centrist Opposition, in: The Japan Times, 13. August 1991, S. 3.

128 Vgl. hierzu die Rede von Premierminister Toshiki *Kaifu* in der 120. Sitzung des Reichstages am 25. Januar 1991, nach: White Papers of Japan 1989-90, Tokyo 1991, S. 208.

129 Vgl. *Ministry of Foreign Affairs*, Foreign Press Center Japan, Public Opinion Poll, Tokyo 1989, S. 1-3.

130 Belgien, Großbritannien, Frankreich, Italien, die Niederlande, Spanien und Bundesrepublik Deutschland.

131 Vgl. *Ministry of Foreign Affairs*, a.a.O., S. 4-6.

132 Vgl. William *Watts* / George R. *Packard* / Ralph N. *Clough* / Robert B. *Oxnam*, Japan, Korea and China. American Perceptions and Policy, Lexington (Mass.) / Toronto 1979, S. 54 f.

133 Vgl. Joseph N. *Nye*, Kurt *Biedenkopf*, Motoo *Shiina*, a.a.O., S. 18.

134 Zur Kritik siehe u.a. Nathaniel B. *Thayer*, Reviewing the Revisionists, in: The JAMA FORUM, Vol. 8, No. 4, August 1990, S. 3-8.

135 Vgl. Hanns W. *Maull*, Das japanisch-amerikanische Verhältnis im Wandel, Vortrag im Japanisch-Deutschen Zentrum Berlin am 11. Juni 1990 (Protokoll).

136 Eine kritische Bilanz der japanisch-amerikanischen Beziehungen zieht das Edwin O. Reischauer Center: Vgl. *Edwin O. Reischauer Center for East Asian Studies*, The United States and Japan in 1992: A Quest for New Roles, Tokyo 1992.

137 I. M. *Destler* / Aideo *Sato* / Priscilla *Clapp* / Haruhiro *Fukui*, Managing an Alliance. The Politics of U. S. — Japanese Relations, Washington D. C. 1976, S. 190.

138 Vgl. *Institut of East Asian Studies*, University of California Berkeley (Hrsg.), The Japanese Challenge and the American Response. A Symposium, Berkeley (Cal.) 1982; vgl. hierzu auch die Stellungnahme des früheren amerikanischen Botschafters in Tokyo: Mike *Mansfield*, Nihon hodo juyō-na kuni wa nai. No Country More Important, Trials in a Maturing Japan U. S. — Relationship, Tokyo 1980; vgl. ferner John *Welfield*, An Empire in Eclipse. Japan in the Postwar American Alliance System. A Study in the Interaction of Demestic Politics and Foreign Policy, London / Atlantic Highlands (NJ) 1988, S. 446 f.

139 Vgl. *US State Department*, Japan: Overview, April 1992.

140 Der gegenwärtige japanische Anteil an den amerikanischen Stationierungskosten in Japan (Host Nation Support) beläuft sich auf 3 Milliarden Dollar pro Jahr. Vgl. *US State Department*, US-Japan Security Relations. Japan‘s Host Nation Support, Washington D. C. 1992.

141 Vgl. Takashi *Kawakami*, America‘s New Strategy Toward Japan (International Institute for Global Peace, Tokyo, IIGP Policy Paper 78 E), March 1992.

142 Vgl. Donald C. *Hellmann*, Future Strategic Options in the Pacific: A Nichibei, Condominium?, in: Dora *Alves* (Hrsg.), New Perspectives for US-Asia Pacific Security Strategy, a.a.O., 149-158.

143 Vgl. Roland *Freudenstein*, Unterschiedliche Ansätze in der Japan-Politik der wichtigsten EG-Staaten, Vortrag im Forschungsinstitut der Deutschen Gesellschaft für Auswärtige Politik, Bonn, 15. November 1990.

144 Vgl. Marlis G. *Steinert*, Japan and the European Community: An Uneasy Relationship, in: Robert S. *Ozaki* / Walter *Arnold*, Japan‘s Foreign Relations: A global Search for Economic Security, Boulder / London 1985, S. 38 f.

145 Vgl. *dies.*, a.a.O., S. 42 ff.

146 Vgl. hierzu auch Nobutoshi *Akao*, Japan‘s Economic Security. Ressources as a Factor in Foreign Policy, London 1983, S. 269 f.

147 Vgl. Kenjiro *Ishikawa*, Japan and the Challenge of Europe 1992, London / New York 1990, S. 122 ff.

148 Vgl. EC Urges Big Japan Role in New Order, in: *Mainichi Daily News*, 10.2.1990, S. 9.

149 Vgl. EG-Beziehungen zu Japan bleiben schwierig, in: *Frankfurter Allgemeine Zeitung*, 12.1.1990, S. 11.

150 Vgl. Endymion *Wilkinson*, Misunderstanding. Europe versus Japan, Tokyo 1981, S. 246 ff.

151 Vgl. Endymion *Wilkinson*, a.a.O., S. 264.

152 Vgl. Takashi *Inoguchi*, Japan and Europe: Wary Partners, in: European Affairs, vol. 1, 1991, S. 54-58.

153 Nach einer starken Steigerung der Ausfuhren der EG nach Japan im Jahre 1990 hat sich die Schere zwischen Import und Export in den Jahren 1991 und 1992 weiter geöffnet. Vgl. *Statistics Bureau. Management and Coordination Agency*, Monthly Statistics of Japan, No. 375, September 1992, S. 78.

154 *Presse- und Informationsamt der Bundesregierung*, Bulletin, Nr. 82, Bonn, 23. Juli 1992, S. 789.

155 Vgl. Gemeinsame Erklärung zu den Beziehungen zwischen der Europäischen Gemeinschaft und ihren Mitgliedstaaten und Japan, den Haag, 18. Juli 1991.

156 Vgl. Karl-Rudolf *Korte*, Neues Selbstverständnis im Dialog Europa — Japan, in: Außenpolitik, Jg. 37, 1. Quartal 1986, S. 68-78.

157 Vgl. Japan, EC submit arms registry plan, in: *The Japan Times*, 2. November 1991, S. 1.

158 Vgl. EC Presses Japan to Open Service Sectors, in: *The Nikkei Weekly*, 15. Februar 1992, S. 1, 19.

159 Vgl. Sadayuki *Hayashi*, European „Ressurrection". The Challenges for Japan-EC Relations in an Integrated Europe, in: Speaking of Japan, January 1990, S. 16-21; William *Drozdiak*, Japan focuses in an Europe. EC remains divided over Japanese presence, in: The Japan Times, 9. März 1992, S. 21; Don *Oberdorfer*, Japan's sun sinks to Nadir in America, in: The Japan Times, 4. März 1992, S. 19.

160 Vgl. Roland *Freudenstein*, Japan and the New Europe, in: The World Today, January 1991, S. 11-16.

161 Manfred *Pohl*, Brückenköpfe angepeilt, in: Welthandel-Magazin, 1990, S. 36-39; Frankfurter Allgemeine Zeitung, 5.5.1988, S. 5, Tokio will engere Beziehungen zu Europa; Manfred *Pohl*, Japan. Politik und Wirtschaft 87 / 88, Hamburg 1988; Siegfried *Böttcher*, Japan lohnt sich — die deutsch-japanischen Wirtschaftsbeziehungen werden enger, in: M. *Pohl* (Hrsg.), Japan 1988 / 89. Politik und Wirtschaft, Hamburg 1989, S. 202-211; Günter *Diehl*, Japan und die Bundesrepublik am Vorabend des Europäischen Binnenmarktes, in: ASIEN, Nr. 32, Juli 1989, S. 70-79; Manfred *Pohl*, Japan, in: Werner *Draguhn* (Hrsg.), a.a.O., Hamburg 1987, S. 234-248.

162 Vgl. *Japan External Trade Organization (JETRO)*, Handy Facts on EC-Japan Economic Relations, Tokyo 1986; Hans-Joachim *Kurwan*, Zur Entwicklung des bilateralen Handels Bundesrepublik Deutschland — Japan 1988, in: Manfred *Pohl* (Hrsg.), Japan 1988 / 89. Politik und Wirtschaft, Hamburg 1989; Heinz *Blüttmann*, Die Festung macht schwach, in: Die Zeit, 3. März 1989, S. 28; Siegfried *Böttcher*, The Integration of Japan into the World Economy and its Meaning for Germany, in: Intereconomics July / August 1983, S. 166-171; Ingo *Greve*, Deutsch-japanische Wirtschaftsbeziehungen: Dialog tut Not, in: Wirtschaftspartner Japan, Hamburg 1985, S. 122-130.

163 Interview des Verf. mit Dr. Helmut Sonnenfeldt, Brookings Institution, Washington D. C., 13. April 1992.

164 Vgl. Kenichi *Ito*, How Ought Japan and Europe Cope with Uni-Polarization of US? Meaning of Tri-Polar Leadership Set-up among Japan, US, and Europe in Age of Informa-

tion Revolution, in: Chuo Koron, Juli 1991 (Summaries of Selected Japanese Magazines, Februar 1992, S. 11-21).

165 Vgl. James A. *Baker*, III, The United States and Japan: Global Partners in a Pacific Community, in: Japan Review of International Affairs, vol. 6, 1992, Special Issue, S. 7.

166 Vgl. „Tokyo fordert Abbau der Handelsbeschränkungen", in: *Handelsblatt*, 24. Juni 1992.

167 Vgl. Bernhard *May*, S II und die amerikanisch-japanischen Beziehungen. Eine neue Lösung für ein altes Problem?, in: Manfred *Pohl* (Hrsg.), Japan 1991 / 92, Politik und Wirtschaft, Hamburg 1992, S. 181.

168 Vgl. Leo *Wieland*, Der Grashüpfer und die Ameise. Gereizte Gefühle und schrille Klischees, in: Frankfurter Allgemeine Zeitung, 30.11.1991, S. 3.

169 Vgl. Uwe *Schmitt*, Rebellion des Musterschülers, in: Frankfurter Allgemeine Zeitung, 19.11.1991, S. 14.

170 Vgl. Akira *Nishioka*, Sicherheitspolitik als Problem der deutsch-japanischen Beziehungen, in: Karl Dietrich *Bracher* / Manfred *Funke* / Hans-Peter *Schwarz* (Hg.), Deutschland zwischen Krieg und Frieden. Beiträge zur Politik und Kultur im 20. Jahrhundert, Bonn 1990, S. 336 ff.

171 Vgl. hierzu die Interview-Reihe der Zeitschrift *Gaikō* (Außenpolitik) mit Sakutarō *Tanino*, Leiter der Asien-Abteilung (August / September 1990, Nr. 33, S. 2-5); Nobutoshi *Akao*, Leiter der UN-Abteilung (Oktober / November 1990, Nr. 34, S. 2-5); Takao *Kawakami*, Leiter der Entwicklungshilfeabteilung (August / September 1991, Nr. 39, S. 2-7).

172 Vgl. Zbigniew *Brzezinski*, Pillars of the next world order, in: The Hindustan Times, 26.2.1990, S. 13.

173 Vgl. Japan: Asien nicht vernachlässigen, in: *Frankfurter Allgemeine Zeitung*, 02.02.1990, S. 7.

174 Ansprache von Ministerpräsident Toshiki *Kaifu* vor der Japanisch-Amerikanischen Gesellschaft von Georgia in Atlanta, USA, in: Neues aus Japan, Nr. 329, Juli / August 1990, S. 3.

175 Vgl. hierzu Motoo *Shiina*, At a Foggy Mountain Pass: The World in Search for a New Order, in: Japan Review of International Affairs, Vol. 4, No. 2, 1990, S. 117-126; Yasue *Katori*, Japanese-Soviet Relations: Past, Present and Future, in: Japan Review of International Affairs, Vol. 4, No. 2, 1990, S. 127-140.

176 Vgl. Shiro *Saito*, Building a New Order in a Region of diversity: Japan's Crucial Role, in: Japan Review of International Affairs, vol. 6, 1992, Special Issue, S. 43.

177 Vgl. Saburō *Okita* (Hrsg.), Transferability of Development Experience. Case Studies on Japan, in: Regional Development Dialogue, Special Issue 1984.

178 Vgl. Kie-Pyung *Oh*, The United Nations and Contemporary Japan's Foreign Policy, University of Minnesota, Ph. D., 1971, S. 246 ff.

179 Zur Politik Japans gegenüber den Vereinten Nationen siehe Sadako *Ogata*, The United Nations and Japanese Diplomacy, in: Japan Review of International Affairs, Vol. 4, No. 2, 1990, S. 141-165.

180 Vgl. F. C. *Langdon*, Japan's Foreign Policy, Vancouver 1973, S. 191 ff.; Barry *Hillenbrand*, Diplomacy Tokyo Style, in: Time, 23. April 1990, S. 21 / 22.

181 Vgl. Hitoshi *Hanai*, Nation should follow path of ‚Japan as No. 2', in: The Japan Times Weekly, 15-21. Juli 1991, vol. 31, No. 28, S. 8.

182 Vgl. *The Nikkei Weekly*, Bureaucratic Guidance is unwarranted, 24. August 1991, vol. 29, Nr. 1480, S. 7.

183 Vgl. Leitartikel der *Asahi Shimbun* vom 18. Oktober 1991, S. 5: Anpōri to Nihon no atarashii yakuwari (Der Sicherheitsrat und Japans neue Rolle).

184 Vgl. Reinhard *Drifte*, Japan's Rise to International Responsibilities. The Case of Arms Control, London / Atlantic HIghlands (N.J.) 1990, S. 2, 5.

185 Vgl. *ders.*, ebd., S. 85 ff.

186 Rüstungskontrollverhandlungen sind insbesondere auf der koreanischen Halbinsel vordringlich. Sie müßten von der Vereinbarung von Rüstungsbeschränkungen (Arms Control Regime) über ein Verifikationssystem der Rüstungskontrolle sowie kontrollierter Abrüstung in beiden koreanischen Staaten (mit dem Ziel eines Rüstungsgleichgewichts auf immer niedrigerem Niveau) bis hin zur Integration der Militärapparate und Waffenbestände in einem wiedervereinigten Korea reichen. Vgl. hierzu Jong-chun *Beak* / Seonghan *Rhee*, Arms Control on the Korean Peninsula: Past, Present, and Future, in: The Journal of East Asian Studies, vol. V, No. 2, Summer / Fall 1991, Seoul 1991, S. 373-401.

187 Vgl. Wolfram *Wallraf*, Japan und Rußland, in: Manfred *Pohl* (Hrsg.), Japan 1991 / 1992, Politik und Wirtschaft, Hamburg 1992, S. 153-167.

188 Alvin D. *Coox* / Hilary *Conroy* (Hrsg.), China and Japan. Search for Balance Since World War 1, Santa Barbara (Cal.) 1978, S. 430.

189 Vgl. Chung *Ku-Chong*, Security in the New Asia-Pacific Age and Japan's Role, in: *Foreign Press Center Japan* (Hrsg.), Japan and the World in the Post-Cold War Era, Tokyo 1990, S. 25-29; Shiro *Saito*, Japan at the Summit. Its Role in the Western Alliance and in Asian Pacific Co-operation, London / New York 1990, S. 180.

190 Vgl. Takehiko *Kamo*, Japan's Role in International Politics for the 1990s': Security Concerns in the Asian and Pacific Regions, in: The Korean Journal of International Studies, vol. 23, No. 1, 1992, S. 37-52.

191 Vgl. Vladimir B. *Yakubovsky*, The Emerging Zone of Multilateral Cooperation in Northeast Asia: Recent Trends, in: The Korean Journal of International Studies, vol. 23, No. 1, 1992, S. 53-69.

192 Vgl. *Asahi Shimbun*, 3. August 1992, S. 1.

193 Vgl. *Frankfurter Allgemeine Zeitung*, 21. November 1992, S. 1.

6. Ausblick

Wie ist Japans Stellung in dem sich rasch wandelnden internationalen System zu bewerten? Zwar wird die bisherige Vormachtstellung der Vereinigten Staaten durch die anhaltende Haushaltskrise, die nachlassende Expansionskraft der Exportwirtschaft und die hohen militärischen Lasten eingeschränkt, aber die anderen globalen Machtrivalen zeigen noch größere Schwächesymptome.[1] Die GUS muß erst noch beweisen, ob ihr internes Herrschaftsgefüge eine stimmige und verläßliche Außenpolitik zuläßt. Der Europäischen Gemeinschaft wiederum fehlt nach wie vor außenpolitische Geschlossenheit. Japan mangelt es demgegenüber trotz seiner außenwirtschaftlichen, technologischen und entwicklungspolitischen Weltgeltung an einer stimmigen, aktiven Außenpolitik; zudem ist es militärstrategisch von den USA auch weiterhin abhängig. Unter diesen Bedingungen vollzieht sich der Übergang von einer bipolaren zu einer multipolaren Welt, in der Europa und Japan größere globale Verantwortung übernehmen, nur schrittweise.

Vor 50 Jahren ist das 20. Jahrhundert von Henry *Luce*, dem Herausgeber von „Life“ und „Time“, als „Amerikanisches Jahrhundert“ bezeichnet worden. Ob aber das 21. Jahrhundert ein „Zweites Amerikanisches Jahrhundert“ wird[2], ist aus mehreren Gründen zweifelhaft. Hierzu zählen der Verfall der Wirtschaftskraft, neue Tendenzen des Protektionismus und Isolationismus, der hohe Verschuldungsgrad, das Haushaltsdefizit, schwerwiegende Mängel des Bildungswesens, das sich verschärfende Rassenproblem sowie die zunehmende Verwahrlosung der Großstädte in den Vereinigten Staaten einerseits sowie der Aufstieg Japans und der Europäischen Gemeinschaft andererseits. Diese Tendenzen weisen auf einen zunehmenden Handlungsspielraum dieser beiden Mächte hin.

6.1 Außenpolitischer Handlungsspielraum: Kompatibilität und Konsens

Die Lehre der internationalen Beziehungen vermittelt einige grundsätzliche Hinweise auf die weitere Entwicklung des außenpolitischen Handlungsspielraums Japans. In einem Interaktionsprozeß versucht jedes in einem Wettbewerb mit anderen stehende politische System, seine Ziele zu verwirklichen.[3] Der Grad seiner Autonomie entscheidet darüber, in welcher Weise es konfligierende gesellschaftliche Anforderungen durch interne Anpassungsprozesse bewältigen kann. Aufgrund vielfältiger außenwirtschaftlicher und außenpolitischer Interdependenzen handelt es sich bei Japan um ein hochgradig abhängiges System, in welchem interne Anpassungsprozesse (z. B. Importliberalisierung) unter dem Druck externer Einwirkungen stattfinden. Dabei wird ein interner Interessenausgleich des politischen Systems zumindest dadurch erheblich erschwert, daß die politisch-administrativen Entscheidungsträger die Vorstellungen externer Akteure von vornherein mitberücksichtigen (wie etwa bei Exportselbstbeschränkungen). Dies geht soweit — wie insbesondere Sicherheits- und Entwicklungspolitik Japans zeigen —, daß innenpolitische Auseinandersetzungen zur Vermeidung außenpolitischer Konflikte in Kauf genommen werden. Die verteidigungspolitische Anbindung Japans an die Vereinigten Staaten und die starke Verflechtung seiner Wirtschaft mit den Außenhandelsmärkten unterstreichen den geringen Grad außenpolitischer Autonomie und den hohen Grad internationaler Interdependenz.

Betrachtet man die internationale Durchsetzungsfähigkeit Japans aus einer dynamischen Zeitperspektive, könnte sich sein internationaler Handlungsspielraum in den außenpolitischen Zielbereichen durchaus unterschiedlich entwickeln und aufgrund einer hohen Dynamik der Entwicklung seiner außenpolitischen Ressourcen bei verbesserter politisch-administrativer Steuerungsfähigkeit sogar noch erweitern. Dies setzt aber zugleich hohe Anforderungen an die Fähigkeit des politischen Systems zur Verarbeitung konkurrierender gesellschaftlicher Anforderungen und zur Überwindung von Korruption und Selbstblockade. Je größer der außenpolitische Handlungsspielraum, desto größer die Autonomie des politischen Systems und desto größer damit seine Chancen, eigene Zielvorstellungen in Konkurrenz zu anderen politischen Systemen durchzusetzen. Ein größerer Handlungsspielraum macht es eher möglich, auf andere Systeme erfolgreich einzuwirken. Die außenpolitische Durchsetzungschance hängt aber auch von der Perzeption dieses Zusammenhangs durch die politischen Entscheidungsträger ab: Wird der außenpolitische Handlungsspielraum von ihnen als eng eingeschätzt, werden externe Forderungen eher berücksichtigt (oder antizipiert) und innenpolitische Konflikte über außenpolitische Prioritäten verstärkt. Wird er dagegen als weit perzipiert, so festigt sich der innenpolitische Konsens über außenpolitische Prioritäten. Die außenpolitischen Konflikte jedoch nehmen zu.

Abb. 13: Außenpolitischer Handlungsspielraum[4]

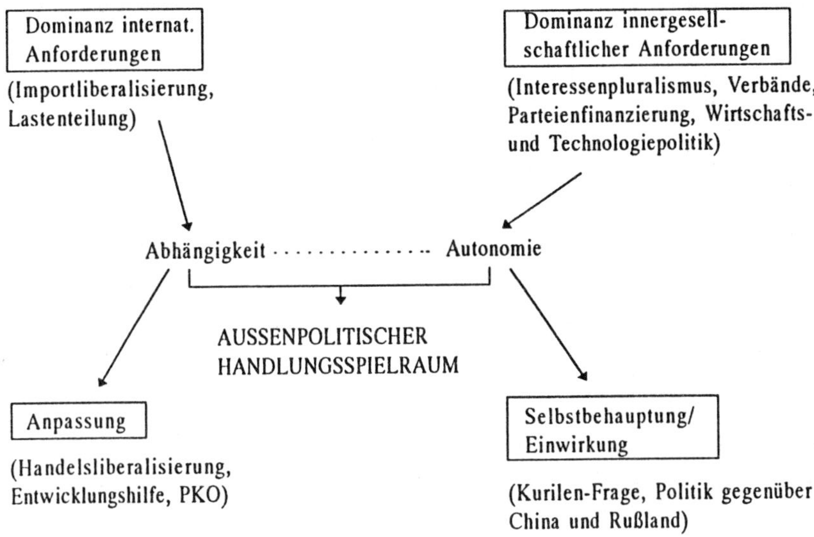

Es ist geradezu ein Charakteristikum der internationalen Interdependenz, daß außenpolitische Ziele und Strategien das Ergebnis von Interaktionsprozessen zwischen gesellschaftlichen und internationalen Anforderungen an das politische System sind. Außenpolitische Prioritätenkonflikte treten dann auf, wenn das politische System nicht in der Lage ist, die auf internen gesellschaftlichen Anforderungen beruhenden außenpolitischen Ziele international durchzusetzen, wie Japans Verhalten im Golfkonflikt gezeigt hat, als das politische System keine rasche und befriedigende Anpassungsleistung erbringen konnte. Ist diese Anpassungsleistung gering (bisherige PKO-Gesetzgebung) und zudem der außenpolitische Handlungsspielraum schmal (Mehrheitsverhältnisse im Parlament), muß — mit entsprechender zeitlicher Verzögerung — ein Wandel der außenpolitischen Ziele und Strategien erwartet werden.

Auf die enge Verzahnung von Innen- und Außenpolitik, von Prozessen der internen außenpolitischen Meinungsbildung und Entscheidungsfindung mit Auswirkungen des internationalen Systems, hat insbesondere Wolfram F. *Hanrieder* mit Nachdruck hingewiesen und die Vernachlässigung innenpolitischer Bestimmungsfaktoren außenpolitischer Entscheidungen bemängelt.[5] Er hat vorgeschlagen, die internen und externen Dimensionen auswärtiger Politik durch die Begriffe „Kompatibilität“ und „Konsens“ miteinander zu verbinden: Der Begriff der *Kompatibilität* fragt nach der Tragfähigkeit außenpolitischer Ziele vor dem Hintergrund des Handlungsvolumens und der Struktur des internationalen Systems. Dabei entscheidet der Grad an Kompatibilität einzelner außenpolitischer Ziele mit den Anforderungen des internationalen Systems auch über die Komplementarität dieser Ziele untereinander. Das internationale System entscheidet dadurch auch über die interne Rangfolge und Realisierbarkeit außenpolitischer Ziele. Mit den Anforderungen des internationalen Systems vereinbar ist eine eigenständigere, globale Außenpolitik Japans, die größere, weltweite Beiträge zur Friedenssicherung, Abrüstung und Entwicklungshilfe erbringt und ihr Engagement in den Vereinten Nationen sowie regionalen Kooperationsnetzen ausbaut. Unvereinbar mit diesen Anforderungen wäre dagegen Japans Entwicklung zu einer militärischen Großmacht.

Konsens fragt demgegenüber nach dem Umfang an Zustimmung zu außenpolitischen Zielen und Mitteln im jeweiligen politischen System. Konsens ist somit nichts anderes als das Ausmaß an Zustimmung, das außenpolitische Programme und Maßnahmen im innenpolitischen Meinungsbildungs- und Entscheidungsprozeß finden. Eine globale Orientierung der japanischen Außenpolitik findet immer mehr die Zustimmung der Wähler. Die „Internationalisierung“ prägt zunehmend das politische Bewußtsein von Politikern und Wählern. Nationalismus und Isolationismus finden dagegen keinen breiten Rückhalt. Eine globale Außenpolitik Japans ist daher nicht nur mit den Anforderungen des internationalen Systems vereinbar, sondern auch innenpolitisch konsensfähig.

Als „nichtmilitärische Weltmacht“ ist Japan für die Zeit nach dem Ende des Kalten Krieges bestens gerüstet.[6] Gerade weil es seine Außenpolitik keinen ideologischen Prinzipien unterwirft und keine internationale Vorherrschaft im herkömmlichen Sinne anstrebt, stellt es den Prototyp eines neuen Nationalstaates der Zukunft dar, der seine Interessen nicht mit militärischen, sondern mit wirtschaftlichen Mitteln wahrnimmt und seine Sicherheitsinteressen vorwiegend ökonomisch definiert. Im Interesse der internationalen Staatengemeinschaft liegt es daher keineswegs, Japan zu einer militärischen Aufrüstung zu bewegen, wohl aber, Japan zu einer aktiveren Rolle in humanitären Fragen, in der Entwicklungszusammenarbeit und bei der Lösung internationaler Konflikte zu ermutigen.[7]

6.2 Japan als abweichender Fall

Das internationale System ist mehr als früher durch einen hohen Grad wirtschaftlicher Interdependenz und internationaler wirtschaftspolitischer Koordination geprägt. Eine einfache interdependenztheoretische Interpretation der internationalen Rolle Japans muß jedoch trotz anhaltender „Internationalisierung“ daran scheitern, daß sich der japanische Nationalstaat keineswegs unter dem Einfluß internationaler Interdependenz und Kooperation verflüchtigt und die politischen Entscheidungsträger nicht etwa uneingeschränkt der politischen Philosophie des Internationalismus huldigen, sondern ihr internationales Verhalten in erheblichem Umfang von innenpolitischen Konstellationen abhängig machen.[8] Die internationale Rolle Japans bleibt daher janusköpfig: Die eine Seite bietet das Gesicht einer dynamischen, außenorientierten Außenhandels-, Entwicklungs-, Industrie- und Technologiepolitik, die andere dagegen weiterhin das Bild eines „reaktiven Staates".[9] Zäh und nachdrücklich verfolgt die Regierung die Interessen ihres Landes in jenen Bereichen, in denen Japan gegenüber anderen komparative Vorteile aufweist, und hält sich zugleich dort zurück, wo es auf strategischen Einsatz und politische Führung ankommt.[10] Japan steht somit am Scheideweg: Die eine Route ist die Fortsetzung der bisherigen, reaktiven Außenpolitik. Der andere Pfad stellt die Entwicklung einer Außenpolitik mit neuem Profil dar.

Die neorealistische Perspektive der Lehre von den internationalen Beziehungen unterschätzt wiederum die internationale Stellung Japans in einer zunehmend interdependenten Welt, da sie zu sehr auf traditionelle Machtfaktoren abstellt und insbesondere dem Militärpotential ein zu großes Gewicht zuweist. So ist zwar die amerikanische Führungsrolle in der Militärtechnologie unstrittig. Entscheidend ist aber auf Dauer die Tatsache, daß eine stetig wachsende Zahl ziviler Technologien *auch* militärisch genutzt werden kann. Hier aber ist Japan führend.[11] Pragmatisch erweitert es seinen außenpolitischen Aktionsradius durch einen behutsamen Einsatz seiner wirtschaftlichen und technologischen Potentiale. Japans Strategie der internationalen Durchsetzung ist somit die des *„strategischen Pragmatismus"*.[12] Im internationalen System des wirtschaftlichen und politischen Wettbewerbs wirkt sich dieses Verhalten schon jetzt stark auf das politische Denken in Europa, den USA und der Dritten Welt aus und verändert dadurch die politischen und wirtschaftlichen Chancen im Weltmaßstab: Während die „vier kleinen Tiger" (Korea, Taiwan, Hong Kong und Singapur) ihren Erfolg dem Einfluß des „strategischen Pragmatismus" verdanken, wie er von Japan vertreten wird, fallen die Länder Lateinamerikas zurück. Das „Asiatische Drama" Gunnar *Myrdals*[13] wandelt sich in eine neue Perspektive, während sich die Krisen in Lateinamerika und Afrika verschärfen.

Japan ist schon jetzt eine *wirtschaftliche Weltmacht*, die ihr wirtschaftliches Potential allerdings in absehbarer Zeit noch nicht als *politische Weltmacht* nutzen kann.[14] Hierzu fehlen weniger die Verfügung über ein entsprechendes Militärpotential als eine nachdrückliche, globale Führungskompetenz. Diese Voraussetzung wird Japan nur schrittweise erwerben können. Während das 20. Jahrhundert außenpolitisch „Atlantisches Jahrhundert" gewesen ist, kann das 21. Jahrhundert ein „Pazifisches Jahrhundert" werden.[15] Die Entwicklungserfolge der „vier kleinen Tiger" und der ASEAN-Staaten deuten darauf hin. Die „Pazifische Konferenz für wirtschaftliche Zusammenarbeit (PECC)",

1980 in Canberra nach wiederholten japanischen Vorstößen (*Kōjima, Ōhira*) ins Leben gerufen, und andere Kooperationsnetze bilden den Rahmen für Japans pazifische Führungsrolle. Von einer engen, institutionalisierten Zusammenarbeit wie in der EG ist die PECC aber noch weit entfernt.

Die Stärke der Friktionen in den internationalen Beziehungen Japans zu anderen Staaten wird zunehmen, und zwar nicht nur in der Außenwirtschaftspolitik, sondern auch in anderen Politikfeldern.[16] Um so mehr kommt es darauf an, daß die japanische Regierung eine auch gegenüber den Vereinigten Staaten eigenständigere Außenpolitik entwirft. Felder einer solchen aktiven Außenpolitik sind — insbesondere im Rahmen trilateraler Beziehungen — Fragen des internationalen Umweltschutzes und der internationalen Friedenssicherung. Die zweite Aufgabe erfordert eine aktive Unterstützung der Politik des Sicherheitsrates der Vereinten Nationen.

6.3 Perspektiven: auf dem Weg zu einer „Pax Consortis"

Noch nimmt Japan seine globale Verantwortung nur zaghaft wahr und setzt außenpolitische Zusagen — etwa im Nahen Osten — nur sehr zögerlich um.[17] Regionale Krisen werden indessen die internationale Verantwortung Japans in wirtschaftlicher und zunehmend auch in militärischer Hinsicht vergrößern und die japanische Regierung veranlassen, ihre Verteidigungsanstrengungen zu verstärken. Japan wird seine Verteidigungspolitik künftig nicht mehr nur von einem regionalen, sondern auch von einem globalen Standpunkt aus definieren müssen.[18] Es wird ferner seine Beziehungen zu Europa angesichts der europäischen Integration sowie des politischen und wirtschaftlichen Umbaus in Osteuropa festigen und ausbauen. Nach dem Ende des Ost-West-Konflikts sind militärische Konflikte in Ostasien unwahrscheinlicher geworden.[19] Die anhaltende Entspannung läßt die Kosten solcher Auseinandersetzungen noch größer erscheinen. Obwohl auch in der Außenpolitik pragmatische Sichtweisen überwiegen, sind nationalistische Einstellungen aber noch keineswegs verschwunden.

In einer Rede auf dem Symposion der Toshiba International Foundation am 5. März 1990 hat der frühere Bundeskanzler *Helmut Schmidt* die japanische Regierung nachdrücklich aufgefordert, Kapital und Außenhandelsüberschüsse nicht vorrangig zum Aufkauf von Unternehmen in anderen Ländern zu verwenden, sondern den Inlandskonsum und die öffentliche Entwicklungshilfe weiter zu steigern.[20] Es scheint, daß solche und andere Anregungen internationaler Kritiker auf fruchtbaren Boden gefallen sind und neben anderen Stellungnahmen zu einem politischen Bewußtseinswandel in der japanischen Regierung beitragen, der sich in einer stärkeren Nutzung des japanischen Wirtschaftspotentials für humanitäre Aufgaben der Außenpolitik niederschlägt.

Gerade wegen seiner außenpolitischen Zurückhaltung ist Japan auf eine stärkere Interdependenz des internationalen Systems besser eingestellt als die Großmächte nach dem Ende der Ära traditioneller Machtpolitik. Auf diese *Interdependenz* ist es aus mehreren Gründen besonders gut vorbereitet: wegen seiner internen wirtschaftlichen Stärke und des externen Erfolges seiner Wirtschaftspolitik, wegen des hohen Bildungs- und Ausbildungsstandards seines Arbeitskräftepotentials, der starken Bindung seiner Gesellschaftsmitglieder an Organisationen und eines relativ starken Egalitarismus, ferner wegen seiner grundsätzlich marktwirtschaftlichen Wirtschaftsordnung *und* seiner zugleich aktiven Industrie- und Forschungspolitik.[21] Mit zunehmender Stärke und Eigenständigkeit der japanischen Großunternehmen auf dem Weltmarkt sollte allerdings die Regelungsstärke der Regierung im Bereich der Industrie- und Forschungspolitik nicht überschätzt werden. Dennoch bleiben die internen Voraussetzungen einer stärkeren Machtposition in einem zunehmend interdependenten Staatensystem ausgesprochen günstig.

So unübersehbar Entwicklungstendenzen sind, die die internationale Vormachtstellungen der USA schwächen, so sollten diese Trends aber auch nicht überzeichnet werden. Auch wenn die Vereinigten Staaten ihre Haushaltsdefizite abbauen und von der japanischen Industriepolitik lernen müssen, ist ihre gegenwärtige Weltmachtposition mit derjenigen Großbritanniens gegen Ende des 19. Jahrhunderts kaum vergleichbar. Denn auch nach dem Kursverfall des Dollar wird das amerikanische Bruttosozialprodukt um etwa 50 Prozent größer bleiben als das japanische.[22] Die anhaltende Einwanderungswelle stellt der amerikanischen Gesellschaft zudem leistungs- und lernwillige Arbeitskräfte zur Verfügung. Die USA und Europa profitieren ferner von ihrem Außenhandel mit Japan, insbesondere von den japanischen Technologieerfolgen. Kurzum: Amerikas Stärke bleibt — wenn auch mit Abschwächungen — in einer überschaubaren Zukunft — "einzigartig multidimensional".[23] So ist es wahrscheinlich, daß die USA ihre führende Weltmachtrolle zwar behaupten, Japan aber die zweite Position aufgrund seines Außenhandels, seiner Investitionen und seiner Entwicklungshilfe einnehmen wird — vorrangig in Asien, aber zunehmend sichtbar in der ganzen Welt — als *wirtschaftliche Weltmacht, politische Großmacht und militärische Mittelmacht*. Die Triade USA — Japan — Europa bildet den Rahmen dieser Politik.

Japans traditionelle außenpolitische Zurückhaltung war in konfliktarmen Zeitphasen international leichter zu vermitteln, als sich auch andere Staaten auf den Ausbau der eigenen Wirtschaftskraft und des eigenen Militärpotentials konzentrierten. Je krisenhafter aber die internationalen Beziehungen, um so problematischer diese Annahmen der bisherigen Außenpolitik.[24] In einer zunehmend interdependenten internationalen Ordnung muß Japan daher seinen außenpolitischen Standort und die Maximen seiner Außenpolitik neu bestimmen.[25] Denn die Anforderungen an das Management der internationalen Beziehungen werden komplexer. Vier Methoden bieten sich für das *Management der Interdependenz* an[26]: 1. Vorrangstellung einer Führungsmacht (Hegemon), 2. internationale Regime, die das Handeln der Staaten durch einen Satz von Regeln festlegen, 3. Politikkoordination (internationale Zusammenarbeit) und 4. Reziprozität als System von Vergeltungsmaßnahmen und -strategien jedes einzelnen Staates. Im Rahmen einer internationalen Ordnung, die auf eine Stärkung der Vereinten Nationen und anderer internationaler Organisationen bedacht ist und im Rahmen der Triade Europa — USA — Japan scheiden der erste und vierte Weg aus. Die Verbesserung der internationalen Zusammenarbeit durch *Politikkoordination* in internationalen Organisationen und die *Stärkung internationaler Regime* bieten sich als Lösungswege an.

Nach dem Verlust der wirtschaftlichen Hegemonialposition der USA kann sich das internationale System in drei Richtungen entwikeln: Es kann eine neue Hegemonialmacht an die Stelle der alten treten; die führenden Mächte stabilisieren das internationale System durch gemeinsam getragene internationale Regime; das internationale System zerfällt in Blöcke, die durch regionale Führungsmächte und separate Regime mit regionaler Reichweite gekennzeichnet sind.[27] In der Auseinandersetzung mit der auf Japan bezogenen Untergangsprognose von Bill *Emott* ist zu Recht darauf hingewiesen worden, daß sich die internationale Ordnung auf der Grundlage der Triade nicht zu einer Pax Americana oder Pax Nipponica, sondern zu einem multipolaren System wandelt. Die 90er Jahre werden damit zu einem „Zeitalter der großen Regulierung der Beziehungen“ (Sekai teki daichōsei no jidai).[28] Japan fällt dabei insbesondere eine wichtige Vermittlerrolle zwischen Industrie- und Entwicklungsländern zu. Die Zukunftsperspektive Asiens ist somit weder eine Pax Americana, noch eine Pax Nipponica, noch eine Pax America-Nipponica[29]: Eine Pax Americana ist zwar in strategischer Hinsicht denkbar, stellt aber die wirtschaftlichen und technologischen Schwächen der amerikanischen Führungsmacht nicht ausreichend in Rechnung. Umgekehrt wäre eine Pax Nipponica zwar wirtschaftlich und technologisch vorstellbar, entbehrt aber der strategischen Basis. Eine Pax America-Nipponica wiederum (*Nichibei*) setzt eine weitgehend wirtschaftlich-technologische und außenpolitische Geschlossenheit der beiden Pazifikmächte voraus, die in einer überschaubaren Zukunft wegen unterschiedlicher ökonomischer, technologischer und soziokultureller Interessenlagen nicht zu erwarten ist.

Der Einfluß, den die Wirtschafts- und Technologieerfolge Japans auf das internationale System ausüben, weist ja gerade auf die Schwächen der herkömmlichen Betrachtung der internationalen Beziehungen hin.[30] Ein neues politisch-ökonomisches Modell, das die traditionellen ökonomischen und politikwissenschaftlichen Theorien nicht hinreichend erfassen können, verändert die Struktur des internationalen Systems durch seine unmittelbaren wirtschaftlichen und außenpolitischen Wirkungen und seine zunehmende Verbreitung (insbesondere bei Schwellenländern). Weder die Theorie der internationalen Beziehungen noch die ökonomische Theorie vermögen die Veränderungen des internationalen Systems als Folge dieser politischen Organisationsstruktur ausreichend zu erfassen. Mit anderen Worten: Je mehr Nachahmer das Modell des „*strategischen Pragmatismus*" findet, um so größere Gewinne für Wohlstand und Frieden sind international zu erwarten.

Das Machtvakuum, das der Übergang von der Bipolarität zur Polyarchie nach dem Ende des Ost-West-Konflikts in Asien geschaffen hat, legt eine Verringerung des damit verbundenen Sicherheitsdilemmas durch eine Überwindung des bisher von den Vereinigten Staaten in Asien und im Pazifik bevorzugten Bilateralismus nahe.[31] Ausgangspunkt eines *multilateralen Sicherheitsnetzwerks* könnte dabei die Asia-Pacific-Economic Cooperation (APEC) sein, die Japan stärker politisch an die ASEAN-Staaten anbinden kann. In einer zunehmend polyzentrischen und interdependenten Welt ist daher die *Pax Consortis* der vielversprechendste Bezugsrahmen der japanischen Außenpolitik: Nicht ein einzelner Akteur dominiert, sondern Koalitionen unterschiedlicher Partner. Japans Außenpolitik kommt im Rahmen dieser Konzeption eine dreifache Aufgabe zu: Durch das Instrumentarium seiner Wirtschaftsdiplomatie kann Japan neue Koalitionen bilden und alte Interessengegensätze abbauen. Indem es seine Wirtschaftshilfe an nachweisbaren Rüstungsabbau sowie an die Einhaltung von Waffenstillstandsabkommen bindet und den Aufbau antinuklearer Verteidigungssysteme fördert, wird Japan einen globalen Beitrag zur Friedenssicherung leisten. Auf dieser Grundlage kann es schließlich auch seine regionale Führungsrolle als Moderator asiatischer Interessen wirksamer wahrnehmen.

Diese Konzeption einer *Pax Consortis* wird insbesondere von Politikwissenschaftlern in der Debatte um die posthegemoniale Stabilität des internationalen Systems, vom früheren stellvertretenden MITI-Minister Shinji *Fukukawa* sowie Beamten des Gaimushō vertreten.[32] Sie steht keineswegs im Widerspruch zu den pazifistischen Grundströmungen des Landes. Ihre Umsetzung steht und fällt jedoch mit einer zentralen strategischen Voraussetzung: dem weiteren Abbau der Nuklearpotentiale und weitreichenden Fortschritten konventioneller Rüstungskontrolle. Noch befindet sich die japanische Außenpolitik in einer langwierigen Übergangsphase von der Pax Americana zur Pax Consortis. In dieser Phase geht die japanische Regierung daran, ihrer Außenpolitik ein klareres Profil und eine größere Reichweite zu geben.

Japan wird seinen Anspruch auf einen ständigen Sitz im Sicherheitsrat der Vereinten Nationen nur dann mit Erfolg vertreten können, wenn es sich künftig auf der Grundlage des PKO-Gesetzes in größerem Umfang an Friedenssicherungsmaßnahmen der UN beteiligt.[33] Mit seinem Engagement bei der Überwachung des Waffenstillstands in Kambodscha hat Japan einen wichtigen Schritt in dieser Richtung unternommen.[34] Weitere Aufgaben globaler Reichweite bestehen in der Mitwirkung beim Aufbau einer internationalen Registratur des Waffenhandels, im Ausbau des eigenen personellen Engagements in den UN, in der Weltbank, im Internationalen Währungsfond und in der Uruguay-Runde des GATT.

Diese Politik wird aber nur dann überzeugen, wenn sie durch entsprechende konzeptionelle und haushaltspolitische Weichenstellungen untermauert wird. Zu Recht hat die „US-Japan Commission on the 21st Century" Japan aufgefordert, den Anteil seiner internationalen Leistungen am Bruttosozialprodukt künftig von 2 auf 3 Prozent aufzustocken.[35] Dieser Aufbau würde vor allem der Entwicklungshilfe, PKO-Maßnahmen der UN, dem internationalen Umweltschutz und der Handlungsfähigkeit der internationalen Organisationen zugutekommen. Für diese aktive Außenpolitik müssen aber zuvor die strategischen und organisatorischen Voraussetzungen im Amt des Premierministers und im Außenministerium geschaffen werden.

Auch weiterhin gilt für die wirtschaftliche Weltmacht Japan: Das eindrucksvolle Gewicht der wirtschaftlichen und technologischen Ressourcen kann die Entwicklung einer stimmigen Außenpolitik nicht ersetzen. Hieran aber mangelt es; denn gegenwärtig „... treibt Japan in einem Meer diplomatischer Ungewißheit".[36] Die timide Außenpolitik der Vergangenheit, die fehlende Vergangenheitsbewältigung im Dialog mit den asiatischen Nachbarn und die pazifistische Grundhaltung der eigenen Bevölkerung, vor allem aber Korruption und innenpolitischer Immobilismus machen die Formulierung einer solchen Politik nicht gerade leicht. Auch wegen der tiefsitzenden Angst seiner Nachbarn wird Japan seine größere internationale Verantwortung für Frieden und Sicherheit nur in enger globaler Partnerschaft mit den Vereinigten Staaten und im Rahmen einer engeren sicherheitspolitischen Kooperation mit seinen Partnern in Asien und im Pazifik wahrnehmen können.

„Die Macht eines Staates besteht ... keineswegs nur in der Summe der statistisch nachweisbaren Ressourcen, sondern sie wird erst dann eine tatsächliche Kraft, wenn die Bereitschaft, der Wille und die politische Fähigkeit zu ihrer Anwendung bestehen".[37]. Diese allgemeine, die internationale Stellung des vereinigten Deutschland kennzeichnende Aussage trifft auch auf Japan zu. Auch für den fernöstlichen Technologiestaat kommt es darauf an, die neue internationale Verantwortung einer gestärkten Position mit der Nachkriegstradition der eigenen Außenpolitik in Übereinstimmung zu bringen. Nur so kann es Japan gelingen, Frieden und Wohlstand in einer Welt im Umbruch durch neue politische, wirtschaftliche und kulturelle Beiträge in Zusammenarbeit mit seinen Partnern zu fördern.

Anmerkungen:

1 Vgl. Dieter *Buhl*, Weltmacht auf tönernen Füßen, in: Die Zeit, 26. Oktober 1990, S. 1.
2 Vgl. Henry *Grunwald*, The Second American Century, in: Time, 8. Oktober 1990, S. 46-51.
3 Vgl. Helga *Haftendorn*, Außenpolitische Prioritäten und Handlungsspielraum, a.a.O., S. 33.
4 In Anlehnung an Helga *Haftendorn*, Außenpolitische Prioritäten ..., a.a.O., S. 34.
5 Vgl. Wolfram F. *Hanrieder*, Compatibility and Consensus: A Proposal for the Conceptual Linkage of External and Internal Dimensions of Foreign Policy, in: American Political Science Review, 1967, vol. 61, S. 971-982; zur Kritik vgl. im gleichen Heft: James N. *Rosenau*, Compatibility, Consensus, and an Emerging Political Science of Adaptation, S. 983-988.
6 Vgl. Edward J. *Lincoln*, Japan in the 1990s. A New Kind of World Power, in: The Brookings Review, Spring 1992, S. 12-17.
7 Vgl. Joseph N. *Nye*, Kurt *Biedenkopf*, Motoo *Shiina*, a.a.O., S. 62 / 63.
8 Vgl. Henrik *Schmiegelow* / Michèle *Schmiegelow*, How Japan affects the international system, in: International Organisation, vol. 44, 1990, No. 4, S. 553-588.
9 Vgl. Kent *Calder*, Japanese Foreign Economic Policy Formation: Explaining the Reactive State, in: World Politics, vol. 40, 1988, S. 517-541.
10 Vgl. Takshi *Inoguchi*, Japan's International Relations, London 1991, S. 3.
11 Vgl. hierzu auch: Marie *Söderberg*, Japan's Military Export Policy, Stockholm 1986, S. 170 f.
12 Michèle *Schmiegelow* / Henrik *Schmiegelow*, Strategic Pragmatism: Japanese Lessons in the Use of Economic Theory, New York 1989, S. 12.
13 Gunnar *Myrdal*, Asian drama, New York 1968.
14 Vgl. Saburō *Okita*, Approaching the 21st Century: Japan's Role, Tokyo 1990, S. 141 ff.
15 Vgl. *ders.*, a.a.O., S. 226.
16 Vgl. Junjiro *Ōtsuka*, Taigai masatsu to Nihon no sentaku (Friction and Japan's Choice), in: Kokusai kankei kenkyō, vol. 12, Nr. 2, Dezember 1991, S. 1-26; siehe hierzu auch im gleichen Heft die Beiträge von Saburō *Satō*,, Kokusai kōken to Nihon no sekimu (Recent International Situations and Japan's Responsibilities), S. 87-105; Teruyuki *Noritake*, kokusai kikō o tsōjite kokusai kokyō rieki no jitsugen to taigai masatsu no kaishō (How Can Japan Realize International Public Interests through International Organizations), S. 185-241.
17 Vgl. Tadao *Takubo*, Japan hält seine internationalen Zusagen nicht, in Sekai Shōhō, 17.4.1990, S. 3, zit. nach: Joachim *Glaubitz* / Thilo Graf *Brockdorff* (Hrsg.), Zur Außen- und Sicherheitspolitik Japans, Folge 1990 / 2, Ebenhausen 1990, S. 7.
18 Vgl. Beitrag Fred C. *Iklé*, in: Zur Außen- und Sicherheitspolitik Japans, F. 1990 / 2, a.a.O., S. 21.
19 Vgl. Robert A. *Scalapino*, The United States and Asia, in: Foreign Affairs, Winter 1991 / 92, S. 19-40.
20 Vgl. Helmut *Schmidt*, Understandig the 1990s. Some thoughts from Europe, in: *Keizai Koho Center*, Speaking of Japan, September 1990, vol. 11, Nr. 117, S. 20-24.
21 Vgl. Takashi *Inoguchi*, Japan's Politics of Interdependence, in: Government and Opposition, vol. 25, Nr. 4, 1990, S. 419-437.
22 Vgl. Bill *Emmott*, The Sun also Sets: Why Japan Will not be Number One, London 1989, S. 257 ff.

23 Samuel *Huntington*, The U.S. — Decline or Renewal, in: Foreign Affairs, vol. 67, Nr. 2, 1988 / 89, S. 90.

24 Vgl. Akira *Irie*, Nihon no gaikō, Die Außenpolitik Japans, a.a.O., Tōkyō 1966.

25 Vgl. Hiroaki *Fujii*, Japan's Foreign Policy in an Interdependent World, in: Japan Review of International Affairs, vol. 3, Nr. 2, 1989, S. 119-144.

26 Vgl. Yoshinobu *Yamamoto*, Kokusaiteki sōgōizon (Internationale Interdependenz), Tōkyō 1989.

27 Vgl. Ulrich *Menzel*, Japan und der asiatisch-pazifische Wirtschaftsraum. Tendenzen wachsender Regionalisierung und Hierarchisierung, in: Hanns W. *Maull* (Hrsg.), Japan und Europa nach dem Ende des Kalten Krieges, Bonn 1992.

28 Vgl. K. *Suzuki*, Nihon no kokusaiteki yakuwari to rakujitsuron (Japans internationale Rolle und die Theorie der untergehenden Sonne), in: Tōkyō keizai, 11.-18.8.1990, S. 35.

29 Vgl. Takashi *Inoguchi*, Asia and the Pacific since 1945: A Japanese Perspective, in: Robert H. Taylor (Hrsg.), Asia and the Pacific, Vol. 2, New York / Oxford 1990, S. 917 ff.

30 Vgl. Henrik *Schmiegelow*, Michèle *Schmiegelow*, How Japan affects the international system, a.a.O., S. 585 ff.

31 Vgl. Ernst-Otto *Czempiel*, Die USA und Asien, in: Aus Politik und Zeitgeschichte, B 27 / 92, 26. Juni 1992, S. 3-11.

32 Vgl. Takashi *Inoguchi*, Four Japanese Scenarios for the Future, in: International Affairs, Vol. 65, No. 1, Winter 1988 / 89, S. 22; *ders.*, Japan's Global Role in a Multipolar World, in: Shafiqul *Islam* (Hrsg.), Yen for Development. Japanese Foreign Aid and the Politics of Burden-Sharing, New York 1990, S. 11-26.

33 Vgl. *Institute for the Study of Diplomacy* (School of Foreign Service, Georgtown University), Japan's Future Global Role, Washington D. C., June 1992, S. 9

34 Vgl. *Ministry of Foreign Affairs*, Japan, Seven Questions and Answers Regarding the Law Concerning Cooperation for United Nations Peace-keeping Operations and Other Operations (International Peace Cooperation Law), Tokyo, July 1992.

35 Vgl. *Institute for the Study of Diplomacy*, a.a.O., S. 13 f.

36 Barry *Hillenbrand*, The Two Giants Stir and Stretch, in: Time, 27. Januar 1991, S. 23 (Übersetzung Verf.).

37 Karl *Kaiser*, Deutschlands Vereinigung. Die internationalen Aspekte, Bergisch Gladbach 1991, S. 125.

Anhang

7.1 Index japanischer Begriffe

Amakudari	Berufliche Tätigkeit hoher Ministerialbeamter nach der Pensionierung in der Wirtschaft
Anzen hoshō jōyaku	Sicherheitsvertrag mit den USA
Beikokumushō no Nihon shibu	„japanische Unterabteilung des amerikanischen Außenministeriums“
Bōei keikaku no taikō	Verteidigungsplanung
Busshuhon	Telefongespräch mit Präsident Bush (ironisch)
Chihō no jidai	regionales Zeitalter
Daisaisho shuji	„Großkanzlersystem“
Endaka	starke Aufwertung des Yen
Gaiatsu	„Auswärtiger Druck“
Gaikō no ichigenka	Bündelung außenpolitischer Zuständigkeiten
Gaikō no tagenka	Aufteilung der Zuständigkeiten in der Außenpolitik
Gaikōseisaku	Außenpolitik
Gaikō seisho	Diplomatisches Blaubuch
Gaimushō	Außenministerium
Gikan	Spezialisten, Experten, Fachbeamte
Gunji taikoku	militärische Großmacht
Gyōsei shidō	Empfehlungen des MITI („administrative guidance“)
Hakuchū	gleichgewichtige Kräftekonstellation (zwischen LDP und Opposition)
Hansei	bedauernde Rückschau, Selbstkritik, Reflexion
Hatabako seisan kumiai	Tabakverband
Heininhōshiki	SDF-Beteiligung an PKO (Peace Keeping Operations der UNO) im Rahmen des üblichen Dienstes
Hikaku sangensoku	Drei Antinuklearprinzipien
Hokubeikyoku	„North American Affairs Bureau“ des Außenministeriums
Iken gōhō ron	verfassungswidrig, aber durch Gesetze legimitiert
Ikkoku heiwashugi	Pazifismus in einem Land
Itakuhōshiki	SDF-Beteiligung an PKO als „Sonderauftrag“
Jikibō	Verteidigungsplan (für die nächste Planungsperiode)
Jimintō	Liberaldemokratische Partei (LDP)
Jimukan	Generalisten, Administratoren

Jōyakukyoku	Vertragsbüro im Außenministerium
Kaikoku	offenes Land / Öffnung des Landes (1854)
Kanbōchōkan	Kabinettsekretär
Keidanren	Wirtschaftsverband
Keizai gaikō	Wirtschaftsdiplomatie
Kembei	„Verachtung für Amerika"
kenryoku no nijū kōzō	doppelte Machtstruktur
Kibishii gunjijōsei	„schwierige militärische Situation"
Kokueki	nationales Interesse
Kokumushō kasumigaseki-bekkan	„Kasumigaseki-Abteilung des amerikanischen Außenministeriums"
Kokuren chūshin shugi	UN-orientierte Außenpolitik (UN-Zentrismus)
Kokusaika	Internationalisierung
Kōmeitō	Partei für eine saubere Regierung
Kyōi taikō gata	Gegenbedrohungsmodell
Kyōsantō	Kommunistische Partei Japans (KPJ)
Minshatō	Demokratisch-Sozialistische Partei (DSP)
Nemawashi	Aushandeln, informelle Konsensfindung
Nichibei heiwa	Pax America-Nipponica
Nōkyō	Nationaler Verband der Landwirtschaftsgenossenschaften
Ōkina koku bokan	„großer Flugzeugträger" (aus Festland bestehend)
Ōkurashō	Finanzministerium
Omiyage	Gastgeschenke, Mitbringsel
Oya-bun Ko-bun	Eltern-Kind-Beziehung
Rengō	Gewerkschaftsbund
Rengō-Sangiin	Abgeordnete des Gewerkschaftsbundes im Oberhaus
Rinji gyōsei kaikaku suishin shingikai	Außerordentlicher Ausschuß zur Förderung von Verwaltungsreformen
Ryōshin no kaishin	„Bekehrung des Gewissens"
Sakoku	abgeschlossenes Land
Seikei bunri	Trennung von Politik und Wirtschaft
Sekai ni kōken suru	Leistung eines internationalen Beitrages
Sekai teki daichōsei no jidai	„Zeitalter der großen Regulierung der Beziehungen"
Shakai Minshu Rengō	Sozialistischer Bürgerbund (Shaminren)
Shakaitō	Sozialistische Partei Japans (Social Democratic Party of Japan, SDPJ)
Shigen gaikō	Ressourcendiplomatie
Shōnin kokka	Handelsstaat
Shudanteki jieiken	kollektives Selbstverteidigungsrecht
Seisaku kōsō fōramu	„Forum for Policy Innovation" (Forum für Politikinnovation)
Sengo no kessan	umfassende Bewältigung der Nachkriegszeit
Senshu bōei	ausschließlich defensive Verteidigung
Sōgō anzen hoshō	umfassende Sicherheit
Sōgō shōsha	große Handelshäuser
Taigaiseisaku	Außenpolitik (orientiert an internationalen Beziehungen)

Taisei shingishitsu	Beratende Kommission für Außenpolitik
Tōkō kantei	Vorrang der Partei — Unterordnung der Bürokratie
Dōkyorigaikō	Außenpolitik immer gleicher Distanz
Tōseichōkai	Koordinierungsausschüsse der Parteien
Uchi naru kokusaika	Japans Internationalisierung
Waga gaikō no kinkyō	„Zur Lage unserer Diplomatie"
Yon shōchōkyōgi taisei	Entscheidungsfindungssystem der vier Ministerien (Gaimushō, Finanzen, MITI, EPA)
Zenhōi gaikō	allseitige Außenpolitik
Zenhōi heiwa gaikō	Friedenspolitik nach allen Seiten
Zenkoku nōkyō chūeikai	nationaler Bauernverband
Zoku	innerparlamentarische Interessengruppen

7.2 Literaturverzeichnis

Dokumente

Defense Agency, Defense of Japan, Tokyo 1977.
—, Summary of „Defense of Japan", Tokyo 1987.
—, Defense of Japan, Tokyo 1988.
—, Summary of „Defense of Japan 1988", Tokyo 1989.
—, Defense of Japan, Tokyo 1989.
—, Outline of Japan's Defense Budget for Fiscal Year 1989, Foreign Press Center Japan, Tokyo 1989.
—, Defense of Japan, Tokyo 1991.
—, Bōei hakusho 1990 nenpan (Verteidigungsweißbuch 1990), Tokyo 1990.
—, Bōei hakusho 1991 nenpan (Verteidigungsweißbuch 1991), Tokyo 1991.
—, Bōei hakusho 1992 nenpan (Verteidigungsweißbuch 1992), Tokyo 1992.
Economic Planning Agency, Economic Management within a Global Context, Tokyo 1988.
—, Implementation, Status and Prospects for the „Economic Management within a Global Context", Tokyo 1989.
—, Government of Japan, Economic Outlook and Basic Policy. Stand of Economic Management for Fy 1990, Tokyo 22. Dezember 1989.
—, The Government of Japan, The Economic White Paper (Summary), Tokyo 8. August 1989.
—, Economic Outlook 1990, Tokyo 1990.
—, Economic Survey of Japan (1991-1992), Tokyo, 28. Juli 1992.
—, Government of Japan, Economic Outlook and Basic Policy. Stand of Economic Management for F.Y. 1990, Tokyo, 22. Dezember 1989.
—, Monthly Economic Report, Tokyo, Juli 1990.
Fair Trade Commission / Japan Views, Information and Opinion from the Fair Trade Commission of Japan, No 4., Januar 1989.
Foreign Press Center Japan, Press Guide, Vol. Xv, No.5, 1990: Developments in the Japan-Us Trade Talks.
—, Policy Speech by Prime Minister Toshiki Kaifu to the 121st Session of the National Diet, Tokyo, 5. 8. 1991.

Forum For Policy Innovation (Seisaku Kōsō Fōramu), Towards Harmony of the New World System: Japan must transform itself to be an International
Moderator, Policy Proposal No. 24, Tokyo, Januar 1990.
F.P.C. Press Release, Grant-in-aid to The Gambia for Increased Food Production, No. 0625-10, Tokyo 17. Oktober 1990.
—, Grant-in-Aid for the People's Democratic Republic of Ethiopia for Increased Food Production, Tokyo 16. Oktober 1990.
Gaimushō (Außenministerium), Economic Cooperation: Present Situation and Prospects: the North-South Problem and Development Assistance, Tokyo 1978.
—, Diplomatic Bluebook 1986 Edition, Tokyo 1986.
—, Foreign Policy Speech by Tadashi Kuranari, Minister of Foreign Affairs to the 108th Session of the National Diet, Tokyo 1987.
—, Japan's Northern Territories, Tokyo 1987.
—, Economic Cooperation: Present Situation and Prospects: the North-South Problem and Development Assistance, Tokyo 1988.
—, Japan, Diplomatic Bluebook 1989. Japan's Diplomatic Activities, Tokyo 1989.
—, Public Opinion Poll, Foreign Press Center Japan, Tokyo 1989.
—, Diplomatic Bluebook 1990, Provisional Translation, Tokyo 1990.
—, The Japan-Soviet Relations (Toward the Visit of Soviet President Gorbachev to Japan), Tokyo, December 1990.
—, Japan's Official Development Assistance, 1989 Annual Report, Tokyo 1990.
—, Summary of 1990 White Paper on ODA, Tokyo 1990
—, Public Opinion Survey in the U.S. on Japan, Foreign Press Center Japan, Tokyo April 1990.
—, Keizaikyōryoku kyoku (Amt für wirtschaftliche Zusammenarbeit), Wagakumi-no seifu kaihatsu enjo (ODA-Weißbuch), Tokyo 1991.
—, Japan's Global Initiatives, Tokyo 1991.
—, Reaching Out. Japan's Global Initiatives, Tokyo 1991.
—, Diplomatic Bluebook 1991. Japan's Diplomatic Activities, Tokyo 1991.
—, Economic Cooperation Bureau, Outlook of Japan's Economic Cooperation, Tokyo 1991.
—, Japan's ODA Guidelines in Relation to Military Expenditures and Other Matters of the Developing Countries, Tokyo 1991.
—, Japan's Official Development Assistance, 1991 Annual Report, Tokyo 1992.
—, Package of Economic Measures, Tokyo, 28. August 1992.
—, Seven Questions and Answers Regarding the Law Concering Cooperation for United Nations Peace-keeping Operations and Other Operations, Tokyo, Juli 1992.
House of Councillors, Interim Report of Research on Foreign Affairs and Comprehensive National Security, Tokyo, June 1990.
—, Investigation Committee on Foreign Affairs and Comprehensive National Security, Interim Report of Research on Foreign Affairs and Comprehensive National Security, Tokyo 1991.
Institut Der Deutschen Wirtschaft, Internationale Wirtschaftszahlen 1989, Köln 1989.
—, Internationale Wirtschaftszahlen 1990, Köln 1990.
International Institute for Strategic Studies, The Military Balance 1987-1988, London 1987.
—, The Military Balance 1987-1988, London 1988.
—, The Military Balance 1988-1989, London 1989.
—, The Military Balance 1990, London 1990
—, The Military Balance 1991-1992, London 1991.

—, Strategic Survey 1991-1992, London 1992.
Internationaler Währungsfond (IWF), Jahresbericht für das Finanzjahr 1987, Washington D.1. 1987.
Japanese Government, Science and Technology Agency, White Paper on Science ans Technology 1991, Tokyo 1991.
Japan's ODA Outlook, No. 44, September 1991.
Japan External Trade Organization, Handly Facts on Ec-Japan Economic Relations, Tokyo 1986.
—, White Paper on International Trade, Japan 1991, Tokyo 1991.
Japan Forum On International Relations, The Policy Recommendations on „Japan's Response to the Changing Soviet Union", Tokyo, April 1991.
Japan International Cooperation Agency, Annual Report 1988, Tokyo 1988.
—, Japan's Technical Assistance and JICA-Performance, Tokyo 1988.
—, Japan's Official Development Assistance (ODA) to Africa, Japanese-German Center Berlin, Berlin 29. Nov.-2. Dez. 1989.
—, JICA at a Glance, Tokyo 1989.
Japan International Cooperation Agency, Annual Report 1991, Tokyo 1991.
Jiyūminshutō yakushokumei, LDP, List of Key Officials, Tokyo o.J.
Kaifu, Toshiki, Ansprache vor der Japanisch-amerikanischen Gesellschaft von Georgia
in Atlanta, USA, in: Neues aus Japan, Nr. 329, Juli / August 1990, S. 3.
Keizai Koho Center (Hrsg.), Developing Human Resources to Cope with Restructuring, in: Kkc Brief, No. 53, Oktober 1989, S. 1-5.
— (Hrsg.), Japan 1991. An International Comparison, Tokyo 1991.
Kunugi, Tatsuro / Suzuki, Yuji, Gaikō sōgōanzenhōhōsho-ni kansuru chōsa hokoku (Chūkan hokoku) (Zwischenbericht der Untersuchungskommission des Oberhauses zur Untersuchung der Außen- und Sicherheitspolitik), Tokyo 1991.
Management And Coordination Agency, Administrative Inspection Bureau (Sōmuchō gyōsei kanshikyku), ODA no genjitsu to kadai (Aufgaben und gegenwärtige Situation der ODA, Tokyo 1989, 2. Auflage.
Ministry of International Trade and Industry, Economic Security of Japan 1982, Tokyo 1982.
—, The Present State and Problems of Economic Cooperation 1986 (Summary) Tokyo 1987.
—, White Paper on International Trade 1989, Tokyo 1989.
—, The Present State and Problems of Japan's Economic Cooperation 1988 (Summary), Tokyo, May 1989 (Foreign Press Center).
—, Japan's Economic Cooperation 1989. Present State and Problems, Foreign Press Center of Japan, Tokyo, May 1990.
—, Außenhandelsstatistik 1990, Tokyo 1991.
—, Japanese Direct Investment Abroad, Tokyo 1991.
—, White Paper on International Trade 1991, Tokyo 1991.
MITI Overseas Public Affairs Office, News from MITI. Recent Trends in Japan's Trade, Tokyo Oct. 1989.
Nakayama, Taro, Minister of Foreign Affairs of Japan, Statement at the 45th Session of the General Assembly of the United Nations, Un, New York, 25. September Delivered by Delegates of Japan during the 45th Session of the General Assembly of the United Nations, Tokyo 1991, S. 1-21.
Presse- und Informationsamt der Bundesregierung, Bulletin, Nr. 77, Bonn, 11. Juli 1992.
—, Bulletin, Nr. 82, Bonn, 23. Juli 1992.

Prime Ministers Office, Public Opinion Survey on Diplomacy, Foreign Press Center Japan, Tokyo Juli 1987.
—, Public Opinion Survey on Diplomacy, Foreign Press Center Japan, Tokyo April 1989.
—, Public Opinion Survey on Society and State, Foreign Press Center Japan, Tokyo, Juli 1989.
—, Public Opinion Survey on Japan‘s Peace and Security, Foreign Press Center, Tokyo 1989.
—, Public Opinion Survey on Diplomacy, Tokyo, April 1990.
—, Public Opinion Survey in the US on Japan, Tokyo, April 1990.
—, Gekkan yoron chōsa (Monatliche Meinungsumfrage), Tokyo April 1990.
—, Management and Coordination Agency, Government of Japan, Basic Princples of Japanese External Policy, Tokyo 1991.
—, Public Opinion Survey on Japan‘s Foreign Relations, Tokyo 1992.
—, Public Opinion Survey on Japan‘s Foreign Relations, Tokyo 1992.
—, Gekkan yoron chōsa, gaikō (Monatliche Meinungsumfrage: Auswärtige Beziehungen), Tokyo 1992.
Shakaitō (Hrsg.), Gekkan seisaku shiryo (Bericht über die 120. Sitzungsperiode des Parlaments), Tokyo Juni 1991
—, Kokuren heiwa kyoryoku kiko setchi taiko (Strukturen der Kooperation mit der UN in Friedensangelegenheiten), in: Gekkan Shakaitō, Januar 1991, S. 57 ff.
—, Gekkan seisaku shiryo, Tokyo, 1. Juli 1991: Kokusai rengo no heiwaiji katsudo nado ni taisuru kyoryoku ni kansuro horitsu an (Gesetzentwurf zur Kooperation mit den Pko der UN), in: dies., Gekkan seisaku shiryo, Tokyo 1991, S. 21-30
The Japan Institute of International Affairs, White Paper of Japan 1989-90, Tokyo 1991.
The Overseas Economic Cooperation Fund (OECF), Annual Report 1991, Tokyo 1991.
US State Department, US-Japan Security Relations. Japan‘s Host Nation Support, Washington D.C. 1992.

Selbständige Veröffentlichungen

Akao, Nobutoshi, Japan‘s Economic Security. Resources as a Factor in Foreign Policy, London 1983.
Alves, Dora (Hrsg.), New Perspectives for US-Pacific Security Strategy. The 1991 Pacific Symposium, Washington, D.C., 1992.
Amaya, Naohiro, The International Trade Policy of Japan, Tokyo 1982.
Aoki, Takeshi, Taiheiyō no seiki to Nihon (Japan und das pazifische Zeitalter), Tokyo 1985.
Arnold, Walter (Hrsg.), Japan‘s Foreign Relations: A Global Search for Economic Security, Boulder / London 1985.
Aruga, Tadashi u.a. (Hrsg.), Kōza kokusai seiji No. 4 Nihon no gaikō, Tokyo daigakai shuppankai 1989 (Vorlesungen zur Außenpolitik Nr. 4 Japans Außenpolitik), Verlag der Universität Tokyo 1989.
Association for Promotion of International Cooperation, A Guide to Japan’s Aid, Tokyo 1982.
Badke de Guimet, Kirsten, Japans wirtschaftliche Beziehungen zu den ASEAN-Staaten — Handelsverflechtungen, Direktinvestitionen und Entwicklungshilfe, Münster 1991 (Magisterarbeit).
Balassa, Bela / Marcus Noland, Japan in the World Economy, Washington D.C. 1988.
Barnett, Robert W., Beyond War: Japan‘s Concept of Comprehensive National Security, Washington D.C. / New York 1984.

Barry, Brian (Hrsg.), Power and Political Theory. Some European Perspectives, London u.a. 1976.
Baumeister, Matthias: Die Antwort der ASEAN-Staaten auf die Expansionspolitk Japans in der Nachkriegszeit, Bochum 1981.
Bean, R. Mark, Cooperative Security in Northeast Asia. A China-Japan-South Korea Coalition Approach, Washington D.C. 1990.
Bedeski, Robert E., The Fragile Entente. The 1978 Japan-China Peace Treaty in a Global Context, Boulder (Col.) 1983.
Bellers, Jürgen, Ist die Bundesrepublik Deutschland ein „Handelsstaat"? Historische und sozialwissenschaftliche Analysen zu Bestimmungsfaktoren der deutschen Außenwirtschaftspolitik seit 1949, Münster 1989 (Manuskript).
—, Japans außenwirtschaftliche Entwicklung und Außenwirtschaftspolitik seit 1870, Münster 1989 (Manuskript).
—, Außenwirtschaftspolitik und politisches System, Münster 1991 (Manuskript).
Beyme, Klaus von u.a. (Hrsg.), Politikwissenschaft. Eine Grundlegung, Bd. III: Außenpolitik und Internationale Politik, Stuttgart 1987.
Bingman, Charles F., Japanese Government Leadership and Management, New York 1989.
Blaker, Michael, Japanese International Negotiating Style, New York 1977.
Boeck, Andreas (Hrsg.), Internationale Beziehungen, München 1984.
Boyd, Gavin / Hopple, Gerald W. (Hrsg.), Political Change and Foreign Policies, London 1987
Bracher, Karl-Dietrich / Funke, Manfred / Schwarz, Hans-Peter (Hrsg.), Deutschland zwischen Krieg und Frieden. Beiträge zur Politik und Kultur im 20. Jahrhundert, Bonn 1990.
Büscher, Reinhard / Jochen Homann, Japan und Deutschland. Die späten Sieger, Zürich / Osnabrück 1990.
Calder, Kent E., Crisis and Compensation. Public Policy and Political Stability, Princeton (N.J.) 1988.
— (Hrsg.), Japan in the Global Political Economy: International Commitments and Domestic Implementation, New York 1990.
Carter, Jimmy / Nakasone, Yasuhiro, Ensuring Alliance in an Unsure World. The U.S.-Japan Global Partnership in the 1990s, Tokyo, September 1991.
Cassen, Robert / Jolly, Richard u.a. (Hrsg.), Rich Country Interests and Third World Development, London 1982.
Chapman, J.W.M. / Drifte, J. / Gow, I.T.M.: Japan's Quest for Comprehensive Security. Defence — Diplomacy — Dependence, London 1983.
Charlesworth, James C. (Hrsg.), Contemporary Political Analysis, New York 1967.
Cho, Hae Kyoung, South Korea's Relations with Japan. 1951 to 1987: From Hostility to Accomodation, The University of Tennessee 1988 (Diss.).
Cohen, Stephen / Zysman, John, Coordinating International Economic Strategy, Washington D.C. 1985.
Cohen, Stephen, Cowboys and Samurai. Why the United States Is Losing the Industrial Battle and Why It Matters, New York 1991.
Cooc, Alvin D., / Conroy, Hilary (Hrsg.), China and Japan. Search for Balance Since World War I, Santa Barbara (Cal.) 1978.
Czempiel, Ernst-Otto, Internationale Politik. Ein Konfliktmodell, Paderborn u.a. 1981.
— / Schweitzer, Carl-Christoph, Weltpolitik der USA nach 1945. Einführung und Dokumente, Bonn 1989 (3. Aufl.).

—, Machtprobe. Die USA und die Sowjetunion in den achtziger Jahren, München 1989.

Destler, I.M. / Sato, Hideo / Clapp, Priscilla / Fukui, Haruhiro: Managing an Alliance. The Politics of U.S.-Japanese Relations, Washington D.C. 1976.

Destler, I.M. / Sato, Hideo (Hrsg.), Coping with U.S.-Japanese Economic Conflicts, Lexington (Mass.) / Toronto 1982.

Deutsch, Karl W., Analyse internationaler Beziehungen. Konzeption und Probleme der Friedensforschung, Frankfurt a.M. 1968.

Deutsches Institut für Japanstudien (Hrsg.), Jahrbuch 1991, Tokyo 1992.

Deutsch-Japanisches Wirtschaftsförderungsbüro (Hrsg.), Japanwirtschaft, Nr. 3 / 89, Düsseldorf 1989.

Dower, J.: Empire and Aftermath. Yoshida Shigeru and Japanese Experience 1878-1954, Tokyo 1979.

Draguhn, Werner (Hrsg.), Die wirtschaftliche Position der Bundesrepublik Deutschland in ausgewählten asiatisch-pazifischen Ländern. Gegenwärtiger Stand, Konkurrenz und Perspektiven, Hamburg 1987.

Drifte, Reinhard, Sicherheit als Faktor der japanischen Außenpolitik 1945-1952, Bochum 1981.

—, Arms Production in Japan. The Military Applications of Civilian Technology, Boulder / London 1986.

—, Japan's Rise to International Responsibilities. The Case of Arms Control, London 1990.

—, Japan's Foreign Policy, London 1990.

—, Japan's Rise to International Responsibilities. The Case of Arms Control, London / Atlantic Highlands (NY) 1990.

Dullweber, Karin, Die Entwicklungspolitik Japans als Instrument japanischer Sicherheitsinteressen, Münster 1991 (Magisterarbeit).

East, Maurice A. / Salmore, Stephen A. / Hermann, Charles F., Why Nations Act. Theoretical Perspectives for Comparative Foreign Policy Studies, Beverley Hills / London 1978.

Edwin O. Reischhauer Center for East Asian Studies, The United States and Japan 1990: A New World Environment. New Questions, Tokyo 1990.

—, The United States and Japan in 1991. Discord or Dialogue?, Tokyo 1991.

—, The United States an Japan in 1992: A Quest for New Roles, Tokyo 1992.

El-Agraa, Ali M.: Japan's Trade Frictions. Realities or Misconceptions?, London 1988.

Ellison, Herbert J., Japan and the Pacific Quadrille. The Major Powers in East Asia, Boulder / London 1987.

Emmerson, John K. / Humphreys, Leonard A.: Will Japan Rearm? A Study in Attitudes, Washington D.C. 1973.

Emmott, Bill, The Sun also Sets: Why Japan will not be Number One, London 1989.

Erbe, Susanne u.a., Die Entwicklungspolitik wichtiger OECD-Länder. Eine Untersuchung der Systeme und ihrer außenwirtschaftlichen Implikationen, Hamburg 1985.

Feld, Werner J., American Foreign Policy, New York 1984.

Ferris, Wayne H., The Power Capabilities of Nation-states. International Conflict and War, Lexington (Mass.) / Toronto / London 1973.

Foljanty-Jost, Gesine / Park, Sung Jo / Seifert, Wolfgang (Hrsg.), Japans Sozial- und Wirtschaftsentwicklung im internationalen Kontext, Frankfurt / New York 1981.

Foljanty, Gesine (Hrsg.), Japans Sozial- und Wirtschaftsentwicklung im internationalen Kontext, Berlin 1983

Frei, Daniel / Ruloff, Dieter, Handbuch der weltpolitischen Analyse. Methoden der Praxis, Beratung und Forschung, Diessenhofen 1984.

Frost, Ellen L., The New U.S.-Japan Relationsship, Tokyo 1990.
Fukugawa, Shinji, Nijuisseki: Nihon no Sentaku, Tokyo 1990.
Gilpin, Robert, War and Change in World Politics, Cambridge (Mass.) 1981.
—, The Political Economy of International Relations, Princetown 1987.
Glaubitz, Joachim, Japan im Spannungsfeld zwischen China und der Sowjetunion, Ebenhausen 1976.
—, Die Außen- und Sicherheitspolitik Japans. Grundlagen und Ansätze einer Neuorientierung, Ebenhausen 1973, 2. Folge 1975, 3. Folge 1976, 4. Folge 1978.
—, Zum Stand der sicherheits- und verteidigungspolitischen Diskussion in Japan, Ebenhausen 1981.
—, Japan im Spannungsfeld zwischen China und der Sowjetunion, Ebenhausen 1976.
—, Die Sowjetunion und Japan 1980-1983, Köln 1983.
—, Japan und seine pazifischen Nachbarn. Zur japanischen Außen- und Sicherheitspolitik, Ebenhausen 1984.
—, Außen- und Sicherheitspolitik Japans. Übersetzungen ausgewählter japanischer Texte, Ebenhausen 1988.
—, Fremde Nachbarn: Tokyo und Moskau. Ihre Beziehungen vom Beginn der 70er Jahre bis zum Ende der Sowjetunion, Baden-Baden 1992.
— / Brockdorff, Thilo Graf, Zur Außen und Sicherheitspolitik Japans, Folge 1990 / 1, Ebenhausen 1990.
Göbel, Andreas, Die Japanischen Selbstverteidigungsstreitkräfte und die Bundeswehr, Nagoya / Bochum 1990 (Seminararbeit), Manuskript.
Haftendorn, Helga (Hrsg.), Theorie der Internationalen Politik. Gegenstand und Methoden der internationalen Beziehungen, Hamburg 1975.
Halberstam, David, Das 21. Jahrhundert. Japan und Europa. Die neuen Zentren der Macht, München 1991.
Hamaguchi-Klenner, Makiko, The China Images of Japan's Conservatives. Analysis of Interviews and Statements by LDP Politicians, Hamburg 1981.
Hammitzsch, Horst (Hrsg.), Japan-Handbuch, Wiesbaden 1981.
Hanabusa, Masamichi, Trade Problems between Japan and Western Europe, London 1979.
Handbuch für internationale Zusammenarbeit, Die Entwicklungshilfe Japans — Vergabegrundsätze und Institutionen, Mai 1989.
Hax, Karl, Japan. Wirtschaftsmacht des Fernen Ostens, Opladen 1961.
Hax, Karl u.a. (Hrsg.), Pacific Cooperation from the Japanese and the German Viewpoint, Berlin 1990.
Heiduk, Günter (Hrsg.), Japan als führende Wirtschaftsmacht in einem zukünftigen Weltwirtschaftszentrum, Baden-baden 1985.
Hellmann, Donald C., Japan and East Asia. The New International Order, London 1972.
Hermann, Charles F. / Kegley, Charles W. jr. / Rosenau, James (Hrsg.), New Directions in the Study of Foreign Policy, Boston 1987.
Hirschman, Albert O., National Power and the Structure of Foreign Aid, Berkeley 1945.
Hishida, Seiji G., The International Position of Japan as a Great Power, New York 1968, 2. Aufl.
Hofmann, Michael, Japans Entwicklungspolitik, Berlin 1984.
Holland, Harrison M., Managing Defuse: Japan's Dilemma, Lanham / New York / London 1988.
Holsti, K.J., The Dividing Discipline. Hegemony and Diversity in International Theory, 2. Aufl., Boston 1987.

—, International Politics. A Framework for Analysis, Englewood Cliffs (N.J.) 1983, 4. Auflage.
Holstein, William J., The Japanese Power Game. What It Means for America, New York / Toronto 1988.
Hook, Glenn D., Language and Politics. The Security Discourse in Japan and the United States, Tokyo 1986.
—, Militarization in Contemporary Japan: Erosion of Anti-militaristic Principles, Australian National University Peace Research Centre, Working Paper No. 50, Canberra 1988.
—, Language and Politics. The Security Discourse in Japan and the United States, Tokyo 1986.
Horii, Akinari, US-Japan Relations in the Current Global Political-economic-landscape, International Institute for Global Peace, Iigp Policy Paper, Tokyo, Dec. 1989.
Hummel, Hartwig, Japanische Blauhelme: Von der Golfkriegsdebatte zum „PKO-Gesetz", Inef-report, Heft 3, Duisburg 1992.
Inogi, Masamichi, Hyoden Yoshida Shigeru, Tokyo 1981.
Inoguchi, Takashi / Daniel J. Okimoto (Hg.), The Political Economy of Japan, Vol. 2, The Changing International Context, Stanford (Cal.) 1988.
Inoguchi, Takashi, Japan's International Relations, London 1991.
Institute For The Study Of Diplomacy (School of Foreign Service Georgetown University), Japan's Future Global Role, Washington, D.C., Juni 1992.
Institute Of East Asian Studies, University of California Berkeley (Hrsg.), The Japanese Challenge and the American Response. A Symposium, Berkeley (Cal.) 1982.
Irie, Akira, Shin Nihon no gaikō (Japans neue Außenpolitik), Tokyo 1991.
—, Nihon no gaikō (Die Außenpolitik Japans), Tokyo 1966.
Irish, Marian D. und Frank, US Foreign Policy, New York 1975.
Ishihara, Shinta / Morita, Akio: The Japan that Can Say No. The New U.S.-Japan Relations Card, Kobunsha. Kappa-Holmes (Nicht autorisierte englische Übersetzung des Japanischen Originals).
Ishikawa, Kenjiro, Japan and the Challenge of Europe 1992, London / New York 1990.
Islam, Shafiqul (Hrsg.), Yen for Developments. Japanese Foreign Aid and the Politics of Burden Sharing, New York 1990.
Jacobsen, Harold K. / Dusan Sidjanski (Hg.), The Emerging Industrial Economic Order, Beverley Hills (Cal.) 1982.
Jansen, Maurius B. (Hrsg.), Studies in the Institutional History of Early Modern Japan, Princeton 1968.
Japan Center For International Exchange, Japan and Thailand. Historical Persepctive and Future Directions, Tokyo 1987.
— (Hrsg.), Half Empty or Half Full? Europe and Japan and their Cooperation in an Interdependent World, Tokyo 1987.
— (Hrsg.), Japan and Europe in an Interdependent World, Tokyo 1988.
Japan Echo Inc. / Foreign Press Center Japan, Currents. 100 Essential Expressions for Understanding Changing Japan, Tokyo 1988.
Japan Economic Institute, JEI-report, Washington, D.C., August 28, 1992.
Japanisch-Deutsches Zentrum Berlin, EC '92 and Pacific 21. Possibilities and Problems of Closer Cooperation. European and Pacific Viewpoints, Berlin, September 1989.
Japanisches Forschungszentrum für Politische Maßnahmen (Hrsg.), Saraba „Ketsudan naki kokka". Sokatsu Wangan senso (Lebwohl: „Staat ohne Entscheidung!" — Zusammenfassung des Golfkrieges), Tokyo 1991.

Japan External Trade Organization, A History of Japan's Postwar Export Policy. Japanese Experience, Tokyo 1983.
Johnson, Alexis / Packard, George R. (Hrsg.), The Common Security Interests of Japan, the United States and Nato, Cambridge (Mass.) 1981.
Johnson, Chalmers, MITI and the Japanese Miracle. The Growth of Industrial Policy, 1925-1975, Stanford (Cal.) 1982.
Jones, Walter S., The Logic of International Relations, 6. Aufl., Glenview (Ill.) u.a. 1988.
Kaiser, Karl / Schwarz, Hans-Peter, Weltpolitik. Strukturen — Akteure — Perspektiven, Bonn 1987, 2. Aufl.
Kaiser, Karl, Deutschlands Vereinigung. Die internationalen Aspekte, Bergisch Gladbach 1991.
Kajima, Morinosuke, Modern Japan's Foreign Policy, Rutland (Vermont) / Tokyo 1969
—, Geschichte der Japanischen Außenbeziehungen, Hrsg. in der Zusammenarbeit mit dem Kajima-Friedensforschungsinstitut (Kajima Heiwa Kenkynjo) von Horst Hammitzsch, 3 Bde., Tokyo 1976, 1979, 1980.
Kataoka, Tetsuya, The Price of a Constitution. The Origins of Japan's Postwar Politics, New York 1991.
Kataoka, Tetsuya / Myers, Ramone H., Defending an Economic Superpower: Reassuring the US-Japan Security Alliance, Boulder (Col.) 1989.
Katzenstein, Peter J. (Hrsg.), Between Power and Plenty. Foreign Economic Policies of Advanced Industrial States, Madison (Wisc.) 1977.
Kegley, Charles W. / Wittkopf, Eugene R., World Politics. Trend and Transformation, New York 1981.
Kelman, Herbert C. (Hrsg.), International Behavior, New York 1965.
Kennan, George F., Japanese security and American Policy, New York 1964.
Kennedy, Paul, The Rise and Fall of the Great Powers. Economic Change and Military Conflict from 1500 to 2000, London / Sidney 1988.
Keohane, Robert O. / Nye, Joseph S., Power and Interdependence. World Politics in Transition, 2. Aufl., Boston / Toronto 1988.
Keohane, Robert O., After Hegemony. Cooperation and Discord in the World Political Economy, Princeton N.J. 1984.
Kesavan, K. V., Contemporary Japanese Politics and Foreign Policy, London 1989.
Kevenhörster, Paul, Wirtschaft und Politik in Japan. Interessengruppen, politische Meinungsbildung und wirtschaftspolitische Entscheidungen, Wiesbaden 1973.
—, Das politische System Japans, Opladen 1969.
—, Computerized Policy. Information Processing in the Japanese Government, Hamburg 1980.
—, Uppendahl, Herbert, Gemeindedemokratie in Gefahr? Zentralisierung und Dezentralisierung lokaler Demokratie als Herausforderungen in Japan und der Bundesrepublik Deutschland, Baden-Baden 1987.
—, Politik und Gesellschaft in Japan, Mannheim u.a. 1993.
Kimura, Keizo, Vorträge 1989-1991, Bonn 1991.
Kindermann, Gottfried-Karl (Hrsg.), Grundelemente der Weltpolitik. Eine Einführung, München 1981, 2. Aufl.
Kindleberger, Charles P., Foreign Trade and the National Economy, New Haven 1962.
Knorr, Klaus, Power and Wealth, Princeton 1973.
— / Verba, Sidney (Hrsg.), The International System. Theoretical Essays, Princeton (N.J.) 1969, 5. Auflage.

Koh, B.C., Japan's Administrative Elite, Berkeley 1989.
Komo, Takehiko, Japan: Struggling Between Continuity and Change, Paper, APSA 1992 Annual Meeting, Chicago, September 3-6, 1992.
Korte, Karl-Rudolf, Nippons neue Vasallen? Die Japanpolitik der Europäischen Gemeinschaft, Bonn 1984.
Kyogoku, Junichi, The Political Dynamics of Japan, Tokyo 1987.
—, Nihon no seiji, Tokyo 1987.
Langdon, Frank C., Japan's Foreign Policy, Vancouver 1973.
— / Ross, Douglas A. (Hrsg.), Superpower Maritime Strategy in the Pacific, London / New York 1990.
Laumer, Helmut, Die Direktinvestitionen der Japanischen Wirtschaft in den Schwellenländern Ost- und Südostasiens, München / Köln / London 1984.
Lee, Chae-Jin, Japan Faces China. Political and Economic Relations in the Postwar Era, Baltimore / London 1976.
Lee, Chong-Sik, Japan and Korea. The Political Dimension, Stanford (Cal.) 1985.
Lemper, Alfons (Hrsg.), Japan in der Weltwirtschaft: Die Beziehungen Japans zu den Weltreligionen, Hamburg 1974.
Lerch, Hubert, Die japanische bilaterale Entwicklungspolitik am Beispiel Afrikas. Von den sechziger Jahren bis heute, München 1984.
Lincoln, Edward J., Japan's Unequal Trade, Washington D.C. 1990.
Lockwood, William W., The State and Economic Enterprise in Japan, Princeton (N.J.) 1965.
Lörcher, Siegfried, Wirtschaftsplanung in Japan 1955-1969. Ein Beitrag zur Theorie staatlicher Makroplanung, Göppingen 1971.
Loth, Wilfried, Die Teilung der Welt, München 1989, 7. Auflage.
Lozoy, Jorge A. / Bhattacharya, A.K. (Hrsg.), Asia and the New International Economic Order, New York u.a. 1981.
Lynch, William R., Japan's defence policy: forecast and implications, Lawrence (Kans.) 1979.
Maeda, Tetsuo, Bokutachi no guntai = Busoshita Nihon o kangaeru, Tokyo 1988.
Maier, Hans / Ritter, Klaus / Matz, Ulrich (Hrsg.), Politik und Wissenschaft, München 1971.
Mansfield, Mike, Nihon hodo juyo-na kuni wa nai. No Country More Important, Trials in a Maturing Japan-U.S. Relationship, Tokyo 1980.
Marlin-Bennett, Renée / Rosenblatt, Alan / Wang, Jianxin, The Visible Hand: The United States, Japan, and the Management of Trade Disputes, 1989 Annual Meeting of the American Political
Maswood, Syed Javed, Japan and Protection. The Growth of Protectionist Sentiment and the Japanese Response, London / New York 1989.
Maul, Heinz-Eberhard (Hrsg.), Militärmacht Japan? Sicherheitspolitik und Streitkräfte, München 1991.
Maull, Hanns W. (Hrsg.), Japan und Europa nach dem Ende des Kalten Krieges, Bonn 1993.
May, Bernhard, Japans Neue Entwicklungspolitik. Entwicklungshilfe und Japanische Außenpolitik, München 1989.
Mayer, Hans-Jürgen, Die Japanisch-sowjetischen Beziehungen 1956-1973 / 74. Bestimmungsfaktoren und Interaktionen. Analyse einer latenten Konfrontation, Hamburg 1985.
McCall Rosenbluth, Frances, The Domestic Politics of Internationalization in Japan: Shifting Coalitions and Institutional Adjustiment, Paper, APSA 1992 Annual Meeting, Chicago, September 3-6, 1992.

McIntosh, Malcolm, Japan Re-armed, London 1986.
Mcmillan, Charles J., The Japanese Industrial System, Berlin / New York 1989, 2. Aufl.
Mendel, Douglas H. Jr., The Japanese People and Foreign Policy. A study of public opinion in post-treaty Japan, Berkeley 1961.
—, Issues in Japan's China Policy, London 1978.
Mendel, Wolf, Western Europe and Japan between Superpowers, London / New York 1984.
Menzel, Ulrich (Hrsg.), Im Schatten des Siegers: Japan, Bd. 3, Ökonomie und Politik, Frankfurt / M. 1988.
Meyers, Reinhard, Grundbegriffe, Strukturen und theoretische Perspektiven der internationalen Beziehungen, Münster 1990, Manuskript.
—-, De rotae reinventione opusculus, Münster 1990 (Manuskript).
Miyake, Masaki (Hrsg.), Sengo sekai to Nihonsaigunbi. Showashi no gunbun to seiji, Bd. 5, Tokyo 1983.
Morhardt, Jürgen M.H., Wirtschaftliche Sicherheit und Politik in Japan. Ein Faktor in der Konzeption der Japanischen Außen- und Sicherheitspolitik, Hamburg 1989.
Mushakoji, Masahide, Kokusaiseiji to Nihon 1967 (Japan und die internationale Politik), Tokyo 1967.
Mushakoji, Kinhide, A note on trilateral crisis diplomacy. The irritants in Japan-U.S.-E.C. Relations, Tokyo 1974.
Nagel, J.H., The Descriptive Analysis of Power, New Haven 1975.
Nakasone, Yasuhiro / Satō, Seizaburō / Yasusuka, Murakami / Susumu, Nishibe, Kyōdō kenkyū „Reisen igo" (Gemeinsame Forschung „Nach dem Kalten Krieg"), Tokyo 1992.
Nester, William, The Foundation of Japanese Power. Continuities, Changes, Challenges, Basingstoke (N.Lt.) 1990.
—-, Japan's Growing Power over East Asia and the World Economy: Ends and Means, London 1990.
—-, Japanese Industrial Targeting: the Neomerkantilist Path to Economic Superpower, London 1991.
Newland, Kathleen (Hrsg.), The International Relations of Japan, London 1990.
Nishihara, Masashi, Die Sicherheit Ostasiens und die trilateralen Länder. Ein Bericht an die Trilaterale Kommission, Bonn 1986.
Nitz, Kiyoko Kurusu, Perception, Attitudes and Images: A Study of Japanese Foreign Policy Behavior, Ann Arbor (Mich.) 1973.
Nuscheler, Franz: Japans Entwicklungspolitik. Quantitative Superlative und qualitative Defizite, Hamburg 1990.
Nye, Joseph: Bound to Lead, New York 1991.
—-/ Biedenkopf, Kurt / Shiina, Motoo, Globale Kooperation nach dem Ende des Kalten Krieges: eine Neueinschätzung des Trilateralismus. Ein Task-force-Bericht an die Trilaterale Kommission, Bonn 1992.
Ochi, Hisashi, Der außenpolitische Entscheidungsprozeß Japans. Der zur Normalisierung der Beziehungen zwischen Japan und der Volksrepublik China führende politische Entscheidungsprozeß, München 1982.
Oh, Kie-Pyung, The United Nations and Contemporary Japan's Foreign Policy, Univ. of Minnesota, Ph. Diss, 1971.
Ohmae, Kenichi, Triad Power, New York 1985.
—-, Beyond National Borders. Reflections on Japan and the World, Tokyo 1987.
Okazaki, Hisahiko, A Japanese view of Detente, Toronto / London 1974.
—-, A Grand Strategy for Japanese Defense, Langham / New York / London 1986.

Okita, Saburo, Approaching the 21st Century: Japan's Role, Tokyo 1990.
Olsen, Edward A., U.S.-Japan Strategic Reciprocity. A Neo-Internationalist View, Stanford (Cal.) 1986.
Orr, Robert M., U.S.-Japan Relations and Foreign Aid, Tokyo 1987 (Ms.).
—-, The Emergence of Japan's Foreign Aid Power, New York 1990.
Overholt, William H., Japan's emerging world role, Croton on Hudson (N.Y.) 1974.
Ozaki, Robert S. / Arnold, Walter (Hrsg.), Japan's Foreign Relations: A global search for economic security, Boulder (Col.) 1985.
Pauker, Guy J., A Personal View of the Multipolar World: US, USSR, Japan, China, and Western Europe, Santa Monica (Cal.) 1973.
Petri, Peter A., Modeling Japanese-American Trade. A Study of Asymmetric Interdependence, Cambridge (Mass.) / London 1984.
Pohl, Manfred (Hrsg.), Japan 1986/87. Politik und Wirtschaft, Hamburg 1987.
—- (Hrsg.), Japan 1987/88. Politik und Wirtschaft, Hamburg 1988.
—- (Hrsg.): Japan 1990/91. Politik und Wirtschaft, Hamburg 1991.
—- (Hrsg.): Japan 1991/92. Politik und Wirtschaft, Hamburg 1992.
Preusse, Heinz Gert, Zur Außenwirtschaftspolitischen Bedeutung der internationalen Handelsverflechtung Japans und der Bundesrepublik Deutschland, Göttingen 1982.
Reed, Robert F., The US-Japan Alliance: Sharing the Burden of Defense, Washington D.C. 1983.
Rix, Alan, Japan's Economic Aid. Policy-making and Politics, London 1980.
Robertson, Myles L.L., Soviet Policy Towards Japan. An Analysis of Trends in the 1970s and 1980s, New York 1988.
Rosecrance, Richard, The Rise of the Trading State, New York 1986.
—-, Der neue Handelstaat, Frankfurt a.M. 1988.
Rosenau, James N., The Scientific Study of Foreign Policy, New York / London 1971.
—- / Davis, Vincent / East, Maurice A. (Hrsg.), The Analysis of International Politics, New York / London 1972.
Rozman, Gilbert, Japan's Response to the Gorbachev Era, 1985-1991. A Rising Superpower Viewes a Declining One, Princeton (N.J.) 1992.
Sagrowske, Susanne, Die Japanisch-amerikanischen Beziehungen seit 1961 — Bestandsaufnahmen und Perspektiven, Westfälische Wilhelms-Universität Münster 1990 (Magisterarbeit).
Saito, Shiro, Japan and the Summit. Its Role in the Western Alliance and in Asian Pacific Co-Operation, London / New York 1990.
—-, Japan at the Summit. Its Role in the Western Alliance and in Asian Pacific Cooperation, London / New York 1990.
Sakamoto, Yoshikazu / Ward, Robert (Hrsg.), Nihon to Nishidoitsu, Tokyo 1989.
Sanderson, Fred, Industrialized World, Washington D.C. 1990.
Sato, Ryuzo / Nelson, Juliane, Beyond Trade Friction: Japan-us Economic Relations, Cambridge 1989.
Scalapino, Robert A. (Hrsg.), The Foreign Policy of Modern Japan, Berkeley / Los Angeles / London 1977.
Schellhorn, Kai, Krisen-Entscheidung. Der geheime außenpolitische Entscheidungsprozeß zur Bombadierung Nord-Vietnams 1964/65, München 1974.
Schmidt, Helmut, Menschen und Mächte, Berlin 1990.
Schmiegelow, Michèle, Japans Antwort auf Krise und Wandel in der Weltwirtschaft, Hamburg 1988.

Schmitter, Philipp C. / Lehmbruch, Gerhard (Hrsg.), Trends toward Corporatist Intermediation, London 1979.

Schoppa, Leonard J., Gaiatsu and the Japanese Policy Process: The Role of U.S. Pressure in Shaping Policy Decisions Related to the Structural Impediments Initiative, Paper, APSA 1992 Annual Meeting, Chicago, September 3-6, 1992.

Seitz, Konrad, Die Japanisch-amerikanische Herausforderung. Deutschlands Hochtechnologie-Industrien kämpfen ums Überleben, Stuttgart / München / Landsberg 1990.

Senghaas, Dieter, Europa 2000. Ein Friedensplan, Frankfurt a.M. 1989.

Shiels, Frederick L., Tokyo and Washington. Dilemmas of a mature alliance, Lexington 1980.

Sigur, Gaston J. / Kim, Young C., Japanese and U.S. Policy in Asia, New York 1982.

Snyder, Richard C. / Bruck, H.W. / Kapin, Burton (Hrsg.), Foreign Policy Decision Making. An Approach to the Study of International Politics, Glencol (kl.) 1962.

Söderberg, Marie, Japan's Military Export Policy, Stockholm 1986.

Solomon, Richard A. / Kosaka, Masataka, The Soviet Far East Military Buildup. Nuclear Dilemmas and Asian Security, London / Sidney 1986.

Son, Alexis / Packard, George R. (Hrsg.), The Common Security Interests of Japan, the United States and Nato, Cambridge (Mass.) 1981.

Sumi, Kazuo, ODA — Enjo-no genjitsu (Der gegenwärtige Zustand der ODA), Tokyo 1990, 2. Aufl.

Takubo, Tadae / Inoki, Masamichi / Ishibashi, Masashi / Chuma, Kyofuku / Murakami, Kaoru, Japan's Defense Debate, Tokyo 1986.

Taylor, Robert, China, Japan and the European Community, London 1990.

Tsoukalis, Loukas / White, Maureen (Hrsg.), Japan and Western Europe. Conflict and Cooperation, London 1982.

Tsuji, Kiyoaki, Nihon kanryōsei no kenkyū (Forschung zur Japanischen Bürokratie), Tokyo 1952.

—, Public Administration in Japan, Tokyo 1984.

Tsurutani, Taketsugu, Japanese Policy and East Asian Security, New York 1981.

Turner, Charlie G., Japan's Dynamic Efficiency on the Global Market. Trade, Investment and Economic Growth, New York / Westport / London 1991.

Watanuki, Joji, Politics in Postwar Japanese Society, Tokyo 1977.

Watts, William u.a., Japan, Korea and China. American Perceptions and Policy, Lexington (Mass.) / Toronto 1979.

Watts, William, The United States and Japan. A Troubled Partnership, Cambridge / Mass. 1984.

Weinstein, Martin E., Japan's Postwar Defense Policy, 1947-1968, New York / London 1971.

Welfield, John, An Empire in Eclipse. Japan in the Postwar American Alliance System. A Study in the Interaction of Domestic Politics and Foreign Policy, London / Atlantic Highlands (N.J.) 1988.

Weltbank, Jahresbericht 1989, Washington D.C. 1989.

Whiting, Allen S., China eyes Japan, Berkeley 1989.

Wilkenfeld, Jonathan (Hrsg.), Conflict Behavior and Linkage Policies, New York 1973.

Wilkinson, Endymion, Misunderstanding. Europe versus Japan, Tokyo 1981.

Wissenschaftliche Dienste des Bundestages, Die Entwicklungspolitik Japans in den 80er Jahren, Bonn 1991.

Wolferen, Karel von, Vom Mythos der Unbesiegbaren: Anmerkungen zur Weltmacht Japan, München 1989.

Woronoff, Jon, Politics. The Japanese Way, Tokyo 1986.
Woyke, Wichard (Hrsg.), Netzwerk Weltpolitik. Großmächte, Mittelmächte und Regionen und ihre Außenpolitik nach dem Zweiten Weltkrieg, Opladen 1989.
—, Stand und Perspektiven der Europäischen Integration, Münster 1990 (Manuskript).
Yamamoto, Yoshinobu, Kokusaiteki sōgō izon (Internationale Interdependenz), Tokyo 1989.
Yasusuka, Murakami / Kosai, Yutaka (Hrsg.), Japan in the Global Community. It's Role and Contribution on the Eve of the 21st Century, Toyko 1986.
Yasutomo, Dennis T., Japan and the Asian Development Bank, New York 1983.
—-, The Manner of Giving: Strategic Aid and Japan's Foreign Policy, Lexington (Mass.) 1986.

Aufsätze

Agarwal, Jamuna P., Europäische Direktinvestitionen in Ostasien — ein internationaler Vergleich, in: Die Weltwirtschaft, 124, 1988, Heft 1, S. 138-149.
Akaha, Tsuneo, Japan's Security Policy After US Hegemony, in: Millennium, Vol. 18, No. 3, 1989, S. 435-454.
Alexandrow, V. / Arsengev, V., USSR-Japan: 30 Years Since the Restoration of Diplomatic Relations, in: Far Eastern Affairs, Moskau 1987, S. 43.
American Embassy Tokyo, Remarks by the Ambassador Michael H. Armacost to the Japan-american Society. New York, June 27, 1991.
Asai, Motofuni, Democracy an Unintended Victim, in: Japan Quarterly, Vol. 37, Nr.1, 1990, S. 7.
Baek, Jong-Chun / Rhee, Seonghan: Arms Control and Future, in: The Journal of East Asian Studies, Vol. V., No. 2, Summer / Fall 1991, S. 373-401.
Baker, James A., III, The United States and Japan: Global Partners in a Pacific Community, in: Japan Review of International Affairs, Vol. 6, 1992, Special Issue, S. 3-15.
Barnds, William J., Japan and the United States. Challenges and Opportunities, New York 1979.
Böttcher, Siegfried, The Integration of Japan into the World Economy and its Meaning for Germany, in: Intereconomics July / August 1983, S. 166-171.
Bowen, Roger W., Japan's Foreign Policy, in: Political Science & Politics, Vol. Xxv, No. 1, 1992, S. 57-73.
Bridges, Brian, Japan and Korea: Closer Neighbours?, in: Asian Affairs, Vol. 23, II, Juni 1992, S. 153-160.
Calder, Kent E., Japanese Foreign Economic Policy Formation: Explaining the Reactive State, in: World Politics, Vol. 40, 1988, S. 517-541.
—, Japan in 1991. Uncertain Quest for a Global Role, in: Asian Survey, Vol. 32, No. 1, Januar 1992, S. 32-41.
Caspary, Sigrun, Japan und China. Neue Aspekte einer alten Freundschaft, in: Japanmagazin, September 1990, S. 22-25.
Czempiel, Ernst-Otto, Die USA und Asien, in: Aus Politik und Zeitgeschichte, B 27 / 92, 26. Juni 1992, S. 3-11.
Chiba, Kazuo, „Wie können die außenpolitischen Funktionen Japans erhöht werden?", in: Gaiko forum, Nr. 32, Mai 1991, S. 59-66.
Dahl, Robert, The Concept of Power, in: Behavioral Science, Vol. 2 / 1957, S. 201-215.
Delfs, Robert, Sense or Sensibilty, in: Far Eastern Economic Review, 25. April 1991, S. 52.

Den, Hitoki, The Politics of Power: Top-down Government, in: Tokyo Journal, Vol.5, No. 12, 1986, S. 11-12.
Diehl, Günter, Japan und die Bundesrepublik am Vorabend des Europäischen Binnenmarktes, in: Asien, Nr. 32, Juli 1989, S. 70-79.
Doi, Takako, A Japan That Can Say Sorry, in: New Perspectives Quarterly, Vol. 7, No. 8, 1990, S. 13/14.
Drifte, Reinhard, Die aktuelle japanische Verteidigungsdiskussion im Lichte der Golfkrise, Vortrag im Forschungsinstitut der Deutschen Gesellschaft für Auswärtige Politik, Bonn, 15. November 1990.
—, Japan und Nordkorea probieren die Annäherung, in: Japan aktuell, 15.2.1991, S. 6-8.
—, Die aktuelle japanische Verteidigungsdiskussion im Lichte der Golfkrise, in: Japaninfo, 12. Jg., 4.2.1991, Nr. 2, S. 17; Teil Ii, in: Japaninfo, 12. Jg., Nr. 3, 25.2.1991.
—, Manifestationen japanischer Macht in der internationalen Politik, Jahrestagung der Vereinigung für sozialwissenschaftliche Japanforschung, Loccum, 6.-8. November 1992 (Manuskript)
Eto, Shinkichi: Evolving Sino-Japanese Relations, in: Journal of International Affairs, Vol. 37, 1983, S. 49-65.
Falkenheim, Peggy Levine, Moscow and Tokyo: Slow Thaw in Northeast Asia, in: World Policy Journal, Vol. Viii, No. 1, Winter 1990-91, S. 159-180.
Far Eastern Economic Review, Japan's New Gospel, 17. Mai 1990, S. 13.
Freudenstein, Roland, Japan und das neue Europa, in: Europa-Archiv, Folge 21, 1990, S. 639-650.
—, Unterschiedliche Ansätze in der Japan-Politik der wichtigsten EG-Staaten, Vortrag im Forschungsinstitut der Deutschen Gesellschaft für Auswärtige Politik, Bonn, 15. November 1990.
Fukatsu, Masumi, Doi Takako Tackles the Obstacles to Power, in: Japan Quarterly, Vol. 37, Nr. 1, 1990, S. 24-30.
Fujii, Hiroaki, Japan's Foreign Policy in an Interdependent World, in: Japan Review of International Affairs, Vol. 3, Nr. 2, 1989, S. 119-144.
Funabashi, Yoichi, Nihon no gaikō o akutibo ni suru 23 shō (23 Punkte zur Aktivierung der Japanischen Außenpolitik), in: Asahi Gekkan, Nr. 7, 1991, S. 90-97.
—, Japan and the New World Order, in: Foreign Affairs, Vol. 70, No. 5, 1991, S. 58.
—, Where does Japan Fit In?, in: Millennium, Vol. 18, No. 3, 1989, S. 329-341.
Gaiko Forum, Nr. 32, Mai 1991.
Gaiko, Nr. 33, August / September 1990.
Gaiko, Nr. 34, Oktober / November 1990.
Glaubitz, Joachim, Zur Außen- und Sicherheitspolitik Japans, in: Aus Politik und Zeitgeschichte, B 19/88, S. 33-45.
—, Der Japan-Besuch Gorbatschows, in: Asien, Nr. 40, Juli 1991, S. 11f.
Greve, Ingo, Deutsch-Japanische Wirtschaftsbeziehungen: Dialog tut Not, in: Wirtschaftspartner Japan, Hamburg 1985, S. 122-130.
Grossmann, Bernhard, Japan als globale Wirtschaftsmacht, in: Europa-Archiv, Jg. 42, 1987, S. 391-400.
Grunwald, Henry, The Second American Century, in: Time, 8. Oktober 1990, S. 46-51.
Günther, Doris Ines, Ist Gorbatschow reif für die Inseln? in: Japan aktuell, 12. April 1991, S. 6-9.
Haaf, Katrin, Weltwirtschaftliche Bedeutung und weltwirtschaftliche Verantwortung Japans, Bochum 1989 (Seminararbeit), Manuskript.

Haftendorn, Helga, Außenpolitische Prioritäten und Handlungsspielraum. Ein Paradigma zur Analyse der Außenpolitik der Bundesrepublik Deutschland, in: Politische Vierteljahresschrift, 30. Jg., Heft 1, 1989, S. 32.

Hamada, Hideo, Dō naru Pko-hōan (Was wird aus dem Gesetzentwurf zur Pko?), in: Aera, 30. Juli 1991, S. 16 / 17.

—, Sensō ni senmetsusareta Nihon seiji (Die vom Krieg vernichtete japanische Politik), in: Aera, Nr. 11, 12.3.1991, S. 17-19

Hane, Kanji, Was heißt „Japan-Corporation", in: Japaninfo, 11.jg., Nr. 9, 2. Juli 1990, S. 15-18.

Hanrieder, Wolfram F., Compatibility and Consensus: A Proposal for Conceptual Linkage of External and Internal Dimensions of Foreign Policy, in: American Political Science Review, Vol. 61, 1967, S. 971-982.

Hasegawa, Tsuyoshi, Arms Control in Asia: Framework and Issues, Japan-US Joint Study on the Soviet Union, Conference Iv, Occasional Paper No. 11, Tokyo 1988.

Hasaka, Shigezo, Posto Kaifu wa kono futari (Nach Kaifu diese beiden), in: Asahi Gekkan, Vol. 3, No. 2, 1991, S. 48-54.

Hayashi, Sadayuki: European „Resurrection". The Challenges for Japan-EC Relations in an Integrated Europe, in: Speaking of Japan, January 1990, S. 16-21.

—, The Japanese and German Positions in International Economic Policy — Similarities and Differences, in: Hax, K. u.a. (Hrsg.), Pacific Cooperation from the Japanese and the German Viewpoint, Berlin 1990.

Helleiner, Eric, Money and Influence: Japanese Power in the International Monetary and Financial System, in: Millennium. Journal of International Studies, Vol. 18, No. 3, 1989, S. 343-358

Hellmann, Donald C., Japanese Politics and Foreign Policy: Elitist Democracy Within an American Greenhouse, in: The Political Economy of Japan, Vol. 2, S. 346.

Herz, Bernhard / Starbatty, Ende der Hegemonie, in: Wirtschaftswoche, Nr. 26, 23. Juni 1989, S. 74-76.

Hewitt, Adrian, Japanese Aid: More than a Rising Sum, in: Multinational Business No. 4 / 1989, S. 18-27.

Hirono, Ryōkichi: Japan's Official Development Cooperation: Performance, Issues and Prospects in the 1990s, in: Japanisch-deutsches Zentrum Berlin, Symposion „The Role of the United Nations in the 1990s, Berlin 1990.

Hirose, Michisada, Seitō to atsuryokudantai (Parteien und Interessenverbände), in: Jurisoto sōgōtokushū. Nihon no seitō, No. 35, 1984, S. 52-56.

Holbrooke, Richard, Japan and the United States: Ending the Unequal Partnership, in: Foreign Affairs, Vol. 70, No. 5, 1991, S. 51.

Holloway, Nigel, Problems of Plenty, in: Far Eastern Economic Review, 10. März 1988, S. 64-69.

Holst, Ole / Richard S. Brody / Robert C. North, International Relations as a Social Science: A Research Approach, in: International Social Science Journal, Vol. 17, 1965, S. 445f.

Hosoya, Chihiro, Relations between the European Community and Japan, in: Journal of Common Market Studies, Vol. 18, 1979 / 80, S. 159-174.

Hüfner, Klaus, ODA Policies of Japan, the FR Germany and the EC- Bi- and Multilateral, in: Japanisch-deutsches Zentrum Berlin, Symposium „The Role of the United Nations in the 1990s', Berlin 1990

Hüttig, Christoph, Die Analyse internationaler Regime. Forschungsprogrammatische „Sackgassen" oder Aufbruch zu neuen Ufern einer Theorie der internationalen Beziehungen?, in: Neue Politische Literatur, Jg. 35, Heft 1, 1990, S. 32-49

Hummel, Hartwig, Sayonara Rüstungsexporte. Die Beschränkung des Rüstungsexports in Japan als friedenspolitisches Modell, in: Tübinger Arbeitspapiere zur internationalen Politik und Friedensforschung, Nr. 12, Tübingen 1989, S. 53-57.

—, „Handelsstaaten" und Rüstungsexporte — Die Rüstungsbeschränkung in Japan und der Bundesrepublik Deutschland im Vergleich, Referat für die Jahrestagung der Vereinigung für sozialwissenschaftliche Japanforschung, Berlin, 4.-6.12.91

Huntington, Samuel, The U.S. — Decline or Renewal, in: Foreign Affairs, Vol. 67, Nr. 2, 1988 / 89.

Ikeda, Tadashi, Japan's International Contribution, in: Japan Review of International Affairs, Vol. 3, Nr. 1, 1989, S. 3-26.

Inada, Juichi, Japan's Aid Diplomacy — Increasing Role for Global Security, in: Japan Review of International Affairs, Vol. 2, No. 1, 1988, 91-112.

—, Japan's Aid Diplomacy: Economic, Political or Strategic, in: Millennium, Vol. 18, No. 3, 1989, S. 400.

Inoguchi, Takashi, Politics of Interdependence, in: Government and Opposition, Vol. 25, Nr. 4, 1990, S. 419-437.

—, Japan's Response to the Gulf Crisis: An Analytical Overview, in: Journal of Japanese Studies, Vol.17, No. 2, 1991, S. 257-273.

—, Japan and Europe: Wary Partners, in: European Affairs, Vol. 1, 1991, S. 54-58.

—, Four Japanese Scenarios for the Future, in: International Affairs, Vol. 65, No. 1, Winter 1988 / 89, S.22.

Inoguchi, Kuniko, Ten Charateristics of the Post-cold-war World, in: Economic Eye, Vol.12, No. 2, 1991, S. 24-26.

Iokibe, Makoto, Nihon gaikō no ishikettei (Entscheidungsfindung in der Japanischen Außenpolitik), in: Asuteion, Nr. 15, 1990, S. 34-48.

Irie, Akira, Japan's Defense Strategy, In: Annals of the American Academy of Political and Social Sciences (AAPSS), Vol. 513, 1991, S. 38-47.

Ishikawa, Kenjiro, Protectionist Plans for Europe's Single Market, in: Economic Eye, Keizai Koho Center, Vol. 11, No.3, 1990, S. 23-27.

Islam, Shada, On the receiving end, in: Far Eastern Economic Review, 24. Mai 1990, S. 64.

Ito, Kenichi: How Ought Japan and Europe Cope with Uni-polarization of US? Meaning of Tripolar Leadership Set-up among Japan, US and Europe in Age of Information Revolution, in: Chuo Koron, Juli 1991 (Summaries of Selected Japanese Magazines, Februar 1992, S. 11-21).

James, Patrick: Neorealism as a Research Enterprise: Toward Elaborated Structural Realism, in: Stanford University — Hoover Institution, International Studies Program, International Working Papers Series I-91-16, Stanford, November 1991

Japan Echo, Global Economic Diplomacy: The View from Tokyo, Vol. Xvii, No. 2, 1990.

Japan Economic Institute, Reforms Eyed for Admission of Japan's Foreign Policy, in: Jeireport, 24. Januar 1992, S. 1-11.

Kamo, Takehiko, Japan's Role in International Politics for the 1990s: Security Concerns in the Asian and Pacific Regions, in: The Korean Journal of International Studies, Vol. 23, No. 1, 1992, S. 37-52.

Kaneko, Fumio, Japanese ODA: Politics of Strategic Assistance, in: Ampo-Japan-Asia Quarterly Review, Vol. 20, No. 11, S. 46-59.

Kakizawa, Koji, In Quest of a New Global Order, in: The Deai, December 1991, S. 2-3.

—, Japan's Security Role, in: The Deai, June 1991, No.9, S. 2 / 3.

Kasler, R.A. / Thompson, W.R.: Global Wars, Public Debts and the Long Cycle, in: The World Politics, Vol. 35, 1983.

Kato, Mutsuki, Proposal for New Creation of „International Cooperation Agency“, in: Chuo Koron, August 1991 (Summaries of Selected Japanese Magazines, Januar 1992, S. 1-14).
Katori, Yasue, Japan-Soviet Relations: Past, Present and Future, in: Japan Review of International Affairs, Vol. 4, No. 2, 1990, S. 127-140.
Kawai, Maso, Principles and Structures of Japanese Development Assistance, Vortrag auf dem Forum on Development Policy 89 in Berlin, 2. Dezember 1989.
Kawamaki, Takashi, America's New Strategy Toward Japan, International Institute for Global Peace, Tokyo, IIGP Policy Paper 78 E, März 1992.
Klenner, Wolfgang, Japan: Umorientierung im Sinne weltwirtschaftlicher Verantwortung, in: Volkswirtschaftliche Korrespondenz der Adolf-weber Stiftung, 27. Jg., Nr. 1, München 1988.
Kobayashi, Keiji, Kanemaru hōchō e no michi wa pari de hajimatta (Der Besuch Kanemarus in Nordkorea begann in Paris), in: Area, No. 51, 12, 1990, S. 25-26.
Kodaki, Toru, Prospects for the Economies of Eastern Europe and Japanese Cooperation, International Institute for Global Peace, Iigp Policy Papers Tokyo, Juli 1990
Kohama, Hirohisa, „Self-Help Efforts“ and Development. Japan's Development Experience and Ecomomic Cooperation Policy, Vortrag auf dem Forum on Development Policy 89 in Berlin, 2. Dezember 1989.
Koppel, Bruce / Michael Plummer, Japan's Ascendancy as a Foreign Aid Power. Asian Perspectives, in: Asian Survey, Vol. 29, Nr. 11, November 1989, S. 1043-1056.
Korte, Karl-Rudolf, Neues Selbstverständnis in Dialog Europa-Japan, in: Außenpolitik, Jg. 37, 1. Quartal 1986, S. 68-78.
—, Steht Japan vor der Festung Europa?, in: Japaninfo, Nr. 15, 5. November 1990, S. 13-18.
Kotani, Hidejiro, Quality Considered Unnecessary in Japanese Politcs, in: Business Japan, Mai 1990, S. 7.
Krauthammer, Charles, The Unipolar Moment, in: Foreign Affairs, America and the World 1990 / 1991, Vol. 70, No 1, 1991, S. 23-33.
Krupyanko, M., Japan's Economic Policy towards China, in: Far Eastern Affairs, No. 3, Moskau 1987, S. 42-54.
—, Japan's Economic Ties with China, in: Far Eastern Affairs, 2, Moskau 1985, S. 52-59.
Ku-chong, Chung, Security in the New Asia-pacific Age and Japan's Role, in: Foreign Press Center Japan (Hrsg.), Japan and the World in the Post-cold-war Era, Tokyo 1990, S. 25-29.
Legfold, Robert, Soviet Policy in Asia, in: The Washington Quarterly, Vol. 14, Nr. 2, 1991, S. 129-142.
Lehmann, Jean-Pierre, Agenda for Action on Issues in Euro-Japanese Relations, in: World Economic, Sept. 1984, S. 257-276.
Lewis, John, Japanese industry and the 1 % military solution, in: Far Eastern Economic Review, 14. März 1980, S. 57-59.
Lincoln, Edward J., Japan in the 1990s. A New Kind of World Power, in: The Brookings Review, Spring 1992, S. 12-17.
Lohan, G., Grundlagen und Tendenzen in der Handelspolitik der EG gegenüber Japan, in: Foljanty, Gesine (Hrsg.): Japans Sozial- und Wirtschaftsentwicklung im internationalen Kontext, Berlin 1983, S. 100-109.
Makihara, Kumiko, A Popular Guide to Diplomacy. Foreign Minister Nakayama takes his show on the road, in: Time, 15. Januar 1990, S.7.
Mansfield, Mike, The U.S.-Japan Relationship: Transition and Challenge, in: Japan Review of International Affairs, Vol. 1, Nr. 2, 1987, S. 152f.

Matsuura, Koichirō (General Director of Economic Cooperation Bureau, Ministry of Foreign Affairs), Future Tasks of Japan's Aid Policy, in: Anglo-Japanese Journal, Jan-march 1990, Vol. 3., Nr. 4, S. 21-24.

Matthews, Ron / Bartlett, Joanne, Die wachsende Bedeutung Japans als Militärmacht, in: Europa-Archiv, Jg. 43, Nr.9, 10. Mai 1988, S. 249-255.

Maull, Hanns W., Möglichkeiten und Grenzen der europäisch-japanischen Zusammenarbeit, in: Europa-Archiv, Jg. 39, 1984, S. 575-582.

—, Germany and Japan: The New Civilian Powers, in: Foreign Affairs, Vol. 69, No. 5, Winter 1990/91, S. 91-106.

—, Das Japanisch-amerikanische Verhältnis im Wandel, Vortrag im Japanisch-deutschen Zentrum Berlin am 11. Juni 1990 (Protokoll).

May, Bernhard, Japans Entwicklungspolitik als Element der amerikanischen-japanischen Beziehungen, in: Beiträge zur Konfliktforschung, 1 / 1989, S. 73-93.

Menzel, Ulrich, Japanische Außenpolitik und amerikanische Hegemoniekrise, in: Prokla Heft 66, 17. Jg., Nr. 1, 1987, S. 114.

Meyers, Reinhard, Weltmarkt oder Weltpolitik? Anmerkungen zur gegenwärtigen Befindlichkeit der bundesrepublikanischen Lehre von den Internationalen Beziehungen, in: Neue Politische Literatur, Jg. 31 / 2, 1986, S. 187-211.

Mitsuyama, Michio, Nihon gaikō no kanōsei — kokusaiteki koken e no yosei to naiseiteki kosoku (Potentiale der Japanischen Außenpolitik — die Forderung nach einem internationalen Beitrag und die inneren Restriktionen), in: Gaikō jihō, Nr. 7 / 8, Tokyo 1991, S. 4-16.

Miyawaki, Mineo, Gaikō Bōei (Außenpolitik, Verteidigungspolitik), in: Jurisuto sōgōtokushū, Nihon no seitō, No. 35, 1984, S. 190-195 (Sonderheft der Zeitschrift Jurisuto: „Die Parteien Japans").

Mizuguchi, Masato, Development Assistance, in: Japan Economic Almanach 1990, The Japan Economic Journal (Hrsg.), Tokyo 1990.

Möllers, Wolfgang, Japanische Entwicklungshilfe und die Philippinen, in: Asien, Nr. 35, April 1990, S.14.

Morse, Ronald A., Japan's Drive to Pre-Eminence, in: Foreign Policy, Nr. 69, Winter 1987-88, S. 3-21.

Murakami, Asako, Business before Human Rights? Tokyo's generosity toward Myanmar questioned, in: The Japan Times Weekly International Edition, 6.-12. April 1992, S. 3.

Nakagawa, Yoshiaki, The Significance of Military Power in the Post Cold-war Era, International Institute for Global Peace, IIGP Policy Paper 76 E, Tokyo Mai 1992.

Nakamura, Yoshihiro, The View from Across the Pacific: The Japanese Perspective on U.S.-Japan Trade relations, in: Asian Affairs, Washington D.C. 1985 / 1986, 4, S. 19-24.

Nakanishi, Terumasa, Japan's Security Policy: Challenges and Opportunities for the 1990's, in: Japan Review of International Affairs, Vol. 3, Nr. 1, 1989, S. 43-56.

Nakasone, Yasuhiro, Beyond the Horizon of the Pacific, University of California, Los Angeles, CISA Working Paper No. 63, June 1988.

—, Overcoming the Agony of Defeat, in: New Perspectives Quarterly, Vol. 7, Nr. 8, 1990, S. 4-10.

—, Rethinking Japan's Role in a New Age of Cooperation, in: Economic Eye, Vol. 12, No. 2, 1991, S. 29-32.

—, Beyond Kenbei and Japan Bashing, International Institute for Global Peace, IIGP Opinion Piece 200 E, Tokyo Juni 1992.

Nish, J.H., Japan among the Powers, in: The Year Book of World Affairs, Vol. 28, 1974, S. 91.

Nishihara, Masashi, Soviet Moves in Southeast Asia and the Southwest Pacific Today, Japan-US Joint Study on the Soviet Union, Conference III, Occasional Paper No. 7, Tokyo 1987.

—, New Roles for the Japan-U.S. Security Treaty, in: Japan Review of International Affairs, Spring / Summer 1991, S. 24-40.

Noritake, Teruyuki, Kokusai kiko o tsujite kokusai kokyo rieki no jitsugen to taigai masatsu no kaisho (How Can Japan Realize International Public Interests through International Organisations?), in: Kokusai kankei kenkyu, vol. 12, No. 2, Dezember 1991, S. 185-241.

Odawa, Atsushi, The Kaifu Bungle, in: Japan Quarterly, Vol. 38, Nr. 1, 1991.

Ogata, Sadako, The United Nations and Japanese Diplomacy, in: Japan Review of International Affairs, Vol. 4, Nr. 2, 1990, S. 141-165.

—, The Changing Role of Japan in the United Nations, in: Journal of International Affairs, Vol. 37, 1983, No. 1, S. 29-42.

Oguro, Keiichi, The Deepening Interdependency Provides Mutual Benefits-Japan's Trade with Southeast Asia, in: Digest of Japanese Industry ans Technology, Tokyo 1984, 199, S. 11-19.

Okita, Saburo (Hrsg.), Transferability of Development Experience. Case Studies on Japan, in: Regional Development Dialogue, Special Issue 1984.

—, Japan and the Third World Development, III. World Scientific Banking Meeting, Dubrovnik 1989 (Mimeo).

—, Japan‘s Quiet Strength, in: Foreign Policy, Nr. 75, 1989, S. 128-145.

—, Japan‘s Role in Asia-pacific Cooperation, in: The Annals of the American Academy of political and Social Sciences, Vol. 513, 1991, S. 25-37.

Orr, Robert M., Collaboration or Conflict? Foreign Aid and U.S.-Japan Relations, in: Pacific Affairs, Vol. 62, No. 4, Winter 1989-90, S. 476-489.

—, The AID Factor in U.S.-Japan Relations, in: Asian Survey, Vol. 28, Nr. 7, 1988, S. 753f.

—, Japan Tails to Take on Foreign Policy Leadership, in: TOKYO Business Today, January 1991, S. 41.

Ostrom, Douglas, New Twists in Miti‘s Industrial „Version“, in: Japan Economic Institute (Hrsg.): Japan Economic Institute Report Nr. 27 B, 13. Juli 1990, S. 3-4.

Ostroukhov, O., Sino-Japanese Relations: Problems and Prospects, in: Far Eastern Affairs, Moskau 1987, S. 55-63.

Otsuka, Junjiro, Taigai masatsu to Nihon no sentaku (Friction and Japan‘s Choice), in: Kokusai kankei kenkyu, Vol. 12, Nr. 2, Dezember 1991, S. 1-26.

Park, Sung-jo, Japan‘s Strategies towards a Nieo: some critical views on Japan‘s development aid policy, in: Berliner Beiträge zur sozial- und wirtschaftswissenschaftlichen Japanforschung, Nr. 24, Berlin 1982

Pfaff, William, Refinding World Power, in: Foreign Affairs, Vol. 70, No. 1, 1991, S. 34-48.

Ping, Lee Poh, Asean and the Asia-Pacific in the 1990s, in: Contempory Southeast Asia, Vol. 9, Singapur 1987, S. 165.

Pohl, Manfred, Brückenköpfe angepeilt, in: Welthandel-Magazin 1990, S. 36-39.

—, Umfassende Sicherheitspolitik, Japans Alternative zu rein militärischer Sicherheit, in: Japan aktuell, 15. Mai 1989, S. 4-5.

—, Spitzenbeamte: Japans „Heimliche Herrscher“?, in: Japaninfo, Nr. 2, 26. Februar 1990, S. 15-17.

—, Asean-Japan, in: Südostasien aktuell, September 1991.

—, Asean-Japan, in: Südostasien aktuell, Mai 1992.

Pyle, Kenneth B., The Future of Japanese Nationality, An Essay in Contemporary History, in: Journal of Japanese Studies, Vol. 8, No. 2, 1982, S. 242-261.

—, Japan, the World, and the Twenty-first Century, in: The Political Economy of Japan, Vol. 2, S. 453f.
—, The Japanese Question, in: The National Bureau of Asian and Soviet Research (Hrsg.), Analysis, November 1990, No. 2, S. 5-12.
Repnik, Hans-Peter, Rede auf dem deutsch-Japanischen entwicklungspolitischen Forum vom 30.11. bis 2.12.1989 in Berlin, Berlin 1989 (Manuskript).
Richardson; Bradley M., Constituency Candidates versus Parties in Japanese Voting Behavior, in: American Political Science Review, Vol. 82, Nr. 3, Sept. 1988, S. 695-718.
Rix, Alan, Japan's foreign Aid Policy: A Capacity for Leadership?, in: Pacific Affairs, Vol. 62, No. 4, Winter 1989/90, S. 461-475.
Robinson, James A., Decision-making: Political Aspects, in: International Encyclopedia of the Social Sciences, Bd. 4, New York 1968, S. 55-62.
Rosenau, James N., Compatibility, Consensus, and an Emerging Political Science of Adaptation, in: American Political Science Review, Vol. 61, 1967, S. 983-988.
Rostow, W.W., Is There Need For Economic Leadership?: Japanese or U.S., in: The American Economic Review, Papers and Proceedings, May 1985, S. 289.
Saito, Shiro, Building a New Order in a Region of Diversity: Japan's Crucial Role, in: Japan Review of International Affairs, Vol. 6, 1992, Special Issue, S. 35-40.
Saito, Shizuo, The Evolution of Japan's United Nations Policy, in: Japan Review of International Affairs, Fall/Winter 1987, S, 186-206.
Saito, Teruko, Japan's Inconsistent Approach to Birma, in: Japan Quarterly, Vol. 39, No. 1, January-march 1992, S. 17-27.
Samuels, Richard, Japan in 1989. Changing Times, in: Asian Survey, Vol. Xxx, No. 1, Januar 1990, S. 24-30.
Sasanuma, Mitsuhiro, Japan's Official Develpment Assistance and the Role of Oecf for Africa, Forum on Development Policy 89, Berlin 1989.
Satho, Yukio, The Evolution of Japanese Security Policy, London 1982 (Adelphi Paper No. 178).
Satō, Hideo, Taigaiseisaku, gendaiseiji gakusosho, Tokyo daigaku shuppankai, (Außenpolitik, moderne politikwissenschaftliche Veröffentlichungen), Bd. 20, Tokyo 1989.
—, The Demise of the Cold War Order: Regional Cooperation on the Rise, in: Japan Review of International Affairs, Vol. 6, 1992, Special Issue, S. 16-33.
Satō, Saburō, Kokusai kōken to Nihon no sekimu (Recent International Situations and Japan's Responsibilities), in: Kokusai kankei kenkyu, Vol. 12, Nr. 2, Dezember 1991, S. 87-105.
Satō, Takashi / Momose, Toshiaki / Williams, David, Gorbatschows Revolution und Japan, in: Japan-magazin, Juli 1990, S. 9-13.
Satō, Yukio, The Changing Currency of Power, Adelphi Papers 256, Iiss London 1991.
—, Reduction of Tension on the Korean Peninsula: A Japanese View, in: Korean Journal of Defense Analysis, Seoul 1991.
Scalapino, Robert A., Perspectives on Modern Japanese Foreign Policy, in: ders. (Hrsg.), The Foreign Policy of Modern Japan, Berkeley / Los Angeles / London 1977, S. 407.
Schmidt, Helmut, Understanding the 1990s. Some thoughts from Europe, in: Keizai Koho Center, Speaking of Japan, Vol. 11, No. 117, Dezember 1991, S. 20-24.
Schmiegelow, Henrik und Michéle, How Japan affects the international system, in: International Organisation, Vol. 44, No. 4, 1990, S. 553-558.
Schoppa, Leonard J., Zoku Power and LDP Power: A Case Study of the Zoku Role in Education Policy, in: Journal of Japanese Studies, Vol. 17, Nr. 1, 1991, S. 79ff.

Scott, Paul D., Foreign Aid as Foreign Policy: Japan's ODA and the PCR, in: The Intercultural Research Institute (Hrsg.), The Journal of Intercultural Studies, Nr. 17/18, Osaka 1990/91, S. 1-14.

Seitz, Konrad, Staat, Unternehmen und Gewerkschaften, Technik: Ein kreatives Dreieck?, in: Stiftung für Kommunkationsforschung (Hrsg.), Wer klappt die Zukunft auf? Informationstechniken in Japan, USA und Europa, Bonn 1991.

Shiina, Motoo, At a Foggy Mountain Pass: The World Search for a New Order, in: Japan Review of International Affairs, Vol. 4, No. 2, 1990, S. 117-126.

Shinohara, Miyohei, New Targets and redefinition of economic cooperation in the Asia-pacific region, in: Asia Pacific Community, Tokyo 1982, Nr. 18, S. 1-16.

—, Japan as a World Economic Power, in: The Annals of American Academy of Political and Social Sciences, Vol. 513, January 1991, S. 12-24.

Shiota, Ushio, Okami ga osotta (Der Wolf hat angegriffen), in: Asahi Gekkan, Nr. 4, 1991, S. 106-115.

Singer, David J., The Level-of Analysis Problem International Relations, in: Knorr, Klaus/ Verba, Sidney (Hrsg.), The International System. Theoretical Essays, Princeton (N.J.) 1969, 5. Auflage, S. 77-92.

Smith, Charles/ Rosario, Louise de, Empire of the Sun, in: Far Eastern Economic Review, 3. Mai 1990, S. 46-48.

Smith, Charles, Bargaining Counters, in: Far Eastern Economic Review, 30. August 1990, S. 25-27.

—, Bending with the wind, in: Far Eastern Review, 28.6.1990, S. 10.

Smith, Charles: Vision of a Relaxed Future, in: Far Eastern Economic Review, 21. Juni 1990, S. 37f.

Snyder, Richard C. / Bruck, H.W.W. / Kapin, Burton, Decision-making as an Approach to the Study of International Politics, in: dies. (Hrsg.), Foreign Policy Decision Making. An Approach to the Study of International Politics, Glencol (Kl.) 1962, S. 106 ff.

Suzuki, K., Nihon no kokusaiteki yakuwari to rakujitsu ron (Japans internationale Rolle und die Theorie der untergehenden Sonne), in: Tokyo-keizai, 11.-18.8.1990, S. 35.

Tamamoto, Masaru, Trial of an Ideal: Japan's Debate over the Gulf Crisis, in: World Policy Journal, Vol. Viii, No. 1, Winter 1990/91, S. 89-106.

Tanaka, Akihiko, International Security and Japan's Contribution in the 1990s, in: Japan Review of International Affairs, Vol. 4, No. 2, 1990, S. 187-208.

Tanaka, Nobuaki/ Fujihashi, Takuma, The Situation in China and Japan's Response, International Institute for Global Peace, IIGP Policy Paper, Tokyo, Juli 1989

Tanaka, Naoki, Wangasensō de chi ni ochita Nihon seiji shisutemu (Durch den Golfkrieg wurde die Ohnmacht des japanischen politischen Systems deutlich), in: Ashai Gekkan, Nr. 4, 1991, S. 87-92.

Tanaka, Toshirō, The European Community and Japan: Countdown to 1992, in: Japan Review of International Affairs, Fall/Winter 1989, S. 213-227.

Tanino, Sakutaro, The Recent Situation in China and Sino-Japanese Relations, in: Japan Review of International Affairs, Vol. 4, No. 1, 1990, S. 20-41.

Thayer, Nathaniel B., Reviewing the Revisionists, in: The Jama Forum, Vol. 8, No. 4, August 1990, S. 3-8.

The Economist, The tribute after Tienanmen, 17. August 1991, S. 21/22.

—, Just when you thought it was safe, 17. August 1991, S. 59-61.

—, „Japan throws China a lifeline", 14. Juli 1990, S. 61.

—, Tomorrow's empires, 21. September 1991, S. 15.

Tidten, Markus, Japan nach den Unterhauswahlen — Rückkehr zur „Nagatacho-Logik", in: KAS-Auslandsinformationen, April 1990.

Trezise, Philip H., Japan, the Enemy?, in: The Brookings Review, Winter 1989/90, S. 3-13.

Wagner, Norbert, Entwicklungspolitik Japans in Südostasien, in: Konrad-Adenauer-Stiftung, Internationales Institut, Die Entwicklungspolitik Japans in Asien, Sankt Augustin 1989.

Whiting, Allen S. / Xin Jianfei, Sino-Japanese Relations: Pragmatism and Passion, in: Word Policy Journal, Vol. 8, No. 1, 1990/91, S. 107-136.

Williams, David, Beyond Political Economy: A Critique of Issues Raised in Chalmers Johnson's Miti and the Japanese Miracle, Berliner Beiträge zur sozial-und wirtschaftswissenschaftlichen Japanforschung, Occasional Papers No. 35, Berlin 1985, 2. Auflage.

Wionzek, Miguel S., Future of Japanese Latin American Relations in the Pacific Basin Community, in: Asia Pacific Community, 1982, S. 59-72.

Yakubovsky, Vladimir B., The Emerging Zone of Multilateral Cooperation in Northeast Asia: Recent Trends, in: The Korean Journal of International Studies, Vol. 23, no. 1, 1992, S. 53-69.

Yakuchiji, Taizō, Political Factors in Shaping Japan's Foreign Economic Policy, in: The International Spectator, Vol. 24, No. 3/4, July-December 1989, S. 208-218.

Yamaguchi, Yasushi, Ein historische Wende auch für die japanische Politik?, Vortrag am Institut für Politikwissenschaft der Westfälischen-Universität Münster, 25. Mai 1990, Manuskript.

Yamasaki, Takio, Japan is Isolated Internationally, in: Jiyu, Juni 1991 (Summaries of Selected Japanese Magazines, August 1991, S. 13-18).

Yamauchi, Saburō, Gaimushō gaikō ni gyōkaku atsuryoku (Der Ausschuß für Verwaltungsreformen übt Druck auf das Außenministerium aus), in: Asahi Gekkan, September 1991, S. 96.

Zacher, Mark W., Mutual Interests and International Regimes, in: Journal of International Affairs, Vol. 44, No. 1, 1990, S. 139-157.

Nachrichten und Kommentare aus:

Asahi Evening News
Asahi Shimbun
Der Spiegel
Die Zeit
Frankfurter Allgemeine Zeitung
Handelsblatt
Look Japan
Monthly Statistics of Japan
Mainichi Daily News
Pacific Community
Süddeutsche Zeitung
The Christian Science Monitor
The Daily Yomiuri
The Hindustan Times
The International Herald Tribune
The Japan Times

The Japan Times Weekly
The New York Times
The Nikkei Weekly
Time Magazine
Yomiuri Shimbun

7.3 Interviews[1]

Agata, Koichiro	Dozent, Waseda-Universität, Tokyo
Akiba, Tadatoshi	Shakaitō, Unterhausabgeordneter,
Akiyama, Yoichiro	Direktor, Local Government Research and Data Center, Tokyo
Amau, Tamio	Professor, Aoyama Gakuin University, Tokyo
Aoyoma, Takenori	Professor, Asia University, Tokyo
Ballon, Robert J.	Professor, Sophia University, Tokyo
Baron, Jeff	Department of State, Japan Desk, Washington, D. C.
Byung Woo, Yu	Botschaftsrat, Botschaft der Republik Korea, Tokyo
Diehl, Günter	Botschafter a. D., Bonn
Farnsworth, Lee W.	Professor, Brigham Young University, Provo Utah (USA)
Foljanty-Jost, Gesine	Freie Universität Berlin
Fukagawa, Yasushi	Außenministerium, Europaabteilung, Tokyo
Fukao, Nobukane	Verwaltungsdirektor, Institute for International Economic Studies, Tokyo
Fujimaki, Shimpei	Professor, Tokai University, Hiratsuka
Glaubitz, Joachim	Professor, Stiftung Wissenschaft und Politik, Ebenhausen
Goda, Yutaka	General a. D., Generalsekretär der Japan Civil Defense Association, Tokyo
Gotoda, Masaharu	Unterhausabgeordneter (LDP), Justizminister
Grossmann, Bernhard	Geschäftsführendes Vorstandsmitglied, Deutsche Industrie- und Handelskammer in Japan, Tokyo
de Guzman, Raul	P. Kanzler, University of the Philippines, Laguna, Philipinen
Haas, Wilhelm	Botschafter der Bundesrepublik Deutschland, Tokyo
Haga, Daisuke	Unterhaus, Büro Abg. Yukio Hatoyama (LDP)
Hans, Rolf	Friedrich-Ebert-Stiftung, Tokyo
Hatayama, Yukio	Unterhausabgeordneter (LDP), Deputy Director General, International Bureau (LDP)
Hielscher, Gebhard	Süddeutsche Zeitung, Tokyo
Hirashima, Kenji	Professor, Tokyo University
Hisajima, Naoto	Außenministerium, Tokyo
Honjo, Tomohiro	Professor, Sapporo Gakuin University, Sapporo
Hori, Masao	Unterhausabgeordneter (Shakaitō), Vorsitzender des Ausschusses Japan-Europa der SDPJ
Ikeuchi, Hisao	Shakaitō, International Bureau
Inoguchi, Takeshi	Professor, Tokyo University
Inoki, Masamichi	Vorsitzender, Research Institute for Peace and Security, Tokyo

Inoue, Issei	Unterhausabgeordneter, Shakaitō
Itoh, Abito	Professor, University of Tokyo
Ito, Teruhiko	Stellv. Herausgeber, Mainichi Shimbun
Kaempffe, Gisela	First Counsellor, Deutsche Botschaft, Tokyo
Kaji, Hideki	Professor, University of Tsukuba, Tsukuba
Kakizawa, Koji	Unterhausabgeordneter (LDP), Staatsminister im Außenministerium
Kanayama, Augustin M.	Präsident, The Association for Japan-Korea Cultural Exchange, Tokyo
Kato, Shujiro	Professor, Kyoto Sangyo University, Kyoto
Kawai, Masao	Direktor, Japan International Cooperation Agency (JICA), Planning Department, Tokyo
Kawakami, Masaru	International Bureau (LDP)
Kitamura, Takayasu	Osaka International House Foundation, Osaka
Kobayashi, Hiroaki	Professor, Nihon University, Tokyo
Koizumi, Junichiro	Unterhausabgeordneter (LDP), Postminister
Koike, Yoshiaki	Professor, Tokyo University, Tokyo
Kubota, Jiro	Stellvertr. Generalsekretär, Council of Local Authorities for International Relations (CLAIR), Tokyo
Kyogoku, Junichi	Präsident, Tokyo Woman's Christian University, Tokyo
Lincoln, Edward J.	The Brookings Institution, Washington, D.C.
Luhmer, Klaus	Kanzler, Sophia University, Tokyo
Makino, Takamori	Vorsitzender des Auswärtigen Ausschusses des Unterhauses (LPD)
Mullen, Michael C.	Unterhaus, Büro Abg. Takujiro Hamada
Murakami, Junichi	Professor, Tokyo University
Nakagawa, Hiroaki	Japan International Cooperation Agency (JICA), Tokyo
Narita, Norihiko	Direktor, Politics & Parliamentary Affairs Division, National Diet Library, Tokyo
Nishihara, Masashi	Professor, National Defense Academy, Yokosuka
Nishi Masaru	Professor, Meiji Gakuin University, Tokyo
Ogata, Sako	Dekanin, Faculty of Foreign Studies, Sophia University, Tokyo; United Nations High Commissioner for Refugees, UNHCR, Genf
Ohteki, Kohsaburo	Professor, Tama Institute of Management & Information Sciences, Tokyo
Okita, Saburo	Außenminister a. D., Vorsitzender, Institute for Domestic and International Policy Studies, Tokyo
Ori, Kan	Professor, Institute of International Relations, Sophia University Tokyo
Ozawa, Haruo	Präsident, Communications Industry Association of Japan, Tokyo
Sälzer, Bernhard	Mitglied des Europäischen Parlaments, Straßburg
Sandag, Youmbouguine	Außenministerium der Mogolischen Republik, Stellv. Leiter der Asien-Abteilung, Ulan Bator
Sakanaka, Tomohisa	Professor, Aoyama Gakuin University, Tokyo
Sase, Masamori	Professor, National Defense Academy, Yokosuka
Sasuga, Nobuo	Vorsitzender, Nippon Sheet Glass Co., Osaka

Sato, Seizaburo	Direktor, International Institute for Global Peace, Tokyo
Sazanami, Hideo	Professor, Direktor, United Nations Center for Regional Development (UNCRD), Nagoya
Scheel, Hans-Dieter	Auswärtiges Amt, Bonn; Gesandter an der Deutschen Botschaft Tokyo
Schmitt, Uwe	Frankfurter Allgemeine Zeitung, Tokyo
Seki, Yoshihiko	Professor (em.), Tokyo Metropolitan University
Shiraki, Tokyo	Generalsekretär, Japan National Press Club, Tokyo
Silberman, Bernard S.	Direktor, The Center for East Asian Studies, The University of Chicago, Chicago (Ill.)
Sonnenfeld, Helmuth	The Brookings Institution, Washington, D. C.
Sugioka, Akiko	Direktor, Sapporo International Communication Plaza, Sapporo
Takashima, Yushu	Deputy Director General, Außenministerium, Europa-Abteilung, Tokyo
Tamura, Hajime	Minister a. D., Senior Advisor Liberal Democratic Party
Tarui, Masayoshi	Professor, Keio University, Tokyo
Tidten, Markus	Konrad-Adenauer-Stiftung, Tokyo
Tongmao, Hu	Stellv. Direktor, Außenpolitische Abteilung, Staatliche Planungskommission der Volksrepublik China, Beijing
Tomizuka, Mitsuo	International Director, SDPJ
Umeki, Takashi	Professor, Komazawa University, Tokyo
von Stechow, Andreas	Deutsche Botschaft, Tokyo
Watanabe, Osamu	Direktor, The Foundation for International Peace, Tokyo
Watanuki, Jōji	Professor, Sophia University, Tokyo
Wattenberg, Ulrich	Institut für Dokumentationswesen, Tokyo
Winant, Thomas T.	Dean of International Studies, International Christian University, Tokyo
Xiaozhong, Liu	Stellv. Direktor, Europa-Abteilung, Staatliche Planungskommission der Volksrepublik China, Beijing
Yamaguchi, Yasushi	Professor, Osaka City University, Osaka
Yanase, Michael M.	Professor, Sophia University, Tokyo
Yawata, Yasusada	Professor, Sophia University, Tokyo
Yoshino, Bunroku	Botschafter a. D., Vorsitzender, Institute for International Economic Studies, Tokyo

Anmerkung

1 Leitfaden-Interviews und Informationsgespräche mit Praktikern und Experten von Oktober 1990 bis September 1992.

7.4 Personenregister

7.5 Sachregister